U0503975

明诺布鲁克

的

回响

美国公共行政思潮的
一个历史截面及其批判

孙宇 著

Minnowbrook

中国社会科学出版社

图书在版编目（CIP）数据

明诺布鲁克的回响:美国公共行政思潮的一个历史截面及其批判/孙宇著.
—北京：中国社会科学出版社，2021.4
ISBN 978 – 7 – 5203 – 8165 – 9

Ⅰ.①明… Ⅱ.①孙… Ⅲ.①行政学—研究—美国 Ⅳ.①D771.231

中国版本图书馆 CIP 数据核字（2021）第 054514 号

出 版 人	赵剑英
责任编辑	孙 萍
责任校对	季 静
责任印制	王 超

出　　版	中国社会科学出版社
社　　址	北京鼓楼西大街甲 158 号
邮　　编	100720
网　　址	http://www.csspw.cn
发 行 部	010 – 84083685
门 市 部	010 – 84029450
经　　销	新华书店及其他书店

印刷装订	三河弘翰印务有限公司
版　　次	2021 年 4 月第 1 版
印　　次	2021 年 4 月第 1 次印刷

开　　本	710×1000 1/16
印　　张	30
插　　页	2
字　　数	418 千字
定　　价	158.00 元

以史为鉴，我才知晓我心之所属，此生何求。

……

这是一种意义意识，然后是一种位置意识，并且最重要的是，它是一种本体意识。

—— ［德］卡尔·雅斯贝尔斯（Karl Jaspers），

《历史的起源与目标》

盖文章，经国之大业，不朽之盛事。年寿有时而尽，荣乐止乎其身，二者必至之常期，未若文章之无穷。是以古之作者，寄身于翰墨，见意于篇籍，不假良史之辞，不托飞驰之势，而声名自传于后。

——曹丕，《典论·论文》

目　　录

导　论…………………………………………………………（1）

第一章　难忘难解的 20 世纪 60 年代…………………………（1）
　第一节　从肯尼迪总统的伯克利演讲和耶鲁演讲说起………（2）
　第二节　约翰逊总统的"伟大社会"计划 …………………（6）
　第三节　自动化革命引发的争论 ……………………………（25）
　第四节　《克纳报告》：正在分裂的美国社会 ………………（39）
　第五节　蒙太奇与万花筒：现代美国社会的终结 …………（46）

第二章　第一届明诺布鲁克会议：新公共行政学的兴起 ……（55）
　第一节　西蒙与沃尔多的思想交锋 …………………………（56）
　第二节　沃尔多：《行政国家》及其反思 …………………（62）
　第三节　《霍尼报告》：为公共服务提供高等教育 …………（79）
　第四节　第一届明诺布鲁克会议召开 ………………………（91）
　第五节　建立面向公共的智识传统…………………………（100）

第三章　第一届明诺布鲁克会议之后：美国公共行政的
　　　　思想涓流………………………………………………（103）
　第一节　公共行政理论网络的兴起和发展…………………（105）
　第二节　对官僚制的后现代批判……………………………（109）
　第三节　罗尔和葛德塞尔：为官僚制正名…………………（123）

第四节　《黑堡宣言》：为官僚制辩护 ……………………（129）

第五节　何之传统，何之取向？ ……………………………（137）

第四章　第二届明诺布鲁克会议：回归实用主义哲学 ………（148）

第一节　会议的缘起及简况 …………………………………（149）

第二节　美国的宪法遗产和公共行政制度 …………………（153）

第三节　公共行政的公共性 …………………………………（158）

第四节　公共行政中的领导力和管理 ………………………（164）

第五节　教育与公共行政 ……………………………………（171）

第六节　二十年再回首 ………………………………………（176）

第五章　第三届明诺布鲁克会议："明诺布鲁克传统"的

　　　　国际化？ …………………………………………（180）

第一节　会议的背景及简况 …………………………………（181）

第二节　公共行政研究的多元化和切题性 …………………（185）

第三节　全球主义和公共行政的全球化 ……………………（190）

第四节　未来公共组织的领导力和管理 ……………………（194）

第五节　走向开放的公共行政共同体 ………………………（200）

第六节　"明诺布鲁克传统"走向何处？ ……………………（205）

第六章　社会公平：现代公共行政的第三根理论支柱 ………（214）

第一节　平等与公平：概念辨析 ……………………………（215）

第二节　社会公平的政治哲学基础 …………………………（218）

第三节　公共行政中社会公平理念的演化 …………………（226）

第四节　代表性官僚制、多样性和社会公平 ………………（253）

第五节　社会公平：永无止境的追求 ………………………（263）

第七章　德怀特·沃尔多：一个注释 …………………………（283）

第一节　早年岁月和教育经历：1913—1942 ………………（283）

第二节　一生仅一次的行政经历：1942—1946，
　　　　华盛顿 ……………………………………………（288）

第三节　伯克利岁月：1946—1967 ………………………（290）

第四节　《公共行政评论》主编：1966—1977 …………（298）

第五节　马克斯维尔岁月及晚年：1967—2000 …………（301）

第六节　沃尔多式的行政世界：历史和政治哲学之维……（306）

第八章　向赫尔伯特·西蒙致敬 ……………………………（319）

第一节　决策：行政和组织理论的最小理论单元…………（320）

第二节　满意者：有限理性 …………………………………（325）

第三节　致力于人类行为理论的追求 ………………………（330）

第九章　明诺布鲁克：未尽的思想之旅………………………（337）

第一节　切题性幽灵 …………………………………………（338）

第二节　找回公共和公共性 …………………………………（346）

第三节　公共行政的法律之维 ………………………………（354）

第四节　"沃尔多解"与"沃尔多期望"：我们
　　　　实现了吗？ …………………………………………（379）

参考文献 …………………………………………………………（388）

人名索引 …………………………………………………………（432）

后　记 ……………………………………………………………（451）

导　　论

在拙著《现代西方公共行政思想简史》（下称《简史》）出版后，笔者一直为一些未曾深入思考过的问题所困扰。这些问题不只在文献中反复被一代又一代的学者追溯、咀嚼和回味，而且还时不时地出现在现代行政生活之中。这迫使现代公共行政学者回答我们继承了什么或者我们遗失了什么，抑或我们做对了什么或者我们做错了什么。历史命题、思想传承与现实生活是孪生兄弟，一如问题和答案是公共行政理论与实践、公共政策制定与执行中的孪生姐妹一样。现代公共行政实践所面临的种种问题不仅给公共政策制定带来了压力，而且造成了现代公共行政学者的思想透支、理论窘迫。有了问题就要寻求答案。现代和未来永远是历史的子嗣。

在《简史》的字里行间，我自始至终都在表达对从事现代公共行政思想史研究可能力所不逮的忧虑。这种忧虑绝非是过谦之词，而是发自内心的恐慌。遗漏现代西方公共行政思想某一派别、某种思潮和某群人物的现代意义是小事，如果因为自己不能深挖其产生的政治经济社会文化语境，就根本谈不上力透纸背、洞若观火，甚至可能会误读这一流派、这种思潮和这群人物，并造成浮皮潦草、以讹传讹的不堪。倘若如此，简直是不可饶恕和不可原谅的。思想一旦被曲解，会造成不可挽回的损失，遁入万劫不复的歧途。在《简史》写作过程中，一个挥之不去的想法就是试图挖掘"明诺布鲁克传统"的现代意义。遗憾的是，谋篇布局不允许我对"明诺布鲁克传统"作长篇大论式的详尽论述。这样做不仅会破坏《简史》

的整体结构，而且可能会以偏概全，一叶障目，给读者留下将一汩汩支流误认为干流的印象。

作为"一个地点、一种传统、一种观念、一种精神、一个事件和一种挑战"（O'Leary，2011），"明诺布鲁克传统"在很大程度上代表了现代公共行政思想发展过程中的一种转折。之所以是一种转折，是因为美国政治学和公共行政学界从 20 世纪 60 年代末期开始陷入混乱，行为主义和功能主义的理论框架占据了主流；之所以是一种转折，是因为以明诺布鲁克会议为起点，公共行政学界开始直面以基于工业化的现代产业体系、高速社会流动、日趋全球化乃至走向现代政府治理等为揭橥的情境，并试图建构现实公共行政的逻辑阐释和现实关切；之所以是一种转折，是因为它正视了一种以学术范式、身份认同、职业导向、知识求索乃至学科互鉴等为特征的语境，堪称现代公共行政范式变革的典范；之所以是一种转折，是因为它提出了公共行政学的重新定位和定向。

需要说明的是，"明诺布鲁克传统"并不意味着现代公共行政学有一个可供仿效的模板，或者它开具了现代政府治理的灵丹妙药。它的精彩在于呼吁了一种与时俱进的、回应型的、学习型的公共行政观。"明诺布鲁克传统"揭示了美国公共行政思想演化的一种嬗变过程，仿佛一个思想枢纽，一个有时间规律的思想存量清算所。"明诺布鲁克传统"是一系列有意义的外部事件和内部事件共同作用的产物。外部事件主要包括美国 20 世纪 60 年代末的一系列政治和社会事件，包括约翰·菲茨杰尔德·肯尼迪、小马丁·路德·金和罗伯特·肯尼迪遇刺以及伴随着这些谋杀而来的城市骚乱，特别是越南战争的各种暴力和悲剧，这些事件导致了理性主义的瓦解和崩溃。内部事件最著名的是，拉莫斯的现象学和存在主义冲击，尼利·加德纳的心理学和组织行为理论冲击以及美国联邦行政学院（Federal Executive Institute）成立并倡导以人格转变为中心的公务员发展哲学。明诺布鲁克开始关注社会语境和学术语境的变化，"整个学术界都在批判启蒙运动、技术与技术主义、利益集团/

多元主义的民主制、社会科学中的自由主义和理性主义，美国公共行政学界不情愿地开始承认在其内部存在着严峻的自然、社会和经济问题的现实挑战"（O. C. 麦克斯怀特，2002：199 - 201）。

　　思想史研究是一项具有丰富的历史底蕴、多维的知识视角、复杂的现实韵味和殷切的未来关怀的学术研究。不同的概念和范式、思想和传统以及方法和模型，都期望能够得到史实的检验和修正，这样才能为理论创新开辟道路。与《简史》不同，本书旨在以"明诺布鲁克传统"为美国现代公共行政思想演化的一个历史截面，将20世纪60年代至21世纪前十年贯穿起来，从而理解美国公共行政思想变迁究竟发生了什么、为什么发生、如何演变又将要走向哪里？以及对当代公共行政理论和实践的启示。

　　本书由九章构成。第一章回顾20世纪60年代的美国。毫无疑问，20世纪60年代是一个不可思议的时代，甚至有人认为，它并非起源于1960年，也并非结束于1969年。历史学家对20世纪60年代有经久不衰的兴趣，几乎每个历史片段都可以书写成一本洋洋洒洒的恢宏巨著。"20世纪60年代与其说是十年，倒不如说是一个不十分严格限定的文化和社会变革时期，美国在这个时期经历了迷惘、彷徨、失落、兴奋、成长、觉醒、爆发、毁灭。20世纪60年代的美国社会与政治的僵局导致了既无明显的赢家也无明显的输家，并使大多数社会问题处于无法解决的状态，这是那个时代最重要的遗产。美国的改革论者视20世纪60年代为一个被战争和右派反抗突然终结的巨变时期，其结果只是这个国家的局部解放。另外，20世纪60年代也被视为一个在权威和道德方面国家危机的发端，通过使反社会行为合法化最终更多地伤害了穷人。"（罗布·柯克帕特里克，2013：4）斯泰格沃德断言，自我标榜的左派和右派之间的意识形态分歧在20世纪60年代开始萌芽，并一直持续至今，我们从未离开60年代。这一章旨在采集这一时代的政治话语，铺陈明诺布鲁克会议即将举办以及美国公共行政思想即将发生转折的社会情境。

第二章回顾第一届明诺布鲁克会议。显然，第一届明诺布鲁克会议是新公共行政学兴起的标志性事件。西蒙与沃尔多之间的思想交锋、沃尔多在《公共行政评论》（*Public Administration Review*）创刊二十五周年纪念专刊上发表的《行政国家的反思》（*The Administrative State Revisited*）以及《霍尼报告》（*Honey Report*）的发布，为新公共行政学的兴起做好了思想准备和高等教育专业设置准备。西蒙与沃尔多之争昭示着公共行政学发展脉络开始分岔，即西蒙进路和沃尔多进路。管理学大师德鲁克也置喙了这场争论。他认为，在大型企业日渐成为社会主导力量的时代，将民主等同于参与只顾及了民主的新闻含义，却忽视了民主对大型组织的溢出效应。沃尔多是最早意识到公共行政学身份认同危机的学者之一，在《行政国家：美国公共行政的政治理论研究》（*The Administrative State：A Study of the Political Theory of American Public Administration*）出版后的二十余年间，他反复呼吁应当对公共行政的独特性给予迫切关注，《行政国家的反思》便提出了对《行政国家》的修订议程。《霍尼报告》与《弗莱克斯纳报告》（*Flexner Report*）、《戈登－豪厄尔报告》（*Gordon－Howell Report*）和《皮尔森报告》（*Pierson Studies*）一样，都是职业化社会呼唤专业人才培养的必然产物。正如后者分别推进了医学院和商学院的改革和发展，《霍尼报告》催生了公共行政学院、公共事务学院或公共政策学院的成立和发展。作为第一届明诺布鲁克会议的必读文献，它们不仅成为新公共行政运动的催化剂，而且为公共行政学自立门户提供了底气和勇气。

第三章讨论第一届明诺布鲁克会议之后美国公共行政思想的走向。第一届明诺布鲁克会议之后，公共行政的正统理论逐渐走向式微，公共行政的身份认同危机，不仅没被学界解决，反而出现了极度的学术分化。西蒙于1968年春在麻省理工学院的康普顿讲座上发表了主题为人工科学的讲演，"就目前通行的规范而言，学术上要想获得较高地位，研究题目在智识上就必须是硬性的、分析性的、可形式化的、可教授的。过去，我们所知道的关于设计与人工科学的许多内容，基本上是软性的、直觉的、非形式化的，像烹饪书一样说不出个所以然。专业学院只有发现一门完整的设计科学，才能有充分资格重新担负起专业责任。设计科学关心的是我们的思想过程，我们进行判断、决定、选择和创造的过程"（赫尔伯特·西蒙，1987：112）。只有这样，才能真正地研究人类，研究人类行为，才可能构筑知识上硬核的、分析的、部分可形式化且部分经验性的、可传授的设计科学。设计科学显然比《行政行为》向前又迈出了一大步，以决策为最小单元的"行政行为"被放置在设计科学之中，显然，这是要打通公共行政学的内部逻辑结构与外部环境的所有通道，让经济学、心理学和计算机科学以及复杂系统设计等均进入行政行为过程。文森特·奥斯特罗姆和埃莉诺·奥斯特罗姆夫妇创立的布卢明顿学派冉冉崛起，多中心、共同生产、自主治理以及公共池塘资源、公共物品治理之道等范式和制度设计提供了一种截然不同的理解美国公共行政结构和演进的框架。需要特别说明的是，上述两个重要的思想流派不属于本章的讨论范畴。在此，重点分析与第一届明诺布鲁克会议密切相关的公共行政理论网络（Public Administration Theory Network，PAT‑Net）的兴起和发展，以及反官僚制和为官僚制辩护的思潮。PAT‑Net 的哲学基础在某种程度上可以被认为是来自现象学、存在主义和后现代主义，它对官僚体制进行了无情的鞭笞，并与第一届明诺布鲁克会议所强调的民主与行政之间妥协和调和形成了鲜明对立，这标志着与"明诺布鲁克传统"分道扬镳的思想涓流开始滋生。秉持"明诺布鲁克传统"的罗尔和葛德塞尔义无反顾地分别从法理以及公共服务效率的角度为官僚制辩护，并且最终形成黑堡学派。两者的出现，不仅说明明诺布鲁克已经成为美国公共行政思想嬗变的源头活水，而且为 20 世纪 80 年代公共行政伦理学的发展埋下了种子。

　　第四章回顾第二届明诺布鲁克会议。第二届明诺布鲁克会议之前的美国政治经济背景尽管远不如 20 世纪 60 年代那么激烈动荡，但是里根政府《经济复兴税收法案》（*Economic Recovery Tax Act of*

1981)、《加恩 – 圣日尔曼储蓄机构法案》(*Garn – St Germain Depository Institutions Act of 1982*) 导致了银行及其储蓄机构的商业性按揭贷款的急剧增长，助长了房地产开发的疯狂投机行为。到 1988 年——即第二届明诺布鲁克会议召开的当年，破产银行数量和破产银行的资产规模创下了大萧条之后的最高纪录，分别达到了 279 家和 540 亿美元（美国联邦存款保险公司，2010：17）。同时，1987 年是美国宪法二百周年和行政国家一百周年。[①] 在约翰逊政府期间，他承诺通过立法让美国成为"伟大社会"，而他的继任者尼克松却使政府范围比以往任何时期都更加广泛。1900 年至 1965 年，在联邦政府只建立了食品和药品管理局（Food and Drug Administration，1906 年成立）；1964 年至 1977 年，包括平等就业机会委员会（Equal Employment Opportunity Commission，1965 年成立）、环境质量委员会（Council on Environmental Quality，1969 年成立）、国家公路交通安全管理局（National Highway Traffic Safety Administration，1970 年成立）、环境保护署（Environmental Protection Agency，1970 年成立）、消费者安全委员会（Consumer Product Safety Committee，1972 年成立）、采矿安全与健康局（Mine Safety and Health Administration，1977 年成立）等十家联邦监管机构授权成立。到了 20 世纪 80 年代里根政府时期，里根组建了内阁管理和行政委员会（Cabinet Council on Management and Administration）、格里斯委员会（Grace Commission/President's Private Sector Survey on Cost Control）、总统诚信和效率委员会（President's Council on Integrity and Efficiency）等机构，以期回应放松管制、减少监管、节约预算、提高效率等为特征的抨击官僚运动。但是，这一切很快就被旨在加强总统权

---

① 关于行政国家的起源及其诞生在美国公共行政学界存在着两种不同的看法。一种看法认为，1883 年《彭德尔顿公务员法》(*Pendleton Civil Service Reform Act*) 的通过，标志着行政国家的诞生，因为任何行政体制都需要训练有素的骨干人员。另一种看法认为，1887 年州际商务委员会（Interstate Commerce Commission）的创立对建立国家监管权威的重要性是第一位的，如果没有它，那么今天美国行政体系的范围、影响和结构都可能是有限的（Riper，1983；Stillman Ⅱ，1987）。

力的政策发展办公室（Office of Policy Development）为核心的政策网络所取代。里根政府期间的政策控制比卡特政府时期更甚。在这样的情境下，美国的宪法遗产、行政制度、公共行政的公共性、公共行政中的领导力和管理以及公共行政教育等主题自然成为第二届明诺布鲁克会议的核心议题。

第五章回顾第三届明诺布鲁克会议。2008年第三届明诺布鲁克会议是在国际金融危机以及美国大选的环境下举行的。20世纪90年代新经济繁荣创造了第二次世界大战以来美国历史上最长的繁荣周期。第二届明诺布鲁克会议之后，美国发生了一系列令人震惊的事件，包括1990年至1991年的沙漠风暴行动、1995年的俄克拉何马城爆炸案、1998年的沙漠之狐行动、1999年的佛罗伊德飓风、2005年的卡特里娜飓风、2003年开始的伊拉克战争等。早在1979年，全美州长协会（National Governors' Association）就确立了应对应急事件的管理流程和标准，并确立了应急的四个阶段，即减轻危害、应急准备、应急响应和灾后恢复。然而，在这些天灾人祸面前，不仅反映出美国政府在应对自然灾难、气候变化以及恐怖主义等方面的缺陷、政策失效以及制度脆弱性，而且因为许多防范措施本身成为加重灾难损失的来源，进而昭示了美国政府应急管理体系的崩溃（Perry，Lindell，Tierney，2001）。20世纪末期美国的新行政国家（Neoadministrative State）正面临着何去何从的挑战，新治理改革的呼声四起（Durant，2000）。正是因为新行政国家和新治理改革的话语，致使第三届明诺布鲁克会议更加关心公共行政研究的多元化、全球化、网络治理以及走向开放的公共行政共同体。

第六章讨论社会公平问题。历届明诺布鲁克会议都将社会公平视为现代公共行政的第三根理论支柱。从平等与公平概念辨析入手，阐述了社会公平的四种政治哲学基础，特别说明了公共行政的社会公平与罗尔斯政治哲学思想之间的关系，剖析了公共行政中社会公平理念的演化，综述了代表性官僚制和多样性作为社会公平的政治解决方案取得的进展及其所开具药方的局限性。代表性官僚制和多样性更像是诊断，而不是处方。需要说明的是，在讨论社会公平时，公共行政学家没有考虑经济学家对收入分配不平等问题的分析和思考。在对待收入分配不平等问题上，经济学家们通常关注洛伦兹曲线、基尼系数、帕累托最优以及福利经济学和新福利经济学，他们诊断收入分配不平等依据实现帕累托效率、卡尔多－希克斯效率及改进、西托夫斯基标准、李特尔标准、伯格森、萨缪尔森和格瑞夫社会福利函数以及福利经济学第一定理、第二定理。经济学家眼中收入不平等的病灶在劳动力市场、失业、可支配收入、税收和总需求等，他们开具的处方完全是建立在个人偏好和基数效用论的基础上，带有强烈的价值判断和功利主义色彩。正如萨缪尔森所言："如果经济学家们准备静待以帕累托效率的方式实现收入再分配的那一天，等待将永无尽头，而且社会成员也将和他们一起等待下去……经济学家只是少数人，其人数并不比脊椎按摩师多。非经济学家并不需要时时考虑帕累托效率，而他们才是我们的客户。我们是他们不太高效的仆人，他们是我们思维不太清晰的主人。"（马丁·费尔德斯坦，2018：867）解决社会公平问题，除了重构社会公平的哲学理念外，需要寻求政治经济学的药方，特别是打开社会流动的樊篱，从教育公平起步，高举少说多做的大旗。

第七章冠以《德怀特·沃尔多：一个注释》之名，讲述沃尔多式的行政世界。貌似不伦不类的安排，实则不然。沃尔多不仅是明诺布鲁克会议的灵魂人物，而且是 20 世纪美国公共行政理论和实践的权威人物。没有沃尔多，就不可能有明诺布鲁克会议，没有沃尔多，公共行政的政治理论也不可能如此丰富多彩。西蒙、沃尔多、达尔以及林德布罗姆等人共同摧毁了公共行政的正统理论，所不同的是，他们走上了不同的学术道路。对于西蒙、沃尔多而言，他们分别开辟了公共行政的西蒙进路和沃尔多进路，这两条进路对于公共行政学的发展不仅是缺一不可的，而且是相得益彰的。"沃尔多将自己的注意力集中在公共行政作为政治科学的子学科上，并且向该学科第一个五十年的一些基本假设提出了挑战，特别是对公共行政是中立的和国家事务的目标管理等假设提出了挑战。"（Fre-derickson，2000）2000 年 10 月沃尔多辞世，雪城大学马克斯维尔公民与公共事务学院的讣闻是这样陈述的，由于公共行政的多形态性质，据说没有任何一位学者可以被称为公共行政之父，但当代公共行政领域密集交织的 DNA 包含了沃尔多式的父系血统的无数线索。他绝不仅是一位思想家，而且是一位梦想家。他决定为公共行政注入民主理想和使命，并准备帮助公共部门建立如何让公民信赖政府的越来越复杂的模型，现在这一模型已经被我们欣然接受。他对政治行政二分法逻辑提出了直接挑战，政治与行政不能轻易地拆分，它们内置于包含政治假设和偏好的大多数行政政策、行政程序和行政行为之中。沃尔多的语言是反讽式的，他喜欢使用骈偶、对仗和对立的词汇，让读者对出自他笔下的文字充满了想象。他的学生奥利里曾回忆说，他总是提出许多观点，而不仅仅是一个可能的思考。当你学完沃尔多一个学期的课程时，你的大脑总是满满的。显然，沃尔多是一位游弋在历史、政治哲学和行政世界的现代行政之子。

　　第八章向赫尔伯特·西蒙致敬。西蒙是一位百科全书式的学者，他几乎横贯社会科学所有领域，在认知科学、心理学和计算机科学等领域所做出的贡献令后世望尘莫及，他给我们留下了继承弘扬的印记。与第七章的写法完全不同，这一章不是从西蒙传略的逻辑入手，而是立足他作为一位公共行政研究者，向这位 20 世纪的公共行政之子表示高山仰止的敬意。西蒙自称是解决问题的科学家，他的一生卷入了无数的科学争论，"如果说我在大学就争论，那么我在科学研究中也同样争论。我的大量研究就是从基础上搬掉一些既成的东西，起先是在公共行政学，然后是经济学，再后来是心理学。从某种意义上讲，这是理所当然的，科学研究理应做出点新东西，而新东西当然与旧东西不同。然而，有许多研究，包括一些非常重大的革命性发现，与旧东西并不抵触，它们建立在旧东西的基础之上。即使有时最终瓦解了旧东西的基础，但是在刚开始的时候，它的毁灭性后果也不总是那么明显"（赫尔伯特·西蒙，

1998：343）。"那场战争结束了，胜利者们却失踪了。"（March，1992）西蒙的理论大厦是宏伟的，一如他经常强调的迷宫隐喻。这一章只是从行政和组织分析的最小理论单元——决策、从经济人到行政人的有限理性等基石来凸显西蒙公共行政理论的宏伟，特别是西蒙晚年重回公共行政领域所发表的沃尔多奖演讲、斯通演讲以及高斯演讲，现在看来依然振聋发聩。

　　第九章揭示"明诺布鲁克传统"的理论追求。在笔者看来，明诺布鲁克是一次未尽的思想旅程。首先，我们需要警醒的是公共行政的切题性幽灵。不同于统计学、经济学的相关性检验，公共行政的切题性，一方面强调公共行政与其他社会科学学科的方法、模型及政策取向的相关性，另一方面更为强调公共行政必须对实践中那些悬而未决的问题明确地表明自己的立场，不能缺席和失声。其次，我们需要找回公共和公共性。20世纪20年代的美国，李普曼认为公共或公共性就是制造共识；杜威却认为，公共是共同利益联合产生和相互制约的行为。在欧洲大陆的政治哲学中，特别是在哈贝马斯的公共空间中，公共或公共性，不仅是个人偏好的聚合，而且是政治合法性与个人成熟、自治的结合。弗雷德里克森认为，公共即利益集团、公共即消费者、公共即代表、公共即客户、公共即公民，他竭力反对将公共等同于政府，政府充其量只是公共的一个非常远房的表兄妹。佩施系统地梳理了20世纪60年代的新公共行政运动以及20世纪70年代的新公共管理运动，界定了三个层级的公共性，即宏观上的国家和市场、中观上的组织和微观上的个人，他主张回到西蒙的组织概念，在组织世界和市场世界重建公共性。市场理性与公共理性的冲突产生了许多市场机制和国家机制的混合组织，这些组织既不是"看不见的手"，也不是"看得见的手"，相反却带来了诸如乱插手、脏手、贪婪之手的风险和外部性，建立一个动态的而非静态的、本体阐释论的而非还原论的、可预言的而非语义学的公共和公共性理论仍然是我们当前面临的紧迫挑战。接下来，沿着公共和公共性的线索，本章考察了公共行政的法律之维，特别强调了公共行政的公法视角和公共行政的宪法视角，有限政府和法治政府是解决公共和公共性的稳定之锚。最后，我们需要反思沃尔多给出的公共行政身份认同危机解决方案的理论和实践验证，即"沃尔多解"和"沃尔多期望"。

　　本书之所以选择这种篇章结构，是因为深受剑桥历史语境主义学派的影响。这也是本书在方法论上的尝试。斯金纳在阐述历史语境主义时指出，"我尽量不去专门研究主要的理论家，而是集中探讨产生他们作品的比较一般的社会和知识源泉。我首先论述我认为的他们最初写作时所处的和所服务的社会的有关特性。因为我认为政治生活本身为政治理论家提出了一些主要问题，使得某些论点看来成问题，并使得相应的一些问题成为主要的辩论课题……我认为同样至关紧要的是考虑一下构想出这些主要文本的知识环境，即在此之前的著作和所继承的关于政治社会的假设，以及比较短暂的、同时代的对于社会和政治思想的贡献的来龙去脉"（昆汀·斯金纳，2011：3）。"我们能够了解的不仅是他们提出的论点，还有他们论述和试图回答的问题，以及他们在多大程度上接受和赞同，或质疑和驳斥，或说不定出于论战目的不去理会政治辩论中盛行的设想和规范。倘若我们只研究著作本身，是不能指望达到这种理解水平的。为了这些著作的真正方向和力量，我们又需要对时代的一般政治词汇有一定的鉴赏力……当我们企图以这种方式查明一部著作的特定写作环境时，我们不仅是在为我们的解释提供历史背景，而且我们已经是在进行解释工作本身"（昆汀·斯金纳，2011：6）。借鉴剑桥历史语境主义学派的方法论研究公共行政以及治理问题，贝维尔已经率先做了成功尝试（Bevir，Trentmann，2008；Bevir，2012）。这不仅需要我们真正理解一种思想的诞生、发展和影响，而且需要在先贤思想家们的认知水平上进行现实的解读。解读第一届明诺布鲁克会议以来美国公共行政的文献，考察"明诺布鲁克传统"的形成和变化，分析这些观念及其所指向的行政行为，有助于我们建立公共行政的创造性和批判性思维。

第 一 章

难忘难解的 20 世纪 60 年代

[题记] [60年代] ……不是一个日期，而是一个象征，一个转折点，一个我们被歪曲的道德历史进程中的隐秘时刻。或许那场战争过分地麻痹了人们的灵魂和过分地摧残了战争受害者，以至于除了其穷凶极恶的本身，不可能象征任何别的东西。或许，我应该接受爱情旅行和死亡旅行这两个伍德斯托克和阿尔塔蒙特的陈腐标志，认为它们象征性地表明60年代的光辉理想——包括那种伊甸园和乌托邦的梦想……历史没有真正的起点和终点，情感和思想的历史中肯定没有，而只有改变潮流、转移连续性的突发事件。

——莫里斯·迪克斯坦（Morris Dickstein），
《伊甸园之门：六十年代美国文化》

每个时代都是过去的终曲，也都是未来的序曲。有什么因，就有什么果。种什么种子，开什么花。回忆20世纪60年代，既是痛苦的，也是必要的。对于出生在20世纪60年代的那代人，朦胧的意向代表不了记忆，因为他们心智尚未成熟；而对于出生在20世纪50年代的那代人，他们刻意地淡忘那些刻骨铭心的疼痛记忆，正是这些抹不去的模糊记忆，使他们长期陷入沉默和冥想之中。但20世纪60年代并不是他们成就的，而是他们的父兄姐妹集体创造的。从直观印象看，20世纪60年代的舞蹈是业余的、自由式的和富有表现力的，人人都能学会。音乐是塞壬①式的，诱惑人们去放纵自己，还原自己的本来面目，而不必恪守任何刻板步伐和清规戒律。

20世纪60年代得以幸存，不仅是一种回忆，也不仅是一种衡量标准或一个警世故事。60年代在那些对其有过最强烈体验的人身上以及在我们身上幸存下来。虽然我并不属于那代人，但我对他们着迷，我时常会听到他们的声音。尽管他们大吵大闹了一场，但并未畅所欲言。那代人在异常年轻的时候集体出了名。一些人失去理智甚至毁掉性命，另一些人散落在充满激情主义愤怒的小团体之中，大部分人消失在遍及全社会的家庭和职业里。20世纪60年代的解放、乌托邦虽然已经落空，但是它们就如同伊甸园之门在各种迷雾般的幻境中召唤过整整一代人，就如同卡夫卡城堡一样在远处闪现，既无法接近，又无法避开。那个年代被尘封在令人压抑的、死气沉沉的幻境和幻想之中。

第一节　从肯尼迪总统的伯克利演讲和耶鲁演讲说起

1960年11月，肯尼迪当选美国总统。怀揣着新边疆（New Frontier）构想，肯尼迪带着庞大的、思想分歧的团队入主白宫。为了解决竞选时的承诺"致力于未知的科学与空间领域、未解决的和平与战争问题、尚未征服的无知与偏见的孤立地带，尚无答案的贫困与过剩课题"（西奥多·索伦森，1981：74-75），在执政一百天内，就提出了经济复苏、税收、预算、医疗、住宅、教育、资源保护、农业、国防和对外关系等方面的建议。具体内容主要包括：采纳了赫勒以及托宾等为首的新经济学派的减税建议，大幅减低个人所得税和公司利润税，同时承诺联邦支出不超过1000亿美元的上限，以致力于经济复苏；针对种族歧视和不平等推进民权立法，先

---

① Siren，又译作西壬，源自希腊神话传说，别名阿刻罗伊得斯。

后成立了就业机会均等委员会、住房机会均等委员会；提出了联邦
教育法案和医疗保健法案，倡导教育公平、政治远离医疗；在预防
贫困、促进脱贫、缓解不能脱贫人口的困难等方面扩展反贫困计
划。从就任到遇刺，肯尼迪的新边疆计划在他的伯克利演讲和耶鲁
演讲中得到了淋漓尽致的体现。

　　1962 年 3 月 23 日，肯尼迪出席了加州大学伯克利分校九十四
周年校庆，并发表演讲。他盛赞美苏在太空探索上达成的合作：
"就空间科学而言，我们的共同知识和努力能使各国全体人民受益：
联合气象卫星提供更充足的预警来抵御毁灭性的风暴，联合通信系
统使世界更加紧密地联系在一起，以及在太空医学研究和空间探测
作业的合作将会加速人类登上月球以及其他星球的那一天的到来。"
"美苏在空间科学和探索中的合作，将凸显那些使彼此靠近的利益，
而不是那些使双方疏远的利益。它为我们开辟了一片空间，陈腐
的、枯燥的'冷战'教条在这里被远远抛到脑后。""知识，而不
是仇恨，是通向未来的钥匙。这种知识超越了国家的对抗，它陈述
一种普适的话语，它不是单一阶级或单一国家或单一意识形态的财
产，而是全人类的财富。"肯尼迪借用美国参议员韦伯斯特的名言
"知识是天宇中光芒四射的太阳，它的光芒洒向了所有的生命和力
量"，呼吁在知识光芒的普照下"我们必须思考和行动，不仅为了
此时此刻，而且为了我们的时代……一个知识的世界、一个合作的
世界、一个公正和持久和平的世界可能还要假以时年。但是我们不
能再浪费时间了。此时此刻，我们就开始培育和平和合作之苗
吧"！[1]

　　1962 年 6 月 11 日，时隔三个月肯尼迪在耶鲁大学毕业典礼上
再次发表演讲。他借喻耶鲁大学毕业的总统塔夫脱以及副总统卡尔
霍恩的当政时代，并指出："1804 年的卡尔霍恩和 1878 年的塔夫脱

---

[1]　President Kennedy. Address at The University of Calfornia at Berkeley, March 23, 1962 ［R/
OL］. ［2019 - 10 - 18］. https：//www. jfklibrary. org/archives/other - resources/john - f - kennedy -
speeches/university - of - california - berkeley - 19620323/.

毕业后进入的世界与我们当今的世界截然不同。他们和他们的同辈人毕生花费了四十年的时间来努力解决一些引人注目的问题，这些问题使美国陷入了尖锐的、情感的分裂，这些问题在那个时代吸引了一代人的注意力：国家银行、公共土地的处置、州废除或执行联邦法令、自由或奴役、金本位制或银本位制。如今这些横扫一切的传统问题基本上已经消失。我们这个时代核心的国内问题越来越微妙，也越来越复杂。虽然它们无关乎哲学或意识形态的基本冲突，但是关系到实现共同目标的方式和手段，也关系到探究解决各种复杂和棘手难题的成熟解决方案。卡尔霍恩的世界和塔夫脱的世界有他们自身的难题和值得关注的挑战。但那些难题不是我们的难题。他们的时代也不是我们的时代。正因为每代人都不得不从陈词滥调和墨守成规的遗产中解放出来，所以在我们的时代，我们必须从令人宽慰的、重复陈腐的只言片语转向全新的、艰难的且与现实进行实质性抗争的话语。"①

肯尼迪在演讲中谴责，真相的大敌往往不是深思熟虑的、矫揉造作的、尔虞我诈的谎言，而是刚愎自用的、巧言令色的和异想天开的神话。他认为，美国当下国内事务的三个重大领域分别是政府的规模和结构、公共财政政策以及信心即商业信心或者公众信心，简言之就是对美国的信心问题。他逐一分析了这三个领域的神话。首先，"大政府"是一个神话。"联邦政府的扩张比国计民生的其他任何一个主要部门都要小——小于工业部门、小于商业部门、小于农业部门、小于高等教育部门，而且远远逊色于关于'大政府'的杂音。"每个政府部门的活动都必须根据自身优劣和特定国家需求而开展。其次，公共债务正在以危险速度增长是一种神话。"自'二战'以来，人均债务和债务占国民生产总值的比例事实上都已经急剧下降。自'二战'结束以来，按绝对值计算的国家债务仅增

---

① President Kennedy. Address at Yale University, June 11, 1962 [R/OL]. [2019 - 10 - 18]. https：//www.jfklibrary.org/archives/other - resources/john - f - kennedy - speeches/yale - university - 19620611/.

加了 8%，但私人债务却增加了 305%，州和地方政府债务增加
378%。"无论是公共债务还是私人债务，既不好，也不坏。借贷既
可能会导致过度扩张和崩溃，又可能会导致扩张和繁荣。在这个领
域，没有我们可以信赖的单一的简单原则。最后，信心既是一种神
话，也是一种现实。真正的信心危机来自工商界忽视其应尽的公共
义务，劳工界对其所承担的公共责任视而不见，以及政府的渎
职。"相互信任的坚实基础是政府与社会各部门在不断追求经济
进步的过程中结成所必需的伙伴关系。"国内事务的每个领域都
存在一种危险，即神话妨碍了有效的行动。肯尼迪指出："今天，
在我们的经济决策中所存在的危险，并不在于某些以激情席卷全
国的对立的意识形态的重大论战，而在于对现代经济的实际管
理。我们需要的不是形形色色的标签和陈词滥调，我们需要的是
更脚踏实地地讨论那些涉及让庞大经济机器持续前进的、复杂的
技术问题。"

　　肯尼迪是一位多元包容、毫不妥协的总统。不幸的是，1963 年
11 月 21 日，当他赴得克萨斯州腹地达拉斯调解民主党内斗，以避
免得克萨斯州在来年秋天竞选连任中成为孤星之州时遭遇死亡。
"达拉斯存在着一些无关乎传统政治的东西：不谐之音、诡异气氛
以及令人深思这个城市病根所在的歇斯底里的状态。在达拉斯出现
这样的情况格外让人沮丧，这座城市曾一直最为珍视的良好形象已
经被暴力玷污。娼妓和骗子虽然走了，但杀手却变多了。得克萨斯
州是全美发生凶杀案最多的州，而达拉斯在得克萨斯州范围内又遥
遥领先。在达拉斯，每个月的凶杀案数量比整个英国还多。"（威
廉·曼彻斯特，2014：51-52）肯尼迪总统离去之际，整个美国就
像一个巨大的急诊室，等候在外面的，是悲痛的全世界。然而，正
是在这种悲痛、沮丧、混乱和迷惘中，伴随肯尼迪出行、返回其家
乡得克萨斯的副总统约翰逊急不可耐地在达拉斯 - 沃思堡国际机
场，在当地主教的鉴证下继任了美国总统。

第二节　约翰逊总统的"伟大社会"计划

1964 年 5 月 7 日，约翰逊在俄亥俄大学演讲中首次提出了"伟大社会"（Great Society）。

这是一片年轻的热土，是一片年轻人的热土。25 岁以下的美国人比一百年前我们的总人口多出 2.5 倍。到下一个十年结束时，也就是 1980 年，一半的人口将不足 25 岁。因此，对你们学生而言，我仅陈述一个事实，美国是你们的，你们的使命就是创造美好国度，你们的使命就是要建设"伟大社会"。

我知道，我们生活在这样一个时代。在这个时代，冷眼旁观被认为是正确的；在这个时代，事不关己被认为是可取的；在这个时代，昭示崇高信念却遭到戏弄。但是，我相信艾默生，没有热情就没有伟大事业。我会敦促你们，现在就呼吁你们，以巨大的决心从这里出发，因为我们要实现伟大事业。但是，如果没有历史遗留下来的热情和勇气，那么我们就不能取得成功。

今天我们的挑战就是要实现那些自开天辟地以来就一直困扰人类的目标。这个挑战不属于明天而属于当下。我们必须为所有公民带来平等的正义。我们必须消灭人类的贫困。我们必须消灭正在残害和折磨人类的疾病，并将人类寿命延长到 100 岁或 200 岁。我们必须在所有人民中扫除文盲。我们必须结束公然的偏见和挑衅的蔑视，最重要的是，我们必须促成实现铸剑为犁这一天的到来。

这些目标不会在一天之内实现，也不会在一年之内实现。但是，如果我们从现在做起，如果我们以巨大热忱而不是犬儒主义来完成这一切，那么，成绩将是一种荣耀，你们这一代的荣耀。

今天，在你们年轻人面前有一个承诺——明天会更好。明天比昨天更加辉煌，比今天更具挑战。这个时代，不是托付给胆怯灵魂的时代，不是托付给战栗精神的时代。我们拥有这个时代，因为我们竭尽所能为糟糕的难题寻求最好的答案，并且我们想要这么做。

因此，让新武器装备你们年轻的心灵，一起加入这场与古老宿敌——贫穷、疾病、文盲、冲突和偏见——对抗的战斗之中。

凭借你们的勇气、同情心和你们的渴望，我们将建设"伟大社会"。在这个"伟大社会"里，没有任何孩子会食不果腹，没有任何少年会辍学街头。在这个"伟大社会"里，人人安居乐业。在这个"伟大社会"里，任何公民都不会因为他的出生、肤色或宗教信仰而升迁无门。在这个"伟大社会"里，和平与安全是邻里间一种常态，是国家间的一种可能。①

1964 年 5 月 22 日，约翰逊在密歇根大学以"伟大社会"为题发表演讲。他对"伟大社会"的描述是："'伟大社会'是建立在人人丰裕、人人自由之上的。'伟大社会'要求我们终结贫困和种族不平等……但这仅仅是开端。'伟大社会'是每个孩子都能获得知识、充实心智、增长才干的社会；在'伟大社会'，空闲是用于创造、沉思的愉快时机，不是导致无聊、不安的可怕原因；在'伟大社会'，城市不仅满足人们的生存需求和商业需求，而且满足人们对美好的追求、对共享的向往；'伟大社会'是人与自然重新交往的社会；'伟大社会'是因增进种族理解而享有崇高荣誉的社会；'伟大社会'是人们关注理想目标胜过关注物质财富的社会。最重要的是，'伟大社会'不是一个避风港、一个栖息地、一个终极目标和一项等待完成的事业，'伟大社会'是一个不断迎接新挑战的

---

① President Johnson. Remarks in Athens at Ohio University, May 7, 1964 [R/OL]. [2019 - 10 - 18]. https：//www. presidency. ucsb. edu/documents/remarks - athens - ohio - university .

过程，召唤我们奔赴一种命运，一种生命的意义与劳动的奇迹相互匹敌的命运。"①在演讲中，约翰逊特别强调城市、乡村和教室是建设伟大社会的出发地。

1965年1月20日，约翰逊在离开总统就职典礼时，对狂欢者说："不要熬夜，还有工作要做。我们正在通往'伟大社会'的路上。"（Matusow，2009：153）继承了肯尼迪的政治遗产，约翰逊就任总统后即宣布了"伟大社会"计划。该计划中最雄心勃勃、最具争议的内容就是向贫困宣战。约翰逊就任的第一个月内，宣布无条件地向贫困开战，其目标是消除美国人的贫困、文盲和失业。

向贫困宣战。20世纪50年代到60年代初期，美国虽进入了丰裕社会却面临着贫困挑战。美国面临着个案性贫困和孤岛性贫困，这是很丢脸的事。贫困绝非全无转圜余地，因为贫困人口被排斥在现代工业社会之外，"有许多工作可做。教育上的不足是可以克服的。心理上的缺陷是可以处理的。体制上的困难是可以救治的。限制的因素不是我们能做什么的知识。压倒一切的因素是我们对人的投资的失败"（加尔布雷思，1965：278）。"贫困的美国人视生活为宿命，是一个无止境的、永远无法摆脱的循环"，据哈林顿估计，当时美国的贫困人口4000万至5000万，占总人口的20%—25%（迈克尔·哈林顿，1963：23，211）。克洛沃德和奥林对青少年犯罪的研究②、奥斯卡·刘易斯对贫困文化的代际循环研究③无一不

---

①　Public Papers of the Presidents of the United States：Lyndon B. Johnson，1963－64. Volume I：704－707. Washington，D. C.：Government Printing Office，1965.

②　研究发现，青少年犯罪行为是对机会阻塞的一种理性反应。许多具有远大抱负的年轻人通常在人生十字路口因为机会之门的关闭而走上了犯罪道路。预防青少年犯罪，不仅要针对个人，而且要针对滋生青少年犯罪的病灶，即建立一种社会控制和社会进步的机制，为他们提供教育、培训和就业机会，打开赚取财富的机会之门。研究建议，应引入社区竞争，让更多的穷人参与社区决策，增强他们的话语权，打破他们所处的社会劣势地位。

③　研究发现，贫困的根本原因是缺少文化和技术而被激烈的社会竞争所淘汰。通过对墨西哥裔家庭以及圣切兹儿童的社会学调查，首次提出了贫困文化的观点，即贫困是文化现象，而非单纯的经济现象，而且这种文化现象具有代际强化的倾向，不断产生个人懒惰和丧失自信的恶性循环。

刺痛政府的神经（Cloward & Ohlin, 1960; Lewis, 1959; Lewis, 1961）。1965 年春，时任美国劳工部副部长的莫伊尼汉开展了一次美国城市家庭的秘密调查，随后发布的《莫伊尼汉报告》（*The Negro Family: The Case for National Action*）写道，"大量证据都支持这一结论：黑人的社会结构，特别是黑人家庭，受到种族歧视、不公正待遇以及离乡背井的连连冲击和骚乱，处于最深层的灾难之中。虽然许多年轻黑人正在迈向前所未有的成功水平，但更多的人却越来越落在后面"。报告的结论是，福利国家只能取得有限成果，其根本问题在于城市贫民区的黑人家庭正在崩溃。还有病态纠缠的其他迹象，比如非裔美国人在武装部队资格考试中的失败率很高，以及在内城区蔓延的毒品瘾。报告呼吁制订国家计划，打击造成高失业率、依赖福利和单亲家庭的制度性种族主义。[①] 加之班菲尔德、兰普曼、米尔达尔、詹克斯、罗斯和布鲁姆以及加里·贝克尔等一批学者的研究成果，辅之民权运动，向贫困宣战成为 20 世纪 60 年代美国的政治话语和道德话语。

　　早在肯尼迪政府时期，针对阿巴拉契亚地区人均收入不足全美人均收入 25% 的状况，就组建了总统阿巴拉契亚地区委员会（President's Appalachian Regional Commission）。约翰逊继任后，国会于 1965 年 3 月 9 日通过了《阿巴拉契亚地区开发法案》（*Appalachian Regional Development Act of 1965*），建立了阿巴拉契亚地区委员会（Appalachian Regional Committee）负责该法案的实施。联邦拨付 10 亿美元用于该地区的经济发展，建设高速公路网为该地区提供大量的工作机会。设立联邦基金，为贫民窟地区的清理和城市重建提供财政资助；实施特殊的教育计划，为贫民窟的孩子们提供课本费和交通费（Kiffmeyer, 2008）。

---

① Office of Policy Planning and Research, United States Department of Labor. The Negro Family: The Case for National Action [R/OL]. [2019 - 10 - 19]. https: //www. blackpast. org/african - american - history/moynihan - report - 1965/.

　　根据总统经济顾问委员会的建议①，约翰逊总统于 1964 年 3 月正式向国会提交了《经济机会法案》（*Economic Opportunity Act of 1964*），其核心内容就是向贫困宣战。该法案于 1964 年 8 月 20 日生效，拉开了美国向贫困宣战的大幕。这一方面是继承了肯尼迪时期联邦政府的反贫困努力，另一方面是约翰逊实现其早年担任教师时曾经目睹过的得克萨斯州墨西哥裔美国人极端贫困状态而萌生的反贫困志向。

　　为了推进《经济机会法案》实施，约翰逊内阁成立了经济机会办公室（office of economic opportunity）负责监督各种以社区为基础的反贫困项目。该法案坚持"授人以鱼，不如授人以渔"的原则，第一年拨款 10 亿美元，随后两年增加到 20 亿美元，孵化一系列的项目。这些项目主要包括：就业工作团（Job Corps）旨在帮助处于弱势地位年轻人，培养他们适应市场需要的技能；社区青少年工作团（Neighborhood Youth Corps）旨在培育贫困城区青年人的工作经验，并鼓励他们在校学习；服务美国志愿者组织（Volunteers in Service to America）也被称为和平工作团（Peace Corps）旨在敦促在社区工作的公民开展面向贫困家庭和人群的互助活动；示范城市计划（Model Cities Program）旨在服务于城市再开发；继续深造计划（Upward Bound）旨在资助贫困的高中生进入大学继续深造。此外，还开展为贫困地区儿童提供学前教育的启蒙项目，针对穷人的法律服务，向社区医疗保健中心提供资助，扩大卫生保健的服务范围和接待能力，等等。1967 年，肯尼迪的姻亲施莱弗被任命为经济机会办公室主任，直言我们不施舍。在他的领导下，向贫困宣战与联邦政府的计划项目预算制联系起来，不断向社区工作计划、工作

---

　　① 总统经济顾问委员会认为，未来的经济增长将提供相对较少的脱贫机会，因此政策必须更加集中于消除那些阻碍穷人从经济增长中公平地增加收入的障碍。委员会向总统提出的反贫困建议主要包括：充分就业、加速经济增长、打击歧视、医疗保健、教育培训、区域和社区开发、扩大福利支出、减税以及仅针对老年人和失能者的现金援助等。参见 The Council of Economic Advisers. Economic Report of the President 1964 ［R/OL］. ［2019 - 10 - 19］. https：//fraser. stlouisfed. org/files/docs/publications/ERP/1964/ERP_ 1964. pdf.

团计划、启智计划、法律服务计划等方向发展。社区行动的实践经验后来被 1965 年和 1967 年《社会保障法案》两次修正案（*Social Security Act Amendments*）所吸收，成为增加福利支出、扩大社会保障覆盖面、向贫困宣战和提高生活水平的法律条款。

《经济机会法案》明确规定了向乡村贫困宣战的特殊项目。第一章规定就业工作团负责登记参与社会服务项目的学生辍学人数，40% 的就业工作团成员必须参与青年保护团（Youth Conservation Corps）工作；在国家森林和乡村开发计划中执行资源保护、环境美化和发展项目。第二章对农村地区社区行动项目进行了重大授权。根据就业培训、住房、卫生和福利援助的需要，联邦向各州拨付联邦资金，各州根据实际情况自行分配用于共存地区社区行动项目的联邦拨款。第三章明确经济机会办公室作为农村家庭最后贷款人的职责。这些贷款可以用于购买土地，改进家庭农场的运作，允许参与股份合作制公司以及资助非农商业活动。服务于低收入农村家庭的地方合作社也可以申请贷款。

向贫困宣战的官方定义包罗万象，并伴随着一系列的立法支持，涵盖了老年人、幸存者和伤残保险社会保障、公共援助、退伍军人福利、公共住房、城市兴建、联邦医疗保险和医疗补助计划，等等。在人居领域，1964 年开始执行最低限度的建筑工程标准、为流离失所的家庭和小商户提供援助以及授权实施低于市场利率的贷款；《住房和城市发展法案》（*Housing and Urban Development Act of 1965*）规定了为低收入家庭提供房租补贴、为城市重建地区的低收入房产所有者提供修缮补贴以及搬迁补贴等条款。《示范城市和大都市发展法案》（*DemonstrationCities and Metropolitan Development Act of 1966*）确立了一个新的综合社区重建计划，强调对住房修缮、市政服务、街道公用设施和创造就业机会等方面进行战略投资。在收入分配领域，1964 年国会对《戴维斯 – 培根法》（*Davis – Bacon Act of 1931*）进行了修正，将流行的工资标准扩展到小额津贴。《服务合同法》（*Service Contract Act of 1965*）规定了最低工资和津贴，同时适用于在其他同等工作条件下承包商缔结的最低工资和津贴。最低工资标准上升为法律，扩大了《公平劳工标准法案》（*Fair Labor Standards Act of 1938*）的受益面，约910万名劳工因此而受益。在区域发展领域，《公共工程和经济发展法案》（*Public Works and Economic Development Act of 1965*）将区域再开发署（Areas Redevelopment Administration）并入经济发展署（Economic Development Administration），授权在未来五年投资330亿美元，并为获得这笔援助规定了家庭收入低于中值水平、失业率超过6%以及外迁极端贫困人口等七项标准。经济发展署借鉴欧洲的地区开发模式，鼓励不同的县建设经济开发区，特别是要将个别资源极端贫瘠的地区纳入经济开发区。每个经济开发区要求包含5—15个县，拥有一个增长中心，根据经济发展署的资金和技术援助，规划和执行相关开发计划，增长中心处于区域协调发展的核心地位。

"向贫困宣战所体现的诸多思想都不是新的。所有这些思想在'新政'或公平施政（Fair Deal）中、在国外尝试过的许多计划中，或在社区行动计划以及在基金会资助所进行的试点计划中，都有预兆。"（Aaron，1978：2）"伟大社会"就如同剥洋葱，一层包着一层。尽管经济机会办公室的支出从未达到20亿美元，但联邦政府对穷人的支出到1969年达到了159亿美元。特别值得注意的是，用于那些有未成年儿童的家庭的援助尽管总量不足且结构不均衡，但1968年其年均支出总额比1960年增长了35%（Reese，2005：131）。

民权法案。工业化、城市化、南方人口北迁创造了美国民权运动的社会条件，布朗诉托皮卡教育委员会案（Oliver Brown et al. v. Board of Education of Topeka et al.）[①]、肯尼迪遇刺以及小马

---

① 布朗诉托皮卡教育委员会案是美国最高法院做出的一项裁决，即使实行种族隔离的学校原本在质量上是平等的，但是各州在公立学校中实施的种族隔离的法律是违宪的。最高法院于1954年5月17日做出了一致性裁决，隔离的教育设施本质上是不平等的，违反了美国宪法第十四修正案的平等保护条款。

丁·路德·金遇刺等成为美国民权运动的催化器，南方基督教领袖会议（South Christian Leadership Conference）、学生非暴力协调委员会（Student Non – Violent Coordinating Committee）和种族平等大会（Congress of Radical Equality）等组织是民权运动的组织者。如果说《民权法案》（*Civil Right Act of 1964*）是肯尼迪的未竟事业，那么《投票权法案》（*Voting Rights Act of 1965*）、《移民和国籍服务法案》（*Immigration and Nationality Act of 1965*）、《公平住宅法案》（*Fair Housing Act of 1968*）则昭示着约翰逊从"新政"拥趸、继承肯尼迪政治遗产的贩夫走卒开始走上属于自己的政治生涯。1963 年 12 月 27 日，约翰逊在向国会提交的第一份国情咨文中指出，"没有任何纪念演说和歌功颂德比尽早通过他为之奋斗的民权法更能表达对肯尼迪总统的纪念了……关于平等权问题，我们已经谈论得够久了，我们已经谈论了一百年甚至更久；现在是我们书写下一章的时候了，让我们把它写进法律"。①《民权法案》于 1964 年 7 月通过，其核心在于第二章、第六章和第七章。第二章规定，不论种族、肤色、宗教信仰和国籍，保证自由进入汽车旅馆、宾馆、饭店、剧院、公共图书馆、体育馆等公共设施。第六章规定，在美国接受联邦财政援助的计划和活动中，不允许因种族、肤色和国籍而失去参与的资格、被否认受益的资格，遭受歧视。第七章要求建立就业机会均等委员会，裁决就业中出现的种族歧视。《民权法案》禁止职业歧视和公共设施的种族隔离，并规定在那些不能满足投票人参与的地区任命联邦选举检察官来强制实施法律。《民权法案》打破了"美国政治生活的平静，改变了美国的政治规则和结构"（Baumgartner & Jones, 1993：3 – 24）。由于民权运动的重点是争取投票权，在《民权法案》通过后，《投票权法案》便自然顺理成章。《投票权法案》确立了少数族裔的登记权和投票权，

---

① President Johnson. Address Before a Joint Session of the Congress, December 27, 1963［R/OL］. ［2019 – 10 – 19］. https：//www. blackpast. org/african – american – history/1963 – lyndon – b – johnson – address – joint – session – congress/ .

废止了识字率或其他的投票人资格考试等方面的法律，因为有时候这些法律剥夺了非裔美国人的投票资格，并且也为联邦法院诉讼废止歧视性人头税提供了法律依据。《移民和国籍服务法案》废止了移民法中民族出生地配额。《公平住宅法案》禁止住宅的种族歧视，并承诺对低收入家庭的住宅建筑和修缮予以补贴，将宪法权利保护扩展到生活在印第安人预留地上的美国土著人。这些法案将公民权利运动的某些诉求转化为法律，同时也打开了美国种族歧视和不平等的潘多拉盒子，为20世纪60年代中期以后席卷全美的城市骚乱埋下了种子，赋予了克纳委员会（Kerner Commission）所承担的历史使命。

联邦教育援助。美国国会于1963年通过了《高等教育设施法》（*Higher Education Facilities Act of 1963*）和《职业教育法案》（*Vocational Education Act of 1963*）。当这两部法律递交白宫时，白宫的主人已经是约翰逊总统，于是他成为法律的见证人。《高等教育设施法案》的主要内容就是资助政府赠地学院（Land Grant College）建设必需的教室、图书馆、实验室等以适应更多学生的入学、进行技术和研究生教育。该法案为各类教室建设提供贷款，为建设社区学院校舍提供贷款，资助建设全国教育研究中心。

提供平等的教育是"伟大社会"计划关注的重点领域，约翰逊总统认为，"我们国家所有问题的答案、世界所有问题的答案，如果你对其进行分析，就可归结为一个词——教育"（Gladieux & Wolanin，1976：226）。1965年11月8日，他在母校西南得克萨斯州立大学签署了《高等教育法案》（*Higher Education Act of 1965*）。法案的核心是关于学生资助，规定国会每年拨款6.5亿美元资助高校及学生，向全民提供平等的教育机会。法案的第七章是《高等教育设施法案》的继承和修订。此前，《国防教育法案》1964年修正案（*National Defense Education Act of 1964*）已经将大学毕业生和职业学院学生贷款的年度限额从1000美元提高到2500美元，总额度从5000美元提高到10000美元。《高等教育法案》不仅对原有的国防生贷款等项目加以确认，而且创建了教育机会助学金（Educational Opportunity Grants）等资助模式。

在《中小学教育法案》（*Elementary and Secondary Education Act of 1965*）颁布之前，凯佩尔就曾组织了一系列调查。调查结果表明，要改善弱势儿童的教育，就必须将弱势儿童接受教育的年限延长 3—4 年，而不是提供一次性帮助。这样一来，处于弱势地位的儿童学习成绩就可以达到全国平均水平，但要实现这一目标，每个学生的联邦资助要比全美平均水平高出 50%。这就需要实施一项国家补偿的教育计划，如果每年投入 10 亿到 20 亿美元用于教育贫困儿童，学校可以而且应该通过把更多的资源投入穷人而不是非穷人，就可能会打破贫困循环，克服源于家庭的不平等，促进社会各阶层的学业成就平等。1965 年 4 月 11 日，约翰逊签署了《中小学教育法案》。该法案通过为公立教育提供实质性的联邦援助而结束了长期的政治禁忌。法案生效的第一年，向各州批准了 11 亿美元项目，为低收入家庭子女大规模集中的校区提供拨款用于开设特殊教育项目，为使用社区设施用于教育提供资金援助，为改进教育研究和强化州的教育部门提供援助，为购买图书以及图书馆各种设备资料提供补贴。该法案将经济机会办公室发起的为期八周的启智计划确立为一项永久性的项目。随后，约翰逊签署了《双语教育法案》（*Bilingual Education Act of 1968*），规定向地方性的学区提供联邦援助，帮助解决英语表达能力有缺陷的儿童需求，该法律效力延续至 2002 年。

根据《民权法案》的授权，教育部民权事务办公室（Office of Civil Rights）就在公共教育机构因为种族、肤色、宗教信仰或国籍等原因，个人缺乏平等教育机会的可获得情况向总统和国会报告。该办公室委托科尔曼开展调查。科尔曼拒绝了按照政府的旨意和假设来检视投入学校的资源，而是坚持不带偏见地调查孩子们学得如何？什么可能影响学业成绩，是老师、玩伴，还是家庭背景？科尔曼领导的研究小组于 1965 年秋季设计了问卷，并对全美 4000 所公立学校的 60 万名学生和 6 万名教师进行了第一次大规模调查。1966 年 7 月 2 日，科尔曼向教育部长哈罗德·豪递交了长达 737 页的《教育机会均等报告》（*Equal Education Opportunity Report*），史称《科尔曼报告》（*Coleman Report*），7 月 4 日报告呈交总统和国会。研究发现，学校因素并不能很好地解释为什么有些学生表现得比其他学生更好。学校的设施、课程和每个孩子的花费几乎没有解释力。尽管存在着可衡量的差异，教师的素质仍旧只产生了很小的影响。在决定学生的成就方面，比任何学校因素都重要的是家庭背景。"最突出的一个含义是：学校对一个孩子的成就几乎没有什么影响……这种缺乏独立效应的现象意味着，家庭、邻里和同伴环境强加给孩子的不平等，最终演变为他们在毕业后面对成人生活时所面临的不平等。"当然，科尔曼也承认，这些发现并不意味着学校教育无关紧要，只是额外的投入没有得到回报。"我认为，这并不是说学校不能在减少不平等方面发挥强大的作用，而是他们还没有学会如何去做。"（Matusow，2009：224 – 225）《科尔曼报告》给整个教育事业蒙上了一层社会科学的悲观阴影，并对以学校为中心的传统教育思想构成了毁灭性打击。有关《科尔曼报告》对种族不平等的深远影响，甚至有观点认为，"在公立学校中，弥合黑人与白人之间的成就差距可能还需要两个半世纪的时间"。[1]

医疗保健和社会保障。约翰逊继任总统时，社会舆论已经朝着有利于医疗改革的方向发展，公众认为丰裕社会中生活的每个美国人，无论贫富都应该获得体面的医疗保健服务。约翰逊在上任之后的第一次国会演讲中就提出，只要我们还活着，就要为老年人的医疗保障事业奋斗到底！他委任专业人士组建医疗改革小组，研究改革方案。1964 年，推崇自由主义改革精神的民主党人士以三分之二的席位控制了国会，为约翰逊推行改革减少了阻力。自向国会提交

---

① 有关纪念《科尔曼报告》发布 50 周年的文章参见 The Russell Sage Foundation Journal of The Social Science，Special Issue：The Coleman Report and Educational Inequality Fifty Years Later，September 2016，2（5）：1 – 285。

了《金－安德森法案》（*King－Anderson Bill*）、《约翰·贝尔纳斯法案》（*John Byrnes Bill*）之后，1965 年 1 月经国会的多轮辩论，委托众议院筹款委员会主席米尔斯修改医疗改革计划。1965 年 4 月 8 日，米尔斯法案（Mills Bill）通过众议院审议，进入立法程序。1965 年 7 月 30 日，约翰逊终于在杜鲁门图书馆①签署《社会保障法修正案》——医疗保健（Medicare）和医疗补助（Medicaid）正式成为法律。这个法案也称双 M 计划，即针对老年人提供医疗保健，针对贫困人口提供医疗补助。在签字仪式的讲演中，约翰逊说："美国的老人们再不会被排斥在现代医学的治疗奇迹之外。疾病再也不会掏空他们用一生辛勤攒下的积蓄了，他们可以在晚年享有尊严。年轻的家庭将不再仅仅因为他们肩负着对他们父母的道德责任而看着他们自己的收入、自己的希望被无情地吞噬。"②

医疗保健计划由强制性的住院保险（Part A）和自愿性的医疗保险（Part B）组成。A 部分为 65 岁（含）以上的所有人提供九十天的住院服务和一百天的专业院外护理，支付范围包括给付期内住院的费用，医院服务和药品的费用。医疗补助计划的保障对象主要是低收入家庭中的儿童和孕妇、残障人士、老年人以及收入低于各州贫困线的个人和家庭，支付范围包括医院和医生服务、门诊服务、急诊服务、专业医疗护理服务、家庭健康计划咨询等，各州还可因地制宜增加支付项目。双 M 计划具体由卫生及公共服务部（Department of Health and Human Services）的医疗保健和医疗补助服务中心（Center for Medicare and Medicaid Service）负责执行。医疗保健计划 Part A 通过雇主和雇员缴纳的工资税筹资，由联邦政府以单一支付者的形式向签约医疗服务机构支付。医疗补助计划由联邦和州两级政府财政拨款，参与对象并没有缴费义务。双 M 计划

---

① 根据《总统图书馆法》（Presidential Libraries Act of 1955），美国总统卸任后在自己家乡建造一座图书馆。杜鲁门图书馆全称是 The Harry S. Truman Presidential Library & Museum。

② Public Papers of the Presidents of the United States：Lyndon B. Johnson，1965. Volume II：811 – 814. Washington，D. C. ：Government Printing Office，1966.

的实施不仅战胜了来自美国医学协会（American Medical Association）和私人保险机构的强烈抵制，而且确立了公共财政向弱势群体提供医疗服务的改革思路，这给美国社会带来了深远的影响。

约翰逊任期内，根据社会保障计划的覆盖面及收益的充分性，于1967年再次对《社会保障法》进行了比较重大的修订。在1965年修正案的基础上进一步扩大了社会保障的覆盖范围：将牧师按照个体经营者的条款纳入社会保障体系，除非牧师声明反对；将州消防员视为州政府雇员纳入社会保障体系；将满足条件的家政服务人员①纳入社会保障体系。1967年修正案进一步提高了养老金的待遇：将每月养老金增加14%，将养老金最低金额由44美元调至45美元；老年和遗嘱保险的工资税基数由一年的6600美元调至7800美元；对72岁以上的单身老年人额外每月支付的数额由35美元增加到40美元，对72岁以上的老年夫妇额外每月支付的数额由52.5美元增加到60美元；1967年修正案放宽了老年人退休后从事工作的限制：老年人退休后工作如果每年收入超过1680美元，每多2美元收入，扣减1美元养老金；如果收入达到2880美元，每多1美元收入，扣减1美元养老金。1967年修正案进一步完善了残疾保障制度：如果参保人死亡，其残疾配偶可以在50岁时领取参保人基本养老金的50%，在60岁时领取参保人基本养老金的71.5%，在70岁时领取参保人基本养老金的82.5%；残疾保险申请的追溯期限由无法工作后的12个月延长至36个月等。1967年修正案对医疗保险进行了重大修订，扩大了项目的覆盖范围，简化了医院和医疗保险计划下的报销程序，便利了一般注册期的行政程序；明确规定了至少有6%的妇幼保健费应用于计划生育；联邦政府开始要求州卫生部门为所有贫困的成年人提供避孕药具。

1968年1月17日，约翰逊签署了一项儿童健康计划，"在接下

---

① 如果雇主家中有18岁以下的子女或者因体力或智力原因需要成年人照顾的子女，需要雇用家政服务人员工作至少4周以上，这种情况下的工作被纳入社会保障体系。

来的五年内为无力负担的家庭提供服务——从产妇的妊娠保健到新生儿第一年都能获得保健服务。当我们这样做的时候，你会发现这是我们有史以来最好的投资。因为人会在婴儿期感染这些疾病，而且我们能在很多情况下找到治愈方法，但当孩子们成年后这些方法在我们过度拥挤的医院是永远找不到的"。①

一系列的改革在解决旧问题的同时带来了新问题。以双 M 计划为例，最直接的后果是公共医疗支出直线上升。更为严重的是，在多花钱的同时，由于计划实施的实际控制权在医生和医院手中，他们既是运动员又是裁判员，这养肥了健康服务业，加剧了通货膨胀，伤害了穷人和工人（Matusow，2009：224 – 225）。

文化与艺术。关于艺术和人文科学向联邦政府寻求资助的游说，在肯尼迪政府时期就已经展开。1963 年，美国学术团体理事会（American Council of Learned Societies）、研究生院理事会（Council of Graduate Schools）和美国大学优等生协会（Phi Beta Kappa Society）共同组建了一个委员会。1964 年 6 月，该委员会发布报告，指责对科学的过度重视危及从小学到研究生的人文教育，建议由总统和国会建立一个国家人文科学基金会。8 月，宾夕法尼亚州国会议员穆尔黑德建议通过立法来实现该报告所提建议。9 月，约翰逊在布朗大学发表演讲时明确支持穆尔黑德议员的建议。1965 年 3 月，约翰逊提议设立国家艺术与人文基金会，并请求国会拨付 2000 万美元启动资金。9 月，约翰逊签署了《国家艺术与人文基金会法案》（*National Foundation on the Arts and the Humanities Act of 1965*），联邦政府相继组建了国家艺术基金会（National Endowment of Arts）和国家人文科学基金会（National Endowment for the Humanities）。

此前，国会还通过了《国家艺术和文化发展法案》（*National Arts and Cultural Development Act of 1964*）。此后，国会又通过了《公

---

① President Johnson. Annual Message to the Congress on the State of the Union，January 17，1968［R/OL］．［2019 – 10 – 20］．https：//www. presidency. ucsb. edu/documents/annual – message – the – congress – the – state – the – union – 29.

共广播法案》（*Public Broadcasting Act of 1967*），授权组建了私营非营利性的公共广播公司（Corporation for Public Broadcasting），旨在为所有美国人提供高质量的教育、信息和文化类节目。1968 年至1969 年，公共广播公司和福特基金会（Ford Foundation）共同主持了公共频谱研究并建立了国家公共频谱。公共频谱系统最终被公共广播法案修正案确立。

"伟大社会"计划在文化与艺术领域的系列立法，不仅孕育了从事公益文化艺术事业的机构，而且保证了这些机构从联邦政府获得资助的合法性。这些机构共同搭建了美国联邦政府的公益文化艺术支持体系的雏形。

消费者保护。"伟大社会"计划对消费品安全给予了格外重视。1964 年，约翰逊任命劳工部部长助理彼得森作为协助消费者事务的总统助理。《联邦烟草标签及广告法案》（*Federal Cigarette Labeling and Advertising Act of 1965*）要求包装盒上必须携带警示标签。《公平包装和标签法》（*Fair Packaging and Labeling Act of 1967*）规定所有产品都必须标明生产商和产地，并清晰地表明数量和适用范围，授权卫生、教育和福利部（Department of Health, Education, and Welfare）以及联邦贸易委员会（Federal Trade Commission）建立和界定自愿的标准规格。《儿童保护法案》（*Child Protection Act of 1966*）禁止任何具有危害性的化学制品，无安全警示的产品就不能投入使用。《易燃性织物法案》（*Flammable Fabric Act of 1967*）为儿童的睡衣裤制定了标准，规定不适用于婴儿毛毯。《优质肉类产品法案》（*Wholesome Meat Act of 1967*）规定，肉类产品检测必须符合联邦标准。《优质禽类产品法案》（*Wholesome Poultry Products Act of 1968*）规定，禽类产品检测必须符合联邦标准。《辐射控制法案》（*Radiation Control for Health and Safety Act of 1968*）为有缺陷的电子产品设定了标准和召回义务。《诚实贷款法案》（*Truth in Lending Act of 1968*）规定，贷款人和信贷提供者公开披露针对分期贷款和出售的美元以及每年利率的财务费用的全部成本。《州际土地出售全面披露法案》（*Interstate Land Sales Full Disclosure Act of 1968*）为抵制土地出售中的徇私舞弊行为提供了防范措施。

伴随着城市化进程中汽车的普及，约翰逊将交通运输机构整合为单一的内阁机构——交通运输部（Department of Transportation），1966 年 10 月 15 日国会授权通过后于 1967 年 4 月 1 日正式运转。随后，国会授权实施了系列交通运输法案，不仅引导了行业发展，而且保障了出行安全。《城市公共交通法案》（*Urban Mass Transportation Act of 1964*）为大规模的城市轨道交通项目提供 3.75 亿美元拨款，以满足城市和州的资金需求。《高速陆路交通运输法案》（*High Speed Ground Transportation Act of 1965*）规定在纽约与华盛顿之间建设高速铁路。《国家交通和机动车安全法案》（*National Traffic and Motor Vehicle Safety Act of 1966*）提出设立国家高速公路运输安全署（National Highway Traffic Safety Administration），并负责制定标准。

环境质量。"伟大社会"计划对于环境的主要贡献在于，环境保护扩展到未触及的资源保护领域。1965 年 2 月 8 日，约翰逊向国会提交《保护和恢复美丽自然》特别陈词（Message on the Natural Beauty of Our Country）："我们呼吸的空气、我们的水资源、我们的土壤和野生动植物正在受到技术和产业的副产品——有毒物质和化工制品的摧残。我们的社会受益于技术进步的恩惠，我们的社会必须作为一个整体对控制技术进步的副产品负有责任。处理这些新的问题，将需要新的保护措施。我们不仅需要保护乡村，使其免遭毁灭，而且必须恢复那些已经遭到毁灭的城市，拯救我们城市的美丽和魅力。我们的保护措施不仅包括抵制发展的传统措施，而且包括促进发展的创新措施。"[1]

一系列环境法案随后出台，主要包括:《清洁空气法案》

---

[1] President Lyndon B. Johnson's Natural Beauty Message, February 8, 1965; "Presidential Messages 3 of 6" folder, President's Messages to Congress, 1965 – 66, Box 6; Office of the Clerk; 89th Congress; Records of the U. S. House of Representatives, RG 233; National Archives.

（*Clean Air Acts of 1963*）、《荒野保护法案》（*Wilderness Act of 1964*）、《土地和水资源保护基金法案》（*Land and Water Conservation Fund Act of 1965*）、《固体废物处置法案》（*Solid Waste Disposal Act of 1965*）、《机动车辆污染控制法案》（*Motor Vehicle Air Pollution Control Act of 1965*）①、《国家历史建筑保护法案》（*National Historic Preservation Act of 1966*）、《濒危物种保护法案》（*Endangered Species Protection Act of 1966*）、《国家山径系统法案》（*National Trails System Act of 1968*）、《野生和风景河流法案》（*Wild & Scenic Rivers Act of 1968*）、《飞机噪音控制法案》（*Aircraft Noise Abatement Act of 1968*）、《国家环境政策法案》（*National Environmental Policy Act of 1969*），等等。

　　到约翰逊内阁末期，在 252 项重大的立法诉求中有 226 项得以通过，联邦政府对贫困人口的资助额从 1960 年的 99 亿美元上升到 1968 年的 300 亿美元，100 万美国人的再培训得到了联邦项目资助，200 万美国儿童参与了启智计划。1966 年 12 月 2 日，约翰逊充满自豪地说："我希望任何客观的历史学家都能够看到我的历史功绩，如果我不能比我们国家的任何人为我们的国家做得更多，我将退出。罗斯福在他上任的一百天通过了五个主要法案，我在两年时间里通过了 200 个议案……美国历史上从来没有哪一位总统在如此短的时间里通过了这么多法案……有几个总统通过了教育法案？在我的任期里，已经通过了 18 个教育法案……通过了 24 个医疗保健法案，此前所有总统一共只通过了 17 个这方面的法案。"（Califano，1991：149）

　　"伟大社会"是 20 世纪 60 年代美国最富有争议的政治遗产之一。布林克莱认为，向贫困宣战的广泛意图与其适度业绩之间的缺口随后点燃了保守主义争论：政府不是一种解决社会问题的适当工具。但约翰逊的副手之一卡利法诺反驳道：从 1963 年约翰逊入主

---

　　①　该法案作为《清洁空气法案》修正案。

白宫直到 1970 年，伴随着"伟大社会"项目的影响，生活在贫困线之下的美国人的比例从 22.2% 下降到 12.6%，成为 20 世纪贫困家庭下降最显著的时期。生活在贫困线之下的非洲裔美国家庭从 1960 年的 55% 下降到 1968 年的 27%。从 1964 年到 1967 年，联邦教育支出从 40 亿美元上升到 120 亿美元，医疗保健支出从 50 亿美元上升到 160 亿美元。同时，联邦政府向四分之一的贫困家庭提供了每年 2000 美元的直接补贴，是 1961 年的 4 倍。蔡菲持同样观点，约翰逊的减税措施触发了第二次世界大战后美国历史上最长时期的繁荣。1964 年国民生产总值增长 7%，1965 年为 8%，1966 年为 9%。到 1966 年，失业率下降到 5% 以下，年收入超过 7000 美元的家庭达到了 55%，比 1950 年上升了 33 个百分点。到 1968 年，美国家庭的平均收入达到 8000 美元，十年内增长了 2 倍。仅 1966 年个人可支配收入就增长了 15%。联邦财政收入从 1961 年的 940 亿美元大幅增加到 1967 年的 1500 亿美元。伴随着婴儿潮一代步入成年，1965 年至 1980 年美国劳动力相比于 1950 年至 1965 年增加了 2.5 倍。

在经济学家看来，20 世纪 60 年代起步于七个月的经济衰退、三年半的经济萧条以及"二战"后第一次长达 106 个月的增长奇迹，并最终陷入了令经济学家束手无策的滞胀危机。托宾认为，这种持续增长的主导者是技术进步，经济政策所起的作用很小，约翰逊醉心于舆论政治，"他们本来要稳定的系统，反倒被他们弄得不稳定了——在淋浴的时候，性情急躁地转动开关，一会儿挨烫一会儿受冻，而笨头笨脑的家庭主妇总是要摆弄恒温器，如此等等，不胜枚举"（詹姆斯·托宾，1980：49 - 51；68）。斯坦因戏称"伟大社会"计划是加尔布雷斯主义（Galbraithianism）的产物。一系列松散的社会经济分析和评估，对自由市场心怀敌意，热情地倾向于更加广泛的政府控制。在加尔布雷斯的观点中，根本不存在对一种新的和不同的经济体制的需求，相反，"针对传统体制、自由市场和资本主义制度的意识形态的辩护，已经被其一般规则和主张中所显示的例外情况所揭穿，这就为政府毫无顾忌地实施特殊政策和收入再分配措施敞开了大门"（Stein，1984：98）。阿隆认为，因为"大萧条"和战争，对政府行动的信心，长期以来已经被改革者所接受，并传递给了广大人民群众，在20世纪60年代演变为政治表达。"这种信心被应用于社会和经济问题，这种看法是由过于简单且天真的大众态度和社会科学家的粗俗分析所决定的。"（Aaron，1978：51）伊利·金斯伯格和索洛认为，"伟大社会"是一项自吹自擂的计划，不仅超越了行政能力，而且夸大了危机，从而造成了公共资金的扭曲配置，是严重的政治幼稚病或犬儒主义的表现。从其诞生的那一刻起就注定要失败，20世纪60年代的这些社会工程显然失败了，任何政府都不可能兑现如此雄心勃勃的承诺。"伟大社会"计划通过的"社会立法只不过是一种骗局，其目的是掩盖问题而不是解决问题；或者对社会问题的所有重大政治干预都是错误的，必然会失败，这些问题最好留给地方政府，私人慈善机构或自由市场来解决"（Ginzberg & Solow，1974：212；217–218）。

在公共行政学者看来，"伟大社会"一方面进一步强化了政府干预，另一方面尽管其注定是失败的，却开启了大规模的福利国家建设。"无论是产生不良的溢出效应，还是有时所采取的干预策略设计不当，政府干预的结果不尽相同。但是，它们几乎总是在所预期的方向上取得进展。联邦政府努力的两个主要目标群体——黑人和穷人的收益提供了最显著的证据。诸多政府项目极大地减少了贫困，并减轻了贫困。20世纪60年代，黑人在教育、就业、收入和权利等方面取得了巨大的进步。"（Levitan & Taggart，1976：8）"伟大社会"计划不在于它是否消除了贫困和种族不平等，而在于它是否将社会朝这个方向推进了一步。

沃尔多认为，"伟大社会"在行政国家之上"增加了另一种职能、另一层级，另一种国家。这可以被称为再分配国家，或者称为公平国家。我的观点是，近年来，超越传统设想的福利项目有所增加，这些项目寻求更直接地实现无形资产，如自由、平等和正义；

除此之外，还有尊严和成就感等非政治性词汇。一些与'伟大社会'相关的项目，可以说既是对身体的管理，也是对灵魂的管理"（Waldo，1981：38 - 39）。在《行政国家：美国公共行政的政治理论研究》第二版序言中，沃尔多提到，"伟大社会""一方面，体现了战前文献实质性内容的非现实性和无关重要性；另一方面，提醒人们意识到公共行政事业的重要性，需要更多的知识、需要掌握更多的知识"。"伟大社会"并没有解决公共行政的关切，充其量不过是越南战争所引发的内乱以及战争结束所带来的创伤、青年反叛和反主流文化的崛起及其影响的反映。"相对于宪法原则或民主意志的真相，科学技术发现的真相地位如何？管理就是管理的这一预设/假设是否否定了政府的独特性？如果是这样，又有什么关系呢？政策分析或政策科学课程是否与宪政民主原则相冲突？假定公务员确实是公共行政的主人，他们制定政策而不是执行政策，即使通过其专门知识并间接地通过向权力当局说出真相的方式提出他们的建议，那么政策分析或政策科学中的程序是否与宪政民主原则相冲突？"（Waldo，1984：xii；xxi）

对"伟大社会"的评价不应该以其追求的目标为基准，而应该有一种多维的政策分析框架，正如德哈文 - 斯密斯所言，"事实摆在我们面前，就像万花筒里的鹅卵石，会随着理论视角的每一次旋转而重新排列和解释"（DeHaven - Smith，1988：126）。

第三节 自动化革命引发的争论

1964 年年初，一个由 34 名成员组成的特别委员会发布了题为《三重革命：一项对美国重大危机的评估和行动建议》（*The Triple Revolution: An Appraisal of the Major US Crises and Proposals for Action*）的备忘录。其中的核心观点是：三重革命即自动化革命、武器装备革命和人权革命即将同时发生。"一个生产的新时代已经来临……自动控制正在重组以满足它自己的需求……伴随着机器替代人从事生产活动，它们吸收越来越多的资源，而那些流离失所的人们变得需要依赖于政府给予的最低工资和无济于事的措施——失业保险、社会保障和社会福利支出。"（Ad Hoc Committee，1964）

　　签署这份备忘录的包括：民主学生联盟（Students for a Democracy Society）主席吉特林及其成员海登、社会民主党人士哈林顿和诺曼·托马斯、《异见》（Dissent）总编辑艾尔文·豪、经济学家米尔达尔和海尔布伦纳、唯爱社（Fellowship of Reconciliation）马斯特牧师、《科学美国人》（Scientific American）发行人派尔、未来学家拉斯廷、罗伯特·西奥博尔德，以及诺贝尔奖获得者鲍林，等等。

　　自动化革命格外值得关注，因为自动化革命开辟了人类历史的新纪元，而美国是机器和人类戏剧的舞台，美国人将率先面对这一新时代。"毫无疑问，自动化确实增加了为被忽视的公共部门提供资金的可能性。毫无疑问，自动化也使消除国内外的贫困成为可能。但是，工业体系没有足够的机制让这些潜力成为现实。工业体系旨在尽可能高效地生产不断增多的物品，并且假定这些物品购买力的分配几乎是自动发生的。通过就业链接作为唯一有效的需求分配机制，收入的持续增长授予消费者购买力。现在，它几乎成为自动化生产体系无限能力的刹车器。""只有当人们认识到，主要的经济问题不是如何增加生产，而是如何分配由自动化带来的商品和服务的潜在丰裕时，才会使如何实现充分分配成为问题。为保障消费者权益，迫切需要进行根本性的机制变革。"面对自动化革命需要建立新的共识，"我们必须认识到工作与收入之间的传统联系正在被打破。不管公民们是否从事通常被认定是工作的事情，丰裕的经济可以让所有的公民处于舒适和经济安定的情境之中。由机器生产而不是由人生产的财富仍然是财富。因此，我们敦促社会通过其适当的法律和政府制度作出无条件的承诺，为每一个人提供服务"（Ad Hoc Committee，1964）。

　　备忘录的行动建议主要包括：实施一个大规模的项目旨在建立

教育系统，特别是满足长期教育不足的人的需要；实施包括水利、港口、水和空气污染防护、社区娱乐设施等在内的大规模的公共工程；实施一项大规模的廉租房开发计划；建设城市和城际高速交通系统；在经济贫困地区建立以煤炭为基础的公共电力系统，专为重工业和住宅区提供低成本电力；将荒废的军事基地改造为社区或用于教育；对税收结构进行重大调整，旨在重新分配收入以及公平地分摊过渡时期的成本，征收超额利润税以期减轻许多行业从人力到机器动力的转型过程中所带来的痛苦；充分发挥工会的作用，在技术替代劳动力、健康和福利、住房、娱乐设施、养老以及养老金保值投资等方面开展集体谈判，并为失业者代言；利用政府的特许权来规范自动化的普及速度和应用领域使痛苦降到最低，并通过规定最低工资和征税开展激励。

1964 年 3 月 22 日，特别委员会给约翰逊发出了一份公开信，并附寄一份《三重革命：一项对美国重大危机的评估和行动建议》。他们在给约翰逊的公开信中写道：这些经济的、军事的和社会的变革，构成了三重革命。我们相信，在不久的将来，无论我们是否愿意，这些变化将迫使公共措施超越现在提议或考虑的任何步骤。如果不采取《三重革命：一项对美国重大危机的评估和行动建议》中所提出的政策建议，我们相信，美国将陷入前所未有的经济和社会混乱。

1964 年 8 月 19 日，约翰逊签署行政法案（Public Law 88 - 444），授权组建技术、自动化和经济进步国家委员会（National Commission on Technology, Automation and Economic Progress），授权委员会确认、评估、描述技术变革的全貌，以及需要由联邦、州和地方政府推进的立法和行政举措。具体包括：确认和评估技术变革的速度、适应技术变革的就业环境和收入水平、技术需求以及未满足的人类和社区需求；并就以下议题给出建议：政府作为给那些困难就业群体的托底雇主的公共部门雇用计划；能够保证经济安全和家庭生活的收入下限；技术变革冲击下人们所需要的补偿教育；全国工作岗位—职业人员匹配计算机系统；由州和联邦政府提供的就业公共服务的改革方案；产业衰退地区实验性异地搬迁家庭的永久补偿标准；使评估备选政策的相对成本和收益成为可能的社会核算体系；国家目标及实现目标的国家绩效。

该委员会主席由爱荷华大学校长鲍文担任，共有十四位知名人士组成，包括沃森、兰德、卢瑟尔、索洛等人。同时，组建了由十位内阁部长组成的跨联邦政府部门的咨询顾问委员会，由劳工部长约翰·康纳尔和商务部长维尔茨担任共同主席。

1966 年 2 月，该委员会发表了报告《技术和美国经济》（*Technology and American Economy*）以及《技术变迁展望》（*The Outlook for Technological Change*）、《技术变迁的就业影响》（*The Employment Impact of Technological Change*）、《适应变迁》（*Adjusting to Change*）《技术变迁的教育意蕴》（*Educational Implications of Technological Change*）、《应用技术适应未满足的需求》（*Applying Technology to Unmet Needs*）、《关于技术影响的相关声明》（*Statements Relating of Impact of Technological Change*）六个附件。鲍文在序言中指出，未来的历史学家们可能会将我们所处的时代描述为一个自觉的社会变革时代。应该谴责那些想利用这种意识来助长特定群体气焰的狭隘之人，应该谴责那些相信经济社会体系将自动适应技术变革的人。需要一种全新思想让那些鼓吹自动化神秘力量的狂热人士保持冷静，需要一种全新观念让那些被技术变革和社会事件所困惑的人采取积极行动，这样才可能产生立竿见影的效果。1966 年 2 月，委员会向总统和国会提交了最终报告。主要结论和建议如下：

  1. 技术变革的步伐已经有所加快。就政策目标而言，衡量技术变革速度的最恰当指标是私人经济中人均每小时产出的年增长率。如果选择 1947 年为分界点，从 1909 年到 1947 年，年增长率为每年 2%；从 1947 年到 1965 年，年增长率为 3.2%。这是一个巨大的增长。但是，这并不表明且也没有证据表明，在未来十年中，技术变革的加速度会比需求增长的加速度快。

2. 朝鲜战争后的过度失业，直到现在才开始减少，是因为经济增长速度太慢，无法抵消以人均产出来衡量的生产力增长和劳动力不断增长的联合影响。

3. 生产力是我们高生活水准和机会的主要来源，这些机会必须提供给那些选择进入劳动力大军的人们，需求增长必须承担解决失业问题的责任。我们必须认识到，所必需的日益增长的生产率与劳动力增长率相匹配的经济增长率，在美国历史上是前所未有的，在其他工业化国家的历史上也是如此。因此，继续需要积极的财政和货币政策来刺激经济增长。

4. 技术变革不应该承担对正常失业水平的主要责任，但不否认技术变革在特定职业、行业和地点的失业中所起的作用。技术的变化已经造成并将继续造成整个经济的职业替代和失业。伴随着其他方面的变革，技术变革决定谁最终将会被替代。在整个经济中，产出增长速度决定了总体失业水平、失业持续时间、劳动力市场新进入者找工作的难度。

5. 失业往往集中在那些没有受过教育的人们身上，这不是因为技术进步改变了工作性质，而是因为没有受过教育的人在就业竞争中处于劳动力大军的队尾。在一定程度上，受教育水平决定了个人的就业能力、经济增长、经济活力以及社会质量。但是，我们毋须等待教育的缓慢改善来解决失业问题。

6. 相对于技术变革，未来十年就业调整和经济前景将取决于今后的各项政策。众多的职业、产业的不平衡增长和衰退有可能但并不必然导致整个经济陷入困境。非技术性工作将继续在所有行业占一定的比例，并且岗位数量不会减少。一个重要的警示是：除非黑人和年轻人能够比过去更快地渗透到新的岗位和行业之中，否则，他们的高失业率将会持续，甚至将会上升。我们必须比过去做得更多、更好，从而阻止这场对全社会有益变革的成本不对称、不公平地由某些群体来承担。

7. 在过去的两年里，尽管技术变革和劳动力规模扩张持续不断，更充分的财政政策已经证明了政府有能力降低失业率。经济政策必须继续高度警惕、坚决降低总体失业率。我们决不能让战争时期繁荣、和平时期失业的景象再现。社会所需要的是，我们把财政政策的重点放在公共投资支出上。

8. 那些有残障的人士由于缺乏教育、技能、经验，以及就业歧视，在就业竞争中总处于不利状态。社会的需要是，为所有有能力、有意愿寻求工作的人提供一份工作。我们建议实施公共服务就业计划，即政府是最后雇佣者，在社区企业内提供岗位。

9. 技术变革和生产力是空前财富的主要来源，但是，许多人并没有分享到这份丰裕的财富。我们建议设立基于家庭收入的经济保障，包括与工资有关的福利改善以及更广泛的收入维持制度。因为这些家庭无法养活自己。

10. 为了促进适应技术变革的调整以及改善生活质量，应向所有人提供充分的教育机会。从弱势群体所处的生活环境来看，我们建议对他们实行补偿教育，提高整体教育质量，普及高中教育，提供十四年的免费公共教育机会，消除高等教育、终身教育、培训、再培训的财政障碍，尤其关注成年残障人士的教育。

11. 适应技术变革的调整需要当前以及未来工作机会的信息。我们建议创建一个全国性的计算机辅助的职业—人员匹配系统，以便在本地、区域乃至全国范围内提供更多的关于就业机会和现有工人的信息。除了有助于找工作之外，这种服务还有助于职业选择，并提醒公众和政策制定者不要阻碍变革。

12. 公共就业服务是适应技术变革和经济变化的重要工具，但被行政官僚和资源不足所阻碍。我们建议，目前的由联邦政府资助、由州政府管理的就业服务完全由联邦政府负责。

这将使它们与现代劳动力市场之间更加协调。当然，必须保证人力和资金方面必需的资源，以发挥公共就业服务的关键作用。

13. 我们建议，将当前对产业衰退地区的工人和家庭所提供的搬迁援助试点，发展成一个永久性项目。

14. 无论是技术原因还是其他原因，对于那些因种族歧视而被封堵在新增就业机会之外的失业者而言，尤其痛苦。我们建议，增加他们的发言权，消除他们就业的社会障碍，并倡导一些特殊项目来补偿数个世纪以来体制性拒绝导致的伤害。

15. 技术变革和经济变革对不同地区的影响不同，需要跨区域协调来抓住机遇，避免混乱。我们建议各联邦储备银行为其所在区域内的经济发展活动提供领导力。每个联邦储备区的发展计划应包括：定期的经济分析计划；区域内各主要利益集团的代表组建经济增长咨询委员会；为新兴公司和成长型企业提供风险资本和长期融资的资本银行；以区域技术研究机构为中心传播与该区域发展有关的科学技术知识；联邦储备区的联邦行政人员负责开展与经济发展相关的各种联邦项目的区域协调。

16. 政府的责任就是营造环境，在这种环境里能够针对可能发生的变革进行令人满意的调整，而调整主要发生在私人雇用关系之中，因为这类调整的绝妙之处在于能保证因人而异的灵活性。我们建议研究用再保险基金来保护养老金领取权，修订投资税收抵免条款，鼓励雇主提供适当的调整援助。我们建议雇主和工会采取积极的计划，向过去种族歧视的受害者提供补偿机会，并有效落实与就业相关的法律条款。我们建议鼓励联邦、州和地方政府在调整中发挥模范雇主的作用。

17. 技术增长人的能力，增强了人对环境的控制力。技术变革的收益能够且应该应用于更高的生活水平、增加休闲、改善工作环境、扩大满足人们和社区需要的投资，以及援助处于劣势的国家。

18. 关于技术变革的收益应用于扩大满足人们和社区需要的投资，我们建议的投资领域包括医疗保健、交通运输、污染防治和住房开发。在医疗保健领域，我们建议让所有人群更全面地拥有使用诊断和护理设施的权利；更广泛和更大胆地使用计算机以及其他新技术；扩大卫生统计、信息和指数的传播及应用；设立新项目培训医疗保健人员。在交通运输领域，我们建议由联邦政府支持系统性的研究项目，用于解决跨州的各类问题、确定国家综合运输体系的先决条件、评价备选方案。在污染防治方面，我们建议加大研究力度，认清和理解各种污染物对生命有机体的影响；明确各种污染源的防治成本；建立有效、充分授权的水流域管理机构。在住房开发方面，我们建议增强联邦政府的刺激措施；利用联邦政府支持的公共住房开发项目为新技术提供初始性市场；通过向那些遵守国家建筑规范的社区提供有效的联邦支持、住房及其他建筑保险来宣传示范国家建筑规范；向因技术变革而遭受破坏的任何建筑手工艺提供援助。

19. 我们建议在解决社会和环境难题上扩大系统分析方法的应用；将联邦政府采购作为一种技术创新的激励手段，实施以性能指标而不是产品规格为标准的采购政策；联邦政府基金资助大学和其他组织开展解决城市问题的技术创新和实验应用；将大学、科研机构与教育职能结合起来，为当地社区提供解决城市问题的咨询和服务；为非政府组织使用政府资助的研究成果提供更多便利。

20. 我们建议用人单位努力使工作环境人性化，包括：使工作适应人类的需要、提高工作期限的灵活性、消除小时工和正式工之间支付方式的差异；探索建立使评估备选政策的相对成本和收益成为可能的社会核算体系；长期研究国家目标及实现目标的国家绩效（National Commission on Technology, Auto-

mation and Economic Progress，1966：109 – 113）。

当时，正值凯恩斯革命在美国达到高潮。该报告提出，"社会核算体系能允许我们做什么？核算可能用词不当。社会学家们始终没能建立一些完全一致的相关关系集合，比如说就业和青少年犯罪之间的相关关系，即便能建立相关关系，说清楚可度量的术语也是困难的。但是，对这些相关关系的探索却是必需的。如果社会核算体系能被建立起来，它将帮助我们对社会和经济进步开展更宽泛、更平衡的估算，并帮助我们在四个方面测算人力资源利用：经济创新的社会成本和净收益；诸如犯罪、家庭破裂等社会疾病；在社会需求明确的领域，比如住房、教育领域，创建绩效预算；经济机会和社会流动性指数。最终，这可以提供一张有助于澄清政策选择的平衡表。我们将不仅记录经济和社会变迁的收益，而且记录各种成本，显示这些成本是如何分担的"（National Commission on Technology，Automation and Economic Progress，1966：96 – 97）。

需要指出的是，当技术、自动化和经济进步国家委员会组建时，全美失业率为 5.1%。当最终报告提交国会时，全美失业率下降为 4.0%，并且仍呈现明显下降的走势。该委员会认为，失业不是由技术变革引起的，而是经济增长速度跟不上人均产出和劳动力的增长所引起的。就业标准不是由工作岗位的需求设定的，而是由劳动力受教育水平决定的。如果这种趋势在未来几年内逆转，将是公共政策的失误，而不是技术变革的错误。国会终于意识到，失业并非不可避免，目标明确的财政政策是能奏效的。通过减税，增加了总需求、促进了经济增长、扩大了就业。

无论是《三重革命：一项对美国重大危机的评估和行动建议》，还是《技术和美国经济》，都不如当时关于自动化的学术争论引发的社会关注更加强烈。总统技术、自动化和经济进步委员会组建时，《纽约时报》（*The New York Times*）以一个整版介绍了委员会全体成员。《技术和美国经济》报告发布时，《公共利益》（*The*

Public Interest）在其创刊号设立了专栏——伟大的自动化问题；《纽约书评》（The New York Review of Books）连续发表了一系列关于自动化的主题书评。罗伯特·西奥博尔德、海尔布伦纳、加尔布雷斯、塞利格曼、西蒙、贝尔、西尔伯曼、德鲁克、托尔曼以及莱克曼、戈登等学者均参与了这场蔚为壮观的学术争论。

《三重革命：一项对美国重大危机的评估和行动建议》的作者之一罗伯特·西奥博尔德，在其著作《丰裕的挑战》（The Challenge of Abnundance）、《自由人和自由市场》（Free Man and Free Market）中，从中产阶级改良主义出发，解释了资本主义所面临的由技术革命导致的种种矛盾。他预测，到1980年，商品生产、服务供应的自动化以及自动控制将导致全球一半以上的劳动力处于失业状态；到20世纪末，美国将只有10%的劳动力处于就业状态；就业与收入之间的传统联系将被打破。这可能会导致新一轮经济危机，并革命性地颠覆资本主义。技术革命将破坏凯恩斯主义的经济增长理论，凯恩斯主义所提倡的通过需求管理和国家干预来解决失业将难以奏效。为了挽救资本主义，罗伯特·西奥博尔德认为，经济政策要减少对资本投资和促进增长的关注，而增加对财富分配改革的关注，包括为所有失业者提供保障性收入的改革。比如，为失业工人提供维持生计工资的一半，为失业的管理者、小资产阶级和中产阶级知识分子提供维持生计工资的两倍。诸如此类的改革可能会产生无极限的市场扩张和垄断利润的增加，从而为后工业社会奠定中产阶级基础。

海尔布伦纳认为，罗伯特·西奥博尔德的想法是海市蜃楼，是在大张旗鼓地制造魔幻的回春丸。自动化会带来长期失业问题，就业存在上限，因为总需求的前景存在天花板。快速的技术变革已经在农业和制造业中引发了失业，并且正在开始威胁办公室工作的人员。"伴随着机器继续入侵社会，机器重复完成越来越大范围内越来越多的社会工作，至少就像我们现在想到的那些劳动力一样，人类劳动将逐渐变得多余……即使我们可以把大部分人口雇用为精神病医生，艺术家，或者其他任何职业……非常简单，就业上限仍然受制于可销售商品和服务可能产生的总需求的天花板。"海尔布伦纳对西蒙①的预言嗤之以鼻，"他毫不犹豫地预言这些家庭将有充分的闲暇花掉他们的全部收入……按照他假设的 3% 年均增长率的计算，到 2025 年，家庭平均收入将达到 5.6 万美元，到 2045 年达到 11.2 万美元，从今天算起，一个世纪后将达到 22.4 万美元。在我看来，很难想象不存在一个总需求的天花板，否则这是不是超出了人类的本性？除非整个经济成为大众消费的呕吐场（vomitorium）"。海尔布伦纳显然是当时的悲观主义者之一，他认为就业存在上限，因为总需求存在天花板，自动化将导致严重的长期失业、经济过剩（Heilbroner，1966）。

西蒙随即撰文反驳海尔布伦纳。西蒙认为，从农业社会到工业社会，决定就业水平的不是技术，而是经济制度。社会应对技术变革的长期调整，市场机制能够持续承担调整的主要责任。"作为一名社会科学家，我非常敬重人类的能力，只要省钱的一点点提醒，人类有能力想出合理的消费途径，11.2 万美元，或是 22.4 万美元，无须呕吐……这本质上是一个经济问题，我们这一代和我们的下一代面临的全球问题是稀缺，而不是丰裕。自动化的魔力在于，它耗费了我们的担忧能力，这种能力本应用来解决真正的问题，比如人口、贫困、原子弹以及人类自身的神经质。"（Simon，1966）

托尔曼认为，讨论自动化导致的失业威胁时忘却了一个基本事实，即教育也是服务业的重要组成部门，教育部门将会吸收大量人口就业，任何忽略教育部门的讨论就如同"建筑师对新房屋估值时没有考虑建造这所房屋所耗费的劳动力价值"一样（Tolman，1966）。

塞利格曼在其《最臭名昭著的胜利：自动化时代的人类》（*Most*

---

① 西蒙在《人和管理的自动化形态》（*The Shape of Automation for Man and Management*）一书中预言，按照 1965 年美元价值计算，到 20 世纪末期美国家庭平均收入将达到 2.8 万美元。

Notorious Victory：Man in An Age of Automation）中捕捉了整个工商界的悲观看法，其中不乏《计算器的巴比塔》（*A Babel of Calculators*）、《无人工作》（*Work Without Man*）、《我们等待的创伤》（*The Trauma We Wait*）这样的章节。通过一个个案例清晰地勾勒出自动化设备如何在相当多的蓝领工人和白领工人的工作环境中运行，包括烘焙、印刷、机床、造船、医学诊断、教学和法律研究等领域。塞利格曼预言，计算机技术几乎可以应用于任何生产活动。技术究竟需要多长时间得以普及，一方面取决于成本，另一方面取决于与电子竞争对手相比人类在哪些领域仍然具有比较优势。即使对国家有能力保持充分就业的信心总体上是有效的，但是把装配线工人转变成计算机技术人员、将簿记员的手工抄录转变成计算机化操作，仍旧面临巨大困难。更不用说，让那些没有技能的人能够找到工作。经济学家们的灵活性、适应性和流动性等非情绪化的标签掩盖了一个令人不安的事实：工作技能突然变得毫无价值，人们丧失自信，社群关系破裂。自动化将处于这种剧烈社会变革的前夜，最糟糕的情况将是，再就业培训这一药方失效了，无家可归的工人再也无法在这个平凡的世界上找到一个满意的工作场所。

　　值得注意的是，技术、自动化和经济进步国家委员会的某些见解应该归功于社会学家贝尔和经济学家索洛。贝尔在 1956 年就出版了《工作及其不满：美国的效率崇拜》（*Work and Its Discontents：The Cult of Efficiency in America*）。他认为，美国人有一种夸大创新影响的倾向，这导致他们对自动化带来的变化产生了强烈的恐惧。他直截了当地斥责那种无人工厂生产堆积如山的物品、失业人口没有购买力的凄惨世界的预测是愚蠢的。他承认，自动化会带来一些毁灭，比如，许多工人，尤其是老工人，可能会很难再找到合适的工作。随着旧工业区的衰落，美国的一些区域会变得萧条。但是，他发现了一些被未来学家忽视的现象，即技术将改变劳动力结构这一巨大的社会影响，自动化过程减少了产业工人的数量，将创造一个新的工薪阶层。在 1973 年出版的《后工业社会的来临：一场社会预测的冒险》(*The Coming of Post – Industrial Society：A Venture in Social Forecasting*) 一书中，他准确地预见了我们如今的周遭，肌肉疲劳将被精神紧张、无休止地看屏和对现代化工作的无尽专注所取代。未来会出现一种新的判断工人价值的工作伦理，即员工的价值可能来自他们在计划和组织以及持续顺畅运作中所取得的成功。在这种情境下，团队而不是个人，将承担起一种新的重要价值。

索洛认为，自动化并不表明作为一种制度的工作岗位会立即消失。技术性失业的速度会很慢，而且也没有那么引人注目。在自动化与失业的关系问题上有两种声音。一种声音认为，自动化是必要的，或者至少事实上是必要的，自动化创造的就业岗位比它毁灭的就业岗位还要多。另一种声音认为，自动化是必要的，或者至少事实上是必要的，但是自动化毁灭的就业岗位比它所创造的就业岗位还要多。索洛指出，"自动化是创造了还是毁灭了更多的工作岗位"这一问题完全没有抓住重点。两种观点都是错误的，更准确地说，自动化和就业是不相干的。想发现技术进步对就业的净影响是一项极其复杂的工作，对于"仅仅因为拉链或切片面包的发明就创造了或毁灭了多少就业岗位"这样的问题，任何人都无法估计，并且自信地给出答案。失业并不是由于自动化所引起的，而是由总需求与产能之间的缺口所滋生的，现代经济体并不缺乏管理总需求的工具，比如货币和信贷政策、税收调整、包括失业补偿、家庭津贴和社会保障福利等转移支付调整，以及最终由政府直接购买商品和服务。"技术进步，无论是以新产品的形式，还是以自动化的形式，或多或少可以节省劳动力。而且，无论它多么节省劳动力，这都或多或少地取决于技术或非技术工作、体力或脑力工作、制造业或服务业工作、未受过高等教育或受过高等教育的工作的可获得性。任何创新都会对就业产生直接和间接的影响，其中一些影响非常复杂。新产品和新工艺需要新机器、新材料、新场所，也许还需要经济活动的其他变革。应该充分认清，我们对于重大创新的全部效果几乎一无所知，甚至对自动化是否比技术的早期变化节省更多或更少的劳动力一无所知，对它是否导致生产所需的一般技能水平的任何持续变化更是一无所知。"（Solow，1965）逸事总是很少，但是逸事是一种可怜的证据，因为人们普遍倾向于不止一次地讲述同一件逸事。

索洛无情嘲讽了加尔布雷斯的《新工业国》（*The New Industrial State*）。"人们几乎不会通过争辩是否真的存在小人国，或者因为目的地拉格奈格王国不是由侏儒组成的来讨论《格列佛游记》。然而，如果人们准确把握《格列佛游记》的故事情节，很可能有助于判断加尔布雷斯宏大图景的真相。"（Solow，1967）加尔布雷斯进行了回击，"一个人应该避免对他人进行人身攻击的评论，一个人不应该以对一个人的人格或行为蔑视或负面评论来攻击一种立场。一个人应该措辞严谨。一个人应该避免添油加醋，无论他的声望多么高，信口雌黄都是不能容忍的"。加尔布雷斯谴责索洛陷入了一种个人欲望和市场万能的框架。一般来说，有待满足的欲望可以有效地由市场转化为公司的最大化利润。如果企业追求利润最大化，他们会对市场做出反应，并最终对消费者选择做出反应。这样的框架过度关注个人的福祉，而忽视与集体需求相关的悬而未决的问题——城市贫民窟以及穷乡僻壤农村地区的问题，如果经济学把注意力继续集中在狭隘的经济优先性上，就会造成严重的社会缺陷，"对那些声望和学术地位与这一框架有着深刻关联的人，它就是一种威胁"（Galbraith，1967）。

令人遗憾的是，无论是技术、自动化和经济进步国家委员会的建议还是学术界的争论，对约翰逊总统而言好似对牛弹琴。在加尔布雷斯的回忆录中，记述了一则约翰逊对待经济问题的比喻。约翰逊与其经济顾问们讨论经济问题时说过："作有关经济问题的报告就像尿尿到腿上的感觉？你自己觉得热乎乎的，但别人绝不会有这样的感觉。"（约翰·加尔布雷思，1999：494）

第四节　《克纳报告》：正在分裂的美国社会

1967 年 7 月 29 日，约翰逊签署第 11365 号总统令，宣布成立国家内乱咨询委员会（The National Advisory Commission on Civil Disorders）。① 约翰逊在颁布总统行政令时指出，在许多美国城市，市民的安宁已经被撕碎。美国人民深感不安。他们对在大都市中心区和小城镇所发生的大规模抢劫和暴力事件深感困惑和沮丧。任何社会都不能容忍大规模的暴力，就像任何躯体都不能容忍大病。我们，美国人民将不容忍这种情况。但夸夸其谈不能解决问题，我们需要答案——到底发生了什么？它为什么会发生？我们能够做什么来防止它一而再再而三地发生？……我知道这是棘手的事情。1968 年 3 月 1 日，委员会发布了《克纳报告》（*Report of the National Advisory Commission on Civil Disorders*），内容涉及国家内乱的本质、成因以及对策。四百多页的报告甫一发布旋即成为畅销书。报告的核心结论是"我们的国家正在分裂为两个社会，一个是黑人社会，另一个是白人社会，这两个社会之间隔离且不平等"（The Nation Advisory Commission on Civil Disorders，1968：1）。年轻黑人人口迅速增长，这个群体在全美的失业率最高，在所有犯罪中所占比例相对较高，在民事纠纷中也是主流。黑人资源匮乏、缺乏机会，根本不存在"美国梦"。但黑人抗议的目的并不是从根本上改变美国制度，而是呼吁在完全平等的基础上把黑人纳入美国社会。小马丁·路德·金认为，《克纳报告》是医生对垂危病人提出的警告，并开具了能挽救生命的处方。

---

① 委员会由 11 位委员组成。由于时任伊利诺伊州州长克纳担任委员会主席，所以也称克纳委员会。委员会副主席是时任纽约市市长林赛；委员会成员还包括：时任美国参议员（俄克拉何马州）弗雷德·哈里斯、时任美国钢铁工人联合会主席 I. W. 埃布尔、时任美国参议员（马塞诸塞州）布鲁克、时任利顿工业公司董事会主席兼首席执行官桑顿、时任加利福尼亚第 22 区众议员科尔曼、时任全国有色人种协进会执行主任罗伊·威尔金斯、时任俄亥俄第 4 区众议员麦克洛奇、时任肯塔基商务专员佩登、时任佐治亚州亚特兰大警察局长詹金斯。

报告列出 1967 年发生在美国 128 个城市中的 164 种骚乱，其中的 41 种被定性为暴乱。报告认为，这些骚乱是由不断积累的懊恼和痛苦所导致的，而这些懊恼和痛苦是歧视、偏见、社会地位低下、强烈并且弥漫的不满以及紧张局势加剧事件的结果，加之大量年轻的、有政治企图的、活动家的推波助澜。在就业方面，普遍失业和不充分就业在少数族裔区是最持久和最严重的愤恨的缘由，这与公民骚乱的问题有着千丝万缕的联系。尽管联邦政府在人力资源开发和培训项目上的支出不断增加，但事实是，约 200 万人处于永久的失业状态，约 1000 万人处于未充分就业状态，650 万全职工作人员的工资处于贫困线以下。在中部城市，50 万长期失业者中 18 岁至 25 岁的黑人男性占很大比例。年龄在 15 岁到 25 岁的黑人男性在骚乱者中占主导地位。超过 20% 的骚乱参与者处于失业状态，其中许多人仅受雇于断断续续的、地位低下的、非技术性工作。在教育领域，对于许多少数族裔而言，特别是对贫民区的儿童来说，缺乏发挥儿童潜能、参与社会生活的教育体验。在语言和阅读能力等关键技能方面，黑人学生在每个学年都远远地落后于白人学生。在教育系统中，白人对待黑人的种族主义态度和行为，在一定程度上加剧了黑人青年的高失业率和低就业率。在黑人社区，家长和学生对学校系统的敌意引发越来越多的冲突，这是愤恨的缘由之二。那些尚没有完成高中学业、居住在贫民区的年轻人参与暴乱的概率很高。现行的福利制度设计旨在省钱而不是为人民服务，更可悲的是，实践中这种福利制度既没有省钱，也没有为人民服务。它排除了大量急需公共福利资助的人群，一旦稍加资助，他们有极大的可能性能够实现自给自足。同时，那些享受了社会福利资助的人群，一方面尊严受损，被认为是不值得信任的、淫乱的和懒惰的人，另一方面所享受的资助也无法维持他们体面的生活。这是愤恨的缘由之三。在少数族裔聚居区，住房问题尤为突出，这是愤恨的缘由之四。居住在中心城市的所有非白人家庭中，有近三分之二生活在不达标的住房里。一方面是因为贫民窟中的许多居民根本无力支付必要的房租来维持体面的住房，在 1960 年年底特律超过 40% 的非白人需支付的房租超过其收入的 35%；另一方面是因为种族歧视阻碍了非白人族裔进入非贫民窟地区居住。同时，联邦住房开发项目为弱势群体提供住房的能力相对较小。

本质上，无论黑人还是白人，任何美国人都无法逃避经济社会持续衰退导致的各种后果。为了实现国内和平和社会正义，报告提出唯一有意义的解决方案是集中更多的资源消除弱势群体的无助感，向那些被种族歧视的群体提供机会，加强跨种族的沟通，消除成见，消除猜疑，消除敌意，为实现公共秩序和社会正义创造基础。报告的主要建议可以归纳为八点：第一，未来三年内在公共部门和私营部门分别新增 100 万个就业岗位，在行动实施的第一年在公共部门新增 25 万个岗位，在私营部门新增 30 万个岗位，实质性降低包括黑人和白人在内的所有工人就业不足的程度。第二，加强由雇主开展的在岗培训，以合同或税收抵扣的方式为私营部门雇主实施针对长期失业者培训所发生的额外费用提供补偿。第三，通过向学校提供实质性联邦援助的方式，推动学校系统内部的合作，加大力度消除公立学校中事实上的种族隔离。第四，通过实施联邦资金支持的年度补偿性教育计划，改进教学实践和教学研究，显著改善那些为弱势儿童提供早期教育的学校；通过修订州援助方案，确保对贫困的学龄儿童高度集中的学区的每个学生提供更多援助；通过增加联邦政府的教育援助，扩大弱势群体接受高等教育的机会。第五，建议联邦政府、州政府和地方政府采取联合行动，改革现行福利制度，建立统一的国家援助标准，最低标准至少保证不低于每年的贫困水平，并且联邦政府至少提供所需资金的 90%。第六，联邦政府应该为那些可以工作或从事工作的人建立一个收入补充计划，以这种方式为更充分的就业提供各种激励措施；为那些不能工作以及决定与孩子们生活在一起的母亲们提供一个维持体面生活的最低补贴标准，并帮助那些已经深受其困的父母们将他们的孩子从贫困中解放出来。第七，制定一部全面的、可实施的联邦公开住房法规，涵盖所有住房的销售或租赁。第八，从第一年60万套开始，在未来五年内为中低收入家庭提供600万套新建的或翻新的体面住房。虽然克纳委员会没有对上述建议所需的费用进行估算，但是毫无疑问，执行这些建议不仅成本高昂而且覆盖面广。克纳委员会坦率地承认，"我们提供了一个诚实的开端。我们已经获悉了很多事实。但是，我们没有发现令人吃惊的事实，我们没有独特的见解，我们没有简单的解决方案。在美国，种族骚乱的破坏和苦难，黑人反叛和白人镇压的激烈辩论，早在这次骚乱之前就一直为人们所耳濡目染。现在是结束破坏和暴力的时候了，不仅是在贫民窟的街道上，而且也在所有人的生活中"（The Nation Advisory Commission on Civil Disorders，1968：483）。《克纳报告》提出的建议旨在建设一个单一美国人身份的包容社会，因为只有对国家行动进行庄重承诺，才有可能构筑一种与美国社会历史理想相契合的未来。

《克纳报告》在当时是惊世骇俗的。报告的调查结果表明，城市暴力的主要原因是白人的种族主义，并暗示白人对黑人暴乱和叛乱负有不可推卸的责任。报告预测，除非黑人生育率、迁徙定居模式或公共政策发生重要变化，否则在市区中黑人占人口大多数的趋势将持续下去。预计到1985年许多城市的人口绝大部分将是黑人，而郊区的人口绝大部分是白人。为此，报告呼吁终止事实上的种族隔离，为定居在城市黑人贫民窟的人口提供必需的就业岗位，改善恶劣的贫民窟环境，向黑人开放郊区的住宅区，鼓励黑人向工业中心迁徙。然而，约翰逊总统并没有采纳《克纳报告》的建议。

1968年4月4日，小马丁·路德·金遇刺；1968年6月5日，罗伯特·肯尼迪遇刺，随后一场更大规模的骚乱席卷了美国100多个城市。1968年6月10日，约翰逊总统颁布第11412号总统令，宣布成立国家暴力委员会（National Commission on the Causes and

Prevention of Violence，亦称 National Violence Commission），① 负责重新评估 1960 年以来发生的大城市抗议和骚乱活动。该委员会在 1969 年 12 月发布的报告中断言，最严重的政策问题是在城市的内城区缺乏就业和教育机会。"作为一名年轻的、穷困潦倒的男性，作为那些未受到良好教育并且无法逃离难以忍受的城市环境的人群，想要得到政府所宣扬的那些东西，环顾周遭那些经常使用暴力手段才能取得物质上成功的非法活动，以及目睹使用这些手段的恣意妄为行为不受惩罚，他们选择了犯罪和作奸犯科。同样，作为黑人、墨西哥人或波多黎各人，种族歧视和种族隔离等因素极大地助长了这些犯罪行为的势力。"（National Commission on the Causes and Prevention of Violence，1969：36）报告建议，在职业、培训和教育方面进行投资——以 1968 年美元计算，每年投资总额为 20 亿美元。应该按照合法程序，对国家的长期优先议事日程进行重新排序。报告对骚乱活动的判断以及给出的解决方案均表明，国家暴力委员与克纳委员会的道德立场是一致的。国家暴力委员会断言，在人类漫长的历史进程中，伟大文明的衰落与其说是来自外部攻击，不如说是来自内部衰败。大多数文明的伟大和永恒最终取决于它们如何从内部应对挑战。我们美国的文明也不例外。尽管各种严峻的外部危险仍然存在，但是今天更加严峻的威胁来自内部：盲目的城市化、种族歧视、环境破坏以及前所未有的相互依存、人类身份的错位和丰裕社会所创造的动力——这些都导致了个人和群体暴力的高涨。

作为克纳委员会和国家暴力委员会在私营部门的延续，艾森豪威尔基金会（Eisenhower Foundation）于 1981 年成立。基金会的受托人把工作的重心放在内城区，为消除种族隔离奔走呼号，包括阿格斯生活学习计划（Argus Learning for Living Program）等项目获得

---

① 该委员会由米尔顿·艾森豪威尔担任主席，由来自民主党和共和党的 13 名委员组成。米尔顿·艾森豪威尔是美国总统德怀特·戴维·艾森豪威尔的弟弟，曾任美国堪萨斯州立大学、宾夕法尼亚州立大学、约翰·霍普金斯大学的校长。

成功。

在《克纳报告》发表三十周年之际，《千禧年的背叛：更富足、更贫困以及种族分裂》（*The Millennium Breach：Richer，Poorer，and Racially Apart*）和《圈于贫民窟：美国的城市、种族和贫困》（*Locked in the Poorhouse：Cities，Race and Poverty in the United States*）问世。弗雷德·哈里斯在《圈于贫民窟：美国的城市、种族和贫困》一书的第一章"克纳报告的三十年后"（The Kerner Report Thirty Years Later）中指出，在《克纳报告》发表后的十年里，美国在种族歧视、贫困和内城区治理等方面取得了相应的进展。然而，进步就此停止，在某种程度上甚至出现了倒退。是什么导致了停滞和倒退？首先，一系列的经济冲击产生了令人沮丧的影响，尤其是对少数族裔而言。其次，政府行为和政府不作为受到大量谴责……今天，《克纳报告》发表三十年后，美国的贫困现象越来越多，比以前的程度更严重、更黑种人化、更棕种人化，而且更加集中在城市，城市甚至已经成为美国的避难所。

在《克纳报告》发表五十周年之际，学者们纷纷发文纪念，加州大学伯克利分校哈斯公平和包容性社会研究所举行了盛大的纪念活动。诺贝尔经济学奖获得者斯蒂格利兹认为，"种族隔离的社会不可能成为世界的指路明灯。这样的经济不可能繁荣。如果我们沿着这样的方向继续前行，每个人都会失去机会。另一个世界是可能的。但是，五十年的斗争已经向我们表明，要实现另一种愿景是何等艰难"[①]。蒙恩迪安在博客上写道，"在五十年前的这个星期，由林登·约翰逊总统组建的一个特别委员会发布了一份石破惊天的报告。伊利诺伊州州长小奥托·克纳领导下的国家内乱咨询委员会负责调查 1967 年在全美爆发的 150 多起公民暴乱的原因，断然将责任归咎于白人种族主义。这份报告断定，美国白人剥夺了黑人公民

---

① Stiglitz, Joseph, Economic Justice in America：Fifty Years After the Kerner Report ［R/OL］. 2017 - 8 ［2019 - 12 - 22］. https：//rooseveltinstitute. org/wp - content/uploads/2017/11/Economic - Justice - in - America_ Stiglitz - 1. pdf.

太多的机会，把他们阻挡在学校和职业之外，封锁在远不如白人的社区。正如报告所描述的那样，这些条件导致了美国主流白人根本无法理解的强烈的不满情绪……不幸的是，这一雄心勃勃的计划在诞生时就夭折了。约翰逊总统的政治资本被越南战争所耗竭，他的政治联盟在中期选举中惨遭失败。更加令人沮丧的是，尼克松和小乔治·华莱士凭借竞选中发表的法律和秩序言论，利用白人的种族主义焦虑，在策略上引发了骚乱的反弹。在某种意义上，尼克松和小乔治·华莱士反对《克纳报告》提出的建议，他们认为，报告中建议的项目将奖励暴民。1968 年 11 月，尼克松当选总统，使这一主张成为主流。五十年后，特朗普总统在竞选活动中对文化和种族仇恨进行了类似宣传，将内城区描述为人间炼狱，将移民描述为强奸犯和嫌疑犯"①。在他看来，《克纳报告》不只是时代的遗迹，而且是未被采纳的路线图。阅读《克纳报告》，就好像阅读 1919 年芝加哥暴乱的报告《芝加哥黑人：种族关系与种族骚乱》（*The Negro in Chicago：A Study of Race Relations And A Race Riot*）、1935 年哈莱姆区暴乱的报告《哈莱姆黑人：1935 年 3 月 19 日暴乱的社会经济状况报告》（*The Negro in Harlem：A Report on Social and Econmic Conditions Responsible for the Outbreak of March* 19，1935）、1965 年瓦茨暴乱的报告《城市暴力：结束还是开始？州长委员会关于洛杉矶骚乱的报告》（*Violence in the City：An End or a Beginning? A Report by the Governor's Commission on the Los Angeles Riots*）……同样的场景、同样的分析、同样的建议和同样的不作为反复重现。面对 2014 年弗格森事件、2015 年巴尔的摩骚乱事件，《克纳报告》仍然是当代美国恰如其分的墓志铭。如何实现《克纳报告》提倡的蓝图——发起一场运动，断然拒绝对文化上的愤怒和公然且隐晦的种族煽动，建立一系列能够实现更公平的未来的制度——是我们必须完成

① Menendian，Stephen，Kerner@ 50：Why the Kerner Report Matters for Racial Equity Today［B/OL］，2018 – 2 – 25［2019 – 12 –22］. http：//blogs. berkeley. edu/2018/02/25/kerner50 – why – the – kerner – report – matters – for – racial – equity – today/.

的任务。

2018 年，艾森豪威尔基金会发布纪念《克纳报告》五十周年报告《治愈我们分裂的社会：克纳报告后投资美国五十年》（*Healing Our Divided Society：Investing in America Fifty Years after the Kerner Report*）。报告认为，美国的总体贫困率基本上没有变化，但贫困人口的总数从 2540 万人增加到 4060 万人。如今的儿童贫困率比 1968 年要大。自 1975 年以来，生活在极度贫困中的美国人的比例有所增加，福利改革宣告失败。非裔美国人的失业率继续保持在约白人失业率两倍的水平。拉丁裔的失业率也高得不成比例。美国的收入不平等状况已经严重恶化！在美国，新增收入的 52% 进入了收入分配金字塔顶层的 1% 人的腰包。富人更健康，寿命更长。他们得到了优质的教育，而优质教育又产生了更大的收入不平等。随后，更大的经济势力转化为更大的政治权力。

迄今为止，《克纳报告》是一份揭露美国种族主义和不平等根源的权威报告。尽管保守主义者批评该报告为非法暴力提供了正当理由，但是左翼激进分子却抱怨说，克纳走得不够远。对大多数美国人来说，这份报告是对种族关系中所存在的谬误的一次令人瞠目结舌的控诉。种族不平等问题，仍然是当代美国无法愈合、流着血的伤口。

第五节　蒙太奇与万花筒：现代美国社会的终结

20 世纪 60 年代的美国社会，对于普通百姓来说，就如同蒙太奇，对于学者和政策制定者来说，就如同万花筒。20 世纪 60 年代伊始，肯尼迪政府开始关心国内社会问题，包括贫困、种族、健康、环境污染、失业率、住房等问题。经济学家们开始运用成本收益分析来诊断某些社会问题，并且意识到度量社会成本和社会收益存在巨大困难。政治学家和行政学家开始构建项目—规划—预算体系（Program – Planning – Budgeting Systems）作为使不同政府项目合理化和衡量不同备选方案的工具。社会家们钟情于城市规划、教育、种族、社会规划结果的长期预测。社会指标代表了当时政治学家、经济学家和社会学家的共同关切，并且这种关切得到联邦政府的积极回应。20 世纪 60 年代初期，在格罗斯等人的敦促下，总统的国情咨文中开始包含社会现状和社会需求的内容。

1965 年，拉塞尔·塞奇基金会（Russell Sage Foundation）的两位社会学家莫尔和谢尔登设计了一个内部研究项目，监测社会变迁，并于 1968 年出版了《社会变迁指数：概念和度量》（*Indicators of Social Change: Concepts and Measurements*）。研究发现，"当今的美国社会正在发生影响深远的变迁，这是极为平常的观念。然而，我们对社会基本功能的理解却是模糊不清的。我们知道，人口增长和城市化、职业的技术化和官僚化、生活水平的普遍提升、教育的扩散和越来越高的学术水平以及觉醒的自我意识和少数族裔群体的崛起已经导致了严重的社会紧张。令人欣慰的是，国家已经加大对社会前景的关切，并且已经超出了严格意义上的经济考量，将其扩展到公民权利立法、大规模的教育支持、缓解不平等的计划、医疗保险和许多其他方面"（Sheldon & Moore，1968：3）。在这里，社会变迁被认为是社会结构，即行为和互动方式的重大改变，包括嵌入在价值观、社会规范、文化产物或符号中社会结构的表现形式和结果。莫尔和谢尔登认为，当时的专业学者和社会人士之所以高度关注社会变迁的前因后果，一部分原因在于全球正在面临新威胁，另一部分原因在于社会科学家长期忽视了社会变迁问题，还有部分原因也在于对美国社会特征的描述性数据被夸大。而衡量社会变迁的实际关切理应放在减少激进变迁的社会成本，放在协商性的社会干预和项目估价上。建立社会指标值得提倡，这样可以便于直接监测社会变迁。并且，如果能够建立可以说明一系列相关关系的社会指标，如果干预指标能够被导入，无论这些指标多么原始、多么具有象征性意义、多么可变，那么项目官员都可以拥有一种强大的分析工具。当然，提出问题比回答问题容易得多。为此，他们建议社会指标应包括四个方面的评估准则以检验美国社会的结构变迁及其内在特征，这些准则分别是：人口构成及其地域分布；社会构成，检验社会生产物品、创造它的知识和技术、生育以及维护秩序等功能上的独特方式；社会分配特征，检视人、物品、服务、知识、价值和秩序等社会产出如何在美国不同部门的人口中进行分配；社会整体特征，阐述美国在不平等、多变的机会、社会福利以及整个社会体制等方面如何实现变革。

　　1966 年 3 月，约翰逊总统责成卫生、教育和福利部时任部长约翰·加德纳寻求提高国家规划社会进步能力的方法。为了更好地衡量已取得的成就与规划的愿景之间的距离，特别要求该部门研究必要的社会统计科目和指标来补充劳工统计局（Bureau of Labor Statistics）和经济顾问委员会（Council of Economic Advisers）编制的指标。随即，约翰·加德纳于 1966 年秋成立了专题研究小组。① 专题研究小组认为，当前政府数据的采集主要是为了行政目的而不是分析目的，从这些数据中很难得出规范价值。比如，在医疗保健上，整个国家花费的钱越来越多，但是没人知道整个国家的医疗状况是否好转；联邦调查局关于社会犯罪的 FBI 指数，混淆了谋杀、强奸、斗殴、盗窃等案件，但由于汽车盗窃案等类似案件的增多，导致人民认为今天的社会犯罪比以往任何时候都要多。经过两年半的努力，最终由卫生、教育和福利部新任部长威尔伯·科恩于 1969 年年初向总统提交了《近乎一份社会报告》（*Towards a Social Report*）。这份报告代表了社会科学家们的一种尝试，即着眼于几个重要领域，评价美国社会朝着那些被普遍接受的目标前进过程中，已经取得的进展。这些领域涉及健康和疾病，社会流动，自然环境，

---

　　① 专题研究小组由卫生、教育和福利部部长助理葛汉姆和社会学家贝尔担任联系主席，成员由来自劳工部（Ministry of Labour）、哈佛大学、普林斯顿大学、斯坦福大学、国民经济研究所（National Bureau of Economic Research）等机构的 41 位经济学家和社会学家组成。后来由于人事变动，社会指标专题研究小组调整为由卫生、教育和福利部部长助理丽芙琳和社会学家贝尔担任联席主席。

收入和贫困，公共秩序和安全，学习、科学和艺术以及社会参与和疏远。

在健康和疾病领域，报告发现，美国人的健康和预期寿命在 20 世纪有了显著改善但仍有改善的潜力。美国人口出生时的预期寿命从 20 世纪之交的 47.3 岁增加到 1967 年的 70.5 岁。但是，美国新生儿预期寿命至少低于其他 15 个国家的新生儿预期寿命，美国黑人的健康预期寿命平均比美国白人少 7 年。报告认为，美国人的生活方式，尤其是社会剥夺、经济贫困以及医疗保健服务的分配不均是导致美国人健康水平低于预期的原因。报告建议，医疗保险立法在保障老年人看得起病的同时，也应致力于改善年轻人对于医疗保健服务的可获性；国家资助的医疗保健体系应防止对住院医疗的过度依赖以及入院过度治疗，并且应鼓励走向预防性、保健性医疗。

在社会流动方面，任何人都不能因其出身而被剥夺改善其前途命运的机会是美国价值观的基石之一。问题在于，机会和社会流动的现实情况是否像我们曾经拥有的那样大？报告发现，向上层社会流动的渠道和机会确有改善，这得益于受教育状况的变化。父辈每延长一年的在校教育，其子嗣受在校教育年限会延长 1.3—1.4 年，家庭背景对职业选择的决定性作用已经让位给教育。但是，黑人的流动机会却仍然受制于种族歧视以及与种族歧视相关的其他因素。黑人受教育年限普遍低于白人。平等就业机会立法仅在联邦政府得到执行，在其他领域被置若罔闻。美国人对机会公平的承诺仅偏向于白人，黑人越来越被边缘化。

在自然环境方面，报告发现，随着人口和经济活动的增长，美国的污染问题与日俱增。1965 年，美国的交通运输系统产生了 7600 万吨五种主要污染物，如果运输技术没有太大变化，那么，随着汽车、飞机等交通运输工具数量的增加，污染问题显然将会更加严重。污染的表现形式多样化，一个地方可能是空气污染，另一个地方可能是水污染，其他地方可能是汽车垃圾和固体废物污染。报告认为，从自然界进入经济活动的原材料总量必须等于最终作为废物和任何回收材料排放的材料总量。报告还发现，美国的人居环境在逐步改善，过度拥挤的住房比例在下降，结构健全的住房比例在上升。但是，存量住房和开发的新增住房并不能掩盖住房需求的增长以及种族歧视所带来的结构性问题，黑人的内城化和白人的郊区化正在撕裂美国的人居环境。

在收入和贫困方面，报告显示，美国人均国民生产总值比世界排名位居第二的瑞典高出约 1000 美元；在考虑人口和币值变化的前提下，个人收入在 21 世纪翻了两番；然而，在过去的 20 年间，收入分配总体来看没有发生什么变化；这就意味着，贫困线以下的人口总数有所下降，从 1960 年的 4000 万人下降到 1967 年的 2600 万人。这也意味着，不可能消除贫困。因此，报告建议，建立收入补偿制度来推进收入分配制度改革，应对可能出现的社会福利危机。

在公共秩序和安全方面，报告认为，进入 20 世纪 60 年代以来，美国公共秩序和安全比以往任何时候都更加严峻。犯罪集中发生在穷人身上，无论是犯罪者还是受害者都更可能来自中心城区的贫民窟，而贫民窟中的许多居民是黑人。众所周知的黑人的被捕率比白人高，而鲜为人知的是黑人的受害率比任何收入水平的白人群体要高。年轻人犯罪率的上升部分归因于年轻人口比重的增长，与此同时，青少年犯罪倾向在增加。报告建议，比加强巡查、增强警力更为重要的是为黑人和年轻人提供社会机会，并且改变他们对法律和警察的态度。

在学习、科学和艺术方面，报告认为，学习、发现和创造力的价值巨大，是美国未来发展的重要资源。美国的状况在很大程度上取决于孩子们学习了多少，以及科学家和艺术家创造了什么。报告发现，尽管教育如此重要，但是对美国儿童学习了什么、学习到什么程度的评估却很少。关于教育的统计数据并没有反映教育投入在多大程度上实现了目标。一个事实是，自 20 世纪 50 年代以来，孩子们的考试成绩有了显著提高，但经济贫困和社会底层家庭的孩子接受的系统性教育比家庭背景好的孩子更少，即使他们的考试成绩优异，上大学的可能性也要小很多。在那些学业能力排名前五分之一的高中毕业生中，如果孩子们父母的社会经济地位排在社会顶层的四分之一，95% 的学生将进入大学，倘若他们父母的社会经济地位排在底层的四分之一，只有 50% 的学生会上大学；来自社会经济顶层的四分之一的学生进入研究生院的可能性是来自社会经济底层四分之一的同等水平学生的五倍。尽管与教育相比，科学和艺术的度量更加困难，但是有两个显而易见的事实，一个是美国在技术诀窍方面远远领先其他国家，另一个是艺术家普遍面临财政困难，尽管美国的文化生活丰富活跃。

在参与和疏离方面，报告认为，空泛地谈论自由和宪法权利，不足以约束公共政策执行。美国缺乏反映政治和社会制度绩效的数据，导致难以判断政策执行是否达到预期效果。因此，需要更多、更优质的信息来了解美国公民在社会的政治和组织生活中是否享有了平等的权利，包括在法律面前人人平等、特许经营权的平等、公平获得公共服务和公用事业的权利等。同时，由于官僚机构的大规模发展，致使许多美国人，特别是那些受教育程度较低、缺乏自信的人在与官僚机构打交道时困难重重，对数据的需求变得尤为迫切。报告建议，应从社会包容的角度更多地采集关于公民归属感和对某个社会群体依恋感的数据，特别是反映那些通常不属于志愿组织、不属于有凝聚力的社区、不属于家庭或其他社会群体的人可能比其他美国人有更高疏离感的数据，比如黑人、丧偶者、离异者、单身人士以及精神疾病患者和失能人士等，从而在社会参与、精神面貌、排斥和歧视、社区意识、社会和谐等方面全面反映国家的状况。

威尔伯·科恩在报告陈情中指出，《近乎一份社会报告》在两个方面有助于改善公共政策制定。一方面是它使社会问题更具可见性，从而对国家应优先安排的事项作出更明智的判断；另一方面是它通过深入分析衡量国民福祉的不同指标是如何变化的，从而有助于更好地评估公共项目目标的实现程度。威尔伯·科恩认为，社会问题的可见度不应该取决于其新闻价值，而应该取决于其公共性。这份报告聚焦的问题不仅涉及政府行为，而且关注公民态度。从长远来看，如果有社会指标来告诉我们社会如何变化，那么对公共项目有效性评估必然会改善。

　　社会指标专题研究小组的联席主席贝尔同样认为，社会指标有助于公共政策改善。经济报告以国民生产总值为衡量标准，涉及加法；而社会报告处理外部性问题，涉及减法。比如，造纸厂将污水排进了河流，而清理河流的成本却增加了国民生产总值，并且会体现在清理污染工人的薪酬簿上，这就产生了对衡量经济进步的扭曲，进而导致公共政策的扭曲。因此，他个人倾向于"将目前的白宫经济顾问委员会扩大为经济和社会顾问委员会，并赋予它发表一份联合报告的职责"。这样做的好处在于，一方面，社会指标显然会从经济学家那里受益，因为经济学家有更严格的标准，会产生更严厉的质疑。另一方面，由于委员会成员不是终身的政府官员，而是暂时离开大学或其他机构的专业人士，委员会仍旧保持其机构的独立性，这就保证了联合报告将屈从于成员职业的严格审查（Bell，1969）。

　　参与这份研究起草工作的经济学家奥尔森认为，这份报告关注事实而不是观念，但现行国民收入统计存在的遗漏问题越来越严重。人口增长、经济扩张、城市化的外部不经济以及教育、科学和艺术的外部经济，不仅意味着现行的国民收入统计变得越来越不完整，而且也意味着它们排除了通常只能通过集体行动来解决的问题，而这些问题也正是公共利益之所在。伴随着国家发展，公共问题的负担已经变得越来越大。公共问题的增加不仅给政府增添了较大的负担，而且也对整个政治和社会体制提出了更多的需求，因此，必须摒弃将公共问题的信息等同于政府支出和活动的信息的观念，并且尽力解决信息供给不足的问题。"比如，对一份社会报告而言，需要关注关于孩子们学到了多少的信息，而不是为了学校教育花费了多少时间和金钱的信息；需要关注关于健康状况的信息，而不是关于获得行医许可的医生数量信息；需要关注关于犯罪的信息，而不是关于警察数量的信息；需要关注关于污染的信息，而不是处理污染的行政机构信息。的确，针对一些社会问题，教师、医生或警察等数量的增加通常被看成进步的措施，但这也通常是存在严重误导性的措施。如果我们能够以较低的成本解决社会问题，如果我们能够以较少的教师、医生或警察获得更多的学习、健康或预防犯罪，那么，我们的境遇将会变得更好。所有这些投入都是稀缺资源，并且如果这些资源被用于其他目的，或许在某些情况下可以做出更大的贡献。"对于公共问题的信息供给不足的问题，奥尔森认为主要是因为这些信息并没有成为政府的例行要求。政府的例行要求通常关注政府为各种目的支出多少、动用了何种资源以及从事了那些活动的信息，总是有会计师确保政府资金不被挪用、总会有政府采购和人事官员跟踪政府使用的资源，总会有公共关系专家宣传政府机构的活动。但对于公共问题的信息，并没有被纳入这种机制之中（Olson，1969）。

实际上，美国对社会问题的高度关注可以追溯到 20 世纪 20—30 年代。当时，社会学家奥格本试图衡量社会变迁的速度。1929年，胡佛曾经组建过总统社会趋势研究委员会（President's Research Committee on Social Trends），虽然受到大萧条的影响，委员会仍旧于 1933 年发表了《当代社会趋势》（*Recent Social Trends*）报告。到布朗洛担任总统行政管理委员会（Committee on Administrative Management）主席的 20 世纪 30 年代晚期，他将社会趋势问题转化国家资源规划问题，并开展了一系列关于技术、人口和城市等领域的专题研究，试图为公共政策制定提供指引。但因为第二次世界大战的爆发，这些努力最终宣告中断。到 1950 年，德裔美国经济学家凯普出版了《私营企业的社会成本》（*The Social Costs of Private Enterprise*）一书，他强烈主张以一种数量和货币的综合术语来评估职业伤害、疾病、空气污染、水污染、自然资源和能源损耗、土壤退化和森林砍伐、技术变迁、失业和广告的社会成本。1963 年，凯普将私营企业修订为商业企业，更名再版了《商业企业的社会成本》（*The Social Costs of Business Enterprise*），提出了社会极小值（Social Minima）、社会生态指数（Social－ecological Indicators）、政治生态经济学（Political－ecological Economics）等概念（Kapp，1963）。从这个进程上看，《近乎一份社会报告》的出炉完全可以被视为美国社会发展观的再一次革新。

第 二 章

第一届明诺布鲁克会议：
新公共行政学的兴起

> [题记] 这是一项从政治理论和思想史的角度对公共行政
> 运动的研究。它试图回顾和分析行政著作中的理论元素，并将
> 公共行政运动的发展呈现为美国政治思想史的一个重要篇章。
>
> ——德怀特·沃尔多（Dwight Waldo），
> 《行政国家》第二版序言

20 世纪 60 年代的美国处于非同寻常的社会动荡和政治变化之中。无论公共行政的研究，还是公共行政的实践，都不能妥善回应日益扩大的骚乱及其并发症。据当时正在雪城大学执教的弗雷德里克森回忆，"我所讲授的课程有预算、政策分析和人事行政，我的工作就是为拟进入公共服务领域求职的研究生做准备。我的学生们充满了敌对和愤怒的情绪，他们是对这个时代的挑战和抗议——骚乱的产物。他们宣称公共行政未能紧跟时代步伐，脱离了当下的重大议题和关键问题。他们是对的。正是在这种时代背景之下，我和许多同行一起投入那场后来逐渐被人们称为新公共行政学的发展运动之中"（H. 乔治·弗雷德里克森，2011：前言）。新公共行政运动（New Public Administration Movement）是一场以反实证主义、反技术和反科层制为特征的对抗传统公共行政理论和实践的运动，以期回应不断变化的公民需要，以及组织和行政如何满足公民需要。

按照新公共行政运动的幕后主导者沃尔多的看法，在重建公众对政府和官僚信任的过程中，必须与正统公共行政理论和实践分道扬镳，另辟蹊径，摆脱官僚腐败和自私自利的困扰，重塑公共服务部门的伦理义务、道德和社会公平。走向更具伦理的公共服务，就需要关注在任何部门支撑公共服务和公务员行为的基本价值（Rosen-bloom，2008）。新公共行政运动也是一场以政治哲学为基础、自立门户创建独立的公共行政学的运动，主张入世的行政观，倡导公共行政必须跟上时代步伐。由于运动的策源地是雪城大学阿迪朗达克（Adirondack）山上的明诺布鲁克会议中心，"明诺布鲁克传统"时常是新公共行政学的代名词。事实上，"明诺布鲁克传统"远非一个统一的思想阵营，而是一个孕育了新公共行政学的川流不息、浩荡壮阔的水系。

第一节　西蒙与沃尔多的思想交锋

西蒙与沃尔多之争蔓延了半个世纪，是现代西方公共行政思想史上最激烈的争论之一。这场争论，绝不是仅仅两个思想巨人之间学术思想的交锋，更重要的意义在于对公共行政思想的发展产生了重大、深远影响。

事情发端于1952年沃尔多在《美国政治科学评论》（*American Political Science Review*）第1期上发表的题为《民主行政理论的发展》（*Development of Theory of Democratic Administration*）论文的一个脚注。沃尔多认为，民主理论全面发展的主要障碍就在于这样一种观念，即将效率作为行政科学的核心概念，认为效率是一个价值中立的概念，更为糟糕的是，效率是与民主对立的概念。"只要这一处方得到实际遵循，就等于将我们自身托付给了虚无主义……然而，效率是正统理论的教条，并且一直拒绝退出历史舞台。在任何严格的政治与行政分离的情况下，没有人相信效率，却相信这样的主张，即存在着价值决策和事实决策，并且后者是由效率组成的。"

这段文字的脚注成为导火索。"在这场争论中,当前重量级权威的观点与我的观点是对立的。但是,我相信,不存在将价值观排除在外的任何事实决策领域。决策就是在各种备选方案中进行挑选;在各种备选方案中进行挑选就会导入价值观。赫尔伯特·西蒙显然为行政研究做出了杰出贡献。然而,只有当他摆脱了他所宣称的方法论逻辑实证主义的影响时,才能做出这些贡献。"(Waldo,1952)

《美国政治科学评论》第 2 期随即发表了西蒙的反驳文章以及沃尔多对反驳的回击。文章渗透出剑拔弩张的气氛,措辞尖酸刻薄,甚至还有人身攻击的味道。这场争论是 20 世纪后半叶美国公共行政学界两位主将围绕公共行政学的学科定位、研究方法和价值取向展开的激烈论战。西蒙主张引入逻辑实证主义,重建一门更加精致、更有效率的行政科学;沃尔多注重将民主等规范价值引入公共行政,强调公共行政学就是一种政治理论;西蒙反对那种松散的、华而不实的、隐喻的修辞方式,主张术语学、方法论和逻辑证明上的简洁明了;沃尔多反对将公共行政研究放置在逻辑实证主义的框架内;西蒙谴责沃尔多不严谨,沃尔多指责西蒙在哲学上目光短浅。

西蒙直言不讳,他忍不住要对那些随时准备向实证主义和经验主义发出战斗呐喊的政治理论家们给予回击。"因为相信脚注中的断言是错误的,并且因为我希望沃尔多先生能更具体地指出我的逻辑断裂发生在什么地方,以及得出对我定论的正确前提和推理线索是什么而被原谅""爱我,就爱我的逻辑""我在有关政治理论的著作中所遭遇的那种以断言、谩骂和隐喻修饰的文字,在我看来,有时具有审美上的愉悦,但很少具有说服力。在沃尔多的论文中我无法发现他对关键术语的定义,他没有以任何系统的方式提出他的基本前提,他的命题似乎从哲学跳到心理学再到历史并如此反复……然而更令我不安的是,我发现其中的一个关键性前提是错误的"(Simon,Drucker,Waldo,1952)。

西蒙认为,在价值判断(factual judgment)和事实判断(value

judgment）的语境下，判断（judgment）并不等于决策（decision），只是决策的要素之一。"实证主义者断定一项决策，当且仅当在该决策至少源自一些未经证实的假设是祈使句时，才能在逻辑上得到验证。这些未经证实的必要条件被称为价值前提。此外，这些价值前提不能单独地源自经验观察，因为经验观察建立陈述性语句……一个实证主义者宁愿一败涂地，也不愿承认存在着价值决策和事实决策，这是一个可验证的经验命题。"（Simon，Drucker，Waldo，1952）

西蒙最后断言，无论沃尔多的前提是对还是错，如果我们继续以他和大多数政治理论家所采用的那种松散的、文学性的、隐喻的风格来思考和写作，那么，看不出在政治哲学上如何取得进展。政治理论所容忍的不严谨标准，在逻辑学、亚里士多德哲学或符号学的初级课程中会得不到一个及格的分数。

沃尔多回击称，政治理论家们并不反对作为思想、调研技巧或行动的实证主义和经验主义，相反非常欣赏实证主义和经验主义所提供的大量信息。但是，"即使我们应该倾向于通过逻辑实证主义来选择救赎之路，事情并不像西蒙教授所描述的那么简单。根据我那些自认为是经验主义者的哲学家朋友们的看法，逻辑实证主义作为一种批判工具发挥了有益的作用；但是，逻辑实证主义不是哲学的终结，不是特定的哲学，甚至也不是科学哲学，而只是哲学史的另一个篇章。目前，三代哲学家都在角逐一场已经严重分裂的运动之领导权……其中西蒙的逻辑实证主义存在着明显漏洞，即拒绝仔细审查他们所提供的一切，如果这一切看起来是真的，就信任它，如果这一切看起来有用，就应用它，显然这是愚蠢的。然而，无论他们可能在何处撒谎，我想保留发现真理和有效性的权利。在我看来，自封的实证主义者和经验主义者在这两方面都不可能独享垄断权"（Simon，Drucker，Waldo，1952）。

沃尔多警告西蒙，"思维创造仍然是一个谜，充其量也只能通过逻辑训练来协助。西蒙教授也必须知道，科学家们经常得出使他们的前提无效的重要结论。的确,科学进步的历史可能主要是以这些科学术语来书写的。也许西蒙教授需要检验他所迷恋的逻辑实证主义是否已经成为他追求、他献身的科学的障碍。至少对我来说,逻辑实证主义、经验主义和科学远不是西蒙教授所认为的那种近乎或完全一致的东西"(Simon,Drucker,Waldo,1952)。

对于以祈使句和陈述句来阐述价值判断和事实判断,沃尔多认为,"我们只是陈述它,而无法验证它,其中所存在的推理链条是无穷的,从来没有唯一答案……西蒙教授指责我亵渎了逻辑实证主义的神圣之地,我恐怕已经这样做了。我之所以使用这个比喻,是因为在我看来,西蒙教授在我们这个世俗的时代是一个罕见的人,一个有着深厚信仰的人。他的信念是磐石般的,且是底蕴深厚的。他对异端邪说和原罪的容忍度是零。通向救赎之路是笔直的、狭窄的、单行线的和私有的。我们必须谦恭地承认自己的原罪,接受神祇,以卡尔纳普和艾耶尔①的鲜血接受纯粹的洗礼。然而,他说,我们将不再是敌人"(Simon,Drucker,Waldo,1952)。

沃尔多把矛头指向西蒙的著作《行政行为:行政组织决策过程研究》(*Administrative Behavior:A Study of Decision - Making Processes in Administrative Organization*),诸多发现、观察和结论与逻辑机制没有任何必要的联系,比如逻辑机制与主题之间的转变,并不总是那么小心谨慎,而是有点儿信口开河。对于西蒙关于民主制度是作为确认价值判断的程序的观点进行了义正词严的谴责:"在宽泛意义上,所有的政治制度都是为了验证价值判断而存在的。准确地讲,这句话到底旨在断言什么,我压根茫然不解。"(Simon,Drucker,Waldo,1952)

面对西蒙批评政治理论家那种松散的、文学性的、隐喻的思考和写作风格,沃尔多反唇相讥:"西蒙教授试图避免根据政治理论

---

① 卡尔纳普,经验主义和逻辑实证主义代表人物,维也纳学派的领袖之一,代表作《世界的逻辑构造》(*Der Logische Aufbau Der Welt*)。艾耶尔爵士,英国哲学家,代表作《语言、真理与逻辑》(*Language Turth and Logic*)。

家们自身的意愿与他谋面，而把他自己藏匿在屏风背后，上面写着请安静！科学家在工作……如果他真对我的著作的连贯性和相关性感兴趣，显然应该花更多的时间研究传统政治理论，花更少的时间研究自己的逻辑著作。"（Simon，Drucker＆Waldo，1952）

在《美国政治科学评论》第2期发表的组文中，还有一篇德鲁克的文章，显然他也参与了西蒙与沃尔多之争。沃尔多认为，德鲁克提出通常存在民主对其他组织和其他人口的溢出效应是个关键点。"民主行政理论的关键问题，如同所有的民主理论一样，是如何调和民主的欲求与权威的需求……这里有两个预设，一是民主政体，另一个是传统的政治行政二分法的废弃……行政行为不仅是政治决策的机械性应用，而且是充溢着政治并关注决策。在行政中民主的发展是合法的且确实是必要的。民主社会唯一能够合法化的权力就是民主自身。"（Waldo，1952）沃尔多在1986年接受采访时回忆："这在当时只是一个逻辑命题。如果一个正式的政府是由人民创造且推动变革的，那么人民就是合法的政府权力的正式来源。可是，事情远比简单的逻辑阐述要复杂得多，而且存在着对权力分析上的差异。这在当时是纲领性的、探索性的陈述，今天我可能不再强调……在现实世界，没有一件事务是简单的，在有些时候，民主是且似乎必须受到某些方式的约束，如果不这样，民主就可能被无政府主义所取代。数十年来，我一直致力于解决这一问题，我不敢确定我解决了这一问题。或者更加直白地说，我确信我永远解决不了这一问题。"（Brown & Stillman Ⅱ，1986：62–63）

在回顾《行政行为》出版四十周年所举办的笔谈中，哈蒙认为："西蒙和沃尔多之间存在严重思想分歧的命题，仍然是公共行政理论与实践的核心问题，具体包括：科学对行政研究的意义、作用和局限性；价值与事实、政策和行政之间的实际差异和差异分析；尽责行政的性质；以及宪法民主理论与公共行政学术研究的切题性。"（Harmon，1989）时过境迁，思想分类的标签并没有偏向谁，也没有出现所谓的新沃尔多主义者，西蒙与沃尔多之间的争论最终是一个平局。

达布尼克认为，西蒙与沃尔多是世仇（feud）。当然，西蒙与沃尔多之争并没有导致两人的个人积怨，反而加深了彼此的友谊。在1986年接受采访时，沃尔多谈到，朝鲜战争期间，西蒙在写作一篇关于价格调控机构的文章时就征求过自己的看法。在20世纪70年代初期，他邀请西蒙到雪城大学马克斯维尔公民与公共事务学院发表演讲，其间与西蒙亲切交谈。当谈到两人之间的这场争论时，他们都承认，对方是正确的（Brown & Stillman Ⅱ，1986：59）。本质上，无论是西蒙还是沃尔多都蔑视自20世纪30年代中期以来主导公共行政的、正统的科学管理原则。西蒙斥为基于普通知识而不是科学的、相互矛盾的、前后不一的谚语；沃尔多批评它为所谓的科学原则，并通过将自身等同于效率和专家知识败坏了对民主的理解。只不过，西蒙和沃尔多在构建新的公共行政理论的方向上是不一致的。西蒙主张，行政科学必须建立在对组织和管理的更加真实描述的经验研究基础之上；而沃尔多主张，应该发展一种公共行政的规范理论，反映真实世界政策实践和项目管理的主导价值和政治导向，并且认为，西蒙的研究议程将公共行政转向了逻辑实证主义导向，同样对构建民主行政形成威胁。达布尼克认为，无论是西蒙还是沃尔多都取得了成功。西蒙的有限理性已经成为重要的理论遗产，并且西蒙后期转向心理学、计算机科学和经济学也取得了如日中天的影响。沃尔多的民主行政理论主导了后期公共行政理论的发展，后世学者大量追随，成为公共行政的主流理论之一。但是，公共行政理论失败的根源在于无法对公共行政生活的最基本特征提供可信解释，我们仍旧必须依赖于政治科学、社会学等同行学科的著作，这些学科的研究是相关的，不过并不指向某一种公共行政理论。达布尼克委婉地指出，"在取代那些作为行政原则的形式化的传统智慧上，公共行政理论未能取得任何进步……正统理论仍然活在实践者的日常运作中"（Dubnick，1999）。

弗雷德里克森认为，"今天，公共行政依然是科学和艺术，事实和价值，汉密尔顿和杰斐逊、政治和行政、西蒙和沃尔多。某些人呼吁一种宏大的和包罗万象的理论‘将所有的领域整合在一起’。就我的品味而言，公共行政现在就已经将它所有的复杂性整合在一起，即一种由西蒙和沃尔多所丰富的和持续揭示的复杂性”（Frederickson，2001）。

胡德和杰克逊认为，西蒙与沃尔多之争，对正统原则的批评是正确的，但是所给出的解决方案是错误的。学术界必须严肃地对待蕴含在正统原则中的基本教义。我们不能把它们作为前后矛盾的、相互冲突的教条，或是非民主的、非政治的因素完全放弃，而是需要研究它们，因为它们是相互连贯的，并且应用于真实世界的情境中（Hood & Jackson，1991）。

西蒙与沃尔多之争结束了公共行政学的古典时期。一方面，使公共行政学面临可怕的身份认同危机；另一方面，深刻影响了随后半个多世纪公共行政学的研究走向。所争论的问题，不仅引导了明诺布鲁克的方向，而且依然是当下公共行政理论与实践的中心问题。

第二节　沃尔多:《行政国家》及其反思

1948 年，沃尔多以博士论文为基础，正式出版了《行政国家：美国公共行政的政治理论研究》（简称《行政国家》）。他的论文选题在当时鲜为人问津，旨在研究民主传统中的各种政治理论，回答如下问题：如何辨别民主国家和前辈学者们基于专业知识对强权或特殊政治角色的一系列主张？在民主传统中，如何将这一系列的主张与一般的平等主义氛围——有时是教条主义的陈述——调和起来？在某种环境下应该被生产（yielded）多少民主，如何生产？为什么要选择公共行政？“这是一项从政治理论和思想史的角度对公共行政的研究。它试图回顾和分析行政著作中的理论元素，并将公共行政的发展作为美国政治思想史的一个重要篇章……这项研究的

目的是协助行政学者从历史视角来看待自己的课题，评估文献的理论内容。"（Waldo，1948：Preface）

《行政国家》开篇提出的观念是，要理解政治理论，就必须将它们置于其所处的物质环境与意识形态框架内，美国公共行政学的政治理论也不例外。"一些事实明显地影响了美国公共行政文献的形式和内容，包括：'伟大社会'的来临、拓疆的完成与资源的浪费、美国的财富与商业文明、法人革命与新的企业形式的发展、城市化、美国独特的宪制与政治制度、第二次工业革命、专业化与职业化的增长、美国学术研究的形成，以及两次世界大战、大繁荣与大萧条。"（Waldo，1948：2）沃尔多否认是他发明了行政国家这一术语（Brown & Stillman Ⅱ，1986：33）。但是，行政国家作为一种社会历史现象，并非自古就有。鉴于国家的行政权力渗透到经济社会生活的方方面面，整个社会过程都已经离不开行政机构，行政行为影响了国家经济发展、社会稳定和国家安全以及个人生命、财产和自由，行政权力的扩张已经与立法、司法并行不悖，直接介入国家事务和社会事务，因此，必须通过嵌入美国历史轨迹和政治发展来理解当代公共行政。

美国人已经生活在一个日益依赖公共行政提供社会服务、控制公用事业、运营基础产业、引导私营企业以及防止浪费、退化和穷困的世界，这就是行政国家。行政国家的出现，既有特定的物质背景，又有意识形态背景。物质背景体现在：第一，19世纪末以来一直延续至今并不断得到加强的物质进步，包括国防、移民事务、基础建设、经济发展、教育、卫生、环境保护、劳工关系管理和社会福利等，需要政府必须有所作为实现管理社会事务的目的。第二，社会越来越多地依赖政府而不是私营部门提供上述服务；通过制定和实施法律，政府有责任在维护法律和秩序方面发挥必要作用，并且当社会趋于复杂、一些大型的组织和机构成为社会安定和社会福祉的潜在威胁时，政府尤其要加强管制活动。第三，为了提供优质公共服务，行政机构必须提高管理水平，新的行政机构和管理权限必须适应和满足基于效率、经济性和效能等的标准。

经济繁荣、进步主义改革、大萧条以后的"新政"所带来的官僚运动和大都会对公共行政管理者职业技能的要求，从根本上带来了行政发展所需要的意识形态。"进步主义的核心是对社会观察的冲突。冲突的一方希望未来是一个经严密筹划和管理的社会，冲突的另一方仍然坚守古老的自由主义信念，相信只要进行了必要的制度和社会改革，那么通过自然和不可避免的过程就会产出最大和最可能的社会利益。"官僚几乎无所不在，介入和包揽了整个社会事务和国家事务，他们并不是简单地恪守道德上的清规戒律，对商业事务保持一种少有的谦逊态度。"办公室运动①的精神已经深刻地影响了公共行政。办公室运动是进步主义的一部分，倡导者同时是进步主义的领袖。荒谬的是，尽管他们自己也是被人道主义的道德热忱和入世的基督精神所点燃的，但是他们厌倦了19世纪简单的道德主义。他们被扒粪者们（muckrakers）揭露的真相所煽动，对自发进行的改革深感绝望。他们对科学的诉求和承诺很敏感，并且朴素地相信发现事实就是一个科学方式，并足以作为一种能够解决人类问题的模式。他们接受，甚至渴求新的积极政府的概念，并几乎要触摸到关于有计划的善治社会的理念。他们憎恨恶的商业，却又从商业组织和商业过程中发现了一种可适用于公共事务的典范……他们是热情洋溢的效率理念的信徒，也是寻求实用教育运动的领导者。"（Waldo，1948：17；32-33）

《行政国家》的内在逻辑就在于探索美国公共行政的信念、假设和动机中所蕴含的政治哲学。这些政治哲学构成了美国自建国以来公共行政领军人物的著作和公共行政实际工作的基础。他们对美好生活的理解是什么？他们对天城（Celestial City）的观念是什么？他们在多大程度上相信自由和平等？他们对民主的忠诚有多么真

---

① Bureau Movement，是美国20世纪早期效率增进运动（Efficiency Movement）在政府领域的体现形式。

挚? 他们与功利主义者的关系是什么? 他们与法律现实主义者的关系是什么? 他们的观念在多大程度上是建立在实证主义和实用主义基础之上的? 他们心目中理想的行政者是怎样的人, 代表着一个新的特权阶层吗? 沃尔多认为, 潜藏在 20 世纪上半叶物质背景和意识形态背景之中的政治哲学能给出答案。

在沃尔多看来,"任何政治哲学家都心怀美好生活的理想, 并希望理想得以实现, 哪怕希望是渺茫的"。在任何一种政治哲学中都可以找到对美好生活的擘画, 即使是在那些铁石心肠 (hard - boiled) 的学者或是科学主义的学者笔下, 这一点也毋庸置疑。沃尔多认为, 对于早期的公共行政学者来说, 民主不仅是美国人民的政府形式, 而且是一种信念和一种理想, 一个罗曼蒂克的愿景。"如果我们指责伍德罗·威尔逊、弗兰克·古德诺、弗雷德里克·克利夫兰对民主并不是真正感兴趣, 那这就是不公正的: 因为他们热衷于寻求保存民主的办法。"尽管在过去的 50 年里, 在我们持续经历现实主义之后, 植根于这一使命的信仰或许不再被广泛且强烈地坚持, 但是, 民主理想的影响却是毋庸置疑的 (Waldo, 1948: 64; 75)。

公共行政学的正统观念认为, 行政是一门价值中立、超党派的、致力于使政府更具效率和更好发挥功能的社会科学, 行政不过是民主政治的奴婢。通过确立价值中立的科学原则, 力图避免价值承诺、意识形态和哲学基础。沃尔多认为, 管理 (management) 和行政 (administration) 是相互关联的, 科学管理提供了启发性视角, 贡献了大量技术和丰厚思想。沃尔多坚持,"即便是实证主义政治思想的技术统治论, 仍可以被看成科学管理的老友或是左边锋……任何政治理论都依赖于一种形而上学, 一种关于现实之终极本质的概念……思维的必由之路是向上和向外的, 科学管理者最终得到了一幅关于世界的完整图景, 这个世界按照科学管理原理运行: 国与国之间的普遍和平、社会各阶级之间的普遍和平、效率最大化与物质满足的最大化、合宜的自由与平等、普遍的教育和启蒙。对泰勒及其追随者来说，其基本假设的本质是希望摆脱鄙陋的过去，并坚持认为任何具体的事务都不是科学管理的本质。科学不是牛顿物理学——如果它以前是，那么今天已经过时。科学是更为根本的东西……他们梦想有一个新的世界，在这个世界里，物质的力量应该被用来实现人们的道德目标，他们赋予这个理想一个简略、便利的形式，这就是效率"（Waldo，1984：48；21；51）。

沃尔多分析，这种效率拜物教的形成，是因为效率、经济和工业主义是追求物质生活和美好生活的三重奏，工业主义将效率和经济这两个时代的最强音和谐地结合在一起，体现出一种完美的世俗主义情感。"效率、专家、民主……生产率、自由、平等和法治——科学管理已经屈服于国家舆论的气候。科学管理或许依赖于科学，但是，作为一个思想体系，它显然不限于科学……效率和经济过于陈腐，负载了太多的含义。效率的含义，一方面是机械的，另一方面是科学的，这两层含义在公共行政文献中基本不作区分，效率变成了胜任、多产、能干的同义词……假设我们能够有效率地完成所有目标——这当然是不可能的，至少是不道德的。因为有些目标是令人厌恶的。将行政科学建立在效率基础上，是值得商榷的，因为效率没有真正标示出这门科学的特殊性。在完成手头的工作时，要尽可能地缩小现实性与可能性的差距，这在所有实际的人类活动中，都是一个重要的考量：行政是这样，种地和扇舞也是这样。"（Waldo，1984：52；201）

在沃尔多看来，效率在价值体系的缝隙中发挥作用，它仿佛是价值体系各部分之间的可通约数，构成了价值体系各部分之间的序数关系。"通过排序和吸纳，它获得了道德内涵。事物不能简单地说是有效率的或无效率的。只有对应既定目标时，才能说是有效率的或无效率的，并且，对这个目标有效率，可能对那个目标就无效率。例如，要想杀死一只熊，一支大口径来福枪比一袋肉来得更有效率；但要想让熊活下去，一袋肉比一支大口径来福枪更有效率……效率仿佛一个乞丐——一直在问题外围乞讨，直到其特定意图被发现为止……在一般人的讨论中，经济仅仅指在行政目标上或行政过程中'少花钱'；但对那些思考得更为复杂的人来说，就存在不同类型或不同程度的经济，并且真正的经济可能意味着多花钱而不是少花钱。"显然，经济和效率必须潜入人类的价值金字塔中才是有意义的，它们必须被带入到人类的目的和经验之中才能转变为思维，既不是外在的，也不是中立的。人类的目的和经验构成了不断变化的参照系。"随着参照系的不断拓宽，以及对目的的不同意见变得越来越重要，科学和客观性变得越来越困难，对效率的判断越来越不准确、越来越有争议。"（Waldo，1984：202；200；205）

传统意义上，民主的关键在于政治行政二分法，这在克利夫兰、古德诺、威洛比和约翰·菲夫纳等人的思想中体现为政府过程的双重属性，① 这一结论是专业分工的必然产物。"不管怎样，如果我们要从外部抵挡住专制，就得被迫接受这一结论。工作中的专制是工作之外的民主不可避免的代价。"（Pfiffner，1935：75）在沃尔多看来，政治行政二分法从一开始就具有程序上的意义，是保证民主的前提。这样一来，使改革和进步得以迅速发展；并为政府重组——按照效率和经济原则——培育适宜的思想基础，不至于国会和立法机构在行政重组中制造不必要的麻烦；使政府迅速地走向专业化，使官僚体制在美国特有的宪法结构中扎根。

沃尔多认为，美国正统的公共行政意识形态形成于 20 世纪头

---

① 他们都在不同程度上涉及政府过程的双重属性，即一方面是国家意志的制定，即政府过程的决策方面；另一方面是国家意志的执行，即政府过程的执行方面。比如，古德诺认为，事实上，行政中的很大一部分是与政治无关的，它们即使不能全部也应该在很大程度上从政治机构的控制中被解放出来。行政之所以与政治无关，是因为它包含了半科学型的、准司法型的、准商业型的或商业的活动，这些活动对于真正的国家意志的表达即使有影响，那也是微乎其微的。约翰·菲夫纳认为，政治是政府过程中的一个不可避免的、必要的组成部分。然而，它必须被控制和限定在其适当的领域中，这个领域是公共意志的决策、凝练和表达。一旦政治过程清晰地表达了公共意志，那么，行政就是对这一意志的实现。因此，从这些前提中，获得了改革行政的新基石——政治应该坚守其政策制定的领域，而将行政限于技术过程的应用，以免受政治干扰的不良影响。

30 年，其核心思想是：民主和效率，或者说民主和官僚被认为是同义语，或者至少是相互调和的；政府的工作可以被划分为两个方面——决策和执行，或者表述为政治行政二分法；执行或行政是以科学管理为基础的，企业的科学管理原则可以成功地运用于政府；商业管理的价值和实践也可以成功地运用于政府行政。尽管这些思想得到了广泛接受，但是将这些思想运用到政府行政是不适当的。沃尔多连续追问，究竟哪些知识是合理的或有效的、真实的或可靠的？究竟什么类型的知识对于公共行政而言是必需的、适当的和有用的？这些知识在何种环境下发挥效用？以及为什么会发挥作用？

沃尔多认为，科学管理与公共行政之所以相关是因为逻辑实证主义的发展，逻辑实证主义为科学管理与公共行政之间建立了适当的联系。但是，从逻辑实证主义立场来看，基于某些适当的度量方式，一种陈述仅在能够被证真或者证伪的情况下，才是有意义的；仅仅在度量方法有效的情况下，作为逻辑和研究方法的形而上学、判断和修辞也是毫无意义的。换句话说，在逻辑实证主义的框架内，价值问题是无法解决的。这种完全依赖于逻辑实证主义的方法，诸如民主、官僚等价值问题就会遭到忽视，而将经理人和有管理的政体（managed polity）置于首要地位，协调、效率和经济性等任务就完全由自然法则和科学法则所支配。那么，研究、事实和度量方法就取代了价值处于真正科学的核心位置。除了无视价值问题之外，研究主题的重要性决定了方法的选择，人类行为不能简单地还原为科学计算，规范性的或者应然问题也不能归咎于通过科学提供解决之道。这种简约主义方法过于抽象，应主张从多元的、多维的、反思的、历史的、比较的、反常规的等角度研究公共行政的各种概念、命题和陈述的相似性和差异，从而在特定的背景下归纳它们的有效性。

沃尔多对政治行政二分法进行了无情的批评。如果二分法是值得欲求的，那么公共行政本身就是政治，但是它不是选举政治、政党政治、利益集团政治或者宗教政治、区域政治，而是追求秩序、效率、经济、管理、可预言性、稳定性的政治,这种形式的争执可能是理性的、客观的、公正的和符合公共利益的。但是,这种政治并不以正统的政治学的语言进行阐述,而是以效率和管理的语言阐述。沃尔多承认,官僚制与民主之间的潜在冲突是我们时代的中心问题。官僚制与民主之间存在着冲突,前者是等级制的,后者是平等的;前者强调纪律、监督和遵从,后者强调自由,但是它们之间的冲突绝非不可调和。官僚制仅仅意味着大规模的、正式的、复杂的、专业化分工的以及目标取向的组织,它可以为民主价值观提供重要支持。解决它们之间的冲突必须在它们之间寻求一种调和和消融——既承认民主是合意的,同时承认官僚制是必不可少的,我们应该创造一种行政文化使尽可能多的人获益,形成平等参与的价值观,寻求并建立权威与反叛之间的合理平衡。

沃尔多断言,首先,不管是作为事实的描述,还是对改革的谋划,简单地将政府二分为政治与行政都是不恰当的。作为事实的描述,它是不恰当的,因为治理过程是一张由自由裁量权和行动构成的无缝之网。作为对改革的谋划,它也是不恰当的,因为它自带分歧、异议和反对之声。其次,政治行政二分法是对宪制史的误读和曲解。"微妙之处和矛盾之处在于,一只手剥夺总统的行政权力,但又把它还给另一只手,仅仅是因为强调我们权力分立体系中的内在困难。"(Waldo,1984:128)再次,政治行政二分法与现实中的行政实践存在着悄无声息、毫无冲突的密切联系,正在为行政哲学增添新的原材料。最后,应该从功能或对行政层级的需求的角度来看待行政。政治理论对于公共行政学而言,不仅是母体,而且具有原生性。

沃尔多坚持认为,尽管传统公共行政断言主张价值中立的政治行政二分法,但是它仍不可避免的是一种政治理论,传统公共行政学家仍然与政治理论家处于同一阵营。将公共行政领域简化为一个边界清晰的、陈述的集合是非常困难的,几乎不可能。这一主题的复杂性要求运用来自不同学科的知识。"如果严肃地对待放弃政治行政二分法，如果依赖于公共行政的当前世界文明的需求是适宜的，行政思想就必须与人类学习的每个主要领域建立一种工作关系。"（Waldo，1984：212）

时隔九年后，马克斯的《行政国家：官僚体制导论》（*The Administrative State: An Introduction to Bureaucracy*）出版。行政国家已经成为一个为积极的官僚制度辩护的关键概念，成为公共行政学的核心范式。"不管在行政系统或立法实体中的情况如何，行政的合理性几乎总得不到政治人物的响应。除了少数情况之外，政治上的决策者一般总是忠实于他的目标，不会容忍不带任何感情色彩的理性。他也不愿意面对有关事实的无限罗列，特别是当他被推举扮演特殊辩护者的角色时……有时，官僚机构会根据某种因果联系，严格检验所提出的政策，为了表示欢迎该机构扮演的这个角色，就需要舆论和政党领导人有非凡的政治成熟性。"（Marx，1957：41）马克斯走得更远，他认为，官僚并非要成为政客的附庸，但是，他又必须在权力所允许的范围内或政治过程中参与利益表达，或者政治过程一经确定，行政本身就有了利益倾向，但是，这种利益倾向是中立的，而不是蝇营狗苟和结党营私的，"并非意在使官僚为了政治意义上的政策而成为某种有党派性的战斗者。当然，截至目前，当政府的职能是遵循它的纲领而充当利益协调者的时候，政府就注定要赞成一定的利益，而且注定要表明自身对其他利益的不同看法或仇视态度。这是一个政治进程中的问题，而且被适当地限制在权力所允许的政府职责的范围内……不过，对政府自身来说，官僚并没有被授权在利益集团中结识、发展朋友或敌人。如果政府给了官僚这样的权力，那么，就不可能是公正无私的。政府必须寻求发展普遍利益，并且保证他对特殊的利益持有中立的态度"（Marx，1957：137-138）。

沃尔多的《行政国家》是美国从传统公共行政学过渡到新公共行政学的里程碑，但这本书出版后，并没有收获积极的评论。按照沃尔多说法，美国学者麦克马洪、英国学者拉斯基和罗伯森甚至给出了负面的评价，只有美国学者费斯勒给予了一定的褒奖（Brown & Stillman Ⅱ，1986）。费斯勒认为，面对《行政国家》这样高质量的开创性著作，许多政治学者可以提出无数鄙视性问题，他们的先入之见是，公共行政是应用社会科学的一个特殊领域，是政治理论的派生物，公共行政似乎是二流学科。沃尔多的《行政国家》"开启了从政治理论的灵魂领域到殷红色的公共行政实践世界的危险旅程……它将迫使公共行政领域的耕耘者重新严肃地检验他们的土壤质量，并且磨砺他们的工具。前提不构成问题。沃尔多已经阐述了长期需要面临的挑战，并且其结果应该更为牢固地植根于公共行政文献"（Fesler & waldo，1948）。

麦克马洪兼得伍德罗·威尔逊和科学管理的衣钵，在《公共行政评论》上发表了一篇针对《行政国家》的长篇评论。评论表明了他对沃尔多的恼怒，"如果不是因为这本著作有瑕疵，那就是一本重要的著作"。麦克马洪拒绝接受全面摒弃政治行政二分法，"公共行政所设定的规范之一就是要坚持结构和程序安排的合意性，既珍视政治的流畅，又珍视行政的永恒"。所以，对于沃尔多的担心——政府官僚可能会成为一个新的统治阶级，他也没有多大的耐心将沃尔多的结论贴上负责任的标签。他对沃尔多以逻辑演绎方法来归纳和总结公共行政的政治哲学，不仅不以为然，而且嗤之以鼻。"类似于散文一样的理论到处都是，通常是神志错乱的，而巧妙的压榨可能会从最坚硬的外皮中汲取一些液汁。"他认为，沃尔多的论述框架是微妙的、探索性的和悬而未决的，沃尔多的方法论似乎是"在山顶上结束自己的旅程"，沃尔多的论证哗众取宠、模棱两可、前后矛盾，① 沃尔多开具的药方云天雾里。对于沃尔多坚信的"行政思想必须与人类学习的每个主要领域建立一种工作关

---

① 麦克马洪认为，沃尔多假设"任何政治理论都依赖于一种形而上学，即一种关于现实之终极本质的概念"，"这种献身于所谓科学概念的执着，使得行政学者成为政治理论家这一著名共同体的组成部分"（Waldo，1984：21），可是，沃尔多在下篇却提出"既有的科学技术不适合于对人类进行思考和评价"（Waldo，1984：181），这显然是前后矛盾的。

系"，麦克马洪认为这是鲁莽的，甚至是不负责任的，并且令人费解。"在任何时候，独特的政治情境都是每个国家公共行政的主要因素。专业培训中最沉重的压力必然就在于此。在独特的政治框架下，本质上，对一般性政府而言以及对特殊社会而言，其中每个纲领及其各项具体政策都是以结构和程序为条件的。但是，它们有两个普遍性来源。一是，普遍适用性的一些要素就像数学一样来自人们所知道的存在逻辑。这一逻辑提出了可能性的类别，诸如基于配置的区域和功能。被称为一项原则的概念在特征上体现为对备选方案的一种严格限制，而不是一种选择。在双重意义上，原则的本质是相对的。必要的有限选择将注意力引导到这些因素上，这在很大程度上与即将到来的目的有关，这些目的将会表明更可取的选择。二是，普遍适用性的一些要素源自这样的事实，即当人类从各自的目的出发在许多组织中以同样的关系发生相互联系的时候，人类显示出足够相似的行为的共同特征。因此，相当大的可预测性进入了与他人相关的生活艺术时代。但是，即使是作为永恒不变之常态的最深刻的特征，我们也必须十分谨慎。除了个别变异，现行的个性结构受到伴随它的文化和变革的制约。公共行政的最崇高特权和义务就是对这种互动做出有益的贡献。"（Macmahon，1948）

拉斯基批评道："沃尔多教授显然已经把他那巨大精力以及整体上值得称赞的忠诚奉献给了政府的行政领域，不是奉献给了有明显谬误且晦涩的文献的重新陈述，就是奉献给了编纂一系列吹毛求疵的细枝末节，这些细枝末节只会更加难以理解。他如此热切地将注意力倾注到这一领域的文献上，忽略了现实中诸多悬而未决的且性质非常急迫的问题。"拉斯基认为，纯粹的事实研究只能是博物馆里的标本。他谴责道："沃尔多教授已经陷入了他读过的大量文献的泥潭之中，以至于他现在无法走出他曾漫游过的丛林。如果他扔掉他手中的大量卡片索引，并简单明了地讨论那些已经被掩盖的各个问题，我相信他会写一本更有用、更令人感兴趣的著作。"（Laski，1948）罗伯森指责沃尔多缺乏相应的哲学能力和思想成熟性,"有时陷入了新闻记者式的肤浅和文字上的粗俗,这与他开垦一块处女地的大胆尝试是不相称的"(Robson,1949)。还有学者调侃道:"沃尔多教授几乎读遍了在美国已经出版的关于公共行政研究中的所有著作,并概述了与我们当前兴趣相关的内容,令人愉快的结果是,至少再过五十年,任何人都没有必要再做这一工作。"(Mackenzie,1951)

面对这些批评,沃尔多保持了沉默。时隔二十余年,他应邀在《公共行政评论》创刊二十五周年纪念专刊上发表了《行政国家的反思》。面对英国学者的评论,沃尔多感到受到了严重的伤害,因为那时他自认为是一名相当热情的亲英派。"但是,我的想法是他们根本不理解我讲了什么;并且我已经敏锐地刺痛了他们意识形态的圣牛(Sacred Cow)。"沃尔多风趣地回应了麦肯齐:"读了评论后,曾经提醒自己应该在2000年前后再出版《行政国家》的修订版。"当然,沃尔多并没有被这种揶揄性的挖苦所迷惑,而是仔细地回顾和评论了二十余年来公共行政新思想的发展,提出了修订的议程(Waldo,1965a)。

沃尔多回忆,《行政国家》是他1942年提交的博士论文的浓缩版和修订版。当时,在政治科学系从事行政理论研究必须忍受普遍的敌视和轻蔑,政治学与公共行政学在理论应用谱系上处于相对立的两端。他先前的导师兼好友兰卡斯特把公共行政学文献看成一些枯燥无味的、自命不凡的废话。可他发现,公共行政学文献居然有政治理论的母体,虽然也存在悖论,"因为那些频繁地且独具特色地发表这方面文献的人声称他们正在摆脱纯粹令人愉悦的好高骛远的遐想,并且声称他们自己正在直面各种现实的世界以及一个现代政府如何和应该如何履行其职能这一艰巨而繁重的任务"。他的任务就是"挖掘覆盖层,并使岩床暴露出来……以政治理论家的方式对待和批评所有的政治理论"。他坦诚,《行政国家》"给读者留下了自作聪明、傲慢放肆、敌意的印象"(Waldo,1965a)。

沃尔多认为,在二十余年的时间里,虽然公共行政学的发展经历了科学管理、实用主义、实证主义等思潮的冲击，但是并没有出现新的集大成。"或许没有任何新的综合应该被期待，相反，如果有的话可能是不可取的，因为它可能构成另一种正统理论。恰当的定向类比可能不是粒子物理学或天文学的理论，而是医学、法律或其他。"公共行政学已经摒弃了学科定向，走向了职业定向。《行政国家》的逻辑和篇章结构不用修订，即便是效率已经席卷了一切，但效率福音书仍然如同3世纪的形而上学一样古怪。"我的观点表明，效率本身不可能是一种价值，而只是通过被承认或参照，才能成为一种价值。"效率是一种精神现象，而不是客观现象。它不是一种价值中立的现象，而是一个专业化的产物。"难道这不意味着参考系是西方的，即工业的、官僚主义的，等等？相对于在澳大利亚内陆地区的阿龙塔人（Aruntas），其效率又是什么？或者，从一个更贴切、更相关的例子来说，在任何一个伴随着不可避免的价值冲突的现代化社会中，价值中立存在吗？难道它不伴随着一种文化、一种世界观和生活方式的意蕴？伴随着钢铁、橡胶、塑料和化工产品；伴随着打字员、邮政系统、官僚、打字机经销商和维修人员？而且所有这一切都忽视了这样一种事实，即打字机的键盘代表了不同的、独特的符号，这些符号可以书写某些语言，而不能书写其他语言；而语言就是独特的价值体系的承载者。"（Waldo，1956a：15）

沃尔多认为，《行政国家》的修订内容需要关注若干历史发展、思想问题以及公共组织问题。在历史发展中，除了契约政府、国防支出的增长以及城市化等问题之外，特别值得关注的就是科学技术进步对公共行政的影响，科学技术进步将会影响政府每个层面管理、管制、引导、控制或不控制各种活动领域。特别值得注意的是，"因为在我心目中，有一种集多种理论、机器、技术和组织现象于一体的聚合体，包括计算机、自动数据处理、决策理论、运筹学、模拟仿真、控制论、系统分析、自动化……我们最好不仅要关心这场革命对我们的细微影响，而且要关注我们应对这场革命的缺失"(Waldo，1956a：19)。

在思想问题上，沃尔多认为，首先，公共行政学是一个完整的哲学、方法论、意识形态、学说、科学和伦理的思想体系，恪守政治行政二分法不仅割裂了公共行政的政治理论母体，而且割裂了民主。民主不存在一个答案、一种公式，民主存在于学科、职业活动相关联的问题之中，而且极易因为日常活动而混淆。其次，自然和谐或理想的混乱与人为和谐的对比体现了中立的工具主义与历史主义的对立。公共行政学者以一种中立的工具主义观点来看待这两种和谐是完全错误的。应该看到"创造和维护人为和谐的倾向总是需要根据历史、研究以及理论意识形态的趋势和建构进行评论……得出尽可能合理的、并且与我们的目标和价值观相适应的结论，尊重人为和谐的范围和类型的结论是可能的或可取的"。最后，真正的思想问题在于逻辑实证主义和行为主义的影响，它不仅影响了公共行政学的定向，而且影响了比较公共行政学的定向。沃尔多不承认自己是逻辑实证主义者，逻辑实证主义就好像"是一个既定的事实、一个观点、一个哲学逻辑结构"，自以为是科学的代言人，实际上是"一种宗教替代品，朝圣之路，真理和光明，以及唯一的朝圣之路，真理和光明……骄奢淫逸、矫揉造作，并且时而欺世盗名或胡言乱语"，因为它挥挥手就将应然问题置于不顾。沃尔多自诩行为主义者，不仅要分析哲学层级，而且要在社会契约、共同意志、少数服从多数规则和一般福利等以及制度遗产、国家历史、宪法法律规范、通信和运输系统等具体的和经验的层级，更要在政府是不同的层级，从事行为研究，寻找公共性，寻找"公共对这个特定时代、对这个特定社会以及对这个特定政府的含义"（Waldo，1965a）。

沃尔多仍然特别关心公共行政学的身份认同问题。他将与公共行政相关的公共组织问题拆解为三个问题。一是美国公共行政学会（The American Society for Public Administration，ASPA）的会员资格问题。他认为，"许多人显然是混吃混喝的 ASPA 会员，就如同许多人是混饭吃的基督教徒或拉帮结派的基督徒一样"。ASPA 会员理应致力于神圣的使命，致力于公共性，而不是忙于将所有的公共雇员都发展成为会员。二是公共行政学与政治科学之间的关系。公共行政学者在政治科学界被视为边缘人，"处于或接近于一个隐性的图腾柱的底部"，但在自己的圈子和拥趸之中，却又是一个理论家和书呆子。"我理解并欣赏这两种观点。当然，我也同样强烈地感受到这两种截然对立的情境。一方面，在我的学术同行中，我有时候觉得：你们的至爱之宝——除非政府已经出现并扇了你们一个耳光，否则你们不会意识到政府的存在；另一方面，在我的支持者中，我有时候也觉得：你们的珍视之物——除非一种观念已经街谈巷议，否则你们对自己的淡漠清高不会有自知之明，你们就不会意识到一种观念的存在。"三是公共行政学者必须将理论视角与实践视角结合起来。没有学术界，就没有公共行政学。没有实践者，公共行政学就可能如同没有医疗实践的医学院一样毫无意义。至于是否要有自己独立的学院，沃尔多认为，名分并不是实质所在；专业学院的进路与这一事业中发生了什么相关；专业学院需要一定的自主权以及来自各种学科背景的人才和专业人士的组合，必须与其他院系达成互惠互利的安排，"我们从许多学科，例如工商管理、社会学和心理学等获得数据和概念，并且需要与许多其他的学科在保持相互联系中获得兴趣和研究定向（foci），诸如交叉学科的或跨学科的组织理论"。在现行的学术分工和学术存量资源约束下，"在给定大小的馅饼中争夺最大份额的竞争，既是不现实的，也是不可取的。相反，它应该被看成是相互激励和相互加强的问题，从某些更大的实体——大学，国家或其他方面来看，做出最令人满意的安排"（Waldo，1965a）。

　　在规范研究方面，沃尔多认为"我们一直把守前门对抗政治科学，我们却又一直通过侧门和后门邀请许多似乎与我们的工具主义者角色和效率基准相关的学科、技术和思潮……恰恰在政治行政二分法崩溃的时候，事实价值二分法，对某些人来说，以某种方式发挥了相同作用。总之，我们的历史一直致力于将公共行政学与任何具有鲜明政府色彩的事务区分开来，并笼统地将其与组织和行政等同起来，尤其是与工商管理等同起来"。沃尔多承认，公共行政的嫩芽主要受到逻辑实证主义劲风地吹压，逻辑实证主义者并没有在哲学话语上浪费时间，除了数据之外，也没有关注公共目标。"无论是交叉学科还是跨学科，组织理论的发展作为一种强大的力量都是极为相关的。它以丰富的资源、自信和说服力，在复杂程度高得多的层次上，继续推进对普遍性的传统搜寻。"沃尔多委婉地指责，当时的主流公共行政研究，已经向组织理论缴械投诚，失去了对公共行政独特性的应有关注，而是不顾公共部门与私人部门的界限，在组织与管理的意义上寻求共通的一般性。"我们已经从组织理论中获益良多，并希望在这一事业中依然处于初始阶段。但有益的是，不仅是要问所有哺乳动物有何特征，而且是要问灵长动物、类人猿有何特征，以及最终是什么使人类如此独特——拥有灵魂、直立行走、制造工具、使用语言、创造文化？我建议我们应当对公共行政的独特特征给予迫切关注。当然，我并不贬低寻找共性的研究。"① "在纯粹的思想意义上，更多地关注其中一个领域而不是另一个领域，也许没有理由。但是，我们确实需要有意识关注任何领域的思想意蕴和后果；更一般地讲，就是有意识地关注任何制度变迁和选择的思想意蕴。"（Waldo，1965a）

在《公共行政评论》纪念《行政国家》出版六十周年的专栏中，斯蒂福斯一语道破天机。《行政国家》开宗明义地断言公共行

---

① 沃尔多发表了一系列针对当时公共行政研究状况的评论文章，反复呼吁、反复申辩重视公共行政的独特性。沃尔多认为，如果失去对公共性的关注，那么公共行政学丧失了哲学或方向感。正如同一个古老格言，如果你不知道你正在走向何处，你随时随地都可能会裹足不前。沃尔多发表的主要论文包括：Waldo, Dwight, 1968, "Public administration in a time of Revolution", *Public Administration Review*, Vol. 28, No. 4, pp. 364 - 368. Waldo, Dwight, 1968, "Public Administration", *Journal of Politics*, 1968, Vol. 30, No. 2, pp. 443 - 479. Waldo, Dwight, 1969, "Public Administration and Change: Terra Paene Incognita", *Administration and Society*, 1969, Vol. 1, No. 1, pp. 94 - 113。

政学"已经演变成了与独特的经济、社会、政府和意识形态状态相关联的政治理论……这主要是因为在 20 世纪初，大多数美国公共行政的设计者们都是政府改革者。他们生活富足，受过良好教育，并且对政党机器的政治权力持批评态度……交易撮合、厚此薄彼、增加薪酬和任人唯亲已经一去不复返了。取而代之的是管理良好，高效和负责任的行政，表面上是在政治之外，或者至少凌驾于政治之上"。但是，沃尔多揭穿了政治、经济、社会和意识形态背景及其对美国公共行政设计者思维的影响，揭开了他们的著述掩饰的政治意蕴。斯蒂福斯认为，"《行政国家》的持续影响力提醒我们，公共行政既是公共的，又是行政的。它不是一种单向度的力量，我们必须承认它也不是一种二分法。相反，它是两个对立但又相互连接的两极之间的能量流：一极坚持正确答案、理性实践、秩序、结果、真理的重要性，另一极坚持本质上有争议的问题、争论、公开性和政治价值观；一极寻求终结价值和确定性，另一极想让争论继续下去，因为当争论停止时政治就停止了……公共行政需要一种政治哲学、政治理论家的声音……政治理论着眼于世界上的错误，旨在展望新的可能性。它是批判性的而不是客观的，是建议性的而不是结论性的……公共行政学需要维持民主政治与科学效率之间的紧张关系，因为正是在两极之间的交叉点上，公共行政才会自成一体"（Stivers，2008a）。

物质和意识形态背景可以从历史学著作中获得补正。沃尔多的写作环境正处于美国历史发展的转折时期。美国当时的政治和社会发展状况可以用各种嘈杂声相互混杂来描绘，你听见的吵闹声可不是什么革命的礼炮，这只是美国人在敲打地毯。由于公司法人革命的兴起在经济上需要恢复个人主义和政治民主，以防机器政治和老板政治的串谋、颠覆和腐朽，从而强烈地呼吁经济社会改革，但也存在着左右徘徊的情绪，担心昨日的改革动机，或许能为今日的改革服务，但又可能为反对改革服务。美国当时的政治经济和社会背景不仅被自动化、城市化、官僚主义化，而且被国际化了。"如果必须建立国家权力,那么比以前任何时候都重要的是:这个国家必须是一个中立的国家,必须尽可能地满足中产阶级对中庸、稳健和法律的爱好。要是大企业徇私枉法、寻求特权,国家要有足够的力量制服他们,而不仅仅是与之相抗衡。然而,国家也不应该反对企业,甚至大企业,它在所有的社会特殊利益集团之间必须是严格中立的,使个别利益服从于共同利益,而对所有个别利益又都是公平对待的。它既不倒向富人,也不偏向穷人;既不袒护劳工,也不包庇资方,而是保护任何阶级中公正诚实、遵纪守法的人。事实上,这种政府的立足点就是中产阶级自己的立足点,即以中立的态度来对待和处理各种追求私立的阶层之间的关系。政府的强权并不意味着它和那些利益集团中的任何一个有更密切的联系,而是高于那些利益的强大而有效的能力,并在必要时限制和反对那些利益。"(理查德·霍夫斯达特,1989:195)正是因为上述情境,《行政国家》开启了通向明诺布鲁克运动的道路,打开了新公共行政运动的大门。

第三节　《霍尼报告》:为公共服务提供高等教育[①]

20 世纪 60 年代是美国公共服务快速增长、大规模的都市化和郊区化并存的时期,也是社会动荡、反文化思潮以及城市骚动频繁出现的时代。实践中,"伟大社会"计划的出炉,"冷战"正酣并继续维系,公共服务不断增长且日益专业化。经历了西蒙与沃尔多之争的美国公共行政学界,古典行政学不仅被嘲笑为谚语,而且被责斥为牺牲了民主价值的思想圭臬。公共行政学的前提和目的均遭到质疑。危机的根源何在? 鉴于公共服务是公民看待公共行政的窗口,也是折射行政善治之镜,当时的美国学者都不约而同地将探寻

---

① 这一节的核心观点在《公共管理与政策评论》2017 年第 4 期上以《为深化行政体制改革提供高等教育——纪念〈霍尼报告〉发表五十周年》为题公开发表,并在第十一届行政哲学研讨会上公开演讲。

危机的视角聚焦于公共服务和公共行政教育问题。

　　弗雷德里克·莫舍尔教授在加利福尼亚大学完成一项专业和公共服务的研究。他的结论是："第一，美国社会正在迅速成为职业社会，或者成为一个职业引导的社会。增长最快的职业部门由专业和技术人员组成。目前，美国工人中有八分之一从属于专业和技术领域；1950 年，这一比例为十分之一；1900 年，这一比例仅为十六分之一。第二，吸纳专业人士就业的领先部门是美国各级政府。目前，美国各级政府所雇用的专业和技术人员占全部专业和技术工人的36％，这不包括由政府通过合同、补贴或资助而间接雇用的众多科学家、工程师和其他人员。此外，大约三分之一的政府雇员被列为专业、技术、相同类型的职员。这比私营部门的比例高出三倍以上。被列为专业人士的学校老师急剧膨胀。然而，即使不包括学校教师，专业人士占公共部门就业总人数的比例将近五分之一，是私营部门比例的两倍。第三，姑且不论公共辖区最高长官或准最高长官的政治任命问题，政府行政领导阶层在教育和经历方面的背景正日趋专业化。这并不是说公共部门领导阶层本身就是行政类职业；相反，它是由不同领域具有广泛多样性职业和专业人士组成，这些职业和专业与他们所代表的机构使命密切相关。"弗雷德里克·莫舍尔教授对专业化或职业化社会所需要的职业人士忧心忡忡。因为他发现，公共服务领域的绝大多数人均毕业于专业学院而不是公共事务学院，他们中的许多人从来没有接受过公共行政学课程的训练，某些人甚至不认为自己是一名公共行政人员。弗雷德里克·莫舍尔提出，大学应该在公共行政人员培养方面发挥重要作用，大学将为民主的职业安全带来最佳希望。"未来几乎所有的公共行政人员都将是大学毕业生，并且在未来的20—30 年内，绝大多数公共行政人员都将拥有研究生学位。越来越多的公共行政人员正在返回研究生院补习课程，参加在职培训并获得更高学位。这些趋势表明，在他们的技术专业知识以及与他们的职业互动联系的更加广泛的社会领域，大学主要院系将充分发挥他们在培养和培训公

务员方面的责任。"（Mosher，1968:219）

　　W. 亨利·拉姆布莱特认识到，"深刻但狭隘的职业训练不可避免地导致专家型公共政策分析方式存在偏颇。为了成为真正的公共行政人员，职业人士必须理解他们自身的偏见。他们必须明白公共政策决策都是在复杂环境下进行的。他们必须理解成为一名公共行政者需要比恰巧为政府工作的一名博士、一名律师、一名科学家掌握更加广博的知识……我们能够教会一个人某些初步的管理技能；我们能够使他理解政治过程以及公共执行者如何与他人相处融洽；我们能够通过案例研究和不同的仿真练习使他具有公共行政人员阐释公共利益所面临的某些伦理困境时感同身受的体验。我们能够做到全力以赴，但是在公共服务教育上，我们却做得微乎其微"（Lambright，1971:332-345）。他甚至悲观地预言，站在提供合格的公共政策制定者的立场，照现在的样子没有一种类型的教育是足够好的。

　　1964 年至 1966 年，时任 ASPA 公共行政研究生教育理事会（Council on Graduate Education for Public Administration，CGEPA）主席的雷宁特别关心公共行政研究生教育的自我评估和课程的适当性。CGEPA 认为，美国公共行政教育面临的现实是，各种公共行政项目的研究生毕业生数与政府日益增长的需求之间存在着逐渐加大的缺口。解决这一问题绝不是简单地扩大招生，因为不同的大学在项目设计、培养对象、课程设置以及组织管理等方面存在着明显差异，并且隶属于不同大学的公共行政项目在地理分布和组织归属上也是不平衡的。与此同时，师资的短缺严重拖了许多大学实施扩招计划的后腿。1965 年 12 月，卡内基基金会（Carnegie Corporation of New York）与 CGEPA 签署了资助公共行政教育评估研究的备忘录；CGEPA 和卡内基基金会共同决定由雪城大学马克斯维尔公民和公共事务学院政治学教授霍尼担纲的委员会执行项目；CGEPA 同时成立了自己内部的报告执委会与霍尼教授进行讨论交流。1966 年 11 月 1 日，《为公共服务提供高等教育报告》（*A Report: Higher*

Education for Public Service），史称《霍尼报告》正式出炉，随后发表在《公共行政评论》1967 年 11 月特刊上。

《霍尼报告》认为，公共行政作为一个研究生教育领域，越来越关注政府的管理服务，包括预算、组织和管理、人事管理、项目或管理规划以及城市的经理人职责，而且越来越多的大学希望聚焦于公共政策的发展和行为，诸如交通、城市事务、自然资源管理、健康和福利管理以及科学研究等。在某些大学，公共行政项目强调行为科学与决策之间的关系，在某些大学，强调在系统科学的框架下数量分析对决策的重要性，甚至强调海外项目援助的管理，等等。尽管如此，美国的公共行政教育仍然以预算、人事、组织和管理的培训和实践为中心。

令人尴尬的是，除了少数的例外以外，公共行政和公共事务学院或项目都不是所在大学的重要组成部分，并且那些最终进入公共服务领域的绝大多数学生并不是所在学校的主要社群。报告估计，在从事公共服务的人士中，大约不到4%的人接受过公共行政教育。针对高级公务员特别是州和地方的高级公务员的知识更新和能力改善，大学的贡献微乎其微。作为政府的智库，如果公共行政和公共事务学院不能对那些打算未来从事公共服务的人施加影响，那么就没有发挥其应尽的作用，并且也无法满足政府的迫切需要。大学必须意识到，"至少在某些大学，公共行政和公共事务学院应该发挥公共服务的引领者、鼓舞者和激励者的作用"。当然，对于如何发挥这一作用的问题，并不存在统一模式。虽然每个教育机构的使命各异，但是公共服务这一术语在大学中具有特别的含义，即"作为一种教学和研究的伴生功能，服务于特定的社群"（Honey, 1967）。

《霍尼报告》认为，美国的公共服务和大学都面临着挑战，这些挑战正在重塑公共行政教育的特征和问题。"对于正在做职业规划的年轻人来说，美国的公共服务实践正处在一个没有比现在更令人激动的时代了……在人类若干世纪面临重大挑战的诸多领域，美国正不断取得伟大成就，并处于遥遥领先的地位。可以确定的是，太空探索在 1969 年实现了第一个目标——登月。针对控制人口和消除绝大多数重大疫病的有效措施已近乎完备。我们在保持国家经济的平稳运行方面，已取得了长足进展，并正想办法通过经济合作等手段来进一步带动其他国家经济的稳定发展。我们已学会将原子能运用于人类社会的和平发展，并避免其用于军事目的。我们正在动员国家资源来改进教育，消除贫困和恶劣的居住条件以及那些在个人自我实现过程中可能面临的社会和心理障碍……但是我们不能忽视发生在东南亚的战争和国内的种族暴力等诸多负面因素，这些事件都是悲剧性的、是暂时的……有证据表明，我们正在用与美国社会固守的价值观相吻合的方式解决各种问题。我们正在利用制度工具保护人身自由，而不是减弱或摧毁它们，并且通过政府行使权力和调度资源，保持赋予美国生活方式独特风格的竞争、挑战和多样性的本质属性。"（Honey，1967）

　　面对这些挑战，《霍尼报告》提出要在大学的传统和使命与公共服务需求的巨大缺口中找寻公共行政和公共事务教育的定位和走向，其"核心在于目前大学的教育和培训是否充分满足了公共服务的需要。在开始寻找答案之初，至少有必要以一种综述方式来了解该领域全局面临的一些关键问题，不论是局内人认识到的还是局外人看出来的关键问题"（Honey，1967）。

　　《霍尼报告》列出当时的公共行政和公共事务教育存在的六点问题。"第一，各类资源普遍匮乏，所有的一切都不尽如人意。包括：奖学金严重短缺，公共行政无法吸引到足够多有才华的学生；教学设施普遍不足，教室、办公室和图书馆人满为患；获得各类研究基金的资助无门，大多数公共行政教育和培训项目因财务生存问题而苦苦挣扎，根本无法顾及研究、课程开发等活动。第二，教师短缺。其中的部分原因源自扩大招生规模以及对有经验和受过高等教育的人士日益增长的需求，部分原因是因为公共行政的教育和实践缺乏社会认同感。第三，公共行政的身份认同问题。公共行政是一个领域、一个学科、一门科学还是一个专业？或者它是需要许多学科和专业的知识和技能来指导公共事业的过程？将其定义并建立为一个领域或一个学科的各种努力一直不太成功。公共行政与政治科学、经济学、心理学、社会学、法学等领域有关，那些有吸引力和创造力的成功教学往往表现出这一点。第四，致力于科学的努力与现实相悖。因为方法论均借鉴于经济学、心理学、政治学和其他学科，公共行政学几乎就成了不设边界的殖民地。第五，公共行政作为一个职业的地位令人生疑。缺乏实践标准，不需要教育者的行政实践经历，不参与专业认证。第六，组织机构处于劣势。公共行政和公共事务学院和项目往往不是其所在大学的关键的、重要的组成部分。他们的定位仅是研究政府和公共服务行为的中心和专业知识中心，他们一直局限于向少数学生传授知识，他们没有影响更广泛的大学社群，包括影响那些最终将从事公共服务的学生。"（Honey，1967）

《霍尼报告》提出了九条解决问题的行动建议："第一，建立全国公共服务教育委员会，发挥广泛的领导作用，满足政府对高素质人力资源的需要。其成员来自政府、私营领域和大学，其职能是向政府、大学、基金会和其他有兴趣的组织提供有关立法行动、基本考量、研究重点等的咨询意见。该委员会一旦成立至少要存在五年。

第二，立即设立具有实质规模和享有声望特性的奖学金项目。开始起步时，每年为 2500 个名额，资助那些计划进入公共服务职业的毕业生攻读硕士、博士或专业学位。那些准备为公共服务提供培训或者考虑为公共服务准备重要课程的研究生项目、专业项目或学院，也可以被批准获得奖学金。该奖学金的执行每年集中评估，可由美国教育部或美国公务员委员会执行年度评估。奖学金的授予期限应足以完成学位课程。这一奖学金项目的宗旨是鼓励研究生和专业学院更多地关注公共服务，吸引有才干的年轻人从事公共服务，并通过奖学金项目鼓励少数学生群体寻求研究生培训，为实现他们的目标做出特殊努力。奖学金可以采取助学贷款的形式，并在毕业生进入公共服务职业后予以一定程度的豁免。

第三，鉴于积攒实际公务经历的重要性，应该设立实习生项目，并由联邦政府基于州和地方政府提供的岗位和基薪，资助配套资金。任何领域的高年级学生，只要他们决定在公共事业领域从事某种职业，就有资格获得该项目一年期的资助。州和地方政府应就实习生项目的部署和实施提出计划，并定期发布实习机会清单。同时，也应该考虑把奖金作为临时见习期结束后进行短期补贴的一种手段，目的在于吸引有能力的个人到州政府和地方政府中就职，因为此时这些岗位的起薪水平没有竞争力。实习项目可以采取半工半读的做法。参照现行职业学院的做法，将一线经历、实习或学徒制作为获得高等学位的先决条件。在某些特殊的领域——如在国际组织、联邦政府的对外援助机构从事公共服务工作，也应该纳入在这一项目下提供资金支持。

第四，为有志进入公共行政和公共服务教师队伍的人提供特别奖励计划，包括对急需领域的博士授予点给予充分支持；把实习经历作为无实际经验者参与教学项目的入门要求；优先政策分析、关注跨学科和跨专业问题的教育机会；为教师提供了解并体验各级政府运行的教育实习机会；为退休公职人员或希望从政府转入教学的经验丰富的公职人员，安排一年以上学术充电机会。

第五，为从事公共服务培训和研究的大学教师在各级政府提供一年或两年的工作经历。

第六，设立一项资助计划，专门资助大学公共事务课程的开发。

第七，资助大学教师从事政府和公共事务问题研究。

　　第八，为公共行政和公共事务学院和项目的教职人员开辟获得来自联邦、州、地方政府以及私营产业界的财政资助渠道。

　　第九，建立咨询委员会。一方面为公共服务项目和政府部门提供优秀毕业生的信息，另一方面针对小而精的行政和教育项目提供联合聘请教授、分享优质成果、联合开展案例研究等方面的服务。"（Honey，1967）

　　《霍尼报告》提出了两项推荐性的研究项目，一是组织开展大学和公共服务教育研究项目，展示不同的大学目前是否实现了他们的任务，甄别他们在创新发展方面存在的缺陷和面临的问题；二是组织开展职业、职业教育和公共服务研究项目。

　　《霍尼报告》发表后，赞成者有之，反对者有之。由于公共行政和公共服务的教育和职业是当时整个美国社会的关注热点，一大批在20世纪60年代为美国公共行政学教育定型做出杰出贡献的学者都参与了评论。在1967年11月的《公共行政评论》特刊上同期发表了来自理论界和实践界的部分评论。沃尔多在社论中指出，《霍尼报告》是高质量的。

　　班诺维兹认为，《霍尼报告》关注的是学术机构的作为，对公共行政的重新定向问题也需反思。班诺维兹呼吁，公共行政学科应该采用新的分析进路——关注政策制定和政府的执行过程，重点关注组织理论和计算机技术。公共行政实践已经做出了变革，公共行政学术研究也同样需要变革。行政实践已经放弃了政治行政二分法，逐步聚焦于项目规划和政策发展。但学术界却仍然坚持两个基本的传统分析进路，即强调行政人员的职能以及行政科学。公共行政学术研究应该从行政者的微观视角转向审视决策和政策执行，并将"从独立个人所捕捉的视角和问题与整个政策发展过程"建立起工作关系（Banovetz，1967）。

　　里佩尔认为，《霍尼报告》过于委婉和温和。人文学院、基金会和职业机构的态度是因为它们缺少对公共服务教育的关切。鉴于这一现状，应该制定"满足公共服务教育基础和最低限度需要"的大纲，公共行政教育"主要应该针对社会行为……而不仅仅是社会思想的智识目标"。公共行政教职员工应该由"具备或在某段时间具备职业经验，并承诺对公共行政精益求精"的人士组成。公共行政应该是社会领域中一门专注于行为导向目标的学科（Riper，1967）。

弗雷德里克·莫舍尔认为，"只要我们公认，他们在许多公共机构中占主导地位，并且在制定公共政策方面日益重要，那么，我们理所当然应该考虑这些人凭什么程序被挑选、被培养和深造、被因材施教以及被委以重任"。弗雷德里克·莫舍尔强调，应该将广泛的职业目标和公共行政者的长远目标整合起来，形成公共行政和公共服务教育的目标；同时需应对年轻一代批评者提出的挑战，"在年轻的一代中，越来越严重的动荡、不满，甚至对现有建制的反叛，不是秘密。在许多人心目中，现行建制首先等同于政府，尤其是它的管理。这一不满可能会刺激行动、想象和改革——事实上，就如同 30 年代所发生的那样"（Mosher，1967）。但是，他提出的解决方案与班诺维兹相反，与时任匹兹堡大学公共与国际事务研究生院院长的斯通异曲同工。弗雷德里克·莫舍尔主张，应收窄公共服务教育的范围，大学与所在城市的事务结合，集中努力应对美国社会所面临的越来越严重的城市问题。城市化问题是美国社会面临的主要问题，也是公共行政所面临的主要问题。但现实是，因为过于强调专业化，致使公共行政在应对城市挑战上准备不足。行政者因为职能和职业已经专业化，在整体上不能把握城市问题。大学的公共行政项目因为过度强调专业化，使得这一问题更加恶化。

来自美国公务员委员会（Civil Service Commission）① 的马里根

---

① 美国公务员委员会是美国联邦政府设立的一个政府机构，起初是为了考核联邦政府内部所雇用员工的绩效而设立，1978 年的公务员制度改革法案使它于 1979 年被解散，由美国人事管理办公室和考绩制度保护委员会取代。

认为，《霍尼报告》过于温和但提出的研究建议非常有价值，关键是大学和政府应该从报告中得到何种启迪，并付诸行动。基于政府部门的视角，政府间的关系日益混乱，商业行政接管公共行政的趋势在不断加速。这种情况促使政府不断扩充在大学冠名的各种培训项目，而且不断增加相应的财政补贴，"联邦机构在大学培训项目的扩张进入了无理性的模式。沿着经典路线的行政创新的发展和应用，时间即将耗尽"。与此同时，公共行政者的责任、控制和隐性政府的意愿日益强烈，坚决主张"政府的艰巨任务最好通过合约来完成。我们已经走上了这条路，并且可能没有回头路可走"。马里根对其中可能存在的道德风险表示担忧，他完全赞成《霍尼报告》的建议，"如果公共行政和公共事务学院和政府所面临的问题将以任何系统和及时的方式相遇，并且这些问题一直被等同于公共行政的研究和实践问题，那么，霍尼所提出的这些有待清点、分析和实施的大规模和重大的项目必须准备就绪，现在时候到了"（Mulligan，1967）！

　　萨维奇和霍尼关于《霍尼报告》发生了一场思想交锋。

　　萨维奇直言不讳道："《霍尼报告》为公共行政的行动和研究绘制了一幅相当详细的建议集，以便强化大学为公共服务提供教育的贡献。但是，这是危险的。"他对霍尼引以为豪的公共行政情境变化提出了毫无情面的反驳。"我们大概将在1970年登上月球，但登月的成本，根据对地球所造成的持续的社会和经济灾难计算，现在正越来越显著。我们也没有迈向掌握控制人口和绝大多数重大公共卫生灾难的完美工具；越来越多的人依然正在死于饥馑和可预防的疾病。我们并没有走向通往国民经济稳定的完美旅程，并且我们已经走上的这段旅程是以贫困者、失业者以及那些无权无势者为巨大代价的。我们也没有调动国家资源改进教育和减少贫困和蜗居，不然，为什么穷人会变得赤贫，富人也会返贫？……我们正在慢慢地意识到解决这些问题是不能通过现有手段和方法来进行的，因为这些手段和方法显示目标本身就是问题根源，并且在许多案例中，它们必须被抛弃而不是被强化。《霍尼报告》认为，在我们面前，政府是许多承诺的核心，这几乎是不证自明的。我认为，它根本就不是不证自明的，事实上，证据是充分的，政府不能仅仅承诺，或者更为慷慨地说，它正无法实现这一承诺。《霍尼报告》是不可饶恕的，它将使付诸行动的最终建议变得异常愚蠢和危险。"萨维奇认为，我们花费了大量的时间和精力追寻公共行政是否是一门科学、一种职业、一个学科，并将此作为公共行政面临的庄严的、突出的、令人疲惫的核心智识问题。但是，这个问题并不是一个真问题。"我们可以提出一系列公共行政所面临的核心的智识和道德困境。我们使用什么决策标准来选择哪一种问题有待研究以及如何研究它们？谁定义了这些问题并为我们预设了优先性？在多大范围内，我们意识到公共行政知识的社会和道德应用？什么决定了公共行政作为一门社会科学来应用？难道当前公共行政对社会上的某些组织生成了知识而对其他方面没有生成知识？对谁而言公共行政具有明显的优势？什么是公共行政的预设条件，或者更为重要的是，公共行政的研究和教育会产生什么结果？"（Savage，1968）在萨维奇看来，如果这一系列问题得不到回答，那么大学是不可能承担好培养公共服务人才责任的。因为行政是一种有力的和必需的工具，但并不总是作为客观存在的人所需要的通识教育的充分工具，行政和官僚体制是某些重要人际关系的秩序化工具，行政过程在某些方面影响了当代社会中人的客观存在。

霍尼给出了更加尖锐的反诘，萨维奇完全误解了《霍尼报告》的意义，萨维奇的主张意味着完全放弃个人自由以及法治和人民主权的核心价值，"他充其量不过是依据物质主义和我们的社会类型来攻击基本的行政建制，就如同年轻的反偶像主义者，除了某些例外，他们提不出任何实质性的建议……事实上，如果他们对我们的政治体制愤愤不平，他们应该集聚……勇气、毅力和创造性，发展备选建议。然而，对诽谤和异议的承诺似乎远胜于创造性的思想和行动"。对于萨维奇提出的连珠炮式的核心问题，霍尼认为，萨维奇根本就没有搞懂公共行政的含义，《霍尼报告》只是主张："公共行政学院的改革不可能按照《弗莱克斯纳报告》所主张的医学院改革的那种方式得以完成、得到后续发展，也不能按照《戈登—豪厄尔报告》和《皮尔森报告》所主张的商学院改革的方式进行。毫无疑问，虽然大量的改革是值得期待的，但是，它必须来自四个方面的共同努力——公共行政和公共事务学院及项目、大学、职业人士、政府。"其中，至关重要的改革力量是大学和职业人士，而不是公共行政和公共事务学院自身。"真正需要寻求的是，各个大学和职业人士如何能够被激励，从而更加有效地面对和满足公共服务的职责。"（Honey，1968）《霍尼报告》正为共和国的福利投标。

1967 年 11 月的《公共行政评论》特刊发行一年之后，公共行政思想史上的大规模思想运动——明诺布鲁克会议（Minnowbrook Conference）拉开帷幕。希克认为，《霍尼报告》触及了公共行政领域中那些鲜被提及的议题，这促成了明诺布鲁克会议（Schick，1975：162 – 165）。雷伯恩·巴顿认为，《霍尼报告》是新公共行政运动的催化剂（Barton，1980）。《霍尼报告》成为明诺布鲁克会议参会者的会前阅读文献之一。在 1968 年的第一届明诺布鲁克会议上，两位会议筹备人 W. 亨利·拉姆布莱特和马里尼对公共行政教育的建议，比霍尼走得更远。W. 亨利·拉姆布莱特认为，大学在公共行政变革中的作用应该首当其冲。"《霍尼报告》过于保守。如果公共行政是公共政策决策，那么身处于大学中的我们应该给予它应有关切。这一任务的重要性需要整个大学的关切，因为公共行政学院和其他的专业学院都没有满足这一任务所需的资源。一所大学是按照学科和职业性的需要组建的，而公共政策是一种许多学科和职业前景的混合。"（Lambright，1971：332 – 345）马里尼认为，公共行政不再是政治学的一门子学科，公共行政学本身就是一个值得拥有独立院系地位的重要领域。它是为人类创造更美好未来的重要领域，因此，在大学的蛋糕中它应该占有更大份额。尤为重要的是，公共行政学是解决公共部门问题的知识应用体系。公共行政学必须超越某个学科，它是一个超级院系，借助多领域和多学科，扩大多学科的教育实验，并不断拓展其实践和应用水平（Marini，1971：Introduction）。

第四节　第一届明诺布鲁克会议召开

1967 年，美国政治与社会科学研究院（American Academy of Political and Social Science）召开了一次公共行政理论和事务学术会议。会议对当时公共行政领域知识状况的评价是：忽略对当时的一些重要问题的关注和讨论；没有提出一些新的观点、概念和理论；对组织和社会的变化认识不足；迷信组织和专家所具有的能力；对组织的极限、组织的成长以及衰败认识不足；没有充分探讨公民的需求以及应对策略；对政府应该达成和能够达成事务的能力过于乐观。

据弗雷德里克森回忆，参会者达成了一系列共识："行政机构是政策制定者；政治行政二分法已经过时；难以界定公共行政并标明公共行政的边界；公共行政管理和工商企业管理之间存在重大差异；公共行政学与政治学科有明显差异；公共行政处于混乱状态，无论是规范性理论还是描述性理论；等级制不再是界定或描述公共组织的恰当方式；公共行政学所关注的管理问题和行政问题正在被政策问题和政治问题所取代；应该会出现一些公共行政的专业学院；公共行政尚未以一种重要的方式涉及诸如军事—产业复合体、劳工运动及都市暴乱等类似的社会问题；公共行政领域一直都过度地专注于知识范畴、语义学、定义和边界。"（Frederickson，1980：xi）从这些评价不难看出，无论是基于当下，还是放眼未来，公共行政学界处于一种安于现状的消极状态，这显然与当时整个世界的躁动格格不入。

沃尔多会后意识到非常有必要研究，由于这些年来的政治骚动和社会动荡，公共行政到底发生哪些变化，以及这些变化对公共行政所造成的影响，特别是这些变化与 20 世纪 60 年代之前的变化有何不同。沃尔多希望组织一次年轻行政学者的会议，来改变公共行政落后于时代的局面，推动公共行政学者的代际更替和学术发展。这样一来，沃尔多自然就对两类学者的世界观和价值观发生了浓厚兴趣，一类是 20 世纪 60 年代进入公共行政领域的学者，另一类是早年经历过 20 世纪 30 年代的大萧条、第二次世界大战、朝鲜战争和信奉实用主义哲学的学者。实际上，这两类人都是从事公共行政教学和研究的青年学者。沃尔多的想法得到他的同事弗雷德里克森、W. 亨利·拉姆布莱特和马里尼的赞同，他们自愿组织和召集这样的会议。沃尔多用自己的特级教授项目基金①资助了年龄在 35 岁以下的 33 位公共行政领域的年轻学者，于 1968 年 9 月 3 日至 7 日，在雪城大学阿迪朗达克山上的明诺布鲁克会议中心举办了第一届明诺布鲁克会议。这届会议共收到 12 篇论文。会前，会议主办方向每位参会者提供了沃尔多《革命年代中的公共行政》（*Public Administration in a Time of Revolutions*）、《霍尼报告》、霍尼和萨维奇之间关于《霍尼报告》争论文章等文献。会后，作为会议协调人，弗雷德里克森、W. 亨利·拉姆布莱特和马里尼各自补交了总结性论文。会议的主要成果反映在马里尼主编的《迈向一种新公共行政：明诺布鲁克的视角》（*Toward A New Public Administration：The Minnowbrook Perspective*）、沃尔多主编的《骚动时代的公共行政》（*Public Administration in a Time of Turbulence*）以及弗雷德里克森的《新公共行政》（*New Public Administration*）之中。

第一届明诺布鲁克会议的目的是在社会剧变的背景下建立公共行政的新导向。会议主题重点涉及六个方面：一是切题性（relevance）。传统的公共行政不关心当今的问题和论题，社会现实必须

---

① 1968 年 9 月，沃尔多加入了雪城大学马克斯维尔公民与公共事务学院接受了冠名艾伯特·施韦策人文科学讲座教授席位，这是纽约州资助的 10 名特级教授资格（super‑professorship）之一，该职位拥有一笔小型的项目基金。

予以严肃关注。传统的公共行政仅认为，公民理性被忽略了；新公共行政认为，公民理性应该包容在政策制定过程之中。二是价值判断。在公共行政中，价值中立是不可能的。通过行政行为起作用的价值必须是透明的。实践透明度就是确保公民有效地获取信息，关于政府行为的信息是公共的。这是一个组织的目标之一，无论这个组织的名称是什么，当它从事公共事业时，必须对其行为进行阐述并公开。如果一个组织致力于服务公民，致力于实现公民的最佳状态，那么，如果回避或者没实现信息公开和透明，就会有损该组织与公民的关系以及该组织的目标达成。信息公开和透明有助于公民参与到公共行政过程。三是社会公平。实现社会公平必须是公共行政的首要目标，公共行政必须关怀弱势群体，倡导推进权益平等的积极行动，特别是女性和少数族裔应当拥有平等地进入公职服务的机会，科层制官僚的公务人员结构应该反映人口分布和人口结构特征。四是变革。质疑深深地植根于永恒机构中的权力，提倡行政体系必须内置满足环境变迁的运行灵活性和组织适应性，研究者应该思考社会需要、适应动荡的社会环境。五是以客户为中心。公共管理者应该是积极的、有前瞻性的和回应性的行政者，而不是难以接近的、独断专行的、躲在象牙塔内的官僚，行政官僚应该忠于组织、忠于客户、忠于计划，是具有专业权威的政策执行者和教育者。六是管理层和员工之间的关系。行政管理者必须平等地强调效率和人文关怀。新的管理方法必须既满足效率，又满足人际关系规范。此外，会议主题也涵盖了对组织理论的反思、行政官员伦理责任、计划—规划—预算（Planning - Programming - Budgeting，PPB）的评估以及公共行政经验理论等。第一届明诺布鲁克会议主张，公共行政应该更多地关注社会公平、代表性、回应性、责任性和参与等方面的价值判断，为实现这些目标所提供的解决方案简称为4D，即去中心化（Decentalisation）、去官僚化（Debureaucratisation）、授权（Delegation）和民主化（Democratisation）。

这次会议的一个显著特点即关注切题性，这是新公共行政运动对时代变化的重要回应。拉波特认为，"作为一项学术事业，公共行政当前的主要问题在于陷入一种不合时宜、不适用的分析模型与规范性都贫乏的窘境。除了政治行政二分法上的危机与学术时尚以外，几乎没有拒绝或接受实质性问题以及分析模型的基础。教学与研究倾向于因循守旧，或满足于对当前主导性问题的回应性界定。对于发展行政视角、政治领导力或永久的学术活力而言，其效甚微，结果就是学术活力的下降。相对于研究者、实践者以及未来而言，也迷失了方向……年轻的研究者、处于公共部门不同层级中的人以及我们中间的许多同事，都在抱怨我们的研究不切题，抱怨公共行政学的知识产出对于他们的经验只有有限的意义，抱怨我们的研究错过了社会变革的大背景……根本不得要领"（LaPorte，1971：21）！之所以如此不得要领，主要是由于在当时占据主导地位的组织理论。

组织理论是新公共行政运动攻击的主要对象。新公共行政运动的参与者认为，组织理论"将客观社会科学的模型应用到复杂组织之中，通常回避了何种条件下何种问题更为可取，导致了决策制定过程的政策中立态度。当代大多数组织理论均简单地假定：只要它是有效的，生产率就是高的；从与它们相关的社会条件来看，理性的决策制定将以某种方式变成好的决策；对于个人而言，能够促进效率和理性决策的组织控制体系与结构是一种有益的社会安排……这些规定对于组织生活是切题的、中肯的。其实，公共组织在政体中的角色需要在一种更为广阔的视角中界定，而不应当仅仅将产出与内部维持当作其首要价值"（LaPorte，1971：31 – 32）。新公共行政运动的参与者们认为，需要一种新的公共组织观念，这就是"公共组织的目标是为那些组织内外的人们减少其经济、社会和心理上的痛楚，并为其提供更多、更好的生活机会。具体而言，就是将所有人从经济剥削和匮乏中解放出来，对丰富的物质资料进行生产与分配，并以此作为评价公共组织的依据。公共组织有责任提升社会正义，允许参与者和公民团体决定他们自己的道路，赋予参与者和公民团体以更多的增加分享政治和社会权益的机会"（LaPorte，1971：32）。根据拉波特的看法，只有这样的公共组织观念，才契合时代的主题，也只有通过重构组织理论，才能使公共行政研究重返与实践相契合的轨道。

如何才能保证公共行政学是切题的呢？比勒认为，重塑公共行政学的切题性，必须保证公共行政的研究正视正在急剧发生的社会变革。"无论在其职业的方面，还是在其学科的方面，公共行政都必须发现一个用以定义自身和指导其核心贡献的新基础，用来描述理性工业化占据无可争议的支配地位的假定不再有效。在某种程度上以基本稳定为特征所产生的程序，现在看来，在许多情况下，不仅是不切题的，而且完全是错误的。以前被认为是进步的愿望，现在被流动社会中的大多群体视为一种退步。我们需要一种新的公共行政的定义，它能够面向不确定性，以关注变革而不是关注稳定的假定为基础，有能力处理情境式的相互依赖，能够将复杂性转化为纠错能力，而且便于那些流程发现的程序——它们不会阻碍人类价值的实现。"（Biller，1971：119－120）哈蒙认为，"如果关于我们即将生活在一个临时社会中的预测是正确的，那么公共行政教育就不能满足于稳定性与确定性的假定。关于公共服务的教育，尤其是规范理论必须认识到由持续而混乱的变革给个体及组织所造成的压力。变革不是一种无条件的美德，但它却是政治与行政生活的特征事实，而公共行政的规范理论必须要适应这一事实"（Harmon，1971：185）。比勒欣喜地指出，"这是我第一次感觉到，新公共行政可能真的意味着某种新的内涵。因为这样的观念意味着新的公共行政学将研究快速变革中的组织。对公共组织的兴趣将落在不断变化的关注或焦点上，理论也将不再关注稳定的组织，而是关注骚乱环境中的组织"（Biller，1971：126）。

这次会议的另一个显著特点是反逻辑实证主义。一方面体现在质疑逻辑实证主义的认识论和方法论上，另一方面体现在对政策科学的反思上。当时，逻辑实证主义主张从组织行为的实证分析中获取有规律的数据，其影响如日中天。齐姆林认为，"如果20世纪60年代后期所使用的新公共行政学的概念与新社会学、新政治科学、新的一般社会科学的运动有任何联系的话，那么它应当被定义为对价值无涉或价值中立的经验研究的一种突破，应当被定义为使研究直接关注社会正义问题的一种愿望。这一看法意味着，社会科学家将在他们的专业立场中做出价值判断。这一观点直接反对指导着大多数战后社会科学经验研究的实证主义立场，因为实证主义立场认为，社会科学家不能做出任何价值判断，'是'与'应当'被一道不可逾越的鸿沟分隔着。新社会科学——我认为，新公共行政学认同于它——应当寻求逾越这一鸿沟"（Zimring，1971：230）。齐姆林对新公共行政的这一认识，抛弃了事实价值二分法的逻辑实证主义原则，承担起了促进公共价值实现的职责。"新公共行政学应当关注的是，使公共官僚机构成为实现社会正义与平等的工具。这种关注大大不同于仅仅使政府回应大多数人民愿望的关注。"（Zimring，1971：231）马里尼也认为，"新公共行政学并不必然比它的前辈拥有新的或更好的价值，尽管这是可能的，但是，相比于专长和才干，新公共行政的践行者将比他们的前辈把价值问题看得与工作有着更为直接的关联"（Marini，1971：356）。这样，公共行政的概念就被赋予了价值的内涵。

在反思政策科学方面，瓦尔德沃斯基曾经对PPB体系提出了尖锐的批评（Wildavsky，1966）。明诺布鲁克会议后，他进一步指出了政策科学中存在的致命缺陷，"公共政策学院不涉及、从未涉及也绝不是被用来处理大规模的社会变革的。原因之一是，社会变革亘古以来就是人们最不能理解的主题之一。老学究们已经靠谈论大规模的社会变革赢得了名声。但他们就像谈论狗一样，值得注意的并不是他们谈论了什么，而是做出了谈论。另一个原因是，当你谈论硕士生时，是没有剧烈变革的市场的。毕竟，在民主社会中，大变革是为政客保留的"（Wildavsky，1985）。在这段充满敌意的评论中，政策科学的支持者与新公共行政运动有截然不同的研究取向。与后者积极拥抱社会变革的态度不同，前者拒绝对社会变革发表意见，也反对把社会变革作为学术研究的对象。所以，新公共行政运动不仅反对组织理论，也反对政策科学研究，反对那种蜕变成仅对与政策相关的事实因素进行客观分析的政策科学研究。新公共行政运动反对蕴含在组织理论与政策分析之中的逻辑实证主义，新公共行政运动主张将价值中立从公共行政的概念中扫地出门。

价值判断从何而来？为了平衡参会者的学术取向，主办方专门邀请了雪城大学的一位实证研究专家，让他对社会科学研究中数学模型的功用以及当时政治科学定量化发展的最新趋势等做了报告，却没有引起参会者的任何兴趣。在参会者们看来，这样的经验研究完全是与时代脱节的，根本没有认识到时代对经验研究提出的新要求——重视道德权威的价值。克罗伦伯格认为，"就经验理论来说，建立一种新公共行政学的追求要求我们对于科学和道德权威有着同样的敏感……关于一种新公共行政学的如上建议应当得到这样的理解：我们应当做什么样的理论工作的判断包含更多的选择。我们在理论工作中所强调的东西对于人类的生活是有影响的，它们成为那些制定与执行公共政策的人的行动前提。当然，这并不是说要抛弃对更大的科学成就的关注，我们不能因为数据对我们的政治或伦理偏好构成了威胁或产生了矛盾就忽视它的潜在含义。但我们必须谨记，基于科学权威的选择标准是远远不够的。'理论何为'这一问题的答案必须是'为了人类的成功'"（Kronenberg，1971：218 - 222）。即使是经验研究，也必须回答目的问题，而对目的问题的思考，显然只能通过价值判断才能得出答案。

新公共行政运动显然是针对当时美国政治和社会的骚动和动荡的。正如亨德森所言，"除非公共行政学能够切合当前美国的问题，否则它将不能生存；如果它的主要学术精力不是被用于与实践者尤其是都市官员的接触，那么它就不可能切中要害。学术取向与实践兴趣之间的鸿沟是可以填补的，只要研究能够关注并回答在行政上得到清晰界定的问题"（Henderson，1971：248）。"公共行政学应当成为这样一种研究，它所关注的是不同环境中政府行政组织与组织参与者的行为的真实且恰当的结构及其运行。比较公共行政将承担起这一领域知识领导者的角色，并将它的关注扩展到美国文化的公共行政上来。"（Henderson，1971：245）由此看来，新公共行政运动竭力主张开展新的比较行政研究，一种以美国问题为最终指向，并试图对美国社会的发展不平衡提出解决方案的比较研究。

弗雷德里克森回答了新公共行政学新在何处的问题，也阐述了新公共行政运动与以沃尔多为代表的规范研究之间的渊源，并受到非逻辑实证主义的行为主义者的广泛支持。第一届明诺布鲁克会议为公共行政研究找到了一个新的学术身份，"新公共行政学的主张可以被称为第二代行为主义，这是最恰当的描述。与其学术先驱不同，第二代行为主义者强调公共行政的公共部分，承认尽可能科学地去认识组织是如何行动以及为何如此行动的，但他们往往更感兴趣组织与顾客之间的相互影响。虽然他们对把自然科学的模型运用于社会现象的可能性不太乐观，但他们既不反实证主义，也不反科学……简言之，与其先驱相比，第二代行为主义者不太偏重一般的，较为偏重公共的；不太偏重描述的，较为偏重顾客导向的；不太偏重中立的，较偏重规范的。并且，按照人们的期望，它在科学性上并不会有所减损"（H. 乔治·弗雷德里克森，2011：269 - 270）。弗雷德里克森回应了沃尔多在《行政国家的反思》中的观点，公共行政研究中的行为研究并不是太多了，而是太少了，新公共行政研究必须把行为研究从逻辑实证主义的支配中解放出来，只有这样，才能对行政行为得出真正科学的理解。

经过弗雷德里克森的总结以及参会者的传播，新公共行政学的概念在学术界中迅速、正式扩散。许多学者就此发表了看法。弗雷德里克·莫舍尔认为，"生成中的公共行政学，真正的新的公共行政学，将承担大量在任何当前的教科书中都没有得到体现的重要职责。它将在一个人类历史上变革最为迅速的社会中预判和处理变革。它本身也必须是快速变革、高度灵活的。它必须促进更高程度的理性，发展与利用日益复杂的理性决策工具，适应那些看似非理性的力量。它必须比过去更加关注生命、自由与对幸福的追求等人类目标，同时不能损害使民主成为现实的那些程序。而且，这些目标绝不能仅仅是数量上的增长。它必须承认社会所有部分在功能和地理上的相互依赖，同时不过度牺牲专业主义与地方利益。它必须开发能使集权与分权同步前进的协作式工作方式，并使每一层级的政府都能高度胜任"（Mosher，1971）。沃尔多认为，公共行政内在受制于文明和文化，文明的演化依赖于公共行政，公共行政的相关概念是特殊文明和文化的基本构建要素。"在积极的方面，新公共行政学要求关注社会公平，关怀人类的苦难与社会的需求。它主张公共行政应当更加积极，是前瞻性的而不仅仅是回应性的。它并不反科学，但希望在利害关系和改革语境中运用更先进的方法和程序，不是为了自己，当然也不是作为压制的工具。它并不反理性，但它希望公共行政的考量能够更加细腻、敏锐和充满人情味，希望公共行政的领地可以通过承认感情的重要性而得以扩大。它对中心城市的问题，种族不平等、贫困、暴力、贫民窟等有一种特殊关怀。它对组织人文主义与组织发展的先进技术有着浓厚兴趣和接纳能力。它反对逻辑实证主义，从存在主义尤其是现象学等学派中寻求哲学指导。"（Waldo，1972）

明诺布鲁克会议之后，ASPA 的格局发生了重大变化。在 1969 年政治科学学会（American Political Science Association）的年会上，沃尔多再一次召集年轻学者组织了公共行政专题研讨会，参会者的论文以《骚动时代的公共行政》为名集辑出版。随后，《公共行政评论》主编的职位长期由新公共行政运动的参与者把持。1966 年至 1977 年，沃尔多担任主编；1978 年后高斯罗普接任主编；1991 年至 1996 年，罗森布洛姆担任主编。《公共行政评论》成为新公共行政运动的理论阵地，并在公共行政领域中掀起了一场轰轰烈烈地寻求一种新公共行政学的学术运动。

第五节　建立面向公共的智识传统

新公共行政运动重新阐述了公共行政概念内涵，特别是赋予公共一词全新的内涵，使公共行政学实现了学科转向，并激发了后续的大量研究。弗雷德里克森认为，"与新公共行政相关的价值观多种多样，而且，这些价值观也并非总是一致的。因此，我强烈反对只有一个公认的新公共行政及其模型，并且完全否定该领域过去的理论和规范的观点。在逻辑上，新公共行政出自对社会科学领域新知识的聚集，并将那些社会科学在公共问题上的聚焦。如果事实果真如此的话，那么新公共行政就具有一个丰富而重要的世系"。当然，弗雷德里克森也清醒地意识到，"对于新公共行政的目标来说，这一诠释明显地要比许多认同该领域的人能接受的解释更缺乏抱负……然而，如果我们认真对待新这个标签的话，那么，所有这一切都是可以理解的。如果新公共行政学者和实际工作者更少地关注一个理念是新还是旧，更多地关注一个理念可以操作的范围，那么，我们就可以发展出一种真正的新公共行政"（H. 乔治·弗雷德里克森，2011：20-21）。很显然，在弗雷德里克森看来，新公共行政运动并没有完全征服那些持怀疑态度的学者，模糊新与旧之间的界限或许能够为新公共行政运动赢得更多的合法性。

1976 年，弗雷德里克森当选为 ASPA 主席，并在《行政与社会》（*Administration & Society*）上发表了《新公共行政学的谱系》（*The Lineage of New Public Administration*）一文。文章将官僚制、新官僚制、制度主义、公共选择与人际关系学派都追认为新公共行政学的理论来源，彻底宣告与传统决裂。

但是，一批对新公共行政运动持有异议的学者，根本就不买账，特别是后来成为《黑堡宣言》（*Blacksburg Manifesto*）代表人物的瓦姆斯利、新公共服务代表人物罗伯特·登哈特、组织理论代表人物之一格伦别维斯基等人都对弗雷德里克森提出了尖锐批评。

瓦姆斯利认为，公共行政学的未来发展方向，应该借鉴新社会科学的路子，以新社会科学指导新的理论建构。"在学术上，读完全文，我们很容易产生这样一种感觉，弗雷德里克森说的新公共行政学并无太多新意，因为所谓新的都直接来自那些指导着传统公共行政学的价值。尽管承认新的事物总是演化与传承的结果，是很有价值的，但是，弗雷德里克森还是给我们留下了一些可能与他先前的著作产生矛盾的印象……总之，新公共行政学的谱系是一个重要的讨论话题，但是，我像其他所有学者一样感觉到，弗雷德里克森没有能够深入探究并指出一系列极其重要观念的价值。"（Wamsley，1976）

罗伯特·登哈特毫不留情地认为新公共行政运动失败了！"现在，我们也许必须宣布新公共行政运动失败了——至少在它没能满足期望的意义上失败了！不过，或许我们期望的太多了！无疑，新公共行政运动的历史，尤其在明诺布鲁克那里，显示出它并不是一种成熟的替代传统公共行政学的方案。事实上，这一头衔本身可能只是一种漫不经心的称呼，归其名下的只是一些彼此并无太多关联的论文。"（Denhardt，1977）罗伯特·登哈特呼吁，借鉴现象学的实践（praxis）观念，整合公共行政研究中的理论与实践、事实与价值、主观与客观等一系列关系。通过整合，公共行政研究在根本上超越政治行政二分法，并建立起一种真正意义上的新公共行政学。

格伦别维斯基认为，尽管新公共行政拉近了公共行政与政治科学之间的距离，但是，新公共行政仍是反理论和反管理的。在他看来，新公共行政"在语词上是激进主义的，在技巧和技术上是满足现状的，仅仅是该学科的抱负与绩效之间缺口的残酷的醒示"（Golembiewski，1977：118－246）。新公共行政是一种临时的和转轨的现象。新公共行政运动的学者并没有明晰地提供实现目标的方案。为了实现这些目标，我们应该如何去中心化、授权、去官僚化或者民主化？面对这些问题，新公共行政学者整体上是鸦雀无声的，他们似乎只对公共行政管理者提问题，并将寻求问题答案的任务留给了他们自我裁量，而自己却置身于问题之外。

当然，学界也不乏新公共行政运动的辩护者，坎贝尔就对新公共行政立场的转变持理解和包容的态度。他指出，只是在回应不同时期社会问题的意义上，新公共行政才是新的。"当前的问题如此重大，以至于当前的版本——在尘埃落定之后——可能比早些时期的版本更加具有根本的特性。"（Campbell，1972）

在很大程度上，新公共行政运动是对 20 世纪 60 年代中后期约翰逊政府"伟大社会"改革计划的一种回应，它契合"伟大社会"计划提出的社会公平的主题。到了 20 世纪 70 年代，"伟大社会"计划加剧了财政负担，并且 20 世纪 70 年代初期和 80 年代初期先后两次石油危机使得美国经济陷入滞胀的泥潭。在这种情境下，黑堡宣言、新公共管理、公共选择、新制度主义以及公共治理等先后呈现。我们可以说，正是因为新公共行政运动，才揭开了公共行政思想流变中精彩纷呈、百家争鸣的思想交锋画面。

第 三 章

第一届明诺布鲁克会议之后：美国
公共行政的思想涓流

[**题记**] 问题的本质是，公共行政之父的隐喻是不适当的
和误导的。无论在任何意义上，公共行政都没有父亲，它只有
先驱者，甚至有些人的名字早已湮没在历史之中。一个更为恰
当的隐喻可能是一个水系。水就在密西西比河，来自密西西比
河，流经新奥尔良河、俄亥俄河和田纳西河，上溯自普拉特
河、沃巴什河和莫龙加希纳河，水源地是土耳其小溪、卡布鲁
恩小溪和惠勒洼地。

——德怀特·沃尔多（Dwight Waldo），《沟通：进一步讨论》

第一届明诺布鲁克会议期间及其后的十年，正值美国政党交替
执政之期。政界弥漫着反官僚、反权威、反政府的气息，政治精英
在大选过程中毫不留情地批判文官体系，甚至将职业官僚视为"披
着羊皮的狼"（Karl，1987）。大众传媒业充斥着对公务员的责难、
批评、贬损之声。1981年，里根入主白宫后引发了联邦政府人事任
命风波，起因是总统助理诺夫茨格宣扬，任何支持里根的人都是能
人。无论是共和党从民主党手中接管政府，还是民主党从共和党手
中接管政府，对于一些分属不同党派、缺乏意识形态认同的高级官
僚，无论其专业能力如何，都不免被扫地出门、卷铺盖走人。这种
一朝天子一朝臣、党同伐异的人事任免风格及其对民主治理过程所

造成的伤害，使从事公共行政理论研究的学者愤愤不平。

第一届明诺布鲁克会议成为美国公共行政学术史的转折点。一石起波澜，涓流汇巨浪。美国公共行政学界恪守传统经典行政原则的束身衣被挣脱，一些年轻学者不仅意气风发，而且试图自立门户。他们呼吁入世的行政观，期待与行政实践休戚与共。在会后的几年内，参会者拉波特、比勒、小俄里翁·怀特分别在各自从教的大学组织召集了一系列会议，讨论公共行政的一般学术定向。然而，并没有出现一个普遍认同的共识，"所出现的是明诺布鲁克意识的学术异端和对公共行政领域的现状的不满"（O. C. 麦克斯怀特：2002：198）。一批年轻的激进主义者发起的新公共行政运动在美国公共行政学界迅速获得青睐，他们不仅与以政治行政二分法为特征的古典行政理论决裂，而且立足反技术主义、反智主义的立场寻求行政理论和实践的哲学来源。伴随着新公共行政运动的展开，与古典行政科学、科学管理思潮等传统理论并行的理论思潮竞相涌现，诸如邓恩和弗佐尼的批判性行政理论、罗伊的新政治科学、哈蒙以及他和卡特伦的行政之行动理论、阿吉里斯①的组织学习理论等。"所有这类学术建议，比如，新政治科学或新公共行政学等，在某种程度上是由一种将同情带入我们的事务的强烈需要所驱使的……国家以他们领导人的个性而人格化，并且在这种情况下，抽象的现实是以亲密的、个人的、可理解的和富于同情心的方式被呈现出来的。在很大程度上，许多事件的媒体评价也是这样，重要的问题一直是行动者的动机——友善、忠诚、利他主义、真诚和同

---

① 阿吉里斯（1923. 7. 16—2013. 11. 16），生前是哈佛大学商学院荣休教授，是美国工商管理理论家，与贝克哈特、施恩和本尼斯被公认为组织发展理论和学习型组织理论的创始人。阿吉里斯一生著作盛丰，主要有《个性和组织：系统与个人之间的冲突》（*Personality and Organization: The Conflict Between System and the Individual*, 1970)、《推理、学习和行动：个人和组织》（*Reasoning, Learning, and Action: Individual and Organizational*, 1982)、《论组织学习》（*On Organizational Learning*, 1993)、《理性和理性化：组织知识的极限》（*Reasons and Rationalizations: The Limits to Organizational Knowledge*, 2004）以及《组织的陷阱：领导力、文化和组织设计》（*Organizational Traps: Leadership, Culture, Organizational Design*, 2010)，他后期主要倡导组织的行动理论。

情。"（Thompson，1975：6）"任何新的公共行政，如果它想名副其实，就必须超越这样一种观念，即官僚是专家，只有他的介入，以技术应用为依托，才能分析解决政策问题的模糊性……如果说事实是存在的，把专业知识运用于其间，根本就是官僚角色唯一的合法性观念。"（O. C. 麦克斯怀特：2002：198）

在这种气候下，公共行政理论和实践如何独善其身、如何与现实政治和行政行为契合，成为对行政智识和学术追求的重大考验。

第一节　公共行政理论网络的兴起和发展

第一届明诺布鲁克会议的参会者中，绝大多数崭露头角的年轻学者都来自雪城大学马克斯维尔公民与公共事务学院和南加州大学公共政策学院，当时这两所学院是美国公共行政教学和研究的重镇。前者集结在沃尔多的麾下，后者集结在舍伍德的麾下。特别是后者营救并招募了当时巴西籍政治难民拉莫斯。拉莫斯在欧洲接受教育，深娴欧洲大陆的各种思想流派的哲学和理论传统，尤其是现象学。加入学院后很快成为年轻学者的思想教父，参加了第一届明诺布鲁克会议的科克哈特、哈蒙、比勒、拉波特、小俄里翁·怀特等都是拉莫斯的门徒。在拉莫斯的影响下，他们将现象学引入公共行政，并且以现象学为分析基础和哲学基础向第一届明诺布鲁克会议提交了论文，拉莫斯也就成为公共行政理论网络的思想源头之一。

第一届明诺布鲁克会议后，弗雷德里克森开始推进 ASPA 的最高领导层改组、促进学会的组织结构和程序向更为民主的方向发展，甚至发起组建公共行政研究分会。他和新公共行政运动的成员动辄以不相关和不合时宜为由扰乱 ASPA 年会的正式会议议程，同期举行一些替代性的、由离经叛道者参加的会议，讨论一些切合时代和社会状况的议题。

尽管马克斯维尔公民与公共事务学院、南加州大学公共政策学院以及"明诺布鲁克人"（minnowbrooker）之间存在严重的近亲繁殖现象，甚至一度把持着 ASPA 及其出版物，但他们并不是一个统一的理论工作实体。"虽然一些比较热心的'明诺布鲁克人'很快就提及新公共行政运动，但明诺布鲁克会议论文所代表的理论取向的多样性，很难用一个标签来表明这种团结一致。整整一半的论文代表了该领域完全主流的学术传统，而另一半的论文在对这些传统的批评上却大相径庭。在明诺布鲁克会议上的确出现了一个明显的情绪，即对该学科与当时重要议题切题性的不满情绪和对以具有社会意义的方式转变公共行政研究和实践的可能性所持的乐观主义态度相互交织。这种情绪的影响，在 ASPA 会议和其他场合的一些明诺布鲁克参会者的后期非正式结社中，显然远远超越了产生一个统一的理论工作实体。"（Harmon，2003）而那些来自马克斯维尔公民与公共事务学院、南加州大学公共政策学院以及"明诺布鲁克人"势力之外的、来自美国各地一些不显眼的机构、以理论为导向的学者，尽管他们定期出席 ASPA 会议，但经常扮演旁观者，急需找到一个思想家园。

　　盖伊·亚当斯对这种状态尤为不满，特别是在 ASPA 年会上对理论问题举行的专题讨论需要得到学会高层的批准耿耿于怀。1978年 5 月 4 日，ASPA 年会后不久，盖伊·亚当斯向近十年来参加 AS-PA 年会的 50 余位学者发出了一封信函，"在近期的 ASPA 会议和其他论坛上……大家一直在谈论关于公共行政领域理论思想缺乏发表渠道的问题。我们许多人都讨论过这个困难，因为它涉及愿意发表理论文章的期刊的匮乏。最近，在凤凰城举行的 ASPA 年会虽然形式多样，但与以往的会议相比，对理论感兴趣的专题讨论更少了。总的来说，我们当中的一些人一直在关注公共行政能否走出它长期停留在智识和理论的一潭死水的状态"。鉴于此，盖伊·亚当斯提议发起一个理论导向的网络，并自告奋勇管理这样的网络，"这对我来说非常重要，至少在一段时间内，我自愿管理这样一个网络。我认为我作为网络管理者的职责是：维护一个邮件列表；促进不同群体之间的联系；发布时事通讯/信息交流以及你可能想到的其他功能"（Harmon，2003）。盖伊·亚当斯将这一网络命名为公共行政理论网络（PAT – Net），每个加盟的会员只需要缴纳 5 美元的内部交流通讯的印刷费和邮费。

信函发出数周后，盖伊·亚当斯与加州州立大学海沃德分校的戈尔和圣地亚哥州立大学的沃尔肖克一起，向更多人发送了一封长信，详细描述了他们对 PAT – Net 的期望。

> 我们看到我们自己正在向一个具有三重性的计划迈进：一是传播公共行政理论中的成文素材和想法；二是通过一个促进性和支持性的审稿小组为处于萌芽阶段的理论工作提供编辑筛选服务；三是偶尔发表围绕关键主题的单行本和论文集……在遥远而模糊的地平线上，我们看到了这样一种可能：我们可能会考虑采用更正式的出版形式，比如期刊或半年度出版的文集……
>
> 网络将承担主要职责之一，与该领域存在的主流思想不断保持接触，但同时在某种程度上设法大声疾呼"此时此刻"的切题性，并讨论影响该领域知识发展和应用的更广泛分析和规范性关切……本质上，这是一种关键形式；这种形式为仔细审视传统知识及其基础提供了一个场所，它检验假说和预设，这些假说和预设揭示了工具和规范性原理的逻辑，并且开始拆解概念显性规范和隐性规范的难点……以及用于正式界定……当代公共行政实践和思考……的话语。
>
> 我们想要鼓励从纯粹的元分析批评和陈述中形成的文章，扩展到认识论的陈述、扩展到广泛乌托邦式的话语，尤其可以扩展到阐述关于构成现代公共行政和公共服务特征的传统思考和作为的关键方面的历史分析。（Harmon，2003）①

---

① 1978 年 6 月盖伊·亚当斯，戈尔和沃尔肖克之间的私人通信，转引自这份文献。

1978 年秋，学术通讯《对话》（*Dialogue*）正式出版，主要刊载观点、议题和事件，成员们的短评、随笔、书评及简历等。《对话》每两年为一卷，从当年 7 月到来年 6 月所出版的各期构成一卷。自第三卷后，《对话》开始从学术通讯转变为正式的理论刊物。凭借《对话》的传播力，PAT－Net 于 1981 年在底特律 ASPA 年会期间正式成立。这不仅标志着与 ASPA 分道扬镳，而且也标志着与"明诺布鲁克人"分庭抗礼，一群理论导向的学者有了自己的思想家园。在其随后的发展中，PAT－Net 成员的理论聚会不仅与 ASPA 年会并行举办，而且在《对话》1992 年第 13 卷第一期出版后更名为《公共行政理论和实践》（*Public Administration Theory & Praxis*），由全钟燮和弗米尔接手主持工作。

公共行政理论网络的兴起和发展，是明诺布鲁克会议后美国公共行政学界特别值得关注的学术景观。"PAT－Net 的重要贡献之一就是提供了探索人类知识、理解多样的替代途径，特别发展了诠释性、批判理论和后现代的研究视角，探索鼓励学者们进行公开的对话……致力于以理论促进实践，又以实践改进理论。"（全钟燮，2008：11）到目前为止，PAT－Net 已经成为一个全球性网络，会员来自世界各地，其年会也早已在美国之外的地点举办。回顾历史，PAT－Net 的贡献突出表现在以下三个方面：

第一，激发了公共行政学术社群对公共行政理论的追求。《对话》在出版期间聚集了一大批有理论范式追求的学者，这些学者包括：卡特伦、钱德勒、格伦别维斯基、赫梅尔、文森特·奥斯特罗姆、斯蒂福斯、泰尔、文特里斯和杰弗里·维克斯爵士，等等。在盖伊·亚当斯担任《对话》主编期间，即便是与其意见相左的文章，比如《黑堡宣言》，也能发表。曾经担任主编的凯登说过，《对话》不是一种召唤，而是一种觉醒。《公共行政理论和实践》则成为行政阐释理论、批判理论和后现代主义的学术载体。

第二，开启了公共行政理论研究的新视角。1990 年后，PAT－Net 与塞奇出版社（Sage Publications）正式合作，先后出版了《公共行政学的想象和身份》（*Image and Identity in Public Administration*）、《判断的艺术：一项决策研究》（*The Art of Judgement：A Study of Policy Making*）、《责任即悖论：政府理性话语的批判》（*Responsibility as Paradox：A Critique of Rational Discourse on Government*）、《公共行政的合法性：一种话语分析》（*Legitimacy in Public Administration：A Disclourse Analysis*）、《揭开行政之恶》（*Unmasking Administrative Evil*）等一系列公共行政学丛书，除第一本之外，其他均标有 PAT－Net 资助。特别是法默尔、福克斯、博克斯、全钟燮等人，他们共同开启了后现代公共行政。

第三，建立了一个具有思想磁性的国际对话大本营。在 21 世纪初，PAT－Net 的影响超出了美国，其理论刊物《公共行政理论和实践》的稿源来自欧洲、亚洲和拉美，PAT－Net 年会和专题研讨会也开始在美国之外的大学举办。一些 PAT－Net 资深成员从教的名不见经传的美国大学逐步成为非美国公共行政学者的朝圣之地，特别是来自荷兰的一群学者——鲁特格斯、拉施尔德斯、保罗·哈特和博文斯等人促成了公共行政欧洲传统和美国传统的对话，为PAT－Net 注入了新的思想活水。

第二节　对官僚制的后现代批判

后现代公共行政是 PAT－Net 对现代行政思想的重大贡献。从公共行政的合法性出发，改变公共行政领域的理论对话。"目前，编织这一对话的一个事项就是被无意识地坚持的一个假设，即人们总是有意识地只听某类人的言说，比如有智慧的和高尚的人，而不听其他人的言说。介入这种对话乃是不计手段图谋'应该倾听和相信的那个人'的立场的过程，也是避免被迫接受'因无话可说而不得不倾听的他'或'因开口即错而应该被忽视的他'的立场的过程。我渴望我们所有人都能言说和倾听，我们所有人都能就我们接下来该做什么进行商谈的对话。"（O. C. 麦克斯怀特，2002：7）

这一节，我们主要阐述赫梅尔的官僚经验、盖伊·亚当斯和巴尔福的行政之恶、哈蒙的责任悖论和特里·库珀的道德决策模型。

赫梅尔的《官僚经验：后现代主义的挑战》（*The Bureaucratic Experience：The Post-Modern Challenge*）堪称是基于现代和后现代主义思潮对官僚体制的战斗檄文。赫梅尔认为，官僚们不与人打交道，而是与可以计算的事务打交道；官僚们不关心自由、正义、平等、救赎，甚至是诅咒，他们只相信一件事，即控制。官僚不像我们是活灵活现的人，而是没有头脑、没有灵魂的机器人；官僚们不与人民交流，但他们塑造和昭告人民；官僚们只会逻辑思维，不会感性思考；官僚组织不是对社会负责的服务机构，而是统治社会的控制机制。赫梅尔对官僚体制的批判比一些后现代主义者走得更远，官僚体制粗暴对待"经验、情感、信仰、信念、目的、意义、感受、判断、协商和抵抗"（Hummel，2014：18）以及所有其他赋予我们人道的东西。赫梅尔从社会、文化、心理、语言、思想等角度对官僚制展开无情鞭挞。

赫梅尔认为，官僚制现在已经取代了社会。在社会活动中，人与人之间的真诚、主体性、跨主体性已经转变为官僚体制下的客体、事物或状态，人性的完整性已经丧失了，晚期资本主义已经将一切全部转变成为可以买卖的商品，变成了某种超真实的符号，我们生活的真正意义变成了毫无意义的商品消费。"控制这个世界的现代性之全部能力取决于它对这个世界的抽象能力。科学和数学是这种抽象化的工具。围绕着科学、数学及其它们的产物即技术，一个完整的权力结构已经成长起来了。"（Hummel，2014：75）

在阐述官僚制作为一个新文化现象时，赫梅尔认为，官僚制已经将传统文化观念——共享的价值观——转变成了文化之外的东西。"韦伯认为，官僚制价值观在于稳定、纪律、可靠性、结果的可计算性、正式的合理性、形式的非人格化和正式的平等对待；而哈贝马斯社会价值观指向正义、自由、暴力、压迫、满足、贫穷、疾病、爱与恨、拯救与诅咒、胜利与失败。"（Hummel，2014：57）

显然，两者是相互矛盾的，但官僚制的价值观却与经济学高度一致。官僚制的理性与市场理性和工具理性的概念是一致的，这些理性告诉我们，为了达到目标我们该做什么，却没有说明这些目的应该是什么。这是福柯所说的后现代世界人文主义的缺失。在官僚主义的经济学文化中，关于人是什么、人性是什么的问题已不再重要。

官僚文化孕育了官僚体制的心理和语言。赫梅尔认为，基于弗洛伊德主义，组织取代了人类的自主精神。在员工与管理者的关系中，员工不仅必须压抑自己对工作的掌控权，也就是自我，而且也必须压抑他或她的良知，也就是超我意识，把自我和超我意识交给管理者。没有自我意识，也就是没有掌控权，没有超我意识，也就是没有良知，员工就只剩下本我意识或现代官僚机构赖以运作的精力。根据后现代分析心理学，赫梅尔写道："拉康发现，我们所有的人在孩提时代都受困于一个无法忍受的状态中。我们的需要得到满足的程度总是不符合我们感到我们所需要的东西。这种差距、这种不足、这种缺失以及这种无法满足的欲求，毕生驱使着我们……随着婴儿的成长……唯有一条道路可以使他加入那些能够满足我们需要的人的行列，这就是语言。但语言永远是别人的语言。它是由我们的前人构建的语言。我们的需要只能用他们的语言来表达。"（Hummel，2014：123）在这种分析心理学的裹挟下，官僚体制拥有一套不为外人所理解的语言，赫梅尔称为虚拟语言，它只对其他官僚有意义，对人类却没有意义。这一套语言定义了我们，也定义了官僚自身。赫梅尔认为，"官僚制的谈话是沉默，其能量不是谈话。充其量，官僚制的谈话是独白，是单向的对话，而在社会中，对话是双向的"（Hummel，2014：135）。借鉴德里达、利奥塔和布迪厄的后现代批评，赫梅尔断言，"官僚们使用的虚拟语言，没有传达任何人都能理解的真正意义。官僚制的权力是设定话语语境的权力，但这些话语对人类没有任何意义。官僚语言惯常使用'类似于'，参照点永远都是正在被管理的项目的抽象和一般模型，而不是现实中人们具体的、特殊的需求"（Hummel，2014：159）。

这种心理和语言自然会禁锢官僚制的思想。基于将康德等现代主义者和德里达等后现代主义者的观点嫁接在一起，赫梅尔认为，官僚制的思想是纯逻辑的，它缺乏想象力。"官僚制的思维自上而下地定义了现实。在这样的思考中，我们忘记了生活是自下而上的。官僚制的思考，因为它不反映事物的自然秩序，通过暴力或暴力的威胁可能是有效的。暴力的使用证明了思想的贫乏……最终，官僚制取代了政治。"（Hummel，2014：197）"官僚制将政治从可能性的艺术转变为可能性的计算。所计算的是关于谁、关于什么、关于何时、关于如何在斗争中使用权力。丧失的是政治想象力。然而，当人类看到他们的现实时，他们不禁想知道事情可能会怎样。"（Hummel，2014：212）赫梅尔认为，后现代的政治是一个巨大的、异化的压抑体系，其中知识就是权力，权力就是知识，而真理就是一个既定秩序的权威所说的话。赫梅尔指出，当官僚制面对政治时，可能会出现两种危险，一是将官僚制公共问题转化为行政和技术问题，二是官僚制"产生了一种被肢解的政治，它本身依赖于官僚制的假设，因而模糊了一个完整的、人类政治的可能性"（Hummel，2014：241）。

"我们的一生都滑向一个不确定的未来。"如何摆脱官僚制的羁绊，"我们是否准备好怀疑我们这个时代的问题——更不用说预测答案了？从何处开始？"（Hummel，2014：275）赫梅尔认为，为了改变现代性，我们必须消除官僚制这种权力，我们需要发展一种能够克服统治人民的实践的批判性的行政哲学。唯有在官僚制的权力开放的少数领域，人们可以有机会行使自治和自由，而这些开放是由利益、知识和真理的偶然汇合所带来的。有人可能会得出这样的结论，在这些少数的开放领域，有可能把逻辑和想象、工具理性和实质理性结合起来，使我们能够承认彼此和我们自己是人，就像官僚机构中很少有机会让我们成为人一样。

　　盖伊·亚当斯和巴尔福的《揭开行政之恶》也是一本不可忽视的揭批官僚制的著作。他们从现代性出发，借鉴后弗洛伊德主义的思想，特别是克莱因的客体—关系①，对行政之恶进行了辛辣的批判。人类的暴力、背叛与悲剧千百年来不绝于史。我们将这些令人心寒的、不公正或不必要的、施加伤痛苦难与死亡于他人的人类行为冠以邪恶之名。行政之恶的动力源自现代性和技术理性。"当今时代，尤其是过去一个半世纪的突出特征是所谓的技术理性。技术理性是一种强调科学分析思维和技术进步信念的思维方式、生活方式……技术理性已经带来一种新的、让人迷惑的邪恶，我们称为行政之恶……行政之恶的真实面目是被掩盖起来的。掩盖行政之恶的方式大相径庭，其共同特征是，人们参与邪恶行为的同时根本意识不到自己的不当之处。的确，普通大众很可能只是在忠实地扮演自己的组织角色，做着被周围的人认定为本分之事，但是一位明智的批判观察者，通常是在事情过去一段时间后，会将他们所参与之事视为邪恶。更恶劣的是，在我们道德错位的情况下，邪恶之事被有说服力地重新定义为良善之事，因此普通大众会非常愿意投入行政之恶的运动，还一心以为自己的行为不仅是对的，而且是善的。"（盖伊·亚当斯、丹尼·巴尔福，2009：12－13）

　　盖伊·亚当斯和巴尔福认为，行政之恶与人类历史上普遍的邪恶有根本区别，不仅是因为被掩盖，而且因为其具有强烈的欺骗性。尤其是在道德错位的情况下，会让人们善恶不分。行政之恶有三大重要的不同之处，"第一个是，在现代社会中我们倾向于对邪恶进行去名，认为这个古老的概念不能很好地适应科学—分析心理定式。第二个不同之处源于复杂的现代组织结构，现代组织分解了个人责任，并要求每个人完成角色要求的每日工作。第三个不同之处是，技术理性文化在分析原理上压缩了公共政策制定和执行的过

---

　　①　客体—关系，即将人的好斗及其他情感因素视为客体的关系。

程，现在道德错位①比过去更容易发生"（盖伊·亚当斯、丹尼·巴尔福，2009：12 – 13）。

　　盖伊·亚当斯和巴尔福区分了行政之恶与脏手（dirty hands）、僭慢（hubris）之间的细微差别。"脏手意味着有意识、有计划地向别人施加伤痛与苦难，但其意愿是良好的，即为了政治实体更大的善……但脏手总会微妙地诱导人们时常做出大恶之事……僭慢可以是一种个人的性格特征，也可以是一种社会和政治特色，意指膨胀的骄傲心或自傲感。僭慢是一个时常与邪恶相伴的事物，当二者结合之时会产生非常致命的效果……脏手凭借所谓的正当理由助长行政之恶，而僭慢则是行政之恶的助燃剂……行政之恶不仅仅局限于公共部门。"它无处不在，它是一种社会现象，是一种技术理性的文化现象（盖伊·亚当斯、丹尼·巴尔福，2009：17 – 18）。

　　盖伊·亚当斯和巴尔福认为，认识和揭开行政之恶的关键在于四个方面。第一，行政之恶源于科学分析思维定式以及解决社会政治问题的技术理性方法。它不仅戴着各种面具，极具欺骗性，而且普通大众会自觉或不自觉地顺从这种邪恶，包括路西法效应、服从权威之角色转换以及习得性无助。第二，复杂的现代组织不仅分解了个人的责任，而且建构了有效率的等级制安排，每个人都拥有了某种专业性或技术性身份，从而为道德错位培植了丰厚的土壤，也为行政之恶戴上了面具，即便没有公开发出邀请去干一桩邪恶的事情，在命令—服从的等级制安排下，邪恶之事甚至被包装为一桩非常有价值的事业，从而使普通大众心安理得地成为行政之恶的帮凶。第三，行政之恶有两类流行的伪装面具，即现代组织和公共政策，它们均可以替代人们的伦理思考，即便是出现了种种邪恶的后果，人们也不愿承认道德上的瑕疵，只会在事后勉强认同无辜的道德过失。第四，一般意义上的职业伦理和公共服务伦理只停留在科

---

　　① 盖伊·亚当斯认为，"道德错位发生在邪恶或破坏性的事情被成功地呈现，或重新包装为积极和有价值的事情之时。在道德错位的条件下，一个人可以从事邪恶的行为，同时认为自己从事的是建设性的或积极的事情"（Adams，2011）。

学分析思维定式上，习惯于以技术理性方法和专业技能来解决行政
和社会问题，这两者在面对行政之恶时都力不从心、无能为力，等
到更大的邪恶出现时，才有可能幡然醒悟，或者干脆一错到底、不
能自拔。

为了揭开这些行政之恶的关键所在，盖伊·亚当斯和巴尔福检
验了纳粹的大屠杀、美国的国防政策、挑战者号航天事故、克林顿
政府的福利改革、限制性移民政策以及废除平权运动的努力，证实
了在行政之恶背后潜藏的科学分析思维定式、道德错位和道德堕
落、工具理性、职业精神和专业技能、效率、科学的严谨性、现代
性、衰落的历史意识、破坏性的组织力量、受虐的组织文化（per-
secutory organizational culture）、程序主义、理性的解决问题之道、
非人道的公共政策以及道德空虚等。盖伊·亚当斯和巴尔福认为，
支持行政之恶存在的证据就在我们身边，从技术驱动的战争机器所
带来的恐惧，到对贫穷人口实施去人性化的公共政策。行政之恶是
如此普遍和强大，以致它能够战胜所有那些旨在抵消其最坏后果的
外部控制和专业控制。

盖伊·亚当斯和巴尔福认为，通往行政之恶的道路虽然有时是
由外部的有号召力的领导者所修筑，然而更多时候是从内向外衍生
的，任何一位专业人士都有可能被连哄带骗地推上一条非常熟悉的
不归路。这条路让人先产生道德错位，随后让人成为反人道罪行的
同谋犯（盖伊·亚当斯、丹尼·巴尔福，2009：20）。

盖伊·亚当斯和巴尔福建议，在公共政策和行政研究中，行政
之恶应该与效率、效能、问责和生产力等问题一样被置于同等重要
的研究议程。"尽管我们最初对公共服务持消极评价，但我们的本
意却不是贬低公共行政，也不想参与抨击官僚的活动，更不相信那
些被误导的论证，即政府及其代理人一定或在本质上是邪恶的。事
实上，我们的目的恰恰相反：超越那些肤浅的批评，为一个更道
德、更民主的公共行政寻求基础。这样的公共行政需要明确意识到
自身对邪恶的潜在容纳力，故而创造出更多的可能性，来关闭那些

会滑向由国家资助的去人性化行为和毁灭行为的通道。"（盖伊·亚当斯、丹尼·巴尔福，2009：19）

　　盖伊·亚当斯和巴尔福认为，美国的社会现状不仅对技术理性方案极具诱惑力，而且可能是孕育行政之恶的温床。抑制行政之恶的唯一希望可能来自对美国公共服务伦理中的技术理性文化的彻底重构，从基于程序主义和个人主义价值观的文化转变为基于建构主义和社群主义价值观的文化。公共服务中的技术理性方法只是必要而非充分条件，因为技术理性传统下的伦理学从目的论和道义论两种传统汲取营养，强调现代官僚组织里个人作为职业人士的决策过程。目的论伦理学建立在功利主义的基础之上，而道义论伦理学建立在程序主义的基础之上。"我们必须认识到这样的组织或职业伦理标准只是对非伦理行为的一种防护，而不是万无一失的保险箱。这样的标准也不会帮助人们解决似是而非、自相矛盾的道德难题。"（盖伊·亚当斯、丹尼·巴尔福，2009：183）"在技术理性文化中的伦理结构已经没有多少道德选择的余地，也没有抵抗合法权威制造行政之恶的余地。"（盖伊·亚当斯、巴尔福，2009：187）基于建构主义和社群主义的公共伦理应该坚持以残忍为首恶（putting cruelty first）的自由主义，应该坚持协商民主，因为前者会努力避免背叛、不忠、专断、虚伪和残忍等邪恶的天性所带来的严重后果，后者可以建立一个包容的、民主的学习型社群，摆脱社群参与者彼此之间浮士德式的交易，开放地接受彼此之间的态度、意见和立场。盖伊·亚当斯和巴尔福警告说，"邪恶本身是人类状况的一部分……没有任何社会有防止行政之恶的万全之策，也不存在让人类逃离邪恶的良方……但当公务员角色需要对公共事务的政策背景进行批判反思，并且需要担当教育并构建包容与积极的公民群体时，公务员队伍才不太可能如此容易戴上行政之恶的面具"（盖伊·亚当斯、丹尼·巴尔福，2009：199－200）。

　　《揭开行政之恶》甫一出版就引起美国公共行政学界的关注，曾获1998年路易斯·布朗洛奖（Louis Brownlow Award）、1998年公共和非营利部门最佳图书奖（Best Book Award from the Public and Nonprofit Division），但也引起了褒贬不一的评论。杜布尼克认为，这本书徒有虚名，从行政论证的角度看，既没有理想化逻辑，也没有工作逻辑，既没有内部逻辑，也没有外部逻辑，存在偷换概念和逻辑转换之嫌，不是一部可信的学术研究，仅是一部通俗文学作品。"在一种倾向于抨击官僚制的政治文化情境下，将公共行政人员与一种有害的且普遍存在的邪恶形式联系起来，是一种轻率的行为，尽管并非出自故意。《揭开行政之恶》之所以获奖是因为其主题和作者的声誉，因为行政之恶契合了抨击官僚的修辞，两位作者都是 PAT‐Net 的发起者和组织者，竭力主张多元化的行政研究进路。"（Dubnick，2002）

玛格丽特·维克斯和哈伯特·洛克却认为，《揭开行政之恶》超越了传统公共行政的局限性，并向公共政策和公共行政研究发起了挑战，探索在更广泛的政治经济中行政之恶对职业和组织的意蕴。杜布尼克的批评是赤裸裸的门户之见，死亡之吻献错了对象，是一种对逻辑实证主义保守残缺的傲慢，却无视阐释、批判、后现代的话语和范式的独特价值和魅力（Dubnick，2002）。

盖伊·亚当斯和巴尔福也对杜布尼克的批评反唇相讥，指出将《揭开行政之恶》归功于选题和作者的声誉，是侮辱，"也许我们应该为这种对我们声誉的高度重视感到高兴。然而，它带有贬义和错误的断言，即公共行政界的读者更容易被作者的声誉所说服，而不是一本书论点的实质。奥卡姆剃刀，像往常一样锋利，而暴露在杜布尼克的短柄小斧下，似乎是一种解脱"。杜布尼克根本就没有读懂《揭开行政之恶》。"实际上，杜布尼克教授根据他对书中部分内容的小说解读，创作了一幅漫画，然后开始攻击漫画。"《揭开行政之恶》的真正目的在于"超越那些对公共行政的肤浅批评，比如抨击官僚主义就显得肤浅，通过记住公共行政在国家资助的非人性化行为和毁灭性行为中所扮演的角色来思考更根本的问题。行政之恶的概念提供了一种手段，使人权和尊严等基本问题成为研究和评价公共政策和行政行为的一个组成部分。对于一个领域的所有研究来说，采取批评的立场是不必要的，甚至是不可取的，但显然，如果不这样做，我们就会面临灾难。我们的希望是，通过我们对行政之恶的分析，产生足够多的批评性研究，至少使一些脆弱的人们在再次成为公共政策的受害者之前稍作停摆"（Dubnick，2002）。

在对官僚制的批判中，基于后现代主义的话语理论，哈蒙的《责任即悖论：政府理性话语的批判》和特里·库珀的《负责任的行政者：行政角色的道德规范》（*The Responsible Administrator*：*An Approach to Ethics for the Administrator Role*）可谓另辟蹊径，分别从责任和决策的角度建构了行政伦理的独特视角。

从一个不证自明却常被忽视的角度，哈蒙指出，责任必然包含着一种二重性，"人们的行为会引起诸多事件的发生……他们为这些行为负责成为对他人负责的前提条件"（Harmon，1995：200）。人们必须对一个行为负责，然后才能对其后果负责或在道德上受到谴责。哈蒙认为，责任具有三种当代意义，一是代理人，"自由意志的观念使人们成为自身行为的无可争议的作者"；二是问责，"人们就他们的行为对其上级的权威，通常是对组织的权威负责"；三是义务，"道德行为是由源于代理人的原则和标准的对应关系所决定的观念"（Harmon，1995：6）。不同的是，理性主义伦理却基于一种特定的人类代理人理论和信念，即"负责任的行为与道德上正确或法律上正确的行为是同义词，关于政府、法律和其他规范行政行为准则的道德话语的目的就是要保持或恢复一种道德清白的状态。理性主义者把责任当作一个独特的现代概念，它除了植根于有时相互竞争的现代哲学传统之外，也是市场资本主义和官僚组织并行时代标志性制度的产物"（Harmon，1995：6）。但是，伴随着现代意识的觉醒，责任"不可避免地丧失道德清白的状态"（Harmon，1995：4）。这就产生了种种悖论，因为理性主义者片面地专注于客观的、外界的经验维度，结果导致在逻辑上和经验上的双重失败。悖伦对理性主义机器造成了极大的冲击，"既以不可预知的反例启示挫败理性主义的逻辑主张，又以持续提醒人们在需要采取行动的情境下所固有的歧义性而嘲笑理性主义的道德说教"（Harmon，1995：68）。通过比较西蒙与沃尔多、芬纳与弗里德里希、伯克与特里·库珀①之间的内部辩论，哈蒙断言，"理性主义不能与个体道德代理人的不可通约的主观特征相互妥协，因此也不能与个人责任的主观特征相互妥协……道德代理人的主观性，连同对义务和问责的客观要求，意味着责任是一种内在悖论的观念"（Harmon，1995：65）。

为了更好地处理代理人、问责和义务中内在的悖论，哈蒙区分了两种特殊类型的悖论，即人格分裂悖论和反常态悖论。"人格分裂悖论，一方面应当被定义为单独或系列的状态陈述，要么得出自相矛盾的结论，要么得出相互矛盾的结论；另一方面应当被定义为许多情境，身处其中，特定的行动产生的结果与预期的结果相矛盾，但经过更仔细考量，结果是可以预测的，甚至在逻辑上是不可避免的。"（Harmon，1995：76）反常态悖论"体现了对立与矛盾是人类生存不可避免的特征这一观念"，并且"只能与之斗争而不能解决，试图回避它们势必会适得其反"（Harmon，1995：76－77）。哈蒙认为，借鉴荣格的二律背反思想，以反常态悖论来分析人格分裂悖论是为了证明"人格分裂悖论是我们在理解反常态悖论时出错的证据"（Harmon，1995：77）。但是，也需要看到反常态悖论中存在"内在对立的互补性，例如善与恶的对立……据此界定了个人既追求整体性又追求个性化的动力"（Harmon，1995：77）。

哈蒙提出，重建公共行政责任的关键在于，将问题或情境重新构造为一个反常态的悖论，先从人格分裂的角度建立病态流，然后从反常态的角度比较和对比这些病态流的结果，从而更详细地检验代理人悖伦、义务悖伦和问责悖论。

代理人悖论，即一方面，如果个人承认自己的职业身份，就像

---

① 哈蒙称西蒙、芬纳和伯克为硬核倡导者，沃尔多、弗里德里希和特里·库珀为软核倡导者。

他们通过自己的道德行为表现出来的那样，那么他们就否定了自己对他人的最终责任感；另一方面，如果他们坚持对他人负有最终责任，那么他们就否定了自己的道德代理人资格。代理人悖论产生的病态是推卸责任、寻找替罪羊、个体道德衰退和逃避个人责任。

义务悖论，即如果公务员既有选择的自由，又必须按照权力机构为他们提供的方式行事，那么就所有实际目的而言，他们都不是自由的。或者，如果公务员有选择的自由，那么他们的行为可能违背对权力机构的义务，使他们行使自由选择的行为不负责任。义务悖论产生的病态是官僚机会主义、义务和权力的物化。

问责悖论，即如果公务员只对实现政治权力所授权的目标负责，那么作为该权力的工具，他们对其行动的结果不负有个人责任；但是如果公务员参与确定公共目标，那么他们对上级的责任就会受到损害。问责悖论产生的病态是个人责任的衰退和政治权威的衰落。

"因为悖论是责任的一种主要属性，所以，关于这一主题的话语任务必须是找出导致我们丧失道德清白的困惑和纠结的根源，而不是提供如何恢复道德清白的建议。"（Harmon，1995：200）如果一种情境被描述为对某事负责，那么它就将义务和代理人结合起来了；如果一种情境被描述为对某人负责，那么它就将责任与代理人结合起来了。通俗地说，公务员的职业伦理不存在角色转换问题。公务员可以对某项公共政策表达不满，如果他这样做无法改变政策，选择是要么退出，要么忠诚于组织。前者取决于个人良知，后者则服从于组织权威，所以悖论是指导道德决策的一种必要范式。

诚然，哈蒙并没有为道德决策或者说尽责的公务员提供一个确凿的范式，因为悖论而使得责任捉摸不定。如何成为一个负责任的行政者？如何作出道德决策？特里·库珀给出了答案。[①] 特里·库珀相信，负责任的行政需要道德决策技能，这些技能是通过理论和

---

① 下文引自特里·库珀英文版第 4 版，该书第 5 版的中文版已由中国人民大学出版社出版。

经验培养出来的，而不是规定一套特定的价值观。没有理论和经验的结合，"选择会受到约束，自由最终会被我们行为的不可预见的后果所阻碍"（Cooper，1998：2）。其关键要素是角色、责任、解决与行政角色和责任相关的伦理问题的过程，道德决策模型和负责任的行政模式是特里·库珀的核心观点。

特里·库珀认为，"角色的概念成为一种方便的方式来包装与现代世界相关的期望和义务。由于我们不再认为社会职能源自历史而完整无缺，而是作为一种可以重新操纵和创造的东西，所以我们以各种角色的形式承担起有限的义务"。这是特里·库珀提出道德决策模型的重要前提。特里·库珀提出，"太多的职业道德处理方法停留在对典型伦理问题的概念和理论哲学分析上"。针对这个问题，虽然没有单一的最佳解决方案，但全面的设计方法将有助于"对当前问题的回应，即处理眼前的短期情况且着眼于更广泛的组织、法律和社会环境来获得更长期的答案"（Cooper，1998：xvii）。

特里·库珀使用四层级决策的分析框架来建立道德决策模型。表达层级代表自发的、不加思考的情感表达。道德规则层级根据规则、格言和谚语来评估问题。道德分析层级是当规则无效或相互冲突，或者当规则要求的行为似乎感觉不对时，开展伦理分析。后道德层级是行政者努力"找到一些依据来评估那些在伦理分析层面上确定的东西……在后道德层级上，我们开始质疑我们的世界观，质疑我们对人性的看法，质疑我们如何知道什么是真实的，质疑生命的意义"（Cooper，1998：8 - 16）。特里·库珀认为，最有效的决策发生第二层级和第三层级。

道德决策模型包含五个阶段，前三个阶段是线性的，后两个阶段是非线性的。第一阶段涉及对道德问题的认知。第二阶段描述情境和界定伦理问题。特里·库珀提醒决策者，应该以实际的而不是道德的术语来定义问题（Cooper，1998：21）。这一阶段要分析的问题与哈蒙的人格分裂悖论与反常态悖论基本一致（Cooper，1998：74 - 79）。第三阶段甄别备选方案。特里·库珀再次提醒决策者，不要用二分法来看待备选方案，要允许在第四阶段对每个备选方案进行评估，这样才能找到最合适的方案。第四个阶段根据道德规则、演练辩护或公开测试、伦理原则①以及预期自我评估②对每个备选方案开展评估。首选的替代方案出现在这个非线性阶段。如果没有合适的替代方案，那么这个过程就会重复一些步骤，要么重新描述情境和界定伦理问题，要么开发不同的替代方案。一旦在第四阶段结束时选择了一个首选的替代方案，那么决策者就会抵达第五个阶段，也是最后一个阶段，即决议状态。

道德决策模型涉及个人的道德情境和组织的道德情境。在个人的道德情境中，公务员要面对行政责任的模糊性和双重性③，行政责任的客观形式和主观形式之间的冲突是道德困境出现的最常见形式，表现在权力结构、角色认同与利益之间的系列冲突之中，这一点与哈蒙的代理人悖论一致。组织的道德情境指向两个维度，即内部控制和外部控制。那些通过社会化过程而被吸收和适应的内化的职业价值和标准，无论在个人层级还是在职业层级，都是内部控制的机制；来自个人之外的道德规范和道德立法则是外部控制的工具。负责任的行政行为必须建立在内部控制机制与外部控制工具相一致的基础上，这种一致性取决于四个因素：个人道德品质、组织结构、组织文化和社会期望。即便是个人的道德情境被淹没在腐败、低效、推诿和繁文缛节等组织情境之中，个人致力于公共服务的动机受挫时，个人的道德自治力也将发挥更重要的作用。随波逐流、气味相投、沆瀣一气、蝇营狗苟等行为在大众冷眼、不齿和鄙弃的过程中有可能唤醒个人的道德自治力，从而成为负责任的行政模式。

特里·库珀认为，"如果要限制我们的行政责任和对组织的忠诚，就必须具备三个基本要素。首先，有必要界定工作组织并培养

---

① 通常，演练辩护失败的备选方案会转向这一因素，以期识别潜在的原则。
② 预期自我评估即决策与决策者自我形象的契合程度。
③ 双重性即客观性和主观性。

一种超越其边界的身份。其次，建立约束组织权力、保障个人行使道德自主权的法律和制度机制。最后，在特定情况下，如果我们要能够作为个人行事，就必须对组织内外的价值、权利、需要、责任和义务持有自我认识"（Cooper，1998：234）。特里·库珀坚信，最后一个要素非常重要，"如果要维持民主，要使自由社会占上风，社会控制最终必须扎根于个人之中，其形式是深刻认识到自己的价值观念、需要和愿望，以及这些价值观念与其他人的价值观念之间的关系"① （Denhardt，1988：235）。

特里·库珀将他的分析方法总结为负责任的行政模式。该模式将负责任之行为的本质与个人道德自治的本质结合在一起，前者即个人道德品质、组织结构、组织文化和社会预期，后者即组织的界定与超越、制约组织权力的法律与制度机制、自我意识。这为负责任的行政行为奠定了基础，从而促进公务员在模棱两可的环境中作出回应和负责任的伦理决策。特里·库珀提供了理论与经验相结合的培养道德决策技能的框架，从而引导公务员高尚行政行为的养成。

第三节　罗尔和葛德塞尔：为官僚制正名

在抨击官僚运动不断喧嚣尘上的过程中，秉承了明诺布鲁克衣钵的罗尔和葛德塞尔旗帜鲜明地维护官僚制，这集中体现在 1978 年出版的《官僚的伦理学：关于法律与价值观论文集》（*Ethics for Bureaucrats：An Essay on Law and Value*）以及《为官僚制正名：一场公共行政的辩论》（*The Case for Bureaucracy：A Public Administration Polemic*）之中，后者多次再版。

---

① 卡瑟琳·登哈特强调，面对公共行政现状，行政伦理研究和应用过程中存在哲学传统的严重缺失。她认为，行政伦理就隐藏在组织环境和个人管理者这两个孪生的主题之中，公务员的伦理原则应该在个人管理者与组织环境，过程伦理与内容伦理以及道德诉求的道义性与目的性三组对等的二分法中进行建构。（Denhardt，1988）

　　罗尔秉持了新公共行政学的衣钵，以政治行政二分法的缺陷作为起点，反思行政者如何负责任和有益地扮演制定政策的角色。"在20世纪早期的数十年，二分法完美地保持与私营企业主导的科学管理运动协调统一。因此，工业管理与公共行政结合起来构成了一种行政科学。这种行政科学主张基于适用于任何组织的共同原则，主张政府采取类似于商业的分析进路，主张在执行由行政者的政治上司也就是当选者所决定的政策过程中促进经济和效率。"（Rohr，1978：22）但是，罗尔恰当地避免了新公共行政主义者的推论，即公务员应该通过使用自己的职权去追求那些直观上吸引他的任何价值观来谋求自我实现。相反，罗尔强调，美国政体是广义上的亚里士多德式的共和政体，美国公务员宣誓效忠雇用美国政体的宪法和法律，这就意味着行政者一定程度上与这种政体的根本宗旨达成了一种协议，虽然不一定是当前的每一项政策或每一位领导人，但是整个政体在根本上是正义的，因而值得他的效忠（Rohr，1978：60-61）。在罗尔看来，美国公务员不能自由地推进他所钟爱的任何价值观，而是将自己的职责限定于为了政体价值观利益而工作——广义的正义和共同利益体现在美国公法之中。（Rohr，1978：59）

　　罗尔认为，自由、财产和平等是美国人的主流价值观，行政学者应该"以一种受过严格训练的和系统的方式鼓励官僚们反思美国的价值观"，实证研究最高法院大法官们处理这些主流价值观的判决。罗尔提出，这些判决书有四大特点，非常适合促进官僚们的价值观反思。第一，因为它们是制度化的，而不仅仅反映独立个人的不同信仰，所以它们有助于官僚们区分"稳定的原则与一时的兴致"；第二，尽管最高法院法官像其他人一样，在某种程度上受到他们赖以生活的时代视野的局限，但是他们的主要观点一般关注永恒的问题；第三，通过比较近期的法院判决与早期的判决，官僚们可以"避免因为自己的历史境遇而被囚禁"；第四，在解释那些法律规定的正当法律程序和平等的法律保护等宪法条款时，法院经常被迫"重新考虑法律短语的本义以及它自己的先例"，从而确保"与历史的某种连续性"。因此，它向官僚提供了如何"解决新问题而不牺牲援引熟悉原则的稳定性和连续性"的模式，找到政体价值观与当代问题的切题性。(Rohr，1978：66－72)

罗尔强调，这样做旨在倡导官僚们研究政体价值观，而不是仅仅停留在遵循对这些价值观的一个具体解释上；敦促官僚们接受"道义责任，通过美国政体价值观使他们自己与美国人民的价值观联系起来"；帮助官僚们"改善其最深层的政治信仰"，以便他们可以根据"见多识广的良知"行事，而不是明哲保身，或独善其身。承认公务员不可避免地必须做出关键的政策决定，表明了美国人民的需要，至少是"在一定程度上信任治理我们的官僚体制"。这样做旨在确保官僚体制是对人民意志的回应型制度，无论官僚体制如何必要，都不足以实现我们的宪政民主。我们需要认识到，在我们期望"受治于对我们的价值观念作出回应的人们"与我们期望"受治于富有想象力的、有创造力和自由的人们"之间存在着"明显的、健康的紧张关系"。认识到受过良好教育的官僚们，通过对美国价值观的实际意义的独立反思，对民主的福祉做出非民主的贡献就是要肯定"美国政体自身混合特色的丰富复杂性"（Rohr，1978：74－76)。

罗尔以普莱西诉弗格森案（Plessy v. Ferguson）、① 布朗诉托皮卡教育委员会案以及布兰斯堡诉海耶斯案（Branzburg v. Hayes）② 为例，反思了官僚们自身价值观中可能存在的矛盾以及政体价值观存在的缺陷，从而使得官僚们深刻地领会不同时代的政治、社会和思潮可能产生的默然的影响，会导致对宪法的误读。罗尔指出，尽

_____

①　普莱西诉弗格森案是1896年美国最高法院做出的一项裁决。它支持公共设施种族隔离的合宪性，只要这些设施在质量上是平等的，后被称为隔离但平等。这一裁决使得重建时代结束后美国南部许多州通过的重新建立种族隔离的法律合法化。

②　在1972年布兰斯堡诉海耶斯案中，美国最高法院以5票对4票裁决，尽管第一修正案保护了记者的专业活动，但它并没有赋予他们豁免权，使他们免于大陪审团传唤，以获取与刑事或民事调查有关的信息。

管宪法没有为官僚体制赋予具体的政治作用，但是将行政机关的任命权在国会与总统之间分配的事实表明，建国之父们打算赋予行政官员在一定程度上独立于每一个机构。"现代立法充斥着自由裁量的话语……相比于现代立法局限的专业知识，官僚体制以一种更为准确的方式从话语的必要性中……将国会从通过轻率立法而冒背叛公信力的风险中拯救出来。一个调和政体价值的官僚体制可以提供原本是参议院所贡献的'冷静的和审慎的社会意识'。"（Rohr，1978：241）

面对抨击官僚的此起彼伏的舆论，虽然罗尔认同人们对官僚的多管闲事、心胸狭隘、墨守成规等一系列消极刻板的印象，但是罗尔指出，在大多数情况下的过度管制，公民理所当然地抱怨这是国会和总统过度要求的产物，而不是官僚体制自身行为的产物。罗尔主张，公共行政的原则不能独立于行政人员所服务的政体原则。虽然在预算和经济分析等方面的某些技术对政府和企业可能是共同的，但是，在传统意义上，公共行政研究中最有趣和最重要的因素实际上是政治科学的一个组成部分：是关注促进正义和共同利益方式的实践科学，而不是行为模式的价值中立分析。为此，要在更高层级上教育公务员，把公共行政理解为一种政治才能，在本质上与工商管理截然不同的事务；要在公共行政课程中引入官僚伦理学，以期在政治协商过程中培养未来的公务员，以公共行政的政治特色替代抽象的行政科学和狭隘的技术的细枝末节。

几乎与罗尔不约而同，葛德塞尔对抨击官僚运动也是忧心忡忡。葛德塞尔梳理了来自公共选择学派、政治学、社会学、心理学等不同学术阵营对官僚制的批判观点，并批判这些观点是对官僚制的误解。"官僚制被认为是从上至下对人类的压迫——冷淡的，乃至毁灭性的。"官僚制生成了两个主要受害群体——官僚制的雇员及其服务对象，前者就像是"一群爬行的蚂蚁，沿着统治机构的长链吃力地前进。他们都是政府的小卒"（查尔斯·T. 葛德塞尔，2007：19）；后者的社会表征是"在对待服务对象时，官僚也从不根据良好的愿望出发，而是用独断的不可理喻的口吻，平白僵硬地故作权威……结果便是无止境地拖延和搁置。拖泥带水、繁文缛节、傲慢无礼、退避三舍因此应运而生"，生活在官僚体制之下，"人们受资本主义和不平等社会的理论灌输，受控于一种看不见、摸不着的权力利益体系，变得无法实现自身潜能，无法相互竞争交流，偏离了自我反思。公共官僚造就了这种无法意识到的压迫力量，他们控制了问题的表达方式，把对问题的注意力转到技术层面，并且无休止地鼓吹社会控制的价值"（查尔斯·T. 葛德塞尔，2007：21）。

凯登认为，官僚机构的缺陷可以列举为：安于现状、害怕变化、拖泥带水、刚愎自用、学习能力低下、优柔寡断、冥顽不化、缺乏想象力、掣肘、拖沓、僵化刻板、停滞不前、迟延、享受既得利益等，这些缺陷从官僚机构内部形成了一种"舒适、安逸、放松的气氛，在这种气氛下，工作延续固定的模式。从表面上看，一切似乎都很不错"，实际上，"旧规则获得了保护，缺点和不足得不到克服，错误和过失日益重复。即使官僚机构真的进行了改革，其改革也一定是缓慢的、渐进的、可预计的，而且改革的方向还不一定正确"（Caiden，1991）。赫梅尔认为："官僚制度催生了一个非人性化的新物种。人们的社会关系正被转换为控制关系。与人类命运相关的规范与信条被剥离了，取而代之的是一些技能，这些技能可以在管理与行事结果方面加强其技术手段的优势。从心理层面来讲，这种新型人格是属于理性主义专家类型的，它没有情感也缺乏意志。作为人们交流方式之一的语言也成了单方面发号施令的秘密工具。政治，尤其是民主政治，作为一种基于公众自身需要而决定社会领域目标的方式，其成色也逐渐褪去。它被行政管理取代了。"（Hummel，1994：3）格利高里·刘易斯把官僚描写为，既胆小怕事而又狂妄自大，既成事不足而又败事有余，既意志薄弱而又有马基雅维利主义色彩。（Lewis，1990）盖伊·亚当斯和巴尔福认为，由现代技术理性出身的公共行政，由于其缺乏对相关背景的理解和自我道德的反省，会在官僚还未意识到之前就成为邪恶的炮制者。

葛德塞尔总结道，官僚制在学术界的名声是臭名昭著的，它被经济学家、社会学家、心理学家、政治学家，甚至被公共行政和公共政策的学者所诟病。"官僚被认为是工作业绩差的群体、预算最大化的群体、庞大的蚁群和帝国的营造者，他们残酷地压迫自己的员工和他们的服务对象。从官僚人格上分析，他们是穿着便衣的权力部队，神化自身的耶稣教会教士。从制度上说，官僚制削弱了经济，威胁了民主，压迫了个人，缔造了魔鬼。他们的权力受到右翼的市场拥护者、公共选择理论家、左翼的马克思主义者、批判理论家和后现代派的攻击。这一政策光谱的一端发现，官僚制由于代表税收、规制和大政府而可以轻易地被当作众矢之的；另一端则发现，官僚制代表着精英主义，对弱势群体不公，并且进行社会控制。"（查尔斯·T. 葛德塞尔，2001：27）

葛德塞尔认为，反官僚制的种种观点对官僚制存在四种误解，即官僚机构之间具有绝对的一致性、官僚机构区别对待公民、私人机构更加有效、官僚机构总是阻碍变革且不愿改变。只要从公共部门的绩效评价和个人经历的视角近距离地看官僚，我们就会发现官僚制的盛行和弊端是同时并存的，"官僚制好比一棵大树的树干。这根结实的树干支撑起大树树冠上的叶子、果实和花朵。树冠可以比作社会的市民生活、政治生活和经济生活。比起树冠，下面的树干显然少了很多华丽的东西。它让大树有更多可见的部位吸收阳光的能量，再生产，并且提供食物和蔽阴处。树干使大树扎根于法令规则和有代表性的政府机构，其新生组织将公共机构的能力作为养分和水传到树冠。树干上灵活的公务员和军事资源的力量使树冠在外部发生动荡的时候存活，树干通过更新和创新产生的年轮使得树冠随着年月的流逝而变得更加繁茂"（查尔斯·T. 葛德塞尔，2007：243）。

葛德塞尔认为，官僚制是"不可或缺的，因此必须对它加以适当照料。官僚制对社会如此重要，以至于不能忽略它或弃之不管。官僚制又是如此珍贵，以至于不能通过不假思索的操作和轻举妄动的实践破坏它。作为一种与历史息息相关，体现着智慧、技能和人类希望的复杂的社会制度安排，官僚制必须受到精心的照料。这种培育照料的责任属于公共行政领域及其践行者和学者"（查尔斯·T. 葛德塞尔，2007：244）。对官僚制的冷嘲热讽已经完全社会化，这不仅不利于官僚制的健康运行，反而迎合了刻意蔑视官僚制的媒体的胃口，激发了愤世嫉俗的公民的挑衅姿态。

葛德塞尔建议，在微观层面上，比如通过举办公共服务认知周、公务员圆桌会议等，邀请公民以个人的身份走进一个具体的行政机构来了解其到底是如何运行的。"公民能够看到官僚体系的真相，从而理解在那里工作的人员的素质，以及他们面临的困难和吃力不讨好的境地。公民可以直接地接触官僚，并且明白他们也是常人，他们没有戴有色眼镜，不是机器人也不是专制暴君。他们会发现政策问题得以彻底解决是多么难得，只能在渐进前行中解决。他们会惊讶地发现官僚在资源匮乏的情况下已经满足了很多人们的期待。他们会意识到公众和媒体的冷嘲热讽是如何使政府内部成员产生焦虑和不安的情绪，从而促使官僚寻求更多的私人假期。"（查尔斯·T. 葛德塞尔，2007：247）同时，还应该倡导一种公共行政教育，"保护官僚制这棵大树主干坚不可摧，年轮逐年增加，永葆青春"（查尔斯·T. 葛德塞尔，2007：248）。官僚和公民应该共享一种责任和审美情趣，共同建造行政园林。

第四节　《黑堡宣言》：为官僚制辩护

对公共行政的实证分析和规范分析，一直是当代公共行政学者持续关切、反省批判和激烈争论的议题之一。在公共行政和政府管理中，行政的科层制结构和公务员的专业能力之间一直处于一种微妙的平衡之中。面对着错综复杂的公共事务以及变化多样的公共服务，有限的法律和行政规章根本无法穷尽政府机构和官僚的责任和义务，因而需要授予官僚必要的自由裁量权，敦促他们根据专业能力和职业伦理，做出妥善应对，达成公共利益，履行社会公平和正义。

1982 年 1 月，弗吉尼亚理工学院公共和国际事务学院的葛德塞尔、瓦姆斯利、罗尔、小俄里翁·怀特和沃尔夫等同事利用度春假的机会，以葛德塞尔的《为官僚制正名：一场公共行政的辩论》的初稿为基础，采用头脑风暴由瓦姆斯利执笔共同完成了《公共行政与治理过程：重新聚焦美国的对话》（*The Public Administration and the Governance Process：Refocusing the American Dialogue*）。文章数易其稿，于 1983 年春季瓦由姆斯莱在纽约的一次研讨会上宣读，并在参会者中激起了强烈的反响。随后发表在 1984 年冬季号的《对话》杂志上，1987 年又被收录在《美国行政国家百年史》（*A Centennial History of the American Administrative State*）中。由于弗吉尼亚理工学院主要校址所在地为黑堡，这篇文稿以《黑堡宣言》得名。1990 年，黑堡学者们（Blacksburgers）将《黑堡宣言》以及后续的研究编纂为《重建公共行政》（*Refounding Public Administration*）一书，并将其他学者的回应和批评作为附录。1996 年，瓦姆斯利和沃尔夫又主编了《重建民主公共行政：现代悖论，后现代挑战》（*Refounding Democratic Public Administration：Modern Paradoxes，Postmodern Challenges*）。

《黑堡宣言》的主要贡献在于，深入讨论了政府职能的本质以及何种类型的公共行政最有效率，倡导公共行政是政府治理过程的主要组成部分，是捍卫公共利益的核心议题，强烈地抨击了传统公共行政的理论缺陷，主张对公共行政在美国治理过程中的角色进行对话、辩论和交流，致力于建立公共行政的规范理论。

公共事务总是复杂多变的，公共服务总是刚性的，可升不可降，公共行政永远处于复杂的公共事务和高度预期的公共服务的旋涡之中，永远有人认为政府做得不够、太消极，也永远有人认为政府做得太多、太激进，政府就如同胡桃夹子中的胡桃，两头受压。在各种意识形态的夹击中，行政体系不但可能成为政治家抹黑对手的工具，而且可能成为各种社会问题的替罪羊。在美国历届大选中，总统候选人总是以攻击官僚无能作为拜票的手段，而且变本加厉，一届盛于一届，然而，当候选人如愿以偿，进入候任时，又不得不承认在竞选过程中他已经有意或者无意地伤害了他将要领导的行政体系的士气，加深了彼此的裂痕，也挫伤了政府治理能力。黑堡学者们认为，美国必须优先纠正澄清政治文化中鄙视和苛责行政部门和职业官僚的风气和成见，只有这样，人们对政府绩效和治理问题的讨论和对话，才能富有意义，有所突破。

面对迷信市场机制、主张小政府是美好的政府、倡导私有化外包等风潮，黑堡学者们不以为然。一方面，资本主义和市场经济是改善社会福祉的必要条件，而不是充分条件。只有市场，或者把所有的事务交给市场，是远远不够的。资本主义市场经济为社会进步注入了动力，却没有提供社会进步的设备、技术和方向，必须依靠政府，政府代表了集体行动和社会意志，掌握公共权威。总之，没有市场万万不能，但是市场也不是万能的，市场也会失灵，这就必须要求政府干预。黑堡学者们认为，必须拥有一套全新的行政体制来处理各种政治和经济问题，这是底线要求。如果美国的公共对话仍然局限在讨论政府在市场经济中的角色，或者一味地强调减少政府干预，那么美国就很难保持其竞争优势，也无法提高和改进公民福祉。

另一方面，黑堡学者们认为，公共行政与私营部门管理有天壤之别，主要是因为企业经理人与竞争对手竞逐市场、追求利润，行政管理者却是与政治过程中的参与者竞争管辖权、合法性和资源；行政部门的公职人员必须与公民和利益集团保持密切互动，而私营部门的供应商与消费者之间却享有更多的选择权；行政体制运转所需要的技能、关注的焦点以及工作的性质与私营部门也存在着较大的差异。因此，私营部门成功的管理经验无法复制到公共部门。公共行政不仅要求胜任复杂政治环境的能力，而且要有能力维持代理人视角、公共利益以及合乎宪法的治理过程。

什么是代理人视角？黑堡学者们认为，行政体系不是思想意识高度一致、言听计从、铁板一块的巨石。公共部门为了分工，必须分门别类，各有侧重，显然，一旦各有所属、各司其主，自然会产生不同的立场和观点，而且各种立场和观点都有其表达的权利和正当性。如同在多元民主政治过程中，充斥着各个利益集团竞争角力，行政体系也充斥着各种不同的代理人视角之间的相互辩论。各个代理人就如同一个基础库，储存着制度性的知识、长年积累的经验、技能以及部分公共利益的共识，政府机构内部的公务员是这些知识、经验、技能与共识的受托者。尽管代理人视角可能沦落为狭隘的本位主义，但是代理人视角又不同于狭隘的本位主义和部门利益。因为行政人员除了要表达代理人视角外，还要顾及公共利益（Wamsley, et al, 1990：36 - 43）。鉴于宪法的正当性、捍卫宪法、广泛和长期的公共利益追求以及合法权威的积累，代理人视角可以发挥规范指引作用。接受公共行政者作为一个根据他人利益起积极作用的代理人，他们就可以在治理中起特殊作用，这些作用包括将政策转化特殊项目、在引导公共利益过程中创造过程和话语、在不同的社群中建立和培育积极的公民以及宪法守护神等。

什么又是公共利益？早在 20 世纪 30 年代，赫林就曾指出，公共利益对于官僚体制而言，就如同程序正义对于司法体制。然而，长期以来公共利益被认为是没有实际含义的概念，有时候甚至成为强化专制暴政的合理化借口。政府官员常常假借公共利益之名行专制暴政之实。当官僚面对特殊政策抉择进行辩护时，公共利益往往就是最佳的理由，成为孕育徇私舞弊、假公济私，谋求小集团、小团体的私利的挡箭牌。（Herring, 1936）葛德塞尔认为，尽管公共利益具有模糊、虚构性质，但是，这并不是蔑视这一概念的正当理由。事实上，这一概念赋予了一种符号权力，这一概念植根于文官体系的日常思维之中，具有十分重要的实用价值，即使公共利益无法为各种利益冲突提供答案，但是至少可以控制和缓和各种利益冲突。公共利益可以将行政话语的规则和价值强化为合法性、道德、政治响应力、向代表名额不足的政党的开放性。

黑堡学者们认为，公共利益是公共政策和决策过程的思维习惯。这种思维习惯意味着试图从多个方面而不是狭隘的少数人的观点或立场考察决策的后果；意味着试图从长期的观点来权衡决策的利弊得失而不是将眼光局限于短期效果；意味着多视角衡量问题和决策并评估这些决策对个人或者利益集团的影响以及他们各自的诉求；意味着在决策过程中尽可能地收集相关的知识和信息；意味着认识到公共利益的概念尽管不是完美无瑕的，但也绝不是毫无意义的。

黑堡学者们进一步指出，虽然公共利益的内涵难以界定，但是，倘若公民养成了《黑堡宣言》中提出的决策思维习惯，建立相应的决策思维模式和过程，追求实质的公共利益就为期不远了。各种社会建制——比如总统、国会、政党、利益集团、大众媒体、行政体系等，均具有培育这样的决策思维模式的潜能，因为这种决策思维习惯与职业官僚的思维模式是相容的。公共利益是一个有生命力的规范概念，也是有影响力的政治符号。

黑堡学者们强调，公共行政与治理是不可分的。治理的层级和范围高于且大于行政，它意味着运用权威来掌舵或提供方向。公共行政不应该被简单地理解为公共部门的管理，而是公共部门的治理。权威对于治理过程的意义，就如同空气、阳光和水对生命的意义一样。公共行政是治理过程的组成部分，权威是治理过程不可或缺的要素。黑堡学者们认为，权威在组织中是不可避免的，且具有积极的功能和价值。20 世纪 60 年代的反权威浪潮和扩大参与的诉求固然使权威更加公开透明，加强了组织内部各成员之间的互信，但主张以参与替代权威的观点是不可取的，也是做不到的。任何两个理性善意的人对待同样的事务，都可能仁者见仁、智者见智，甚至意见完全向左的情况也可能存在；经过充分沟通后，仍然可能会各执一端、僵持不下，这就必须求助于权威。只有权威才能解决内含遵从和顺服意义的"谁听谁"等诸如此类的棘手问题。黑堡学者们期望，行政机构必须重建权威，并深切地认识到权威的积极功能和角色。当然，部分公共行政学者认为，黑堡宣言是威权主义的。小俄里翁·怀特认为，权威必须和参与辩证相关，双方都需要对方的支持。权威和参与之间的主要问题是，一方如何为另一方建立所需的良好的社会和心理关系，而不是极端地征服另一方。

当公共行政被界定为公共部门时，伴随而来的问题是文官体系更加广泛且重要的角色及其面临的挑战。黑堡学者们认为，美国的政治精英、普罗大众以及文官体系中的个人都忽略了行政体制的重要性。公共行政不是工具，不是价值中立的手段，公共行政应该追求更高的目标和道德承诺，应该以改善公民的福祉、追求公平、效率和民主为使命。公共行政在美国治理过程中扮演着核心的、重要的和积极的角色，唯有塑造一个专业、敬业、有自尊心和有正当合法性的公共行政，并将公共行政作为宪政的重心，才能避免陷入过于集权、恣意妄为或惰政、怠政、懒政、庸碌无能的两难困境。

为什么公共行政在民主治理过程中具有其正当性？如果职业官僚在民主治理过程中具有参与的正当性，那么，经过选举洗礼的候任政治精英在民主治理中处于何种位置？黑堡学者们认为，选举并不是治理权威正当性的唯一来源。民意并不完全由当选官员代表。事实上，文官系统比民意代表、民选官员更具代表性。因为文官系统的组成具有广泛的社会代表性，在年龄、教育资质、族群、政党认同等方面，与社会各阶层诸多特性的分布情形比较接近和相似。这样一来，文官体系在政策制定和执行过程中的自我裁量行为，与民众的偏好相仿，更加具有代表性。职业官僚与大法官相类似，大法官是未经选举产生的，但是，却依赖于宪法为社会做出了许许多多重大的权威性价值分配，职业官僚就如同终身任职的大法官一样，依据宪法有权代表民意，在治理过程中扮演重要的角色。职业官僚在面对民意代表、民选官员的时候，要理直气壮，不必马首是瞻、胆战心惊；应仗义执言、言无不尽，无须首鼠两端、王顾左右而言他。民选官员尽管拥有选民支持的合理性，但是并不具有君临天下的至高权力，选举结束时的得票优势，并不意味着公民永远支持候任官员在任职期间的所有决策，更不意味着赋予其所有言行作为的永恒合理化。公民拥有最后的权力，全民的福祉才是是非曲直的最高、最终裁决标准，文官体系在民主治理过程中的正当性，来自宪法，来自人民，来自其专业本身。

在破除民选政治精英高于一切的迷信，并建立公共行政在民主治理过程的正当性后，黑堡学者们呼吁，职业官僚应该扮演以下角色：

第一，扮演捍卫和执行宪法的角色。职业官僚在就职时已宣誓要捍卫宪法和执行宪法，执行宪法的短期目标是营造一个稳定且有效运转的政治体系，终极目标则是创造机会公平、正义和增加全民福祉，这是职业官僚的天职。

第二，扮演人民受托人的角色。职业官僚接受人民的托付，在治理过程中扮演着正当且重要的角色，不能屈服于短视的、近视的压力，应该考虑全民的长远利益。职业官僚必须做到不畏强权，不应该妄自菲薄，仅把自己当成工具，而是应该以追求公共利益为职业使命。

第三，扮演贤明少数的角色。职业官僚不能趋炎附势、人云亦云，而是应该力争做到世人皆醉唯我独醒，要扮演贤明的少数，而不是随波逐流的多数、哗众取宠的多数，或权倾一时的少数。民主政治的精髓在于人人有表达怨言和良知的自由，在经过充分对话后，贤明的少数应该说服理性无知的多数转变为贤明的多数，职业官僚有责任吸引民众参与公共事务，使贤明的少数变成多数。

第四，扮演平衡轮的角色。职业官僚必须对外部环境做出积极的响应和回应，但是，绝不是像地震仪一样，只是忠实地记录各种刺激反应，或者如同忠诚的仆役一样唯命是从，或者周旋于各种利益团体压力中和稀泥、粉饰太平，而是必须肩负专业责任，维持代理人视角、公共利益和宪政秩序。职业官僚有时可能对总统的诉求做出积极的响应，有时候可能是对国会、司法机关、利益集团等诉求作出积极响应。职业官僚应该以其合法权力及专业判断能力，在治理过程平衡各方势力，发挥到平衡轮的制衡作用。

第五，扮演分析者和教育者的角色。职业官僚应该或必须能够有意识地了解自己决策的价值体系和预设，为自己的所作所为提出合理化阐述，并尽可能将民众纳入治理过程。职业官僚要推动民选官员、民意代表等所有的利益相关者成为治理过程参与者，增强普罗大众对公共事务的了解和理解，向他们灌输公共利益的概念。

《黑堡宣言》期望文官制度能够大有作为，在治理过程中扮演重要的、有价值的、正当的角色。文官制度参与治理的合法性和正当性源于人民，他们必须获得人民的信任。他们是治理过程的推动者而非掣肘和障碍，是解决治理问题的答案，而非产生治理问题的成因。文官制度是社会资产，人们可以对他们提出建设性的批评，但是，不宜轻易糟蹋、贬抑、侮辱。尤其在政治竞选和政党轮值的过程中，不能对他们进行无情和残暴的贬抑。如果将整个行政体系伤害到了一定程度，无论谁胜选接掌了整个行政体系，这势必是一个受伤的体系，到头来，人民要为此付出惨重的代价。

黑堡学者们指出，公共行政体系过于拘泥于繁文缛节、恬退隐忍、事不关己和委曲求全的政策执行角色。一方面，对治理正当性的合法性羞于表达；另一方面，对建立民意信赖感的行为又犹豫不决、患得患失。黑堡学者们强调，当今官僚体制应该以其专业知识和经验传承，成为公共利益的制度性基础和正当参与者。尤其在道德合法性、政治回应性、政治共识、社会关怀以及组织绩效等方面，官僚治理不仅在行政实践中占有一席之地，而且是政府治理的核心组成部分。

沃尔多曾经评价《黑堡宣言》，重铸公共行政，说明在未来的一段时期，公共行政的基础和方向显然将处于积极的思考之中。沃尔多也期望，这不是来自一种分析进路的胜利，而是呼吁产生一种综合的、一个被公认的范式，并希望在未来的 5 年、10 年乃至 20 年内留下稳健的足迹。

第五节　何之传统，何之取向?

第一届明诺布鲁克会议之后，在美国公共行政思想流变中，新公共行政运动、公共行政理论网络和黑堡学者们是最有影响力的学术派别。立足其思想的起源、传播和影响，他们的关注点主要集中在政府角色、行政绩效和公私管理异同，以及公共行政在民主治理过程中究竟应该扮演何种角色。实质上，这两个问题背后潜藏着公共政策和行政研究不同的价值判断和哲学基础。

关于政府角色的定位，这不仅是一个见仁见智、智者见智的问题，而且更是一个哲学争论的问题。斯蒂尔曼将此称为小政府与大政府之争（no‐state vs. bold‐state debate），或最小意义上行政与积极行政之争（mininalist public administration vs. activist public administration debate）（Stillman Ⅱ，1991）。

凯特尔认为，这一问题可以追溯到杰斐逊主义、麦迪逊主义与汉密尔顿主义之间的差距，是美国政治哲学传统的现实写照。杰斐逊和汉密尔顿分别代表了两个极端，杰斐逊是小政府或最小意义上行政理论的代表，汉密尔顿是大政府或积极行政理论的代表。凯特尔进一步指出，美国公共行政传统包含了杰斐逊主义者、汉密尔顿主义者、麦迪逊主义者和威尔逊主义者四条内在的思想线索，每个线索都反映了政治哲学的一个侧面。杰斐逊主义者主张自下而上的有限的弱行政，汉密尔顿主义者主张自上而下的强行政，麦迪逊主义者主张权力制衡的体制，威尔逊主义者则主张以职业化和等级制行政为中心的官僚体制。

但是，以权威和等级制为核心的正统行政理论正在被以授权的伙伴关系为核心的网络治理所替代，这四种传统思潮都面临各自的困境。杰斐逊式的困境是，在联邦政府将如此多的责任移交给州和地方政府，同时发现被更广泛的全球化趋势所席卷的这个时代，我们如何才能确保高效和回应型的政府？如果没有问责的场所，而且责任分散在整个政治领域，是否有可能确保问责？汉密尔顿式的困境是，当政府只是众多参与者中的一员时，我们如何才能确保高效和回应型的政府？不管政府有多高效、回应有多灵敏，它怎么才能解决其无法控制的问题？麦迪逊式的困境是，当宪制的权力分立体制分散责任时，我们如何确保假定有明确的权力界限的高效和回应型的公共行政？当没有人负责或者当所有人都负责时，到底谁来负责？威尔逊式的困境是，当没有将政策制定者与提供公共服务的人们连接在一起的等级制权威链时，我们如何才能确保高效和回应型的公共行政？（Kettl，2002：54 – 56）

这四个困境提出了一个共同的问题——模糊边界，即谁制定政策与谁执行政策之间已经很难划定明确的界限。诚然，这四种传统思潮之间存在四种联结——汉密尔顿主义—威尔逊主义、汉密尔顿主义—麦迪逊主义、杰斐逊主义—威尔逊主义以及杰斐逊主义—麦迪逊主义，特别值得注意的是，汉密尔顿极力主张建立一个强大的国家政府，拥有强大的行政权力和有限的公民角色，而杰斐逊则信奉地方行政传统的政府、强有力的立法机构和人民控制。杰斐逊主张有限政府，而汉密尔顿则追求一个充满活力的政府。汉密尔顿是现代行政国家之父，杰斐逊崇尚一种思辨而非行政的思维，对美国公共行政的智识、制度和历史发展的贡献相对较小。"在很大程度上，这是因为杰斐逊主义对美国政治的影响更多的是信仰而不是现实，更多的是意识形态而不是实践……美国的行政传统一直被两种变形的自上而下的汉密尔顿主义所主导：从内部发力使官僚体制强大且有效；或者从外部发力追究它们的责任。"（Kettl，2002：108）凯特尔认为，20 世纪 80 年代以来的抨击官僚运动以及政府绩效评估运动，实际上是对由谁治理和如何治理的一种反应。

但是，许多学者对这样的解释不以为然。斯科罗内克认为，"重建者们围绕他们对改变现状的承诺，寻求扩大政治共识，并利用他们对过去政策的反对而寻求操纵众多政策的模糊性"，尤其是杰斐逊，"如此彻底地改变了国家政治，而没有被迫与之进行任何成败攸关的对抗"（Skowronek，1997：70）。阿克曼认为，美国的权力分立模式伴随着善治确实是一个例外，但因此而归功于权力制衡的麦迪逊模式是言过其实，也是对麦迪逊模式的亵渎。"麦迪逊模式不仅产生了大量的立法病态，也破坏了职业公共行政的连贯性"（Ackerman，2000；Ackerman & Ayres，2003）。纽伯尔德指出，凯特尔所谓的政治传统的四种联结可能贬低了它们各自的解释力，这些传统的政治哲学在美国公共行政实践中到底有多么根深蒂固，仍然是一个悬而未决的问题。假设一个强有力的行政机构不能与有限政府的努力相匹配，这并没有理论依据；麦迪逊的分析方法是否充满了权力制衡，仍然是一个尚未解决的问题。杰斐逊在担任了美国总统和弗吉尼亚大学的创始人后，晚年杰斐逊的思想更加成熟，稳健的行政实践旨在增强国家领导者维护民主共和理想的能力，实际上体现了"支持和保护国家宪法传统的国家行政机构所需的智识、政治和行政思维"（Newbold，2012：97－98）。

在针对行政绩效低下的众多批判中，公共选择学派火力最猛。20世纪70年代崛起的公共选择学派站立个人主义方法论的立场上，以个人为分析单位，基于理性和利己主义假设，以逻辑演绎推理和计量验证，证明市场是最有效的制度安排。至于政府，由于公民权利分散且不可让渡，存在着隐藏信息行动、逆向选择以及搭便车等行为，并且公民监督的动机不足，导致利己主义的官僚可以损公肥私，肆意追求个人的权力、名望和利益，以及政府人浮于事、对公共利益置若罔闻，成为一种理所必然。凯特尔认为，效率低下说明政府已经碰壁，且蒙受公民的高度不信任。为了所有公民的利益和有效地投递公共服务，不是追求更大的政府，而是追求更好的政府。现在正是复兴进步时代那种精神的时候（Kettl，2016）！需要深刻地认识到，对政府的不信任是美国最大的危机，而信任是善治的核心，是一种供不应求的商品，必须吸引社会资本，加快公共服务的创新（Kettl，2018）。自 20 世纪 80 年代以来，风靡全球的以重塑政府为特征的新公共管理运动①强烈主张，政府改革首当其冲的任务就是减少政府的职能，大规模地实行公共物品和公共服务的市场化。

但是，对于政府绩效低下的批评，新公共行政运动拥趸和黑堡学者们并不买账。在他们眼中，公共选择学派对政府绩效低下的批判，只是一些零星的个案和逸闻，缺乏系统的理论，仅仅是逻辑演绎推理，是不足以相信的。②公民对政府的反感，大多数是受大众传媒的影响，媒体有选择地报道商业界巨擘们白手起家、力挽狂澜、起死回生、帝国基业长青的职业经理人的传奇故事，但一般总是将公共行政管理者描述成冷漠无能、贪得无厌、欲壑难填的腐败形象。"我们对私营部门的认知太过浪漫，对公共部门的批评太过严苛。"（Downs & Larkey，1986：23）事实上，私营部门没有想象中的那么好，公共部门也没有想象中的那么糟。公共部门几乎是无处不在的，他们经常既要追求民主理想，又要追求官僚理想，并始终处于镁光灯之下，完成互相冲突的价值和目标，自然会给公民留下吃力不讨好的印象。对 20 世纪 80 年代以来的重塑政府运动，梅耶认为，真正应该重塑的是选举制度即总统与国会，而不应该集中于行政体系改革。可惜世界各国所开展的重塑政府基本上集中于后者。（Meier，1997）政府失败往往被等同于官僚体系失败。实际

---

① 在此特别要说明的是，缘起于英国的新公共管理运动与美国 20 世纪 80 年代起在公共行政学界中所产生的公共管理学派，其思想与路线并不相同。新公共管理运动主张的是小而美的政府，公共管理学派虽然强调管理，但是更强调公共性，在小而美和大有为政府的辩论上，较倾向认同新公共行政与黑堡宣言的看法，强调行政体系、公共管理者的重要性，与凯特尔提出的汉密尔顿主义或斯蒂尔曼的大而有为的政府的思想异曲同工。

② 另有部分学者对人是理性自利的基本假定提出了挑战，在公共管理运动和公共选择学派滥觞时期，一项以美国联邦弊端的检举人为对象的研究，验证了公共服务动机理论，即许多具有公共服务动机而进入公共部门服务的文官，会展现出先公后私或公而忘私的情操，以公共利益为重，置个人私利为次，这种精神或行为在弊端揭发人身上显露无遗（Brewer & Selden，1998）。对于公共选择学派方法论上的个人主义，也有学者指出，以方法论上的个人主义为出发点的一些分析结论无法推演至集体的层面（Wamsley, et al.，1990）。

上，政府失败或治理失败是行政、立法、司法三权分立体制的失败，甚至是市民社会的失败。官僚体系不但不是造成政府失败的主要原因，反而是解决这些失败的潜力所在。（Behn，1998）

至于公共部门与私营部门的管理异同问题，长期以来一直充满争议。1956 年至 1970 年，公私无差异的理念曾是公共行政学发展的主流之一，这一时期的公共行政学的范式是公共行政就是管理学。随后的新公共管理运动显然也秉承公私管理无差异的理念（Henry，1995）。这一思想的核心观点是，管理就是管理，公私管理无差异。职业经理人无论是在政府机关，还是在私人企业从事管理工作，都需要类似的管理知识、技能、概念与工具，来帮助他们发挥包括规划、决策、组织、领导、沟通、控制等在内的相同的管理功能，实现人力、财力、物力与信息等组织资源的优化配置，提高效率，最终达成组织目标的最大化。

公私无差异的理念遭到了新公共行政运动学者的反驳。公私部门的管理只在工具主义的细枝末节上相似，在意识形态、价值、理念等方面存在着结构性差异。私营部门管理是资本主义制度的产物，强调资金、成本、利润、投资回报率；但是公共行政部门的管理以民主宪政为基石，强调追求公民权利、分权、制衡、人权、多元主义、公共利益、公共价值、民众知情权、代表性、机会均等、法律面前人人平等、公平、正义等的理念和价值（Ott，Hyde，Shafritz，1991）。公私组织异同的一系列研究揭示，公共组织在决策时有多元权威而没有利润底线，缺乏市场价格机制、市场竞争与明确绩效标准，受限于独特的伦理规范等因素，与私营组织存在着相当大的差异（Rainey，Backoff，Levine；1976；Rainey，1983；Perry & Rainey，1998）。由于上述差异，将私营部门管理的知识、技能、概念和工具引入公共组织之后，通常会产生格格不入甚至无效失灵的结果，最终使得公共管理者发出事与愿违、徒劳无功、得不偿失的感叹（Downs & Larkey，1986）。显然，黑堡学者们是捍卫官僚制的坚定辩护者，他们坚决主张大政府和积极行政。

　　针对公共行政在民主治理过程中究竟应该充当何种角色这个问题，美国公共行政学界大致有三种看法，分别强调职业官僚应该充当三种可能相互冲突的角色，即有责任心、有响应和负责任（Levine，Peter，Thompson，1990）。

　　有责任心就是要求行政人员服从民意代表、当选官员及政务官员，这是落实间接民主的基本要求（Redford，1969）。简言之，民意机关与行政领导负责决策、指挥和领导，一旦决策形成和下达，根据民主宪政程序，职业官僚必须忠诚地执行政策和命令，否则，民主程序就会难以为继，陷入岌岌可危的境地。但是，许多学者指出，服从命令听指挥绝对不是职业官僚的最高伦理准则。新公共行政运动的幕后主使者沃尔多就曾指出，人们的一言一行，自有更高层次的道德伦理标准，比如维护人权、公共利益等作为基本遵循（Waldo，1981）。在公共行政实际运作的许多情况下，职业官僚要能够做到乱命不从。所谓乱命包含不合法和不合理的命令，前者容易辨认和处理，后者比较模糊和棘手。比如，在民主政治体制下，一些候选人为了讨好选民、赢得选票，往往会哗众取宠、取悦于民，开出一些不切实际的空头政治支票，显然这是无法兑现的，职业官僚自然无法执行这些政策或命令（Kettl & Milward，1996）。唯命是从不足以成事，因为首长无定见，或者根本就是外行。戴维·科恩戏称美国政治性任命（political appointees）的政府是业余政府，是外行领导内行。他认为，职业官僚应该拥有自主性，自我裁量是政府治理过程的常态。（Cohen，1998）

　　如果有责任心不能作为职业官僚决策的依据，那么，职业官僚按照什么标准行事呢？这就牵涉到对民主价值的理解。那些偏爱直接民主或参与式民主的学者认为，职业官僚应该扮演回应性角色。回应所面临的最大问题是回应谁。民之所欲、施政所向说起来简单，做起来难。因为公民不是一个思想言行一致的群体，不同的公民有不同的偏好和意见，甚至同一社群在不同的时间和地点也会有不同的偏好和意见，政府势必面对不同的、因时因地而变的民意，甚至有些民意相互冲突，有些民意遥不可及（Glasser & Salmon，1995；Kettl & Milward，1996）。即便民意一致、所有公民都是一个鼻孔出气，可是民欲无穷、资源有限，政府根本无法充分满足广大公民的需要，响应公民所有的请求。在直接民主或参与式民主逐渐占据主流的学术氛围中，广泛的公共参与有时候并不见得就是决策质量的保证，相反可能过度迁就少数人的偏好，形成会哭的孩子有奶吃、搭便车等不合理和不公平现象。新公共管理运动以来，许多学者主张借鉴私营部门的理念，提倡以客户为中心、用户导向、用户满意等观念，强调职业官僚应该回应公共服务对象。这些主张自然有助于提高公共服务的供给水平和质量，但是，公民与消费者不同，消费者满意与公民至上的观念也不同。一些身居要职的职业官僚和底层官僚往往以此为借口，为他们接受游说、贿赂和渎职打开方便之门，此所谓吃人家的嘴短，拿人家的手软。治人者，反治于人。

有鉴于此，职业官僚应该承担专业责任。职业官僚的自我裁量权，既不完全依据有责任心，也不完全依据积极回应公民，而是综合这两者依法捍卫公共利益。现代官僚应该是公共价值的主动探索者，而不是唯命是从的被动角色。他必须运用自己的创造力和想象力，为社会寻求和界定值得追求的公共价值和公共目标。很显然，新公共行政学者和黑堡宣言作者均主张职业官僚应该扮演承担专业责任的角色，成为民主治理过程的积极参与者。（Moore，1995）

至于美国公共行政思想发展进程的哲学探究问题，我们应该看到，逻辑实证主义和政治哲学规范理论是公共行政思想中的两大根本派别，随后又发展到行为主义与后行为主义之争。早年的"明诺布鲁克人"和"黑堡人"都认为，社会科学普遍过度沉湎于行为主义和实证主义，造成公共行政理论的贫困，随着现象学、话语理论和阐释学的兴起，他们又开始皈依后行为主义和后实证主义的思潮，特别是 PAN - Net 崛起，明诺布鲁克阵营迅速分化，他们并非贴着一以贯之的永恒标签，而是倾向于更加多元化的分析进路，竭力主张构建公共行政的规范理论，探寻民主行政理论的未来走向。全钟燮竭力主张将话语理论、阐释学和后现代主义思潮融会贯通。他认为，未来公共行政的发展——特别是民主行政的发展必须具备以下六个条件：

一是公共利益的表达。市民社会中各方的利益表达，不能仅仅局限于选举所产生的少数政治精英，为数庞大的公务员也要承担表达公共利益的责任。"如果公共行政依旧将关注点聚焦在行政和管理上，如果公共行政依旧将公众的作用视为是可有可无的东西，如果公共行政依旧维持实证主义和功能主义的取向，那么公共行政将没有可能运用公共行政的概念、把握公共领域中发自社会网络和文化建构的推动力，社会和文化恰恰是民众和组织产生的场域。所以，公共行政的复兴势必依赖于在公众和社会关系中厘清学科的适当位置，同时又不忽视公共行政为促进公共服务水平所作出的传统承诺。"（全钟燮，2008：32）公共行政应该在日常的公务活动、程序中强调体现公民最大利益的责任感。

二是代表性。全钟燮认为，我们生活在一个悖论时代。"人们借助于对组织和问题的理解，增进了对常识或社会知识的理解，这不仅对行政管理行为的品质提出更高要求，也拓展了行政行为的外延范围。我们了解、知道得越多，我们的感受就会越深刻；我们对民众和外部问题了解得越多，我们就有更好的机会理解它们，做出能够更好反映社会、政治和人类状况的决策。即便我们不能理解参与者之间的分歧，至少我们能够更好地理解它们相互冲突的立场。"（全钟燮，2008：45）行政机构的组成人员应该反映社会群体的组合特征，强调五湖四海，公务员的遴选和招聘应该向所有社会阶层和群体开放，有志者均可以通过应试入职。公共行政不应该被功绩哲学的中立才干①所羁绊和束缚。

三是开放。行政机构经常占据大量的有关经济社会和行政过程

---

① 中立才干指关注技术才能，而不问社会背景。

的信息，即使有所公开，也是不完整的，或者是运用繁文缛节的程序抗拒外界的知情权，这都会严重伤害公民直接理性地行使公共权力的能力。"公共行政是通过互动、对话和话语而社会性地建构和重新建构的。当我们运用批判性反思检视现存官僚文化的假设和规范时，我们会意识到变革的能力，我们也能解构制度、规则、功能、角色和程序的具体方面。如果我们不能认识到重构是我们的责任，也是我们力所能及的事情，那么公共行政就会进一步衰落，结果将是公共机构功能的紊乱和非人道的实践。"（全钟燮，2008：56）为了体现公民主权的民主要义，公共行政机构在专业上越具有信息优势，就越需要开诚布公，畅通信息公开渠道，保证公民能够拥有通畅的渠道获取他们所想要的信息。

四是超越宗派、党派等小圈子。每个政府机构都有其职权范围，因而常常被看成特殊利益集团的代表。公共行政的精神既然要体现公共利益，那么就不能为某一宗派或团体徇私舞弊，尤其不能向大规模的公民转嫁成本，为少数特殊利益集团服务。

五是严防专业化戕害民主原则。当所面临的问题越来越复杂，越来越需要依赖理性和技术分析时，我们就越需要专家的协助。专家有其长处，但也有其风险。因为专家可能是一群自我认同的精英，或是新型技术官僚，他们擅长研究问题，但不愿与公民互动，不愿进行跨学科、跨部门的对话，这就有可能对民主程序造成威胁或伤害。

六是参与。让与政策相关的各群体、各阶层的利害关系人参与其中，这不仅扩大了理念的宽广度，增加找出解决方案的可能性，而且可以增加公民的认同感和归属感。公共行政是社会设计的产物，"促进互动和参与是社会设计的本质属性。当行政管理者、专家、政治家、社会团体、顾客和因特殊议题和问题联合起来的公民之间建立起社会互动和网络，可行的方案被清楚表达的时候，社会设计过程就被创造出来。社会设计过程假定，设计的参与者努力创造问题的解决方法以及执行这些解决方法的手段。目标是社会建构的，是从人类的互动、对话和相互学习中发展出来的。政治上的一致不是社会设计的最终目标。相反，社会设计的关注点在于理解不同的思想、经验、技术和社会知识，以及通过地方分权发展共同的责任。专家的知识需要得到价值认同、需要得以使用，但这些知识应与其他参与者的经验知识和直觉感觉结合起来，进行详细的审查和讨论。社会设计过程特别强调公民参与的重要性"（全钟燮，2008：75）。除了社会参与之外，参与也可以指内部参与，将分散在政府机关内部的各个成员，按照民主原则共同决策，将决策建立在广泛的知识和意见基础之上，而不是由等级制权力来决定。

在美国的公共行政学界，黑堡学者们与新公共行政学者们是两个最为意气相投的学派。瓦姆斯利曾自诩黑堡宣言与新公共行政运动同功，黑堡宣言就是"奠基于制度的明诺布鲁克观点"（Wamsley, et al, 1990：19 – 29）。他们之间的差异仅体现在，新公共行政运动学者更加强调官僚的责任、伦理和美德，而"黑堡人"更加强调结构和政治制度。但是，PAT – Net却是与这两者分庭抗礼的思想流派，在政治哲学取向上也与他们存在显著分歧，不仅体现在宏观与微观视角上，而且体现在官僚和公民两个不同的主体上。"有关行政现象的理论必须反思性地扎根于行政管理社会建构和民主治理的理念之中。在组织的日常生活中，公共行政的功能主义观点与解释主义观点都是有效并有用的，前者从宏观角度解释了结构、政策及管理的重要性；后者则从微观的角度阐述了人们体验、语言和文化的内在意义。功能主义的观点认为，行政世界的这两种观点是互不相关的：组织和个体需要分开看待并且彼此独立。而解释主义，尤其是强调主体的现象学观点则强调，一个组织的行动必须建立在对个体意义和目的的理解之上……这一批判性思维方式有助于我们通过批判地反省那些与广泛的人类文化、政治背景及共享的多元知识和经历相关的、相互对立和冲突的观点。"（全钟燮，2008：195）

从历史溯源来看，相比于进步时代的科学管理运动，明诺布鲁克开启了美国公共行政思想流变的另一个源头。可以认为，PAT – Net 和黑堡宣言均发源于明诺布鲁克会议对公共行政理论定位的追问以及对切题性的追求。明诺学者们的新公共行政运动与黑堡宣言可以看成是同源不同流、同宗不同族的新公共行政运动，而PAT – Net 则是对公共行政切题性的另一种解剖，它们不仅开启了官僚制度研究的序幕，而且成为民主行政思想的直接来源，并对美国公共行政思想的后续发展产生了巨大影响。待到第二届明诺布鲁克会议，他们之间的关系开始有所缓和，既不排斥科学管理运动的经验实证主义，也不全盘否定彼此之间的理论主张，对话取代了对立，共同绘制了美国公共行政思想嬗变的多维平行线。

第 四 章

第二届明诺布鲁克会议：回归
实用主义哲学

[题记] 在美国，总会有人批评制度的杯子是半满的，也会有人豪情万丈地试图用理想主义的甘泉将其倒满。但是，从根本上讲，尤其是在美国，制度的杯子总是半满的。

——塞缪尔·亨廷顿（Samuel Huntington），
《美国政治》

　　第一届明诺布鲁克会后二十年，不仅"明诺布鲁克人"内部出现了分化，同时涌现出基于"明诺布鲁克视角"或者"明诺布鲁克传统"的大量文献。其中有代表性的成果包括：论文《组织设计：新公共行政的后明诺布鲁克视角》（*Organizational Design：A Post – Minnowbrook Perspective for the "New" Public Administration*）、《拆解行政国家：公共行政的范式变革》（*Dismantling the Administrative State：Paradigm Reformation in Public Administration*）、《新公共行政：事情真得改变了那么多吗?》（*The New P. A.：Have Things Really Changed That Much*）、《新公共行政学的谱系》《谱系、连续性、弗雷德里克森和新公共行政》（*Lineage，Continuity，Frederickson and the "New Public Administration"*）以及著作《新公共行政》等。20 世纪 80 年代的美国，个人主义和私人利益的价值观不断滥觞。政府的直接作为较少，治理更多，私有化和外包更多，志愿服务更多，第三方机构更多。根据第一届明诺布鲁克会议的约定，每隔二十年对公共行政理论进展和现状进行盘点，1988 年再次进入明诺布鲁克时刻。

第一节　会议的缘起及简况

20 世纪 80 年代初期，美国政治学家麦克克劳斯基、布瑞尔和佐莱尔，先后调查了公众、民意领袖、律师和法官、警署官员、学者等不同群体对公民自由主义的态度，并且分析他们对宪法第一修正案、法律正当程序、隐私权以及妇女权利和同性恋权利等公民自由的容忍度，分析他们对政治参与、意识形态和教育等方面的态度。麦克克劳斯基与布瑞尔、麦克克劳斯基和佐莱尔先后出版了《容忍的维度：美国人对公民自由的信任》（*Dimensions of Tolerance*：*What Americans Believe about Civil Liberties*，1983）和《美国精神：公民对资本主义和民主的态度》（*The American Ethos*：*Public Attitudes toward Capitalism and Democracy*，1984）。他们发现，资本主义价值观主张私有财产权的神圣性、利润最大化、自由市场拜物教和适者生存等，民主价值观主张自由、平等、社会责任，在必要时通过政府监管来限制逐利行为，以及实现普遍的社会福利等，资本主义价值观与民主价值观一直存在持续斗争。信赖民主价值观坚决鄙视资本主义价值观，相反，信赖资本主义价值观坚决遗弃民主价值观。尽管双方各执一端，但是任何一方都不希望消除另一方。这两种价值观的此消彼长，不断重塑着美国的政治和社会结构。

20 世纪 80 年代初期，亨廷顿修订了《美国政治》（*American Politics*）。他分析了美国历史上形成的进步主义、共识主义和多元主义的政治结构范式，他认为，这三种范式都试图从社会结构的角度解释政治活动，把塑造美国政治的社会结构特征看成相对不变，而未能描述美国政治随着实践的推移将发生怎样的变化。由于每个范式的分析进路在根本上都是静止的，所以在面对美国政治和社会将出现哪些变化时会陷入老生常谈；这三种范式都将物质和经济利益视为政治中的支配性力量，几乎都完全忽略了政治理念、理想主义、道德动机和信念激情在美国政治中所扮演的角色。亨廷顿非常认同霍夫斯塔德的名言"无须意识形态冲突，美国人也能打得血流成河"（Hofstadter，1968：461）以及桑塔亚那所说的"整个美国是一个大平原，却被一股无所不及的飓风扫荡"（Santayana，1956：129）。亨廷顿认为，虽然对自由、民主、平等等价值理想的追求是美国政治的核心内容，但是因追求理想而遭遇的失败却是美国政治的核心经验。"实现美国理想的凯旋途径，往好了说不过是爱国主义的虚妄，往坏了说则是虚伪。美国政治的历史就是好开头与坏结果、希望与失望、改革与反动的循环往复。"（塞缪尔·亨廷顿，2016：18）

在这种民主理想与权力现实的对立中，美国历史上出现了四次巨大的政治动荡。每隔三代人，都试图重建他们的制度，使他们更真实地反映出根深蒂固的国家理想。从 20 世纪 60 年代紧握拳头和大规模示威回归到由美国革命的创造性意识形态热情所支持的进步时代和杰斐逊时代的道德愤怒，都体现了这些政治范式相互对立的目标。亨廷顿断言，所有的这些政治范式都试图消除美国的政治现实与赖以建立的理想之间的根本不和谐。"一个社会政治系统的和谐程度，既取决于其制度结构，也取决于其价值信仰。任何社会必然存在最低限度的不平等和等级制安排。在许多社会尤其是现代社会中，人们对不平等、等级制和权威的看法至少与事实上存在的不平等现象同等重要。由于对自由、平等、民主等政治价值的一致认可和信仰，美利坚合众国成了最不和谐的现代政体的典范。"（塞缪尔·亨廷顿，2016：19）

历史学家施莱辛格在其著作《美国历史的循环周期》（*The Cycles of American History*）中对在公共目的与私人利益之间的国家参与不断转变这一假设给予强有力的辩护。他运用"世代"这一概念来描述美国，即一代受到资本主义价值观的影响，而下一代人受到民主价值观的影响。虽然历史揭示了美国对过去、对现在、对未来的视角，但是，私人利益与公共目的之间的冲突以及政策与执行选择之间紧张的当代情境正向美国的民主实验发起挑战。（Schlesinger, Jr., 1986）

20世纪80年代的美国，积极的行政国家已经让位于监管国家。美国传统形式的政府所反映的公共目的价值观已经消退，私人利益的价值观已经向前发展。虽然平权运动取得了一些成功，但是，特别是在城市，无家可归、贫困、边际就业或失业再次成为严重问题。虽然其中许多发展与"明诺布鲁克视角"相一致，例如政府变革而不是增长和增加公民活动，但有些则不是，比如少数民族的贫困和失业增加。

1987年春，ASPA年会在波士顿举行。第一届明诺布鲁克会议的好几位参会者相聚在一起，他们决定根据第一届明诺布鲁克会议的约定，每隔20年也就是在1988年举办第二届明诺布鲁克会议。他们商定，会议将悉数邀请第一届明诺布鲁克会议的参会者，同时邀请最近二十年来对公共行政学做出杰出贡献的学者，其他的应邀者计划从《高等教育纪事》和《公共行政时代》所刊发的会议预告的回复者中挑选。会议将由雪城大学马克斯维尔公民与公共事务学院、堪萨斯大学和亚克龙大学共同资助举办。

1988年9月4日至7日，第二届明诺布鲁克会议正式举行。根据第二届明诺布鲁克会议组织者弗雷德里克森的回忆，"会议召集了来自公共行政以及历史、经济学、政治学、心理学、社会学、人类学等领域的68名学者和实践者参会。其中，36位参会者是在20世纪80年代才进入公共行政领域，他们钟情于私人利益；另外32位参会者在20世纪60年代就进入了公共行政领域，他们不仅深受公共目标的影响，而且深受越战骚乱、城市反叛以及针对所有制度尤其是针对政府的犬儒主义的影响"（Frederickson, 1989）。与第一届明诺布鲁克会议相比，公共行政学者的社群特征发生了很大的变化。在参会者的性别方面，1968年第一届会议只有一名女性参会，1988 年第二届会议共有十四名女性参会。在参会者的年龄方面，1968 年第一届会议参会者的平均年龄在 35 岁左右，1988 年第二届会议的年龄大多集中在 40—60 岁。公共行政学者的学科背景也发生了很大变化，许多学者从其他学科转向公共行政领域，20世纪 60 年代学者群体的教育背景主要是政治学，20 世纪 80 年代学者群体的教育背景，包括经济学、法学、政策科学和城市研究等。

第二届明诺布鲁克会议设计了十一个主题，划分为两部分，一部分主题与第一届明诺布鲁克会议进行历史对照，另一部分集中于当时公共行政的现状以及未来的公共行政（Guy，1989）。主题主要涉及伦理、社会公平、人际关系、调和公共行政与民主之间的关系、公共行政学的现状等，但是，领导力、宪法和立法视角以及技术、政策和经济视角等主题不如第一届会议突出。会议共收到了二十五篇论文和二十五篇评论，并在会前分发给参会者。会议为期四天，第一天举行分组讨论，并对参会论文进行评论；第二天对一些专题进行集体讨论，主题涉及政府机构、民主、领导力、道德和组织理论；第三天将 20 世纪 60 年代的学者群体与 20 世纪 80 年代的学者群体分成两组进行讨论；第四天，由各组选派代表汇报他们讨论的结论。

第二届明诺布鲁克会议的成果，汇集为两卷本的文集《民主与公共行政：明诺布鲁克视角》（*Democracy and Public Administration：The Minnowbrook Perspective*）、《公共政策和行政：明诺布鲁克视角》（*Public Policy and Administration：The Minnowbrook Perspective*），不到三分之一的论文发表在 1989 年《公共行政评论》专刊上。1992年，玛丽·贝利和迈耶尔编辑出版了《互联互通世界中的公共管理：明诺布鲁克传统》（*Public Management in an Interconnected World：Essays in the Minnowbrook Tradition*），并邀请第一届明诺布鲁克会议论文集的主编马里尼为该论文集撰写了序言。马里尼在序言中写道，第二届会议延续了第一届会议的基本价值，更加重视公共行政实践者关注的课题（Marini，1992：3 - 4）。但是，弗雷德里克森却认为，第二届会议在气氛上与第一届会议明显不同，不仅淡化了第一届会议所弥漫的革命气息，而且对行为主义不再采取尖锐的反对态度（Frederickson，1989）。在某种程度上，第二届会议似乎已经接受行为主义的主张。

第二节　美国的宪法遗产和公共行政制度

或许是被当时纪念美国宪法二百周年的氛围所感染，或许因为20世纪80年代抨击官僚的悲情，公共行政学者一直致力于寻找公共行政的宪法基础，并确立其合法性地位，这也是"明诺布鲁克传统"的心病。美国的宪法遗产和公共行政制度是第二届明诺布鲁克会议所关注的重大主题。

戴维·哈特和格兰特认为，美国建国之父们确立的宪法意图在很大程度上可以通过公民人文主义美德中心范式（virtue - centered paradigm of civic humanism）辅之品行伦理得以正确解释。公民人文主义美德中心范式的首要关怀是，伴之以致力于实现这一目标所必需的法律、秩序和组织，公民品行普遍和进步的发展——使公民成为更正当的人。尽管建国之父们存在着明显的党派差异，但是他们却在基本信仰上结成了联盟。将麦迪逊、杰斐逊、伍德罗·威尔逊、塞缪尔·亚当斯、汉密尔顿和拉什绑定在一起的基本承诺是，他们坚持不懈地关注独立的个人。对于他们来说，宪法价值是从每个人生活的绝对尊严开始的。他们奠定了尊严的前提，即是否遵守自然法、道德或神圣，他们指明了政府所有的规定。大多数条款对人类生活的意图和意义都采取了一种宽宏大量的观点，每个人的内在价值是通过在每一次努力中美德的有目的具体化而得以实现的，其结果就是成为具有模范道德品质的个人，并服务于政治、经济、社会和宗教等所有组织，这些组织就是个人美德实现的媒介。

鉴于宪法价值的这一解释，道德心理就体现在以下两种主张之中：第一，所有的人都具有自爱的内在需要；第二，所有的人都具有兼爱的内在需要。"这两种需要是同等的和协同的，没有一个来自另一方，但是，一方的完美自我实现却又要依赖于另一方的完美自我实现。他们相互的自我实现构成了人类生活的目标。"（Hart & Grant，1989）自爱是人类与众不同的特性，在政治场域，自爱是一种追求美德的宣示，它为政治社群提供了独特的、极为有用的成员。兼爱尽管存在着争议，而且当代学者羞于讨论它，但是它来自神性的乐善好施，美国建国之父们都不相信社会构建可以完全依赖于同胞之情，一个良好的政府必须考虑乐善好施的各种可能。

戴维·哈特和格兰特认为，美国面临的最脆弱的问题是对建国之父宪法价值的集体缺失。与其说是道德缺失已将建国之父们的宪法价值转变为陈词滥调，倒不如说是实用主义原则适合所有的公共行为。这是一个悲剧。因为在民主体制中，公民的优先义务是知晓和信仰那些价值并使其成为现实。信仰的失败将任何民主的脆弱性都交给了权力腐败。因此，当今美国最紧迫的需要就是复兴宪法价值，重塑和建构美国民主的实质。尽管越来越多的公民各自拥有切身利益，但是，他们仍正呼吁回归建国之父们的道德理想，那么谁将是改革者？戴维·哈特和格兰特认为，这就是公共行政。之所以这么说，是因为：第一，依然存在着对这一传统的政治哲学永不磨灭的敬重；第二，许多选择公务员作为职业的人士一致希望服务于公共利益；第三，鉴于在政党变迁中，官僚政治是一个常态，实质性的改革能够从宪法基础中得以实现。

基于公民人文主义美德中心范式，公务员的义务包括：鼓励公民自治、通过劝说治理、超越权力腐败和成为公民楷模。公民人文主义美德中心范式强调普遍个人自治的重要性。在任何生活领域，任何形式的强制都会削弱美德，因此，普遍个人自治对于一种美德的生活是必需的。政治社群的力量依赖于每个公民道德品格的协同发展。公务员的责任应该关注所有公民的品行。如何做到普遍个人自治？戴维·哈特和格兰特认为，第一，公务员必须形成和表达关于他们所从事的工作的独立道德判断或技术判断。然而，大量的组织领导人欺上瞒下，对上级献媚拍马，对下级颐指气使，要求下属言听计从。这样的官场生态不仅会毒害美德生活，而且会使得政府越来越糟。第二，公务员必须被鼓励运用洞察力，而不是例行公事地运用规则。"道德、法律和行政规则的实际应用一直呼吁行使认知力和洞察力，这在传统意义上一直被称为'公正裁决'，形势越有问题，就越需要这样的洞察力。"（Hart & Grant，1989）有些规则和管制确实是必需的，但是，应该保持最小限度。政府所面临的最棘手的人类问题是不可能通过规则得以解决的。这些问题要求应用普遍道德原则予以澄清，并澄清所有可能的意外，最终实现明智的和怜悯的决策。这一过程不仅服务于公民，而且强化了公务员的品行。

如果自治的重要性是可以接受的，那么，掌权的公务员必须通过劝说而不是强制寻求这种自治。这就需要公务员具有良好的口才，但不是花言巧语或者巧言令色的能力。雄辩能力必须与合乎道德的责任相伴，有道德而没有口才，在政治上是徒劳无益的，相反，夸夸其谈而毫无德行，就是彻头彻尾的欺骗者。因此，"一个优秀的公务员必须发展承诺的雄辩能力，并随着美德生活而增强。公民的对等义务就是根据他们的知识判断有效地理解宪法价值。质询劝说的说辞、阐述劝说的说辞和参与公民话语过程，对于养成领导者以及追随者的公民品行是关键所在"（Hart & Grant，1989）。一个公务员蓄意利用自己的雄辩能力欺骗人民就是对公民犯罪。

在美国政府中，权力腐败已经引发了严重的野蛮行径。公民人文主义美德中心范式深切地关注政府权力适当的配置和高尚的行使。现代政府的一个不可忽视的特征就是专家暴政。大量的技术专家，他们往往刚愎自用，独断专行，不仅难以接近，而且很难听别人劝谏；他们的行为缺乏透明度，往往损公肥私，以权谋私，缺少监察问责，致使腐败蔓延。其实，榜样的力量是无穷的，解决之道在于公务员应该向美国历史上的公民英雄学习，矢志成为公民的楷模。戴维·哈特和格兰特认为，许多公务员已将他们的理想带进了他们的行为，蔑视公民美德是不切实际的，或者将公民美德交付给遥远的未来，实际上就是向现实屈服。"公共行政的座右铭应该是：理想属于现实。"（Hart & Grant，1989）

然而，一个社会如何保证公务员对某些事务的责任像守护无形资产一样保持美德？美德不可能被编纂成为法典，它必须是自愿接受高尚行为的内在承诺。"没有法律禁止杰斐逊运用他的总统名誉减轻他的财务负担，然而，他拒绝这样做。没有法律迫使杜鲁门解救著名的麦克阿瑟，然而，他对军备文明控制的承诺不允许他对困境置之不理……现在，公共行政应该在'建立全新的、覆盖所有公民的美德合伙关系'中起引领作用。太多的当选官员违背了他们的责任，公共行政不能效尤。公共行政应该认真关注蒙田对两类公民楷模所给予的敬意，其真诚地信奉美德以至于'不再是勤劳的美德……而灵魂的真正本质，灵魂的自然的和正常的仪态'，所以，美德也应该是公共行政的'自然的和正常的仪态'。"（Hart & Grant，1989）

罗尔和奥利里检视了行政权在美国宪法文本中以及随后的司法解释中的模糊性，他认为这种模糊性对美国公共行政的宪法地位产生了深刻影响（Rohr & O'Leary，1989）。在水门事件中，特别检察官贾瓦斯基公然蔑视尼克松总统，以无情的对决迫使总统交出了密封的录音带，并导致了尼克松的厄运。最高法院一致同意对总统的裁决，最终导致美国国会通过了《政府伦理法案》（*Ethics in Government Act of 1978*）。根据这一法案，控告高级官员需要首席大法官进行初步调查。调查程序启动九十天后，他必须向由三人组成的审判委员会（special division）汇报调查结果。该委员会隶属于哥伦比亚特区联邦巡回上诉法院，成员由司法部长任命，任期两年。如果发现有可以相信的理由，那么进一步的调查或起诉就获得批准。首席大法官必须敦促审判委员会任命一位独立检察官并界定其司法权限。独立检察官仅在遭到弹劾等条件下才能被撤职。无论如何，法案确立了独立检察官的宪法地位，联邦最高法院对总统的宪法权力提供了一个限制性解释，这种解释会导致国会对行政机构增加控制。

罗尔和奥利里认为，公共行政学院不能将法律作为课程设计的点缀，法律必须是公共行政的必修课。首先，法律与公共行政的关系处于民主政府运行的中心，如果官僚要理解公共政策是如何制定和执行的，那么法律知识是至关重要的。其次，如果要致力于改进和捍卫美国的宪法民主，那么公务员理解宪法就是必需的。《政府伦理法案》颁布之前，忽视法律或许是可以接受的，但是在此之后是绝不能接受的。再次，美国社会越来越求助于公共行政管理者解决棘手问题，这些问题必须应用法律原则、利用法律程序才能得到澄清。最后，联邦法官在监察行政行为时越来越具有进攻性，法官已经不再是被动的评论者，而是积极的参与者，未来的公务员必须在与法院的互动中充分发挥作用。

英格拉姆和罗森布洛姆认为，自 1968 年以来，与新公共行政主张一致的变化已经发生：凌驾于公务员之上的传统管理权威因为集体谈判和宪法教义的变化已经减少；公共服务越来越具有社会代表性；建立代议制官僚已经成为重要的政策目标；在职场中更加强调公务员参与；关于公共行政管理者责任的法律变化已经推动了针对行政行为的内部审查；涉及分权化、政治官员与职业公务员之间关系的大范围体制变迁已经倾向于减少体制对人事制度的影响。过去二十年来，公共服务所发生的重大变化与第一届明诺布鲁克会议提出的展望也是一致的，植根于美国宪法的公共服务的合法性是非常有前途的选择。然而，公务员应该独立于代议制民主的其他机构追求社会公平的基本预设并没有取得成功。汤普森激烈地攻击新公共行政缺乏同情心、缺乏热忱，称其"厚颜无耻地盗窃了人民主权"（Thompson，1975：66）。实际上，汤普森指出了公共行政的合法性基础在宪法，公共行政不是简单的商业领域，不是社会公平的孤立推进者，在行政文化中，它必须是合宪的，它必须是民主的。自由、代议制和参与的三重革命已经进入了公共服务。分权化已经与内部参与联系在一起。没有理由认为，未来的公共服务缺乏代表性和参与性；也没有理由认为，公职人员在面对敌意的政治环境时，没有宪法权利。事实上，尽管里根总统对平权行为抱有敌意，联邦公共服务在里根内阁时期越来越具有代表性。尼克松内阁和里根内阁时期，最高法院一直致力于平衡和强化公务人员的宪法权利。"尽管可能存在较多的投机因素，因为与财政赤字相联系的经济压力可能导致权利、代议制和参与太昂贵，但是迄今为止，这并没有严重地影响这些进程。""未来的实质性挑战就是要巩固和整合权利、代议制和参与以及分权化，以期使公共服务这一行政国家的基石是真正合乎宪法的，是具备合法性基础的。它必须被看成是治理的重要组成部门，而不是正在闯入的第四部门。第二届明诺布鲁克会议应该很好地考虑公共服务的现实，它的宪法地位及其合法地位应该在公共领域和当选官员中得到广泛交流，公共行政应该被完整地带进政治文化。"（Ingraham & Rosenbloom，1989）

埃德兰德认为，社会公平的当今含义已经超出了 1968 年的定义，"与其说局限于强化少数人的福利，倒不如说是所有雇员应该得到公平的对待，从而与平等地对待他们区分开来"。从社会公平的角度看，公共雇员也是具有不同需要和利益的个人，"比如，所有的雇员并不需要同样的医疗保健政策、病假以及退休计划，甚至不需要同样的工作时数"（Edlund，1989）。致力于人事制度的自由和公平，才能够保证公共雇员在促进公共服务的效率、参与和公平过程中确实发挥积极作用。

第三节　公共行政的公共性

公共行政的公共性问题在第二届明诺布鲁克会议上同样引起了强烈关注，参会者们分别从公共哲学、官僚责任、官僚理想与民主理想的调和以及直面公共行政的新现实等角度，阐述了这一问题。他们反对以政府替代或挤压公共性。

文特里斯认为，公共行政的公共哲学需要阐述。它不必像过去那样立足于浪漫的分析进路和技术官僚的分析进路，它必须依赖于公共，它强调公共相互依存、公共学习和公共语言以及国家和公共行政两者之间关系的批评性评估的重要性（Ventriss，1989）。

伯克和克利里强调，官僚责任是民主与官僚之间的通约数，将官僚责任置于最小意义上的政府、宪法和民主进程之中，能澄清官僚的道德责任和制度义务。无论官僚政治的官员各自的责任是否为调和民主与官僚之间的紧张提供了有用的手段，处于恰当定义官僚责任中心位置的三个问题都需要得到检验，即基于伦理和道德，要实现恰当的官僚行为在本质上是什么与官僚责任相关？如果所诉诸的道德价值不能为恰当的官僚行为提供可接受的指导，官僚责任理论依赖什么原则？在复杂的组织设计中，把官僚责任转化为行政实践会产生什么问题？

伯克和克利里认为，第一个问题涉及道德责任和制度义务。"道德责任在许多方面不同于制度义务，他们是彼此相互依存的。制度义务在某种程度上有力量，因为他们被制度所捕获，比如保持承诺，包括个人的自由选择和道德责任。但是，在排他性的或在很大程度上以排他性的伦理视角来界定这些制度义务时，或以此让我们来理解官僚行为时，是存在问题的。许多行为问题是非道德的或无关伦理的问题，比如实施自由裁量权、理解一个人在政策制定中的角色，以及致力于有效的政策执行等。这些都是需要规范分析的规范性问题，但在许多案例中，它们并没有产生特殊的伦理困境。当一个伦理视角被用于界定和解决行为困境时，在原则上可能被误导。"（Burke & Cleary，1989）伯克和克利里认为，罗尔斯作为公平的正义理论与德沃金基于权利的平等关切理论，尽管在当代自由主义哲学思想中都处在非常突出的地位，但是它们是不同的。当代共产主义的批评家主张要更为恰当地界定我们共同的观念就是美好生活，而不是罗尔斯和德沃金的抽象道德。关于道德价值的分歧就是道德困境之所在。"一个纯粹的道德分析不足以为公职人员的制度义务提供足够证据，义务可能远远超出政治所激发的道德诉求。如果个人的道德原则决定了一个官员的道德计算，大多数讨论肮脏之手困境的学者至少在事情发生之前就已经为随之发生的收益所困扰。政治应该为另一个重要理由被迫做出价值判断，这个重要理由是它对集体选择的民主规则的效忠。"（Burke Cleary, 1989）道德哲学家经常觉察到伤害、社会不公和个人权利的亵渎，尽管这些是真实的，但并不必然屈从于政治补救。对于哲学家来说，为特定的公共政策而建议的正义诉求或道德权利并不能为民主政治的参与提供充分证据，相比于行政管理者所要求的合法性，行政管理者自然是民主协商过程的产物。所有的这些争论表明，所思考的困境提出的道德问题确实需要政治和制度分析，而不是排他性的道德分析。对于公共行政而言，道德思考使我们迷失方向，制度义务应予以优先考虑。

伯克和克利里认为，第二个问题——即官僚责任理论依赖什么原则，存在三种分析进路，即最小意义上的民主政府进路、宪法的进路和基于民主过程的进路。在这三种分析进路中，引入责任的概念可能会引起彼此之间的相互指责，"设计比传统的等级制模式更加具有创造性、更富有成效的组织。官僚责任理论的制度性和程序性要素留下了悬而未决的制度和过程类型问题；因此，该理论并不意味着简单的等级制规则和遵循正式权威所规定的方向。事实上，该理论或许应设想责任的概念在新公共行政所预设的不同组织模式和更加传统的组织中的应用"（Burke & Cleary, 1989）。

在转向第三个问题——即把官僚责任转化为行政实践会产生什么问题时，伯克和克利里认为，公共行政就必须处理好个人与组织、价值与事实、过程与结构等一系列复杂的、多元的关系，以便做好多手准备。无论是作为高级职业官员的个人，还是作为公共服务提供者的组织，其根本前提都具有宪法所赋予的合法性，而宪法的根基是民主，民主的、基于过程的概念为思考官僚政治的官员责任提供了最有用的方法，道德思考处于从属地位。

凯瑟琳·登哈特认为，尽管在第一届明诺布鲁克会议上否认了行政伦理的中立性，主张走向一个新颖的并且更加平等主义的行政伦理，然而，会后的二十多年来，行政伦理依然是模糊不清的和混乱的。"职业伦理可以被理解为行为规则，它将职业的典型理想或精神气质转化为每天的实践。公共行政管理者一直致力于理解他们的职业伦理，不仅因为它是新的，而且因为职业的理解和它在政府中的角色多年以来已经发生了巨大变化。将行政看成是脱离政治的管理能力的看法很大程度上已经被放弃，转而赞成公共行政是政治不可缺失的组成部分；行政行为不再被看成是价值中立的，而是具有严重的价值负载。尽管中立能力的伦理有效地将政治行政二分法的理想转化为实践，当这一理想不再被行政现实所接受的时候，研究就开始探寻公共行政的新伦理。"（Denhardt，1989）公共行政的精神气质是由民主理想和官僚理想所构成的，两者一起构成了公共行政的伦理，却面临着严峻的挑战。"一方面要对民主理想做出本质承诺，另一方面要有效实现官僚理想"（Denhardt，1989）。民主理想关注实质价值，诸如个人权利、自由、正义和公平；官僚理想是工具性的，关注程序和手段，诸如效率、经济性、标准化、等级制的权威结构、问责制、公正、正当法定程序。尽管将官僚理想仅看成工具的观点是有诱惑的，但这根本不是真正的理想。在特殊的公共行政案例中，它们确实呈现出道德特征，代表了一种规则和程序的制度化体系，道德特征的存在不是官僚理想的缘故，而是为了确保公平、正义和规避徇私枉法以及考虑到所有相关者的利益。这样一来，官僚理想概括了改革者们设想的"好政府"的观念，即客观、公平以及公民参与。然而，官僚理想也代表了一种对公共资源监管的承诺，通过专家的管理确保经济性、效率和效能。这些标准是工具性的，这些标准不仅不打算完全保持中立，反而试图实现一系列与民主理想相一致的价值。

问题是为什么官僚理想不能归属民主理想？因为与民主理想相比，官僚理想更有力、更独立。公共行政的核心含义是界定了公共服务的大量职业特征，并将公共行政官员从当选官员和任命官员中区别出来。"官僚理想以这样的方式为公共行政提供了有效性和合法性，并脱离和区别于民主理想。"这样一来，将民主理想置于优先地位显然会遭遇官僚理想的抵触，"脱离宪法的和官僚的约束，追求民主理想显然是不公正的"；而设计与官僚理想一致的制度结构和程序也显然会阻碍民主理想。如果每个行政管理者都以平等和自由最大化为基础独立作决策，脱离程序、先例或一致性约束，那么整个决策方式将会是武断的和不公正的。因此，"官僚理想和民主理想都是公共行政精神的本质要素，公共行政必须在两者之间实现有效的、合理的平衡。这一对相互矛盾的要素之间的平衡才是公共行政之精华所在。公共行政管理者必然面临平衡多重的、预期经常相互冲突的各种棘手任务，这些任务就处于具有决策权力、试图促进普遍公共利益的当选官员和思考特定环境的公民之间。因为广泛的权威授权和裁量权，即使公共行政从属于三权分立，公共行政也日益要求行使领导权"（Denhardt，1989）。

　　凯瑟琳·登哈特认为，公共行政没能有效整合官僚理想和民主理想。一是官僚理想一直支配民主理想，因为后者不可能将效率转化为行政实践，行政更加关心权威结构和问责机制，而不是关注民主理想所要求的政策判断和创新；二是在行政实践中，规则导向的伦理倾向于一种非道德的、工具主义的观念；三是职业伦理规范一直鼓吹职业主义和独立的政策地位，但职业伦理规范并没有为公共行政管理者提供有用的指引。凯瑟琳·登哈特主张用政治伦理来平衡官僚理想与民主理想之间的矛盾。"采纳政治伦理能从根本上重新定义公共行政管理者与政治过程。政治伦理将建立起公共行政管理者合法的政治权威，在追求民主理想的过程中行使政治判断。政治伦理保持了民主理想和官僚理想的本质特征，放弃政治中立的观念，在负责任地执行各种政策和价值的过程中，公共行政管理者不是中立的，而是对他们所扮演的政治角色的恰当性质有了清晰理解。尽管这一角色在宪法上是从属的，并在参与政党选举时是被排除在外的，但被允许参与政治争论和决策。因此，只要是为了追求民主理想而参与，不严重违背官僚理想破坏政治信念和政治信仰体系，公共行政的政治伦理就可以证明积极参与政治是正当的。"（Denhardt，1989）

高斯罗普和卢克认为，尽管责任和伦理问题是理解公共行政公共性的重要维度，这涉及新公共行政的愿景，但是，一味地反思历史或者纠缠于政治体制的历史传承性，不仅于事无补，而且可能加重公共行政伦理的认知贫困，所以必须转向探寻新的现实。"数个世纪以来，美国人已经继承了一种政治体制，这个体制基于简单的信仰，即民主社会的现实植根于一系列的关系之中，比如，正义与自由、政策与行政、导向与自我裁量权、行为与意图、意图与统一伦理目标的多样性呈现，等等。"高斯罗普和卢克指出，这一政治体制所依赖的基本前提源自过去，在某些方面，它的完美潜力已经丧失，包括识别非人性化和异化的能力、实证能力以及理论建构能力等。高斯罗普和卢克争辩道，明诺布鲁克无须向它洞察力的精确性、愿景的正确性道歉。明诺布鲁克的整体效应并不是通过将不同论文简单汇总赢得的，会议是整体功能大于局部之和的完美例证。面对事实背离了意愿、回应背离了预期性决策、程序性道德背离了实质性的真诚、审慎的实用主义完全脱离了伦理目标的卓越感等一系列的新现实，高斯罗普和卢克主张，"明诺布鲁克传统"必须因循耶稣、杰斐逊和马克思的思想模式，面对当前社会的多元化和复杂性，"如果被圣约同盟和民主的忠贞所浸淫，那么公共行政就能依旧是一支针对伦理现实的、动态的、创造性力量，这就需要从理论的堕落效应中解放出来"（Gawthrop & Luke，1989）。

沙堪斯基和赖特森对政府挤占公共发出警告，这会造成国家处在过载状态。政府包揽一切，从摇篮到墓地。以色列在西方的所有民主国家中拥有最强大的官僚，根据国际货币基金组织的报告，1980年至1984年，以色列中央政府支出占国民生产总值的比重高达56%，同期20个西方工业化国家的平均比重仅为33%。以色列政府几乎包揽了一切，从军事到国际谈判，从宗教信仰到结婚、离婚、医疗保健等个人生活，是一个过载国家。"一旦国家被普遍认为是经济或社会问题救济的主要来源，那么就很难将其政治文化转向更加个人主义的或市场导向的文化。"沙堪斯基和赖特森指出，过载国家在很大程度上是自我维持的。"以色列的案例表明，由于国家支配了整个经济，伴随着资源的可用性接近于零，政策制定在很大程度上就是一个零和博弈。以色列的公共预算已经超过它的国民生产总值。因此，一种资源被用于所提倡的某种政策，必然影响其他的政策。其结果是，政策辩护就显得尤其刺耳，因为老练的政策发起者学会断言他们的目标是解决国家的问题，因此必须将其置于公共议程的顶层。"（Sharkansky & Wrightson，1989）过载国家，有其自己的历史根源和当前的现实原因。现代国家不容易改变它们的特征，政治制度和文化特性倾向于长期保持它们自身的特性。因此，以色列可能会一直坚持走下去。同样，美国也不可能背离有限政府的历史传统。尽管近几年来美国可能演变成为一个更强烈的国家主义者，强调中央集权，但是，其所征集的税收占经济资源的比重持续排在工业化民主国家的最低位。尽管这可能妨碍了变革，但美国人对走向"过载国家"是敏感的。在一定程度上，一个异质性社会将会甘冒以过载国家扼杀人道主义的风险，以过载国家丧失合法性和国内和平的危险。

第四节　公共行政中的领导力和管理

在过去的四十年内，主流组织理论忽略道德话语可以归咎于西蒙的决策理论一直占据主导地位，因为决策成为组织理论的基本分析单元。由于仰仗于事实价值二分法的逻辑实证主义认识论的支持，决策理论的思想已经被充分地接受，并且现代组织理论毫无保留地接受以道德中立和经验自证为组织分析的起点。然而，民族志著作以及当下的话语哲学，对事实价值二分法提出了激进挑战。在日常生活的认识论中，事实和价值在初始意义上是融合的，这种内在的融合为组织理论认识论提供了备选的基础。第二届明诺布鲁克会议从领导力和管理的视角反思了主流的组织理论，尽管有所分歧，但在一定程度上认可了逻辑实证主义。

　　迪乌利奥从学校、监狱和军队的案例研究中提出了公共管理变量（public management variable）的概念。如果公共组织要成为有效的组织，就必须还原公共管理变量，这意味着定义它、度量它和澄清其所需要的各种条件，这些变量对于公民生活的实际质量是至关重要的。领导、优化和协调公共组织均与这些变量不直接关联。这种分析方法由明确的规范性关怀所引导，关注具体的公共政策问题，并致力于改进公共服务。针对公共组织问题的质疑，需要回答什么才是公共组织追求实现的公共目标？如何才能最好地实现这些目标？公共组织的运行就是公共目标的手和脚。迪乌利奥认为，在政治学中，努力还原公共管理变量在一定程度上就是回归国家，研究政府官员的行为，与官员们的偏好一致的行为可以看成影响政策选择、执行、决策和政策结构的自变量。迪乌利奥倡导，运用政治科学的新制度主义观念来指导公共管理研究，即观察一个组织中不同层次成员的实际行为；将这些观察与组织的正式特征联系起来，以便看清楚存在哪些联结或者不存在联结；如果有的话，寻找组织活动与实际结果之间的联结。这种分析要求运用参与式观察的方法，心甘情愿地将自身投入到行政生活之中，"沉浸在工作之中，或者吹毛求疵，或者无所事事"（Dilulio，Jr.，1989），以期真正发现管理与结果之间的联结。当然，将管理与结果、过程与绩效联系起来并不是一件轻松的任务，需要付出大量努力来解决方法论上的、实践上的和道德瑕疵上的问题。但是，只有这样才能保证未来的公共管理研究致力于实现公共目标，剔除那些不相关的、鸡毛蒜皮的琐屑。

　　哈蒙和杰·怀特认为，行动和过程的视角基本上改变了对组织生活的经验主义理解。"这一视角是更可取的，因为它可以包含决策分析，它欣赏所包含的各种决策可能性以及决策所产生的利益的社会情境；因为它来源于更加合理的社会生活认识论，而不是以决策为基础的理论；因为它使对问题的思考更加合乎善意，并将它们置于组织话语的中心地位。"（Harmon & White，1989）他们认同话语哲学提出的决策本身并不是事实而是话语建构的主张，认为决策与行动这两个相对立的视角可以复活组织理论是道德中心的思想。"将来自社会过程作为目标，在组织理论一般框架中提出一个合乎善意的道德概念，当然这种组织理论自然地来自事实和价值的认识论，那么道德和认知、思想和行动就是共同的因素。"（Harmon & White，1989）

葛德塞尔却认为，公共行政行动是礼仪化的和程式化的。作为一种活动，公共行政在很大程度上拥有长期集体行为的礼仪属性，比如，循环反复、扮演角色、程式化、秩序、筹划以及创造意义等。三种类型的行政礼仪能被确认：明确的仪式，比如礼仪和正规化的事件；形式化的过程，比如预算和审计；富有表现力的项目，比如反毒品战役和乡村免费邮段等。在组织中的礼仪建构倾向于运用专业化的语言，并包含积极参与。当这些礼仪转向外部人时则运用世俗的语言和戏剧化的形式。在公共行政中，礼仪是不可避免的，并且它以不同的方式影响不同的观察者。过分强调礼仪可能是危险的，但是在恰当的约束下，它有助于陈述集体行为的目标，并强化组织的共同利益（Goodsell，1989）。

但是，奥尔谢夫斯基、桑格劳和克劳坚持捍卫西蒙组织理论的决策视角。奥尔谢夫斯基认为，研究公共部门执行者的领导力应该关注公共部门所处的环境。由于美国存在党派政治，理解公共部门执行者的领导力必须理解行政权的这种环境。通过研究 1985 年至 1987 年对田纳西州和新泽西州十个以上部门行政领导人的访谈，奥尔谢夫斯基发现，在一些危急关头，公共部门的领导者临危不乱、果断行事，并保持敏锐的政治嗅觉往往会促成其政治任命。关键事件法（critical incident methodology）为理解公共部门执行者的环境提供了一个有用的视角。在理解公共部门执行者领导力方面，不仅倾听他们的故事，而且理解他们发挥领导力的环境，这些都是必需的。只有立足行政执行权力直接介入解决问题的行动，执行者的领导力才能得到充分理解。"传统的领导力研究为理解执行权的故事提供了不恰当的基础。大量的领导力研究是以有限的维度为特征的，这不适用于公共部门执行者所处的环境。需要分类研究这些环境，同时，一系列的方法论应该用于验证这些研究发现。"（Olshfs-ki，1989）

桑格劳和克劳等人认为，公共行政是人工科学（artificial sci-ence）。设计科学的概念是评估当代公共行政许多紧张的出发点。对新公共行政的批评之一就是"它的重要性主要就在于植根于传统的理论框架中发现异常的现象，而不是呈现某些新的选择"（Den-hardt，1984：107-108）。只有设计科学的概念对于公共行政而言才是一种可行的备选模型。就如同丘奇曼所言，"设计是一种智识精神的巨大解放，因为它向关于各种可能性的禁区发起了挑战"（Churchman，1971：13）。对于所有的人工系统来说，复杂性都是不可避免的，对于公共行政而言，其分类研究框架应该包括：体制层次的研究、组织层次的研究和工具层次的研究。"体制层次的研究检验公共行政在民主社会的作用。麦迪逊和伍德罗·威尔逊是体制层次的思想家。沃尔多和罗森布鲁姆等学者则是当今时代体制的规划者和评估者的典范。请记住设计过程涉及新体制的建构及其评价，很容易看到现代公共行政相对于宪法和整个公共事业的结构具有重要的作用和责任。对于公共行政而言，诸如私有化、伦理、权力分离、联邦主义等论题都是合法的体制层次的设计问题。公共行政学者必须持续地评估作为宪法设计的当前体制的绩效，并设计各种选择以便有效地满足社会的需要。""组织层次的研究者必须关注公共部门组织，以及政府体系的结构、功能和设计。所有层次新的组织设计都永远需要澄清内部的功能和动荡的外部环境。"（Shan-graw，Jr.，Crow，Overman，1989）组织需要评估，并根据一些基本规律进行再设计，新的组织需要形塑。组织层次的研究者需要运用他们关于决策、公共财政、政治学和组织行为等方面的集体智慧，强化这些方面的研究，并成为新的组织结构的设计师。"工具层次的研究者关注设计和检验公共管理工具。"（Shangraw，Jr.，Crow，Overman，1989）每一个组织都需要工具、常规和机制来帮助它执行和适应各种管理任务。组织的绩效和生存依赖于适应新的组织规程和决策工具。更好、更具效率的管理信息系统、预算和财务管理系统等仅是工具设计研究的极少案例。

他们认为，把公共行政作为一门设计科学需要回答的一系列相关问题，比如：将公共行政归类于一门设计科学的意义是什么？一个公共行政设计者或公共事业如何从备选设计方案中进行选择？哪些累积性的知识和理论对设计科学是有意义的？为什么公共行政需要花费如此之长的时间才皈依西蒙和设计科学？哪些类型的知识应该被公共行政科学家所熟知？什么评估标准应该被应用于设计？他们开列的知识清单是，"在公共行政中，相对于人工工程设计，人工社会设计的系统复杂性更大，其知识需求更为广泛，这些知识需求要求公共行政设计科学家必须在下列领域接受广泛训练：政治理论、规范性政治理论、微观经济学、宏观经济理论、组织行为、组织发展、组织和管理理论、决策理论、设计科学、系统理论、政策分析以及定性和定量分析工具、宏观工程系统、项目评估、宪法、公共行政的历史和哲学、公共组织和机制高级设计、公共选择理论、聚焦翔实情境的实际政策分析和设计、公共行政工具设计比如计算机系统，等等"（Shangraw，Jr.，Crow，Overman，1989）。

在对待公共组织的决策理论和行为理论的争执上，梅纳德－穆德、雷丁和特里·库珀采取了折中主义和调和主义的立场。梅纳德－穆德主张必须超越政策执行，发展一种行政政策制定的制度理论。政治行政二分法的幽灵一直出没在执行理论之中。在经历了所有的批评后，行政政策制定依然被看成一个组成要件，或是由当选官员所支配的政策过程。行政政策制定是一个分离的、可区别的过程，而不是政策过程的一个阶段。各种政策可以且能够起源于行政机构。这些理论创新，既招徕了支持者，也招徕了批评者，即便如此，政策制定可能很少涉及当选官员或政治任命官员的日常规程。立法机构和执行秩序通常批准已经存在的行政政策，而不是初始的行政参与。政策制定的制度设计一直对政策观念、选择和行为产生重要的影响。行政机构构成了政策政治的显著的制度设计，并为政策结果设定了影响。然而，行政政策制定并不是一个完全的政策过程。在重要的和可预言的关键点上，它与立法机构的政策制定相交会。这两种政策过程——立法政策制定和行政政策制定总是松散地、可变地被匹配在一起。其重要差别在于行政政策是由观念、规范和常规所支配，并且是由非选举的公共雇员所选择的，而立法政策是由当选官员所支配的。梅纳德－穆德认为，行政政策制定也确实发生在总统的官僚或者国会的官僚之中，立法政策经常闯入行政机构的选择和行动之中。这两种政策过程都是独特的，当然它们之间存在实质性重叠，然而，它们之间的互动边界仍然是模糊不清的。梅纳德－穆德考察了食品救济券、社区矫正、专利代理和公共福利四个政策制定的案例，食品救济券完全是由行政部门主导的；社区矫正是先有执行后有政策，因为监狱人满为患，只好将轻罪犯人交由社区矫正；对待专利代理政策，行政部门几乎完全听从专家意见，整个政策过程是非常微妙的、迂回的，有时候几乎根本不可见，因为立法机构制定专利代理政策往往会阻碍技术进步和产业发展；而在公共福利政策方面，高层官员与基层官员经常意见不一，但基层官僚推动了公共福利政策的制定。

超越政策执行过程必须把握政策制定的特征，这些特征主要包括设定行政议程、创立政策论坛、拆解行政政策与立法政策之间的联结。在设定政策议程上，首先，可以通过抓住立法政策的缺陷而提出政策议程，"含糊的法律和政策僵局要求行政行动"（Maynard-Mood & Herbert，1989）。其次，抓住一些迫切需要解决的社会问题，而这些问题往往不会列入法律的议事日程。在创立政策论坛上，由于行政机构的政策论坛很少是公开的，公民参与政策制定过程存在悖论，这就需要为公共参与设计一种特殊机制，一般而言，在典型特征的人群中选择有代表性的个人参与政策制定，而不是通过当选官员或官僚来代表公共利益。在行政政策与立法政策之间的联结方面，两者的联结点主要就是合法性和金钱，实际上，行政政策的合法性是由立法者赋予的，因此，放宽它们之间的联结就是尽可能回避立法政策的关注点，尽可能地避免立法机构与行政机构之间的资源冲突。

"行政机构是过去政策选择的制度化身。这在两个层次上是重要的。首先，所创立的行政机构和项目必须履行特殊的政策。行政机构和项目一旦建立，它们就必须发展他们自身的规范和程序，这些规范和程序是很难改变或转向的。这就是为什么政策改革经常需要创设新的机构和项目的原因之一。其次，在行政机构内部，规则、程序、规范和预期是毫无疑问的，是组织生命理所当然的事实。"（Maynard – Mood & Herbert，1989）说穿了，行政政策制定的制度理论具有三个方面的含义：一是职业行政人员成为政策制定参与者；二是必须尊重行政组织的文化；三是探寻行政组织内部的规则、程序、规范和预期伴随特定过程和目标而演化的规律性。

雷丁和特里·库珀等人认为，"我们将公共行政管理者的世界看成是这样一个世界，现实是通过行动来定义的。这个世界是可塑的，具有不确定性、不稳定性、独特性和复杂性、多元性、冲突和风险。行为必然具有感知的维度。决策过程是由制度设置和正式约束所形塑的，同时也受到非正式关系和过程的影响。行动的世界完全是相互矛盾的，决策过程与行为过程和物质资产相交织，并且在性质上是非线性的，且完全是象征意义的……行政实践者倾向于聚焦后果和变迁，并在试图改变它之前理解世界。我们关于公共行政领域的看法也倾向于强调公共制度的正式建构，公共制度构成了政治秩序，并呈现了社会中秩序和机会的某些表征"（Radin，Cooper，McCool，1989）。他们强调问责制是公共部门的严肃问题，其中包括法律、财政、等级制和制度安排等问题，这需要培养响应性的、有见地和有远见的、善于沟通的公民。

第五节　教育与公共行政

在"明诺布鲁克传统"中，教育是新公共行政使命的担当者。大学不仅扮演了公共行政批评者、理论提供者、公共政策分析师的角色，而且承担着为未来公共行政输送人才的重大使命。

W. 亨利·拉姆布莱特认为，在各种组织关系中，科学、技术与公共行政之间的关系是至关重要的，其中，政府与大学之间的联结异常突出。在美国的历史上，政府与大学的关系可以被划分为两个时期，即土地赠予时期和联邦使命代理人时期。土地赠予时期，即从 1862 年至第二次世界大战，是以分权化的组织模式为特征的，主要关注农业和机械工艺，联邦政府、州政府、大学和个别缺少研究能力的产业构成了国家研究体系。这一时期，美国的农业劳动生产率和工业化能力获得巨大改进。联邦使命代理人时期始于"二战"之后，主要是以更加集权化、联邦主导的进路为特征，联邦政府大规模资助国防、太空、能源以及其他领域的基础研究，州政府并不涉足这些方面，产业界也仅占其中一部分。在国防和太空等领域，政府主要是技术开发商，技术应用也不是为了民用目的。20世纪 80 年代以来，政府与大学之间联结的第三个时期已经到来，W. 亨利·拉姆布莱特称为新联邦主义者（new federalist）。这个时期正处于演化过程之中，基本特征是大学与许多产业部门结成了紧密联结，州政府与联邦政府机构都发挥同样的重要作用，其使命是为了经济竞争力。

"在所有时期，大学的作用一直是重要的。通过研究、教育和技术转让支持政府，在其应用型角色上是重要的。但是，作为批评者，大学也扮演了一个建设性角色，这一角色来自独立和自由的传统。基础型大学是常态，应用型大学适应时代而变。"回想起第一届明诺布鲁克会议的 20 世纪 60 年代，"大学既是越战的伙伴，也是越战的批评者，最后批评占据了上风。在联邦使命代理人时期，大学有时候帮助某些行政机构，有时候则使政府如芒在背。大学经常发挥这两个方面的作用。对于第二届明诺布鲁克会议所处的新联邦主义者时期，同样的前景也可能呈现。大学既为了国家利益，也为了自身利益。大学积极地忙于开发新技术，但是，在某些新技术中确实存在着需要观察的实际问题，特别是生物技术。在第一届明诺布鲁克会议的 20 世纪 60 年代，这些问题几乎不存在。生物技术出现以来，政府大学关系已经出现了一系列潜在的新问题。与 20 世纪 60 年代的原子能一样，生物技术可以被它的支持者看成巨大希望，但对许多人来说，它预示着新危险"。技术是"双刃剑"，既能够带来帮助，也能够带来伤害。"显然，纵观历史，科学和技术获得公共支持的背后，最强大的驱动力一直是国家实力。国家力量的决定性因素最显而易见的表现是军事力量，今天，国家实力正在被等同于经济实力……因为美国进入科学和技术的新时代，公共行政必须保持敏锐的警觉……针对新联邦主义的科学和技术筹款的预期和争论越多，就越能更好地理解未来的变化。"（Lambright，1989）研究型大学可能会颠覆政府与大学关系，挤占基础型大学所应该具有的人文关怀，颠覆美国民主价值理念。

今天，科学正在成为一种技术经济的人工制品。技术发展的方向，遵循政府或产业机构所设定的短期优先性，并正在为判断科学研究的合法性提供基础。在科学研究上的金融投资也是基于它对经济和技术发展的潜力来判断的，而不是根据它增进公益的潜力来判断。科学研究和交流过程正在技术化，并作为一般的政治沟通渠道。因此，为了重新获得对技术的社会控制，技术发展必须是一个政治问题，完全公开讨论和辩论。在美国社会，伦理和技术的重新思考需要强化那些促进政治对话和道德思考的社会和政府组织。（Zinke，1989）

彼得·梅讨论了政策分析的教育问题。政策分析作为一个范式对于政策设计而言具有持久性，政府的政策分析组织是一个脆弱的实体，政策分析的挑战是由意识形态导向的政策运动所导致的。（May，1989）

多年来，尽管政策分析理性模型遭到了许多批评，但作为一种指导政策选择的理想范式并没有被替代。问题、目标、基准、选择、估价和建议——没有任何一个是政策分析框架所固有的，政策分析既不是意识形态，也不是科学。政策分析是一种逻辑，或许有时候可以被贴上一种争论的标签，是由不同的硬性方法和软性敏锐性共同构成的争论。正因为如此，所有批评仅关注应用政策分析框架平衡不同的敏锐性，而不是政策分析框架本身。持续的悲哀是硬性方法一直在驱逐软性敏锐性。尽管产生成熟分析结果的能力始终在增长，但是经验对于政策分析人员而言始终是稀缺的。政策分析在不同行动步骤的权衡解释方面比在设计行动步骤方面更有效率。这说明，政策分析师类似于其他的应用研究者，通常游走在政策争论的边缘。正因为如此，政策分析师倾向于积累对政策决策的间接效应，而不是大爆炸式的直接效应，政策分析始终没有走向新的前沿。

尽管政策分析范式具有持久性，但是政府政策分析组织是脆弱实体。不仅联邦政策分析机构快速增长的时期结束了，而且在里根内阁时期，许多政策执行机构的分析办公室在规模和影响上被迫遭到极大削减。政策分析范式的持久性与政策分析作用递减之间的显著矛盾，可以根据政策分析单位是支撑决策，还是提供政策观念来源而得到解释。许多政府的政策分析机构缺乏清晰定位，选民不支持长期的政策分析，大量的政策理念可能来自社会上的市场化智库。

对政策分析的挑战是由意识形态导向的政策运动所带来的。今天针对社会变迁的看法已经明显不同于第一届明诺布鲁克会议。那个时期以展示项目、社会体验和精明分析所规划的社会变革的伟大信仰为标志。

在培训政策分析师上，教育上面临的挑战是如何将硬性方法和软性敏锐性巧妙编织在一起。在许多教学计划中，也出现硬性方法驱逐软性敏锐性的倾向。毫无疑问，部分原因是诸如成本—收益分析等方法，相对于敏锐性，更容易教学。教育面临的持续挑战是强化对关键政策问题和观念的思考能力，这就要求极大地超越技术分析方法，走向关于政策原则的远见，与主流政治意识形态的兼容性等方向。

赵元孝认为，必须改变公共政策分析和教育附庸于政治的局面，培育独立的、可持续的公共政策研究和教育机构。"在美国，社会科学研究很大程度上就像流浪者。它追寻有效的资金资助，就如同流浪汉追寻水源和草地。当研究资金耗尽的时候，仅凭研究主题并不能保证对研究者有吸引力。过去的三十年已经证明，研究主题受欢迎程度的兴衰伴随着选举行为、社群权力结构、刑事审判以及法律强制的变化而变化。当然，政策分析是幸运的，因为它是NASPAA[①]标准要求的一个学科领域。在公共行政学术社群中，它有稳固的基础。规模较大的公共行政院系即使在没有外部资助的情况下仍需要持续政策研究。或许好日子暂时还没来。"（Cho，1989）

佐恩、布拉克·布朗、亨利分别从经济学视角、理论与实践的联结等方面，提出了公共行政教育的应有关切，强调公共行政的学科包容性理应成为理论与实践联结的桥梁。佐恩认为，经济学已经成功入侵了公共行政，并建立了一些大型要塞和重要项目，但是，经济学并没有对公共政策制定产生显著影响。在许多决策中，大多数决策者缺乏对经济学基本知识的理解，联邦赤字的处理、解决空中航线和机场堵塞、向贫困宣战、住宅计划、处理国际贸易伙伴、解决第三世界债务危机、酸雨问题等一系列案例都是明证。显然，

---

① NASPAA 即 Network of Schools of Public Policy, Affairs, and Administration 缩写。

经济学既没有对公共行政课程施加影响，也没有对行政结构施加影响。其原因部分归咎于许多经济学家孤芳自赏和傲慢无礼，对经济学能够提供给公共行政的内容缺乏理解。除非做出改变，否则经济学对公共政策的影响仍将是有限的。一方面，在学科建设中公共行政需要吸收经济学的理论和知识；另一方面，政策应用经济学需要被制度化，要么体现在经济学中，要么体现在其他学科中。

为了更有效地影响政策制定者，经济学家改变一贯做法是必需。一是要意识到经济学并不能适用于所有问题，承诺了就不食言；二是认识到制度、组织和政治的重要性，并纳入分析模型，扩展可能的解释；三是准备好从事临时应急的分析，准备好开展因果经验分析，即便是使用最原始的方法也比根本不加分析更能对政策制定产生深远影响；四是尝试综合考量不同意见对政策分析产生的各种影响；五是愿意思考实证问题和规范问题；六是学会如何有效利用政策经济学家从事政策分析，并积累经验；七是重视交流，在书面和口头交流过程避免行话和复杂推理（Zorn，1989）。佐恩提出，解决问题的另一面是公共行政要发挥引导作用，因为经济学家没意愿从事公共行政。然而，对经济学家进行洗脑，将是一个艰巨的缓慢过程，才有可能让他们为公共行政做贡献。所以更好的办法是公共行政接受经济学的重要性和相关性，并将经济学理论和方法论课程纳入课程体系。后者将更好地保证经济学家亲自动手将成熟的经济理性引入公共政策决策。

布拉克·布朗认为，公共行政事业正在处于衰弱状态，主要表现为：一是尽管公共行政的争论不断，但是它的理论是贫瘠的，学术界与实务界之间的缺口以及理论与实践之间的缺口越来越大；二是独立的公共行政学院成功的不多；三是十余年来致力于交叉学科合作的努力也宣告失败；四是从伍德罗·威尔逊到达尔再到现在，基于跨文化和国际视角的一些忠告在很大程度上都被忽视了；五是公共行政对身份认同危机和思想危机问题始终没有给出回答；六是公共行政在建立自己的目标和长期的研究议程上显得尴尬无能。布拉克·布朗提出，公共行政的核心应该包括哲学和公共行政的一般理论、组织间的关系、创新和技术转让、军事行政和教育行政等。这五个领域的选题应该以四项基准为指南，这些准则分别是：是否尊重民主和人文主义的价值，是否澄清公共场域中的一般行为和流行做法，是否致力于研究长期的前所未有的问题，是否可能造成公害或为未来提供机会（Brown，1989）。"公共行政所面临的挑战是如此巨大，既不是狭隘地关注管理者，将他们训练为有用的、实用的人才，也不是听任他们成为无力完成工作的无重点的理想主义者。实践和理想、仕途和犒赏、科学和艺术的整合是必需的"（Henry，1989）。

第六节　二十年再回首

第二届明诺布鲁克会议是在反思20世纪80年代的氛围中召开的。会议笼罩着一种浓浓的惆怅，"描绘了一幅类似于毕加索的悲哀蓝色调而不是塞尚的明快红色调和绿色调的画面。用当代的行话来说，这一画廊勾勒出了公共行政领域所面临的挑战，即对社会目标缺乏方向，针对政府的高度犬儒主义以及对公民责任和公务员责任的幻灭感"（Mayer，1989）。整个会议植根于信念、理性、思想真诚、对话和话语，"1988年明诺布鲁克会议中心的情绪并不是关于回归到某些璀璨夺目的、黄金时代价值的、天真的、幼稚的梦想……相反，它为了一种方向、一种完备性，渴望一种情感和激情"（Mayer，1989）。第二届明诺布鲁克会议反映了一种对抗的情绪，一种勉勉强强的希望，它既带来了好消息，也带来了坏消息。"好消息就是公共行政学有了固定的基础。与1968年第一届明诺布鲁克会议相比，公共行政与它的核心价值、与它的切题性和目标和平相处。该领域已经从20世纪60年代和70年代的溃败中吸取了教训，并且与20世纪80年代所遗留下来的挑战重归于好。全心全意地接受民主价值和对社会公平问题的显著关注是毫无争议的。坏消息是，作为一个学科，听起来是公共行政无休止的争吵和抱怨可能会带进 21 世纪。在整个会议的讨论中，很少关注执行的现实问题。伴随着美国面临着全球经济和正在改变的产业基础，也很少关注公共服务如何最佳地发挥功能，并承诺赢得未来的市场份额等问题。"（Guy，1989）

戴维·波特认为，第二届明诺布鲁克会议呈现出 3R 特征，即精确性（Rigor）、切题性（Relevance）和共鸣（Resonance），特别是共鸣得到了完美的体现。"共鸣，也就是直觉的反思，在理论精确性与行为切题性之间为知识分子与公共行政实践者架设了一座桥梁。它是一种方法，通过它，分析师能够更加自觉地将经验和理论训练联系起来识别行政行为的意义和方式。不是鄙视，更不是否认社会中行为者和观察者的相关性，而是知识分子和实践者可能认识到信任他们自己的直觉，将其作为社会意义和社会结构的初始性见解的一个来源。"（Porter，1989）

在对待公共组织的问题上，第二届明诺布鲁克会议认识到，公共行政必须更新自身应对未来的能力（Holzer，1989）。抽象的精确性理论讨论已经缺乏吸引力，"针对理论和行动的期望因为公共部门资源的前所未有的削减而变得温和了许多。作为一个社群，1988 年的参会者在对待究竟需要多大努力来执行创新上显得更为成熟"（Porter，1989）。"作为一个结果，官僚必须做出对话和谈判的承诺。他们必须知晓谈判的技巧。他们必须有能力调节跨组织和跨社群的关系。与试图立即解决所有问题截然相反，他们必须越来越通晓逐步逼近法。所有的这些都意味着尽责的公共行政管理者必须刻苦工作，勉强接受少的、小的和缓慢的成就，并且学会各种新技巧。"（Cleary，1989）

对于社会越来越多地寻求私营和非营利部门来解决集体行动的问题，第二届明诺布鲁克会议参会者意识到，强调公共组织的领导力和管理，必须在解决集体行动问题中恢复政府的中心地位，政府必须发挥领导作用，并以此为手段保护宪法价值，以此为方法反击狭隘观念，以此为途径赢得信任，这种信任有时候屈尊于市场和政治批评。但是，采纳何种领导风格却是困难问题。强悍的、独断的风格可能会将该领域从被动应对公共信息转向对公共关系的政治进攻。相对协助性的风格可能会通过与其他部门、专业领域和有才干的个人之间的对话来建立共识。前者更具有激情，但是需要思考政治行政二分法；后者相对中性，会冒该领域身份认同的风险。公共组织必须在竞争力、薪酬、快速转向新技术投资的能力、降低招聘和维系的成本、改变管理层雇员之间的关系等方面，向私营部门学习。（Holzer，1989）

　　第二届明诺布鲁克会议与第一届明诺布鲁克会议已经不可同日而语。会议的主题表明，"每一种解决方案都带来了其自身的一系列问题"，公共行政已经向实用主义回归。"第二届明诺布鲁克会议认定了有价值的种子，如果精心种植和培育，那么，最终可能会导致作为一门学科的公共行政学绽放鲜艳之花。为此所需的是，发展一种具有综合的、包容性的认识论和方法论的公共行政学理论。""与第一届明诺布鲁克会议参会者挺身主动应对社会问题向公共行政所提出的挑战不同，第二届会议在行动角度退缩到对民主、伦理、责任、哲学和甚至经济学的治理测试。这是一场古典思想的讨论"。来自第二届明诺布鲁克会议的共识，需要采取两个步骤："第一，公共行政必须汲取贯穿于该领域的不同学科的理论，并构建一个新的、更具切题性的学科，各学科整合在一起而不仅是独立共存。第二，公共行政必须质疑占主导地位的学科的基本前提。远离占主导地位的理论的标准定义，发展公共行政自己的定义和有特色的理论是必须的。更值得做的工作是，在所有的层次和所有的组织中，为了实践者并与实践者一起将理论转化为实践。尽管存在来自其他学科的批评，公共行政是实践者导向的，因为唯有实践者才使得公共行政区别于其他学科。"（Bailey，1989）在公共行政学院的未来定位上，公共行政学院应该致力于理论与实践之间的联结，要致力于厘清理论、活跃课堂和扩大市场（Holzer，1989）。

或许沃尔多对第二届明诺布鲁克会议的评价是更为中肯的。在《在互联世界的公共管理:明诺布鲁克传统论文集》的跋中,沃尔多讨论了公共行政理论论文与针对公共行政实践的报告之间的距离,疑惑是否应将它们分为科学小说、行政小说等类别。"我有两个想法:这本著作至少是最近或即将出版的大量著作中的一种,将征服过去一直认为的公共行政世界的边界。通常,我最初的反应是:请现实些吧!不要太着急。沉静下来并甄别真问题,然后继续研究,不要浪费你的时间和我的时间。你已经对公共行政所承担的责任做出了过度反应,而实际上,公共行政是迟钝的和不切题的。事实不是虚构,敬请留意!我的第二个反应经常是完全不同的。我一直对与我们相关的事业如此充满活力、如此具有前瞻性、如此多面孔而引以为豪。是的,针对与公共行政传统利益密切相关的非常实际的问题,我们确实需要更多和更好的工作。但我们也需要试验、愿景、想象和规划。尽管变革的引擎通常被认为是某些物质或某些技术,比如青铜器、钢铁、蒸汽机、内燃机等,它们被看成是社会的实际结构,但是它经常也是话语——思想、概念和愿景。谁会否认引领现代民主的书籍和文本的诱惑力和创造力。"(Waldo,1992:183-184)作为新公共行政的幕后主谋,这席话既是婉转的批评,也是热忱的期望。

第 五 章

第三届明诺布鲁克会议:"明诺布鲁克传统"的国际化?

[题记] 这些年来,我认识到明诺布鲁克对许多人来说意味良多。它是一个地点、一种传统、一种观念、一种精神、一个事件和一种挑战。

——露丝玛丽·奥利里(Rosemary O'Leary),《明诺布鲁克:传统、观念、精神、事件、挑战》

20 世纪末期美国的新行政国家(Neoadministrative State)正面临着何去何从的挑战,主要表现在:人口统计特征的变化尤其是人口老龄化,而发展中国家却迎来了极不稳定的婴儿潮;信息技术变革引导全球金融变革,金融市场全球化以及放松金融监管致使各国领导人面临着将国家上市融资的压力,全球性的通货紧缩导致储蓄失衡、发达国家债务不断攀升,全球化的赢家通吃市场;以移民、外包、税收转移和商业生态国际化为特征的地域变革;以及以私有化、放松监管、意志消沉的公民意识、利益集团保守主义的兴起、新的美国例外论为特征的行政哲学变革。挑战面前,新行政国家的新治理改革必须揭穿供给生产的二分法,揭开美国的狂妄自大,大胆借鉴演化主义者和新制度主义者交易成本、沉没成本、委托人的视角或制度文化的约束条件等概念,建立职责、义务、规则以及角色等决定性的改革方案。在权威关系日渐模糊的情况下,新行政国家的新治理改革必须谨防结构、程序和价值观的歧义性。要充分考虑新行政国家的博弈环境已经发生了激进的变革，各种各样的行政、政治和利益集团行动者对他们所面临的机会、激励、风险和约束条件所作的战略平衡计算通常会发生变化，而这些计算并不完全是基于知识和理性选择的行动方针，相反是基于试错和过去行之有效的经验方法，因此，政策执行者必须从行政生态的关系网络出发平衡各利益相关方的需求，从而将这些需求与他们自身、他们的机构以及他们的支持者的利益组合起来，实现以政体为中心的行政改革（Durant，2000）。

第一节　会议的背景及简况

2008年9月3日至7日，第三届明诺布鲁克会议以"萦绕世界的公共行政之未来"为主题在雪城大学明诺布鲁克会议中心举行。会议厅悬挂了一幅大型的沃尔多画像。奥利里担任会议的组织协调人。奥利里认为，第三届明诺布鲁克会议的背景与1968年第一届明诺布鲁克会议的背景存在着惊人相似。除了美国次贷危机演变为全球金融危机之外，"技术创新、全球气候变化、恐怖主义、世界水资源短缺、荒废的基础设施、全球主义允许我们向海外的任何地方进行外包，权力委托引起了跨政府的冲突，并且网络化组织已经改变了政府和治理。公共管理者发现他们自己并不是一个单一组织的统一领导者。相反，他们发现他们置身于多组织安排中，协助和忙于解决那些不可能解决或凭借单一的组织难以解决的各种问题"（O'Leary，2011）。

第三届会议所确定的主题，主要包括以下几个方面：一是公共行政领域与1968年时有何不同？二是我们能够从迄今为止的以市场为导向的新公共管理运动中，得到什么重要的理论和经验结论以及它现在还有市场吗？三是鉴于许多学者从不同学科涌入公共行政，公共行政是更加接近还是更加偏离了发展一套核心的理论基础？四是关于网络治理和协同公共管理的新观念是如何改变着我们审视公共行政、公共管理和公共服务的方式？他们会改变我们的教学大纲吗？五是全球化如何影响我们所理解的美国公共行政、公共管理和公共服务的研究和实践所面临的关键挑战？发达国家、发展中国家以及转轨国家情形又如何？

　　会议分两个阶段举行。第一阶段，五十六位年轻学者在一名职业导师的带领下进行为期两天的讨论。每位年轻学者在抵达明诺布鲁克会议中心之前，均被要求写出三五页关于公共行政评论的短文，这些评论文章的主题涉及："依然存在的切题性之挑战""高举的拳头和不可思议的黑人：公共行政与黑人行政管理者""撕开行政学者主观性的面纱：一个自由主义的偏见或秘密的保守主义""公共行政已经被经济自由主义所神魂颠倒或倾覆了吗？"这些年轻学者被划分为十四个不同小组进行讨论。讨论坚持的座右铭是"共识就是夸大其词"，显然，为了对公共行政研究的状况进行深刻反思，思想交锋和观点辩论成为讨论的基调。

　　在第一阶段，让年轻学者趋之若鹜的福利是刻意安排了包括弗雷德里克森、W. 亨利·拉姆布莱特、奥利里等在内的资深的公共行政学者来引导他们进行未来研究，引导他们想象 2018 年公共行政的状况。这些资深学者告知年轻学者，无须考虑各种代价或难题的困扰，只需要想象合意的、可行的、令人激动的情景，一起参与规划公共行政未来的路线图。年青一代们强烈主张情境驱动，并直言这种观点，他们非常关心公共行政的四个不适领域，并认为这些领域在当代公共行政领域中处于至关重要的地位。他们提出的四个领域分别是：在一个正在变化的全球化世界中公共行政的性质；以市场为导向的新公共管理的复杂性；跨学科借鉴方法论对公共行政产生的影响；在高速变化的社会经济和政治环境中，网络治理和协同行政在公共行政概念重构中的日益重要性。作为一个植根于社会经济环境的复杂实践领域，作为一个人类共同努力的极端复杂的研究领域，公共行政必须澄清并解决五个逼近的挑战，即保证切题性的挑战；伴随着首位非裔美国候选人当选总统后如何理解公共行政的挑战；鉴于学科明显的西方偏见，如何在亚洲讲授公共行政的挑战；在公共行政领域创建全球话语权的挑战；自从公共行政被经济学诱惑和挟持以来，公共行政学如何保持一门独立学科的挑战（O'Leary，Slyke，Kim，2010：9）。显然，年青一代学者们的批评为第三届明诺布鲁克会议设定了议程。

这些关键议题构成了公共行政既作为学科又作为实践的路线图。参会者没有对宏大理论进行思考，而是更多地关注什么行得通，什么行不通，专注于公共行政正在发生的变化的本质。从理论上说，第三届明诺布鲁克会议既代表了西蒙式的观点，也代表了沃尔多式的观点。那些支持前者的观点主要接近经济学、组织理论和管理，那些支持后者的观点赞赏来自政治科学、社会学、哲学和历史的框架和模型。这两种同样重要且相互补充的视角的盛行也证实，公共行政作为一个研究领域，仍然是多样化的、多维的。作为一门实践科学，公共行政是情境驱动的，热衷于西蒙和沃尔多的哲学关切的第三届明诺布鲁克会议的参会者强化了该学科的多学科结构，这不仅是一种理论话语，也是一种解决实际问题的工具。公共行政是理解人类活动的一种有价值的努力，它嵌入在无数的社会经济力量中，这些力量既有情境的描述，也有历史的阐释。通过强调这种有机的性质，第三届明诺布鲁克会议试图重新阐述公共行政人文主义的面孔，明显削弱了第二届明诺布鲁克会议不加批判地接受新自由主义和以市场为导向的纲领。① 在第一阶段的辩论和讨论中，参会者强调多学科的重要性，以便了解公共行政的复杂性，这些复杂性在西蒙或沃尔多的视角中是无法解决的。

第二阶段是全体大会。会议吸引了来自十三个国家的二百余名参会者齐聚纽约的普莱西德湖村（Lake Placid）。会议首先由年青

---

① 在第二届明诺布鲁克会议上，经济学家佐恩与公共行政学者瓦姆斯利发生了激烈的辩论，后者对市场取向的视角进行了猛烈的抨击。

一代的学者报告他们关于未来研究的讨论意见，第一阶段的参与者再一次被召集在一起展示他们的创造性想象。随后举行了一系列的专题讨论会，会议主题涉及管理的未来、管理全球公共组织等。接着，是热闹非凡的"情景短剧、歌唱、圣歌颂、诗朗诵和演讲"（O'Leary，2011），部分学者质疑为什么有关法律、伦理和民主的知识在公共行政中是濒危物种，部分学者质疑是否存在亚洲式公共行政，气候变迁、信息技术在公共行政中的作用也是非常热门的话题。最后，会议在八位大腕的会议总结和评论之后闭幕。

相比于前两届会议，第三届明诺布鲁克会议在两个方面取得了突破。一方面，通过重申第一届明诺布鲁克会议的一些重大关切，参会者已经将基于与各利益相关者的协同、互动和有意识的接触落实为一项行动议程。公共性、政府地位及其能力之间始终存在着明显的差距，因此需要目标驱动的参与式治理，这无疑是政府精兵简政时代的一种理论创新。第一届明诺布鲁克会议试图重新设计公共行政，坚持其对回应性、社会平等和参与的承诺，第三届明诺布鲁克会议强调当代公共行政的特殊性，其中政府以外的各种代理人在解决公共问题中变得举足轻重，由此公共行政的公共被重新定义了，公共行政不再仅仅被理解为政府驱动的各种活动。另一方面，通过学习非西方国家处理公共问题的经验，2008年第三届明诺布鲁克会议是对以种族为中心的公共行政的一种反叛。人们应该对公共治理采取一种全球进路，以便了解在公共行政中仍然至关重要的多种制度的错综复杂的运作。鉴于技术进步，学者们更应该致力于相互交流和合作，为不同学术社群之间更广泛的接触和学习创造机会。鉴于全球化，尽管公共行政因情境而异，各有千秋，但仍旧要培养充分的能力来解决人类对多样性、多元化的关切。因此，公共行政既是一门学术事业，也是一个设计精良、目标明确的工具箱，可以为人类问题提供有意义的解决之道。

由于第三届明诺布鲁克会议在互联网日益普及的时代举办，此次会议不仅开通了网站，而且创建了维基页面，会议部分论文发表在《公共行政研究与理论》（*Journal of Public Administration Research and Theory*）2011 年增刊号上，奥利里等人还编辑了《萦绕世界的公共行政的未来：明诺布鲁克的视角》（*The Future of Public Administration Around the World：The Minnowbrook Perspective*）论文集。他们认为，第三届明诺布鲁克会议和论文集的目的是"俘获公共行政的灵魂"，因为这部论文集"将被未来数十年内的公共行政学者和学生阅读"（O'Leary，Slyke，Kim，2010：xiv）。

第二节　公共行政研究的多元化和切题性

与往届会议一样，公共行政研究的多元化和切题性问题，仍然是参会学者们非常关注的主题。年青一代的学者们认为，公共行政已经从政治科学的一个子学科，发展成为吸收社会心理学、社会学、经济学、人类学、历史、商业管理、法学和政治学的一门交叉学科，具备了元理论的特性，但由于公共行政致力于解决现实生活中的复杂问题，因而必须强调其公共性，尤其是植根于公法、政治权威和公共价值之中的组织公共性。公共行政范围的扩张已经造成了认识论和方法论上的碎片化，并使得部分学者将严格的理论研究等同于复杂的数量分析。"既确保公共行政与实践的切题性又维持其理论严谨性，已经成为一个艰难的但并不是不可克服的挑战。"这些挑战具体表现为"多元的、严格的分析方法的应用；持续鼓励理论的多元化和理论深度；推动切题性但不牺牲方法论上的精确和理论深度"。聚焦于平衡这些挑战的自我意识和协同目标将会巩固和联结公共行政的研究。无论是方法论上的多元化，还是理论上的多元化，都给公共行政研究、教学等带来了一定的成本和收益。"作为一个学科，为了保持健康成熟持续走向更宏阔的视野，我们需要做出更多的努力来全面整合贯穿于公共行政领域的多重理论范式；同时持续提高我们工作的精确性，以避免其成为一个只有广度而没有深度的学科；作为一种方式，将不同的理论进路与无法抵御

的学科碎片化整合起来，使我们的研究聚焦于公共。"（Nesbit，et al，2011）

　　继承阿伦特的思想，斯蒂福斯率先提出了公共行政黑暗时代的两种形式。第一种形式的黑暗时代关注威胁美国安全的灾难性事件，"截至2005年夏天，2001年'9·11'事件，阿富汗和伊拉克的战争，关于阿布格莱布和关塔那摩，所有的事件结合在一起，产生了一种生活在黑暗时代的真实感。国土安全问题成为治理的核心。卡特里娜飓风猛烈闯入了路易斯安那州和密西西比州的海岸，几乎摧毁了新墨西哥湾沿岸的新奥尔良和许多较小的社区。尽管随后关于联邦、州和地方应急响应充分性的争论持续了很久，但是，在许多美国人的心目中，政府没有履行最基本的责任，即在公民迫切需要帮助的时候伸出援助之手，并保护他们免受进一步伤害"（Stivers，2008b：73）。第二种形式的黑暗时代是，公共行政"失去了一个积极的、充满活力的并且普通公民可以参与其中讨论当代问题的公共空间"，公共空间的消失已经侵蚀了我们讨论和搞清楚共同问题和关切的能力，并且"使我们无法掌握我们面临的具有深刻挑战的事件对我们生存意义的影响"（Stivers，2008b：3）。这两种形式的黑暗时代，相互纠缠，内外交织，欲罢不能。在美国国内，不仅包含一系列的恐怖事件和灾难事件，而且包括公共政策的失败。"仔细想想，入学机会和学术成就的匮乏；医疗保健质量的问题；日益增加且有组织的犯罪人口；交通、公共设施以及其他基础设施系统的崩溃；能源供应和利用的锐减；次贷抵押危机及伴生的住房市场的瓦解；金融市场的崩溃及伴生的产业和商业的失败；失业以及福利和社会服务需求的上升等。"在世界范围内，表现为"饥饿和干旱，种族屠杀和灭绝，伦理冲突，内战和其他局部战争，恐怖主义，暴力镇压，气候变化，食品和水资源短缺，传染病，贩卖人口，全球经济体系日益增长的脆弱性，非法军火交易，生化和核武器战争威胁"（Nabatchi，Goerdel，Peffer，2011）。黑暗时代的事件和政策失败不仅是针对国家安全，而且是针对整个人类。伴随

着日益增加的复杂性、互联互通、巨大的不确定性以及蒸蒸日上的
社会、经济和政治全球化,这些问题在不断加剧。当今时代的公共
行政正处于令人沮丧的黑暗时代。黑暗时代的公共行政是以在社
会、政治、环境和经济领域的数不胜数的灾难事件以及"遍布政策
领域的重大的、可持续的和系统的政治失败和充满生机的公共空间
的丧失"(Nabatchi,Goerdel,Peffer,2011)为特征的,特别是公
共空间的丧失,公民无法解决重要的社会问题,也无法与政府官员
进行讨论,"恰恰是在这个时刻,我们面临了真正大规模严重的政
治、经济和环境挑战,对于一个能够澄清和寻求解决这些问题的有
组织的、集体意志而言,其前景是十分暗淡的"(Isaac,1998:
4)。这些现实促进我们不得不质疑,政府是否有能力治理所面对看
似无法解决的大量问题?

克里斯蒂娜·拉姆布莱特认为,21 世纪公共行政切题性的挑
战来源于嵌入多组织相互依存结构的网络和协同治理。这些网络跨
越不同类型的组织,虽然具有韦伯式的等级制结构,但是具有更高
的灵活性,与市场相比是不稳定的,却可以通过协调公共、私营企
业和私人非营利组织之间复杂的关系来提供越来越多的公共服务。
对于公共部门投递公共服务的动机已经有了充分研究,但是对网络
协调公共服务的动机却缺乏理论支持。传统的公共服务动机研究以
及行为研究在何种条件下适用于网络?在何种条件下,同样的动机
理论适用于不同的网络?不同类型的网络是否需要不同的动机,以
及不同的动机在多大程度上具有相似性?这些问题构成了公共行政
研究如何向实践者传递可信知识的挑战(Lambright,2010:255-
260)。

纳巴塔奇等人认为,公共行政面临两个主要问题,一是公共行
政已经不能充分担当政治冲突仲裁者的责任,并且作为一门学科已
无力担当形塑社会事务的责任;二是公共行政据守于官僚体制的病
理学,限制了它澄清复杂政策问题的能力。前者体现在"世界各地
的代议制民主正在与礼让危机作斗争,这些危机的主要表现是运用

非正式的规则欺诈合法的协商程序，并且为了选举的利益操纵程序不惜牺牲政策和社会利益。对公共行政而言，这些制度失败就是问题所在，处在这样的环境下，期望公共行政者有效地执行政策程序，似乎是不合理的、不可能的，甚至是不公正的"。后者体现在民主与官僚意志之间的紧张关系上。尽管公共行政意志倾向于官僚意志，因为官僚意志信奉效率、效能、专业知识、忠诚以及等级制等价值理念，但是，无论是在美国，还是在其他国家，官僚病都被人们所诟病。从抨击官僚，到重塑政府和国家绩效评价，再到新公共管理运动，无一不是针对官僚而言的，通过引入市场理念，官僚意志开始强调适应以合伙制关系、私有化、外包、网络等为特征的空心化国家治理，但是，因为民主的社会氛围，毫无疑问又引发了一系列社会公平问题。"公共行政陷入官僚病理学，且因为邪恶的反馈回路被持续并强化。政策冲突转移到行政机构，听任官僚来解决各种复杂和相互冲突的问题。但是，行政机构又起不到协商组织的关键作用。在很大程度上，它们几乎完全受制于已经确立的官僚意志的规范，它们被限定于通过应用功利主义的市场工具去实现行政效率。然而，这样的工具不可能最佳地适用于澄清现代政策问题的复杂性，因为在促进政策重要性的协商和公共认同方面，这些工具是不适当的、不充分的。当政策失效时，政治家将官僚谴责为愚蠢的、无效的和顽固不化的，并使其成为更有效率和事务性的改革牺牲品。在行政机构中，这些改革进一步使官僚病理学制度化，这就意味着，当复杂的政策问题由立法机关转移到行政机构执行时，行政者缺乏一种有效的、有意义的方式或工具来解决政策问题。"在代议制民主政体中，之所以民主与官僚之间长期紧张，主要是因为官僚制度一直是政治冲突的次要而非首要仲裁者。尽管公共行政确实对支持、增进立法机构负有责任，但是在稳健且良性的代议制民主中，它不可能替代选举制度。因此，纳巴塔奇等人提出，解决上述的这两个问题需要重新使民主精神成为公共行政的基础。"我们相信，民主精神的复兴是必须的，它能够帮助公共行政治疗官僚病理学,使该领域更好地解决政策冲突,改进政策决策的质量和合法性,在众多积极的方向上驱动社会进步。这样,公共行政就更有能力澄清黑暗时代的治理问题。"(Nabatchi, Goerdel, Peffer, 2011)

公共行政研究的切题性问题一直被参会者反复重申。参会者认为,对公共部门研究形成的理论成果所能发挥的实践启迪作用已经逊色于对私营部门管理实践的研究。无论对美国还是对全球的行政改革工作而言,情况都是如此。世界银行的努力以及美国国际开发署(Agency for International Development)的努力也都体现了这一点。公共行政社群对实践产生某种影响是如此困难,比如美国创建国土安全部(Department of Homeland Security),它们更有可能来自私营部门,而不是公共行政社群的学术界别。

罗森布洛姆甚至提出了罗森布洛姆悖论(O'Leary, Slyke, Kim, 2010:290-291)。首先,我们需要聚合知识,在某种意义上使公共行政学具有知识的可累积性。我们正在快速地传播有价值的宝贵知识。然而,从某种意义上说,我们传播得越多,我们知道得就越少,因为我们的研究不能被聚集或积累到实质性的知识主体之中。主要原因有三点,一是这个领域缺乏或不使用共同的框架,二是这个领域对自身的思想史并没有给予充分关注,三是缺乏足够的时间进行广泛的阅读。我们创造新知识面临如此巨大的压力,因为出版物已经是买方市场。作者们撰写书籍和文章被少数人所阅读,花时间阅读这些书籍和文章已经超出了那些读者的意愿,因为他们需要时间进行他们自己的研究和写作。我们正在陷入生产的知识越多,知道的相对越少的风险之中。在不发表就淘汰出局的当下,虽然可能性不大,但是如果我们能够为了广泛的阅读,暂搁时日再付诸发表,那可能会美不胜收。

其次,我们需要维护公共行政的方法论和认识论的多元主义。相对于确认公共行政学的创造性和丰富性,公共行政学是诡奇多变的。任何强加单一的或霸权式的方法论或认识论的努力都将收窄和削弱这一领域。

再次，我们需要维护公共行政的价值多样性。倘若我们规定一套价值观，无论是功利主义的、工具主义的、平等主义的、自由主义的，还是契约主义的，都将会使公共行政与当今复杂的政策问题越来越无关。

最后，我们需要继续推进跨界研究。第一届明诺布鲁克会议就已经强调了跨界研究。今天，我们应该通过更加关注比较行政以及诸如经济学、社会学、工商管理学、政治学等相关领域的发展，扩展公共行政的边界。

如果说公共行政是扫描现实政治经济和社会生活的雷达屏，那么切题性就是其永恒的、永远在捕捉又永远都在努力逼近的目标。

第三节　全球主义和公共行政的全球化

在第三届明诺布鲁克会议上，来自亚洲的公共行政学者侯一麟等人提出了全球视角的公共行政（Public Administration with a Global Perspective，PAGP），以便使公共行政学的教学、研究和承诺与正在变化的全球化现实相契合。他们认为，PAGP 必须超越比较公共行政，致力于建立全球学术社群，建立更具解释力、更可接受的、对不同的以及独特的情境下的需求做出积极响应的各种理论。PAGP 应该摒弃民族中心主义倾向——即根据某个民族自身的文化假设或偏见来研究和判断其他社会。公共行政研究者应该将他们的研究置于人类发展各个阶段的社会经济动态情境之中，回顾过去以获取教训、经验和灵感，展望未来可能应对的挑战，并寻求解决方案。PAGP 要求保持概括普遍性规律与阐述特殊规律之间的平衡。"传统的以美国为中心的比较公共行政的概念将被放弃，公共行政学术中的比较进路应该是规范的。在任何情景下，运用比较研究进路从事公共行政研究，能够为建立理论和验证理论提供新鲜的血液。"基于全球视角，它必须依赖于政治、经济、社会和文化情境。"我们预想一种转型的公共行政领域，PAGP 不是提出一个宏大理

论，也不是走向宏大理论的运动。它最好被看成是一种分析进路，一种指导研究的认识论诉求。"（Hou，et al，2011）

侯一麟等人主张，PAGP 研究应该既要由外而内，也要由内向外。"我们需要加强不同情境下的关于公共行政活动的知识，包括不同国家的治理结构、管理体制、政治和文化规范。这类研究应超越不同情境中所特有的案例收集，而是致力于甄别将不同情境下的案例联系起来的机制，并评估这些机制在其他情境中是否有效。此外，即使是关注国内问题的美国学者，也可以将自己关注的问题与其他政体中的情境进行比较。不同情境下的经验可以为理解美国的特殊问题提供参照，通过揭示可能是狭隘的或以民族为中心的潜在假设，有助于理论构建，并有助于找到解决我们所面对的诸多问题的其他解决方案。"PAGP 应超越文化和国界的界限，研究全球性的公共行政问题。PAGP 反对美国例外论，即使美国公共行政研究的文献最为详尽和完备，美国的公共行政也不应是唯一的参照系。（Hou，et al，2011）

博翁瓦塔纳认为，全球视角的公共行政与 20 世纪 60 年代的比较公共行政已经不可同日而语。因为全球化、治理和公共管理改革，越来越多的国际组织和区域公共行政网络对发达国家和发展中国家的善政、政府效能、新公共管理、政府改革和透明度等产生了深刻的影响，从而使得比较公共行政这一永不消亡的垂死领域正强势回归，但同时传统的比较公共行政正在被新比较公共行政所替代。传统的比较公共行政由阿尔蒙德、里格斯、黑迪和沃尔多等人的观念主导，他们认为发展中国家的一些特征是实现高水平发展的障碍，这些特征包括脆弱的民主制度、对政治的军事干预、官僚体制的权力垄断、公众无力监督官僚体制以及教育水平低下。传统的比较公共行政其根本目的是"冷战"。新比较公共行政主要由非美国学者所主导，特别是随着 20 世纪 80 年代新公共管理改革的崛起，欧洲大陆，尤其是英国学者建立了新比较公共行政的概念框架。传统的比较公共行政主要关注结构功能分析和系统理论，而新比较公共行政则关注治理和管理改革；传统的比较公共行政是一个单向的、自上而下的过程，而新比较公共行政则是一个双向的、循环的过程，发达国家可以相互学习，也可以向发展中国家学习。

博翁瓦塔纳断言，新比较公共行政范式主要有四种轨迹可循：第一种是区域轨迹，主要是同一地区的学者组成兴趣相投的研究小组，对行政改革进行比较研究。比如，欧洲国家治理改革经验的比较研究。第二种是少数案例轨迹，通过治理的不同维度，比如问责制、透明度、国家的最小作用、政府的信任和公平等，对不同的国家进行分组开展案例研究，从而分别凝练发展中国家和发达国家治理改革的经验。经济合作和发展组织、世界银行等组织开展的治理改革和治理指数研究等属于这一轨迹。第三种是全球轨迹，即系统总结基于网络的治理和新公共管理的一般经验，比如罗兹关于脱离政府的治理研究、胡德关于永远"走红"的新公共管理的研究等。第四种是单一国家轨迹，主要是基于问责制、信任、廉洁和腐败等核心治理概念研究单一国家治理改革的动机和经验，从而为其他国家的改革提供国别借鉴经验。第一种轨迹和第三种轨迹可以看成新比较公共行政的宏观研究，第二种轨迹和第四种轨迹既有宏观研究，也有微观研究。"我们没有必要从这四种新兴轨迹中进行选择，所有四种轨迹都是有益的，它们应该同时被开发。一个学者可以选择专注于一个领域，并学会尊重其他学者在其他领域所做的工作。"（Bowornwathana，2010：87－90）正如侯一麟在第三届明诺布鲁克会议闭幕式上所指出的那样，当代公共行政学者很幸运地目睹了另一波社会实验，即转型国家和发展中国家的改革。我们可以采取的一个步骤就是在一般情况下更加密切地关注其他国家的公共行政，并在特殊意义上关注转型国家的公共行政。比较公共行政已经升级到全球视角的公共行政，创新不可能凭空产生，娴熟地掌握以前的研究是一个重要的起点。融入全球视角将有助于扩展现有理论，并在不同的文化和政治背景下检验新的假设和假说。

沃克认为，从全球化的公共管理出发，全球视角的公共行政应该使公共行政学真正成为一门交叉学科的设计科学。沃克认为,跨学科的设计科学就是将两个或两个以上在传统意义上截然不同学科的理论、方法或知识融合起来,这既符合西蒙关于设计科学旨在解决现实世界中复杂的、与人相关的、涉及价值判断的问题的观点,也符合桑格劳和克劳等人关于作为设计科学的公共行政目的"设计和评估将集体意愿和公共资源转化为社会收益的诸多制度、机制和过程"(Shangraw,Jr.,Crow,Overman,1989),特别是在全球化的环境下,跨学科所追求的问题导向、情境性、多种方法以及对人文维度和人文价值的优先关切尤为契合全球视角的公共行政。跨学科的公共行政必须融合经济学、金融学、法学、政治学、管理学与组织研究。沃克认为,成为交叉性的设计科学需要满足两个前提条件,一是公共政策执行本身就是理论与实践相结合的产物,二是"它为其他学科打开了一个黑箱,并检验了影响实践创新、影响执行方式、影响策略选择等有效性的诸多变量"(Walker,2011)。鉴于公共组织、政府及其代理人所面临的问题日益复杂,跨学科的公共管理已经转向了治理策略、网络伙伴关系和协作,这些策略不仅将来自公共、私营和市民社会领域的代理人聚集在一起,而且在实践中实现了跨领域的合作。比如,可持续发展和全球气候变化、反贫困和公共卫生疫情等主题;比如问责制、腐败、目标多元化、管理改革、公共性、绩效和繁文缛节等主题。

　　由于各国公共行政理论的历史起源和特色的差异,要实现全球视角的公共行政理论的一个不可或缺的维度就是加强全球化的制度能力建设。特别重要的是,强化和完善全球化的公共行政学术研究社群。北美和欧洲的学术社群建设均有悠久的历史,比如 ASPA、欧洲的行政科学国际协会(International Institute of Administrative Science)。一些区域性的学术网络也正在崛起,比如亚洲公共行政学会(Asian Association for Public Administration)。可以预期,未来公共行政的研究议程将更加具有国际性、广泛性和开放性。

第四节　未来公共组织的领导力和管理

未来公共组织的领导力和管理问题是第三届明诺布鲁克会议讨论的热点之一。未来的公共组织在大小、规模、人事、网络复杂性以及与项目和公民的直接联系等方面将与今天的组织截然不同。来自政府和私营部门的更多制度主体和利益攸关方将参与政策设计、项目开发以及服务的融资、配置和投递。信息通信技术将扩大可供决策使用的数据和信息的规模和范围，然而，只有领导层承诺对现有组织进行结构性改革，才能为在决策和制定政策过程中使用信息创造更有利的条件。对现有治理体系持续政治变革将从缩小规模波及扩大公共组织影响力。对于公共组织的领导者来说，有必要采取更具战略性和灵活性的思考和行动。要实现这一点，组织结构需要变得更具可塑性，以便遵循和调整策略，而不是通过克服静态组织的僵化恪守其传统结构和当前策略来追求成功。

当然，第三届明诺布鲁克会议关于未来公共组织的讨论，整体上偏向于沃尔多进路，而非西蒙进路，也就是说，参会者大多倾向于维护组织的民主，而不是倾向于建立一个更有效率的官僚组织。公共部门的职员需要的不是使命导向的价值观，而是有关正当程序、公平、诚信和透明度等的明确信号。

盖伊、纽曼和马斯特拉奇的研究另辟蹊径。他们从公共部门或公共服务的劳动性质出发来理解未来公共组织的领导力和管理。他们提出情感劳动（Emotional Labor）的概念，情感劳动是社会工作者与公民、其他社会工作者彼此之间动态关系的组成部分，与体力劳动既有相似之处，也有不同之处。相似之处在于，两者都需要技能和经验，并且都受外部控制和劳动分工的制约。"对于成功的职业绩效而言，认知技能和情感工作技能是分离且相互关联的维度。前者包括将知识应用于解决问题的智识分析和理性决策；后者包括情感表达方面的分析和决策，还包括情感抑制方面的分析和决策。"

（Guy，Newman，Mastracci，2008：7）情感劳动包括：情感感知，即检视他人的情感状态，并利用这些信息来排列自己的备选方案；分析自己的情感状态，并与他人进行比较；判断不同的反应会如何影响他人，然后选择最佳反应；有所行动，即压抑或表达情绪，均引发对方的期望反应。通常，情感劳动被认为是关爱性的、抚慰性的工作，在传统意义上被认为是女性天生就会做的事情。

之所以公共部门呈现出这种劳动特性，是因为四种制度因素相互强化的结果。第一，现行的公务员制度建立在职业正式描述的基础上，这些描述详细说明了每个工作的具体内容。尽管多年来已经进行了改革，但对什么构成技能、什么不构成技能的基本理解仍然停留在经验主义传统的泥潭中。如果它是有形和可测定的，那么它就存在；如果是无形的，是不可测定的，那么它就被舍弃。贬低情感工作和抬高可测量的工作导致情感劳动技能从工作描述、绩效评估和奖励制度中消失了。

第二，科学管理所阐明的组织结构要素，以及自上而下的指挥和控制结构所加强的组织结构，让我们把员工看作可互换的要素，他们的贡献在于履行明确列举的职责。理性分工、等级控制、绩效标准、基于技术能力的选择和晋升、正式的记录保存，这些都是我们思考职业分类的根深蒂固的方式。科学管理的目的就是使工作失去个性化，并将其与人分开。但是，这种工作观念适用于工业而不是服务业。这种工作方式中没有提到任何涉及关怀和关爱的工作，以及做好这些工作所需的情感劳动。

第三，市场价值掩盖了一系列基于文化的假设。这种假设内含着职业中的性别歧视。在19世纪中期以前，女性担任政府职位是难以想象的。随着时间的推移，职场的女性只不过是同情心、亲和力和礼貌的象征，她们被视为锦上添花，对工作的基本绩效既无必要，也不值得犒赏。

第四，城市化和工业化意味着家庭和工作之间出现了二分法，家庭成了非人格化工作场所之外的避风港。尽管一再强调那些难以被纳入可量化绩效衡量的情感劳动在培育积极工作关系、社群意识和解决冲突中的重要性，但是人们还是把它当作无关紧要的事情来对待（Guy，Newman，Mastracci，2008：8）。

盖伊等人对这四种制度因素导致的传统工作意识进行了无情批判，并指出正是这种传统的工作意识，最终导致情感劳动消失了。我们生活在服务经济中。微笑服务是私营部门长期以来的口头禅，在公共领域，微笑服务同样重要。面向公民的服务充满情感劳动。关怀、融洽关系、互动、同情心、服务、联系等构成了行政视角下情感劳动的词汇表。无论在理论还是在实践上，一种精准的公共服务理论，既要包括知识工作，也要包括情感劳动，否则，理论就如同单刃剪刀，无法指导实践。"从情感劳动、关怀与服务价值观的视角来检视公共行政理论……公共行政人员面临的最重要挑战不是使他们的工作更有效率，而是使他们的工作更有人性。这是公共服务的必要条件。理性与效率的基本价值与公共服务的实际需求之间的契合，还有很长的路要走。"（Guy，Newman，Mastracci，2010：41-42）

格萨-泰勒等人呼吁加强公共行政中公共领导力研究。许多案例研究表明，提供公共产品的领导人所面临的挑战是复杂的，利益相关者是众多的，价值是冲突的，资源是有限的。传统的领导力一般模型已经无法应对当前的挑战。他们提出应专门研究公共领导力，而不是从商业管理或者选举政治中改进领导力的概念。公共行政应该在理解和推动公共领导力中发出领先的声音。他们分别从公共领导力的特征、公共领导力的功能以及公共领导力的管辖权等角度提出致力于增强研究议程活力的理论命题（Getha-Taylor，et al，2011）。

从公共领导力的特征上来看，公共领导力的特征存在着官僚与民主、连续性与变革、自私自利与理性导向提供公共物品的三重紧张关系。特别是在公共服务动机上，当代公共服务动机理论是建立在以自我牺牲而不是自私自利为中心的基础上，从而诱发对公共利益的决策、同情和承诺。实际上,公共领导力的效率依赖于根据绩效取酬的能力,也就是说个人的自私自利,往往是个人的酬劳越多,绩效就越高。"针对公共领导力特征的学术研究折射了治理观念的变化,从等级制内的交易型关系到在复杂环境中发挥调节作用的政治和战略技巧,再到平衡利益相关者和各利益集团的中间行为。"鉴于此,公共领导力研究应该关注以下的三项研究议题。议题一:公共领导力所固有的是承诺保护公共利益和捍卫关键的公共服务价值。在跨部门协作时代,学者们必须界定体现在协同公共管理服务安排、公私合伙关系以及当前政策执行和服务提供的其他方法中的承诺的程度。议题二:捍卫民主价值、培育公共诚信以及强化公共服务动机,是公共领导力的基本承诺。发现这些承诺与公共领导力之间的联结是至关重要的。议题三:该领域要求针对公共领导力的性质和渴求的结果进行理论和经验研究。从这一研究的角度看,澄清公共领导力的特征与结果之间的连接对于培训和发展是至关重要的。(Getha – Taylor, et al, 2011)

　　从公共领导力的功能上看,制定、执行和监督政策通常被认为是其功能,并且与私营部门相比,在行为、意图和资源等方面公共部门具有独特性,也就是公共性。这种公共性反映在政治和经济的权威性、所有权、出资方式以及组织的社会控制等方面,这就意味着公共领导者可以动用权威,做出决策,评估绩效和奖赏员工,外部约束一般包括责任和义务、透明度等。但是,随着治理网络的兴起,公私之间的界限日渐模糊,参与协作、外包以及监管等均走向了伙伴关系和网络形式,公共部门开始转型,发挥催化、协同和促进的作用。最新的公共领导力模型主要体现为洗碗槽模式(kitchen – sink model)和原型模式(archetype model)。美国人事管理局核心执行层的岗位要求就反映了洗碗槽模式,联邦雇员要竞争高级行政执行官的位置,就必须展示竭力提高引导变革、领导人民、以结果为导向、商业智慧以及建立联盟等方面的能力,高级行政执行官的基本能力包括,人际关系技能、口头沟通、正直诚信、书面交流、终身学习以及公共服务动力等。原型模式要求公共领导力必须具有企业家精神、创新性等特质。鉴于此，公共领导力研究应该关注以下议题。议题一：公共经理人必须平衡包括一系列内部和外部的利益相关者和合伙人的不同需求。公共领导者对责任和义务的关切因现实而变得十分复杂。在新的治理情境下，尽管监管是重要的责任关切，但是，公共领导人的更重要作用是在管理多重关系与实现公共目标之间架设桥梁。议题二：与民选官员和大多数政治任命相比，公共领导者的任务包括承认政策的历史情境、政策行为的长期后果以及支持可持续发展的战略计划。议题三：领导者在职业起步后，第一次就能把事情做对的人微乎其微，因为针对政府公职人员的传统的适当保护已经被撤除，因此，不能怂恿公职人员冒险和炫耀公共领导者的优先议程。不仅必须设计鼓励和发展公共领导力的人力资源体系，尤其是公共领导力的培训，而且必须为他们抓住机会和可能的失利提供保护。（Getha‐Taylor，et al，2011）

从公共领导力的管辖权角度看，无论是组织边界、法律权威、地理边界，还是政治管辖权，都越来越无定形。鉴于此，公共领导力研究应该关注以下三项议题。议题一：公共治理的日益扩散导致划定公共领导力的有限边界是非常困难的。鉴于治理的碎片化体系和不断演变的协作关系，甄别公共领导力和个别领导者的特殊行动是困难的任务。议题二：我们需要在公共行政的所有层面以及跨部门层面检视公共领导力。跨政策领域和组织层级的甄别和调查，对于研究和理解公共领导力是必需的。议题三：领导力发展是一个历史性的组织现象。"公共领导力的管辖权既是超越组织的，也是跨越组织的，更精确地说，居于管辖区之内和跨越管辖区；在大多数案例中，领导力如何发生与领导力如何得以发展之间存在缺口。应该更加关注发展变化中的领导力，而不仅仅是公共组织的领导人。"（Getha‐Taylor，et al，2011）

就上述的一系列议题，格萨‐泰勒等人提出了需要具体研究的问题，这些问题涉及网络和绩效体制、公共资源管理、管理的交叉性、法律、公共物品等。格萨－泰勒等人还呼吁这些问题应该通过公共行政研究、教学以及实践之间的通力合作,以便改进公共领导力的研究和理论。

在第三届明诺布鲁克会议上,信息通信技术革命被认为是与全球化和未来组织管理密切关联的因素。参会者一致认为,当今社会是一个网络社会,网络社会的关键驱动力是技术,特别是新兴的信息通信技术,增长取决于包括组织在内的各类参与者在新兴网络中通过获取新技术范式的收益而进行有效沟通的能力。网络社会是新颖的,因为网络不再局限于私人或社会生活,而是经济生产、公共决策和执行的关键。网络社会基于网络节点生成和积累知识、处理信息和分发信息(Bang & Esmark,2009)。在这一情境下,第三届明诺布鲁克会议格外强调协同治理的重要性,认为它可能是抵御政府懒政或官僚拖沓的最佳盾牌。在一个相互依存的世界中,协同治理是将协调制度化、是建立决策过程的方式,并在多组织环境中发挥作用。有效决策的关键在于参与决策和执行决策的各种机构之间进行有意识的协同。政策决定和政府能力之间必须有兼容性,否则,它只会导致政策麻痹,因为政府的制度能力很难将决策转化为实际行动。参会者一致强调,这是公共行政学作为一门严谨科学的严重障碍。为了解决政府组织机构之间缺乏协同所带来的诸多难题,第三届明诺布鲁克会议借鉴工程学引入了互操作性(interoperability)的概念,意指各种系统和组织协同的能力。伴随着信息通信技术革命,通过创建互联互通的网络化系统,促进更好的决策,更好地协调政府项目,增强对公民和企业的服务,互操作性是公共行政的一种附加值。构建互操作性的关键驱动因素是技术,特别是信息通信技术,互操作系统有助于创建有意义的、激活人民的治理体制范式。

这种范式,在民主和公民参与方面,开放参与政治行为活动的信息,诸如倡议、辩论和投票,建立新的公民参与电子论坛。在透明度和信任方面,公民可以获得关于政府资源和运行的整合的、全面的观点，通过提高政府透明度，建立公民对政府的信任和忠诚。在公民和商业服务方面，关于公民可获得的福利和服务的信息必须是有效的，这些信息必须便于使用、访问，并且在地理分布上方便于公民和商业服务，比如多渠道开放支付服务和应用形式。在政府管理和经济发展方面，为政府运行建立内部的、现代化的信息基础设施，支持公民和企业服务的后台处理系统，并为财政透明度和问责制提供信息；改善政府在应对自然灾害或公共卫生问题等危机方面的协调能力；促进消费者—生产者网络的创立以及诸如公民贸易等其他更可持续的市场。在政府的长期战略和政策制定方面，统一数据库和数据仓库以支持政府的战略规划和政策制定；通过改善政府运作、通过向公民和企业提供有效的创新服务强化政府声誉，大规模招商引资，激励本地、本区域，乃至国民经济发展（Pardo，Gil‐Garcia，Luna‐Reyes，2010：133）。

第五节　走向开放的公共行政共同体

自第二届明诺布鲁克会议以来，公共行政日益处于一个互联世界中，最重大的变化就是"新的数字互联性被硬件和平台所强化，这些硬件包括计算机、移动电话和其他手持设备，这些平台涉及互联网、网页数据库和搜索引擎等"（Schweik，et al，2011）。数字世界的互联性、网络以及汇聚在互联网上的林林总总的平台，不仅使公共行政的边界得到了前所未有的扩大，而且使公共行政的开放性、互动性、参与性和公共性得到了前所未有的增强。这些情境变化使得公共行政在重新定位、教育下一代领导者等方面都面临着前所未有的挑战。

勒鲁克斯认为，随着网络治理的演化，诸多公共问题持续不断地超越司法、职能和部门等范畴的边界。管理一个在司法、职能和部门等方面碎片化的行政国家，迫使公共行政自身的全面重新定位越来越紧迫。尽管弗雷德里克森呼吁公共行政重新定位，尽管林恩等人倡导治理逻辑，但是面向网络和网络治理的诸多理论尚不充分，仍处于有待检验的状态。公共行政实践者"通过每天所使用的政策工具，将他们自己与其他部门和政府联系起来以实现自己的目标，从而在重新定位运动中走在学术界的前面。这些政策工具采取了网络、服务外包、公私伙伴关系，以及税收补贴等公共激励形式"。面对实践领先于理论的实现，"学术界需要通过发展和验证能够描述、解释和预测在何种环境和情境约束下管理者选择使用各种政策工具的众多理论，将我们转向一个更加完全重新定位的公共行政"。公共行政重新定位的方向是，"更好地理解网络的生命周期，包括它们如何随着时间的推移而运行，它们为什么会失败，以及为什么有些网络在其使命完成后不复存在，而另一些网络则进化出新的结构并承担新的责任。随着网络参与者群体的变化，网络产出也可能发生变化。随着时间的推移，对网络的经验研究可以帮助我们更好地理解影响网络产出的投入因素。如果公共行政领域要通过完全重新定位来应对碎片化和外包国家的众多现实问题，那么公共管理硕士（Mastre of Public Administration，MPA）课程就必须更好地帮助学生为适应当今公共服务环境的变化做好准备。这需要仿真教学环境并设计更多的合同管理课程，让学生们具备在不同制度安排下与多重主体谈判的技能，以确保在效率和效能的价值与公平和回应能力的价值之间实现适当的平衡"（LeRoux，2010：261-266）。

对于下一代公共行政领导者的教育问题，公共行政的课程、教学和研究显然已经落后于实践。公共行政的人才培养与需求的脱节，导致相关学院的生源不足。MPA学位的价值只有旁观者清，而对MPA的需求越来越倾向于高度专业化的课程（Robinson，2010：189-198）。教学、研究与实践脱节的深层次原因就在于，一方面，公共行政伦理教育的淡化，导致组织内部的伦理、跨组织的伦理与整个社会伦理脱节，以及组织的社会责任尚未排上教育和研究的优先议程（Adams & Balfour，2010：199-210）；另一方面，行政法和宪法在公共行政课程中的匮乏，致使在所有的政府层级乃至国际层面均忽视行政的法学维度（Rosenbloom & Naff, 2010：211–220）。正如文特里斯在第三届明诺布鲁克会议闭幕式上所强调的那样，伦理和法律课程正处于一种危机的状态，培养方案的钟摆已经从法律和伦理的通才训练越来越多地转向具有分析性技巧和技术官僚技能的政策导向、经济学导向和管理导向的课程，这说明沃尔多进路与西蒙进路之间的平衡已经明显偏向后者，如何确保在效率和效能等价值观与社会公平和政府回应型能力等价值观之间的微妙平衡，是走向民主治理不可忽视的挑战。

　　帅克等人认为，面向数字世界的互联性，应对公共行政教学和研究所面临的全新挑战，必须走向开放的公共行政学术共同体。公共行政教学和研究所面临的第一种挑战涉及传统的匿名同行评审过程的透明度和有效性。在一份文献发表之前，互联网为投递或发表论文提供了更多选择，也为评论和批评一种观念提供了更多的参与途径。第二种挑战是互联网的新技术效应和传统出版体系高价格相互叠加，使图书馆和其他文献收藏机构不得不逐步走向开放接入。第三种挑战是对论文格式的挑战，传统的论文出版要求文章手稿不超过30页，这限制了读者利用所有的研究结果，包括数据集或以计算机为基础的分析模型等。但互联网却解决了这些问题，博客、微博等以web 2.0为基础的社交网络，使公共行政部门成为信息节点。脸书（Facebook）、领英（LinkedIn）等社会网络可以为公共行政学者提供一个及时分享的平台，彼此之间可以交换信息、看法和评论，并可以推送给更多的具有相同兴趣的群体。第二人生（Second Life）、油管（Youtube）、推特（Twitter）等则提供了一个三维平台，不仅可以接入和分享文本信息，而且可以交流视频信息。比如，MuniGov2.0就是泛美大都会信息技术专业人员的平台，全美有超过500名以上的市政信息技术工作人员，每周都会在此讨论如何运用web2.0技术改善政府绩效。

　　鉴于Web2.0具有协同创造内容、通过读者评论进行信息分享、多元数据集成、实时传播等特征，帅克等人呼吁走向开放的公共行政学术共同体。在这样的学术共同体中，公共行政的教学、研究和参与应该以更加广泛的、及时和有效的方式展开。这样的学术共同体可以作为学术研究社群另一种可供选择的方式，“研究应被看成是学者、实践者和学生通过实践和学习的互动过程所形成的开放网络的一种对等产品”。这样的学术共同体可以扩展研究成果发表的现有载体，将研究成果的出版扩展到超越印刷品之外，以计算机为介质的统计数据、手稿、数字视频、电子数据表等形式呈现和传播。这样的学术共同体可以利用读者评论和开放话语等方式弥补传统匿名评论的缺陷，当然，这“并不是鼓吹取消或以对等评论、开放话语来替代传统学术出版社的匿名评论形式，以学术为基础的方法确保学术论文的质量仍然是必要的。但是，通过分享其他人的研究成果和导入读者的对等评论可以提升实践者的参与水平”（Schweik，et al，2011）。这样的学术共同体鼓励协同创造内容以及衍生作品，通过选择新角色和实践支持学生学习，开发和利用新的课程投递平台，鼓励尝试新的教学方法，鼓励分享在线课程和课件。这些新的网络互动技术为全球学者对话提供了过去难以想象的方法，再加上植根于开放软件、开放接入出版之中的协同理念，走向开放的公共行政学术共同体不仅会成为可能，而且朝着在线化的趋势发展。它至少具有以下特征：这是一个公共行政学者、实践者和学生与其他具有共同兴趣的人士创造社交网络的地方；这是一个实践者能够与学术社群就他们紧迫的研究需要进行沟通的地方；这是一个遵循开放接入规范，广泛传播研究和教学成果的地方；这是一个约束对等研究成果的孤芳自赏，并为学术界、学生和公共行政实践者从事切题性学术研究提供新激励的地方。

帅克等人提出，要想实现走向开放的公共行政学术共同体的理想，以下的几项事务必须提上优先议程。“首先，从合法性来看，这样的共同体应该被创造出来，或者至少与声誉良好的公共行政学会相连接……我们现在恰逢其时，公共行政学会的领导者能够并且应该再一次创新某些类型的、包含上述我们所分析的一系列新特征的通信系统……其次，这一共同体需要根据详细检视参与者的激励机制而设计。鉴于终身任期和我们所考虑的许多晋升因素，一个或更多的公共行政学术共同体需要被精心设计，至少某些投稿可以根据匿名评论出版系统的规则进行处理。就如同我们所强调的那样，在某些方面，我们必须扩大读者评论的范围，以便实践者更好地利用开放共享的资源，并以社会网络的形式分享论文中的理念。"（Schweik，et al，2011）走向开放的公共行政学术共同体，已经指日可待。

正是基于走向开放的公共行政学术共同体的设想和渴望，出席第三届明诺布鲁克会议的年轻学者强烈地呼吁一种公共行政文化。他们一致认为，在公共行政领域，学者们是相关的、面向实践的，并能够通过跨学科合作、全球合作得出不同看法，相关的应用研究和包容性的学者社群能够得到制度的激励。这些年轻学者们发表了一份承诺宣言，核心内容转译如下。（Kim，et al，2010：10-11）

　　　　当我们对公共行政学的现状进行反思时，我们认为，优势在于我们为公共问题带来的原理、方法、理论和分析进路的多样性。然而，公共行政学的未来受到研究人员和学者在其工作中所面临的制度障碍和个人障碍的制约。
　　　　……
　　　　我们，出席第三届明诺布鲁克会议的新一代学者，致力于成为变革的代理人，维护和塑造公共行政学文化，即一种思想开放的文化，理解多种理论和方法论视角，强调公共性的文化。为了实现这一目标，我们承诺：
　　　　在研究过程中，我们将……
　　　　•扩展我们的学科在不同分析单元的可接受性，这些分析单元包括地方的、州的、国家的、国际的行为主体；政府，非营利组织和私营组织；处于科层制不同层级的个人，利益相关者和公民；

·创造一种研究环境，促进同行之间的数据共享和研究合作，提高公共行政领域数据质量、数据有效性；

·承认我们的研究方法和研究设计的局限性，以便为未来的研究提供导向，避免忽视那些值得进一步关注的问题。

在教室和社群中，我们将……

·致力于创造基于多种工具的研究，强化好理论的功效；

·推进严格的研究方法论训练，并应用混合研究方法；

·在与实践者分享知识上投入足够的时间；

·培育实践者反思关键节点的能力，以及他们适应复杂性的能力。

在出版过程中，我们将……

·致力于出版切题性的著作，或是为了实践或是为了理论；

·扩展我们对跨学科理论的运用和理解，同时强调公共性的作用；

·寻求推动不同类型的多种方法之间的包容性；

·在根据范式进行研究的范畴下，进行述评研究。

第六节　“明诺布鲁克传统”走向何处？

作为会议组织者的奥利里，对第三届明诺布鲁克会议给予了积极评价。“就研究而言，青年学者们所设想的公共行政研究是相关的、可行的、实践者友好的、行为导向的、情境敏感的、协同完成的，并且具有交叉学科的特征，能够立足方法论多元的立场，接受完全不同的分析和思考公共行政的方法。他们所设想的出版物也是及时的、资源开放的，并且呈现在新媒介上。在明诺布鲁克会议上，年轻学者们所设想的教学是富有创造性的、应用型的、教学方法老练的、教学内容切题的。他们设想所培养的学生必须具备的技巧和能力，以应对最为紧迫的公共政策问题。同时，他们设想学习是通过合作而进行的。通过教学，他们自身对行政实践的贡献将与实践者协作，并将促进研究与实践之间的真正连接。"（O'Leary，2011）

但是，第三届明诺布鲁克会议也遭到一些参会者的激烈批评，特别是来自 PAT‒Net 的学者，他们以《公共行政理论和实践》杂志为阵地对"明诺布鲁克传统"进行了全面批判。他们认为，第三届明诺布鲁克会议无论是选题、参会者资格，还是"明诺布鲁克传统"所秉承的切题性和革命性都与第一届明诺布鲁克会议相去甚远。

威特等人认为，"9·11"事件导致自美国内战以来从未得到全面救赎的民权制度面临着历史上一次前所未有的、最背信弃义的毁灭性干扰。"9·11"事件留下的后遗症是默许国家反民主罪行，这导致美国政治在"二战"后发生激进的转变，甚至那些一度享有大量公民权特权的人也被大规模地剥夺权利，这些人包括那些从"新政"的就业、教育和住房金融补贴政策中获得意外之财的美国自由民和白人中产阶级。恐怖主义使美国面临着防不胜防的敌人，但这恰恰是在"冷战"期间美国输出其政治意识形态的苦果，美国例外主义一度被装扮成为世界上那些民生凋敝、水深火热的国家的指路明灯，美国的中央情报机构和军事情报机构暗中非法支持那些民生凋敝国家的暴君们，掩盖了"冷战"的歇斯底里症，这不仅偏离了美国的建国理念、法律正当程序和公民自由，而且最终导致因为"冷战"结束和全球化而开启的恐怖主义的潘多拉盒子。"在全球范围内大规模剥夺公民自由这一致命的趋势下，美国公共行政研究领域的学者必须接受这一现实。这样做，需要更多的勇气而不是博学；需要更多的胆识而不是荣耀；在教室里，对那些麻木的学生，需要更多的是直言不讳和鞭策而不是圆滑的、同行评议的长篇大论。"（Witt，et al，2009）仿效黑格尔的名言，"与密涅瓦河畔的猫头鹰不同，公共行政的猫头鹰似乎不是在黄昏飞起，而是在午夜前后飞起"。言外之意,他们认为,公共行政学者无聊到迫使自己去数在针尖上跳舞的天使,丧失了政治哲学应有的理性。他们借用20世纪60年代悬疑小说家勒吉恩在《地海巫师》(*A Wizard of Earthsea*)中老巫师萨姆纳对年轻的巫师格德的那段脍炙人口的召唤:"在孩提时,你曾以为一位魔术师无所不能。我也曾这样想过。我们所有人都曾这样想过。而真相是,随着一个人权力的真正增长和他的知识面扩大,他所能追寻的道路反而会变得越来越窄:直到最后,他无从选择,只能做他必须做的事。"明诺布鲁克不应该徒有虚名地追寻公共行政的切题性,而是应该踏上未曾走过的道路,重建公共行政认识论和本体论的基础。对于第三届明诺布鲁克会议的选题,很多学者持同样观点,"鉴于在金钱和言论上的不平等、日益增长的贫富差距、法治的侵蚀、政府透明度的缺失,以及前所未有的环境冲突和许多其他问题,明诺布鲁克议程对重大挑战的界定过于狭隘,没有超越传统公共行政的视角"(Johnston & Kim, 2009)。

至于第三届明诺布鲁克会议的参会资格,在玛丽·贝利看来,充满了排他性和精英主义,充满了户牖之见。"我得知挑选出来参与明诺布鲁克会议的青年学者60%—70%都是马克斯维尔公民与公共事务学院的毕业生或学生……只有少量参会者是由该领域学者推荐,包括那些正在成为 PAT – Net 领军人物的年轻学者。"(Bailey, 2009)许多参与者都是公共行政领域理论家的嫡传弟子,比如小俄里翁·怀特、哈蒙等人的学生都是参会者。

关于第三届明诺布鲁克会议议程,很多学者认为,其在理论导向、切题性、多样性以及革命性等方面均每况愈下。玛丽·贝利认为,"在我看来,脱离理论,明诺布鲁克会议可能堕落为如何更聪明地磨刀。脱离对现状的质疑,公共行政是走投无路的,并且无法将新思想整合进极度渴求它们的实践领域。当代的公共行政在很大程度上是由自由市场经济理论支配的,但当前的国家和经济状态却被归咎于公共行政,或更为有魅力的公共管理。明诺布鲁克会议参会者本应该致力于考虑的内容，如果他们一直是有先见之明的，那么就应该不是为了公司利益，而是要收复基于服务公共利益的传统公共行政概念；要重建公共行政并将其提升到伦理的高度，这件事在过去的十年中已经被外包了出去；要在日益增加的不平等和个人欲望增长的情形下，重新检验公共行政如何促进社会公平"（Bailey，2009）。

"由于第三届明诺布鲁克会议是 2008 年国际金融危机的情况下召开的，第三届明诺布鲁克会议的使命就如同第一届明诺布鲁克会议的使命一样，是批评公共行政的现状，发现那些与自己相似且热衷的研究议程，并试图进一步研究这些议程。然而，第三届明诺布鲁克会议却缺乏对公共行政'大问题'的任何讨论。针对我们政府治理能力的辩论并没有发生。针对行政国家以及它无力支持改革的辩论也没有发生。事实上，对公共行政的现状没有任何真实的批评。"诸如网络、信息技术和管理、公共行政理论、方法论、比较公共行政、绩效度量、透明度和责任、领导力、公共管理和法律、社会公平以及金融管理等主题本身就反映了学术界与实践界的分歧，但讨论似乎在真空中进行的："我们既不批评，也不争论——这是一次更为和睦的、绅士化的明诺布鲁克，这导致错失为公共行政领域留下深刻痕迹的良机……从表面上看，挑战现状是我们出席会议的理由，但这似乎成为一个不可持续的研究议程。我们都不敢兴风作浪、恩将仇报、找麻烦……我们担心的是，挑战那些主流观点就可能被看成是对这些观点的作者提出挑战，而这些作者掌控着我们在学术上的未来。"让人担忧的是，"明诺布鲁克传统"是否能够得到后辈学者的继承和弘扬，"我不知道走出这一困境的答案，在这次会议上，我们当然也没有得到任何答复。也许只要我们开始认识并表达我们对游戏规则的不满，就足够了。也许这是第三届明诺布鲁克会议的真正成果和成功所在，就是我们可以在此基础上，使下一代学者更加驾轻就熟。反之，或许成功的压力已经使我们成为偏执狂和胆小鬼。也许它可能就是来自对蓝山湖的恐惧！"（Peffer，2009）明诺布鲁克的蓝山湖没有成为公共行政学者的应许之地，却成为年轻学者的迷失之地。

第三届明诺布鲁克会议开幕之前不足两个月，美国历史上选举产生了第一位黑人总统奥巴马，遂肇始明诺布鲁克会议假定美国已经进入了种族中立的社会，从而忽视了在种族问题上大量不平等事实，不仅将种族话语排斥在公共行政之外，而且将有色人种排斥在公共行政学术社群之外。一个非常重要的事实就是，伍德罗·威尔逊的种族主义倾向被后世学者视而不见，像艾达·威尔斯、杜·波依斯和道格拉斯等曾经为美国公共行政定形以及国家治理做出过杰出贡献的人士，在公共行政教科书以及我们是谁? 我们做了什么? 等话语中却未占有一席之地。（Farmbry，2009）

拜耶尔质疑"明诺布鲁克传统"失去了对现实批判的勇气。理论研究与实践脱节，大家都难辞其咎。"我们不得不问该传统是否以正确的方式得以传承。某些程序正义已经遗失，其中，既得利益集团的成员获得收益。此外，这一集团的许多成员似乎不愿超越底线，不仅不向他们前辈的想法提出挑战，而且也不向他们同事的想法提出挑战。或许所使用的简化程序不允许这类超越底线的行为。如上所述，如果会议的程序不能满足我们的需要，尽管作为成员必须从主持者那里改变这一过程是我们的责任所在，但是，我们未能这样做。为此，我深感遗憾。"（Bryer，2009）

卡伦认为，"公共行政领域的规范和核心是社会进步，而不是科学或职业主义……为了推动社会进步，我们必须理解，客观建构之所以存在，只是因为我们作为主体创造了它们。奢谈一种脱离人的组织、一种脱离人的经济、一种脱离人的环境以及一种没有人的威胁，都是徒劳的。真实的人拥有真实的梦想，或许真实的梦想产生了真实的人。真实的人! 我们所有人才是附着在我们生命中的主体"。在经历了20世纪90年代的长期繁荣之后，面对2008年国际金融危机，第三届明诺布鲁克会议所面临的现实是，"担心所爱的人不能从战场上归来，担心失去自己的房屋，担心年迈的父母被遣送回来居家养老而增加额外的责任，担心儿童在缺乏保险时身遭罹难，担心全球衰退，担心有恃无恐的种族主义发动大规模的暴力恐怖袭击，凡此种种，不胜枚举。所有的这些都是公共行政理论的关注点，并一直通过规范分析指导实践。我们所需要的并不是另一种明诺布鲁克。为我们所生活的时代担忧并不是会议的主题，但是，我们的人生、我们的感情和我们的社会关系却是会议的主题"。"我能够像沃伦·巴菲特、比尔·盖茨或者贝拉克·奥巴马一样做任何正确的事情，但是，我不可能拥有他们中任何一人完全一样的生活。像你一样，像我们大家一样，我唯有自己的生活。自私自利、理性和粗鲁的个人模型已经被打碎了，故事本身就有内在缺陷。"（Callen，2009）在卡伦看来，第三届明诺布鲁克会议恰逢其时，我们不必求全责备会议主题是否与现实切题。

来自欧洲的学者戈登斯密斯对奥利里等人所编辑的《萦绕世界的公共行政的未来：明诺布鲁克的视角》提出了尖锐的批评。他认为，论文集将被未来数十年内的公共行政学者和学生所阅读，在很大程度上是一相情愿的，处理这样的任务需要更加广泛的学者们共同努力，而绝非一部论文集所能够完成的任务。（Goldsmith，2014）论文集共收集了四十篇论文，只有五位作者不生活在美国，但是他们均曾在美国接受公共行政学的训练，根本就没有欧洲、非洲或者东欧或者俄罗斯的学者，这就等于排斥了理论或实践方面完全不同的视角。"明诺布鲁克传统"的国际化，是一种奢谈！将美国公共行政理论和实践作为一种更加全球化的一般范式是缺乏充分论证的，大量的关于协同、协商民主以及公共参与的文献值得予以高度关注。

古登在全体会议闭幕式上发表的总结评论中，归纳了公共行政所面临的挑战：当前公共行政学的高速公路上大量豪车川流不息。在这里，我用车隐喻那些忙于前行的各路神仙。有些车跑得快些，有些慢些，但是，这些车都在奋力前进。这些车在发动机和方向盘①方面，存在某些重要的共性……即便如此，每辆车都有独一无二的车辆识别号码。尽管它们在制造工艺和型号方面可能有类似之处……但它们在众多重要方面各领风骚，问题在于这些车往往只局限在自己眼前的小道上行驶……对我们而言，驶入其他车道……提高我们公共行政领域的整体贡献就成为一大挑战。在这方面，可能牵涉一些激进的行动和做法，比如在领导力这辆车后，应该紧跟社会公平这辆车，社会公平这辆车后跟着问责这辆车，如此这般接续行驶，以便对我们正在试图解决的治理和行政问题的复杂本质做出更大贡献。

另一位明诺布鲁克会议的元老级学者拉波特在全体会议闭幕式上则感叹，公共行政研究已经变得越来越困难；公共性的问题和议题正在不断涌现并加速变化。全球气候变化和国土安全仅仅是两个显著例证。学者们的能力仅停留在描述发生了什么，真正面临的挑战是什么，根本就来不及做更深入的分析。与此相关的是，如果公共组织或准公共组织失败，那么公共性问题就会越来越复杂，深入研究的代价就会更高。对公共性问题的研究不够深入，公共组织又如何才能做得更好呢？

弹指一挥间。2018 年，雷丁别出心裁地撰写了一篇短文。② 文中畅想，在 2068 年也就是明诺布鲁克会议一百周年的时候，纽约州阿迪朗达克山区遭受洪灾，于是雪城大学的三名教师决定探访明诺布鲁克小屋。他们发现小屋完好无损，但周边凌乱不堪。许多物件在地面上裸露无遗，他们猜想此地可能有一处墓地，遂联系了考古系同事一起勘探。他们发掘了一个时间胶囊，记载了在此地先后召开的四次会议。最后一次以明诺布鲁克五十年为主题，勾勒了

---

① 发动机喻指扎实的学术背景和文凭，方向盘喻指研究议程。

② Radin, Beryl, 2018, "Minnowbrook at 50: A Glimpse of the Past by the Future", December 10, 2018 [J/OL]. [2019 - 10 - 06]. http://www.berylaradin.com/blog/minnowbrook - at - 50 - a - glimpse - of - the - past - by - the - future/.

2018 年公共行政领域的画面，竟然与 2068 年身处公共行政领域的人所假设的是一致的：

一、参会者对诸多问题、机遇和约束没有相同的看法。显然，该群体无法将该领域描述为一个对其界限或价值达成共识的统一的智识事业。事实上，该领域内的思想分歧阻碍了参会者制定共同的议事日程。

二、该领域的参与者和领导者，包括许多代表机构、个人、政治家、专业人士和公民在内的人们。但是，谁发挥了领导作用不甚明了，甚至名单上所列举的所有人是否都被认为是合适的参与者也不甚明了。

三、这些论文中所讨论的问题往往依赖于过去的会议和讨论。对过去有一种怀旧感，但对未来却有一种恐惧感。参会者被当时美国所面临的一系列压力压垮了。

四、相当多的论文都关切该领域个人所面临的公平和多样性问题。有些参会者认为，这些年来已经取得了一些进展，但仍然明显不足。这些问题早在先前的会议上就提出来了，但尚不清楚自那时以来该领域是否已取得了进展。另一些人并不关注公平，而是强调效率，往往依赖于私营部门而非公共部门的分析进路。

五、一些参会者通过分析性的方法描述了该领域，提供了一种中立的观点。另外一些人则通过依赖于数据来确定他们的预期。其他人则评论了技术的一般性裨益。

六、对该领域和整个社会所面临问题获得一种因果关系是困难的。一些参会者似乎畏惧政治，并设法逃避政治。其他参会者则强调公民在公共行政领域的作用。

七、虽然有几篇论文是由公共行政实践者撰写的，比如官僚或相关非政府组织的从业者，但是学术界与实践者之间的关系并不明确。难道这种会议的目的是提出诸多方式来警告决策者有关问题或帮助他们处理这些问题吗？

五十步笑百步。即便到了明诺布鲁克百年，其追求的切题性、革命性仿佛仍未破题，一切似乎又重新回到原点。

第六章

社会公平:现代公共行政的
第三根理论支柱

[题记] 在公共行政领域,我坚持我们应该与不平等问题交战,我们把手弄脏处理不平等问题,我们是义愤填膺的、激昂的和坚毅的。总之,实际上,我坚持将社会公平应用于公共行政之中。

——H. 乔治·弗雷德里克森 (H. George Fredrickson),
《美国公共行政中的社会公平状况》

美国一直标榜以民主和平等为其政治理念。杰斐逊认为,平等权是人类首要的权利,所有人都是生而平等的。广大人民并不是生来在背上就有一副鞍子。1912 年,伍德罗·威尔逊在当选总统之夜对他的追随者们发表的演讲中强调,"我号召你们,将你们的余生投入到致力于使政府沿着正义、平等和公平的进程不断前进。今夜,我自己没有胜利感。我拥有一种庄严的责任感"(Frederickson, 2010: 60)。民主、正义、平等是美国的宪法精神,但作为学者的伍德罗·威尔逊早在 1887 年就曾指出,执行宪法比制定宪法更难,"行政应该置身于政治的适当范围之外"(Wilson, 1887)。并且随着科学管理思潮逐渐占据上风,社会公平理念日益式微,直到第一届明诺布鲁克会议时,新公共行政学者们才大胆地指出,在公共行政飘扬的旗帜上,经济性和效率已经遮掩了社会公平的字样，公共行政已经陷入了一种字面教义与行为本质相悖的困境。正如沃尔多指出的那样，平等是理解近期和当代公共行政的核心所在，"美国大量的政府行动一直就不是简单的歧视，而是大规模的、粗暴的歧视。然而，大量的政府行动也一直指向实现公平。相悖的是，确保同化和一致性的行动有时候也一直是麻木不仁的和强制性的"（Waldo，1972）。自第一届明诺布鲁克会议以来，社会公平被作为第三根理论支柱引入了公共行政，可是时至今日，在弗雷德里克森看来，社会公平在公共行政中仍旧处于理论上成功、实践上挣扎的状态。

第一节 平等与公平：概念辨析

平等和公平是一个经常使用却缺乏共识的术语。"平等是个有争议的概念，赞扬或贬低它的人，对于他们赞扬或贬低的究竟是什么，意见并不一致。"（Dworkin，2000：2）平等通常与自由、权利、效率等术语并列，是当代正义理论的核心概念之一。平等是每个社会最强烈的理想之一，"人们随时随地都能听闻对平等理念的赞美"（Rae，et al，1981：2），但同时它又是一个宜于背叛的理想，"知识界通过对比诸如效率、自由和秩序等竞争性的理念来抵制平等。现实更明智，因为在抵制平等的过程中它选择了一种比秩序、效率或自由等更强有力的理念。当然，这一理念就是平等本身"（Rae，et al，1981：150）。"就平等而言，我们总是面对不止一种实践意义，而平等本身并不能提供在其中进行选择的基础"，因此，需要建立一种关于平等的"结构性基本原理"（Rae，et al，1981：18）。

平等将自身分割成许多不同的概念，每个概念都是其结构性基本原理中的一个要素。平等的主体可以是个人、群体或是分割的（Segmental）；平等的领域可以是简单的、边缘的或全面的；平等可以对应结果，也可以是对应机会；平等可以基于相同份额，也可以基于包容差异的份额；平等可以是绝对的，也可以是相对的。平等还有许多结构性差异的从属特点，比如包容性主体与排他性主体之间的区别，或为实现全面平等的两种策略，补偿不平等和再分配的诸领域之间的区别。（Rae，et al，1981：132－133）平等已经"从一件事变成了许多事，从对富人来说是可怕的事情变成了他们勉强接受的事情"（Rae，et al，1981：vii），人们拥有的天赋并不平等，那么机会平等就可能带来不平等的结果。平等的理念一旦应用于公共政策和社会制度，就会演变为一系列相互冲突的矛盾。

通常，平等不同于权利。"权利是多种多样的；平等是单一的。权利是复杂的；平等是简单的。权利在本质上是不可比的，其根源和正当性在于个人福祉；平等是可比的，受他人行为的影响。权利关注绝对剥夺，平等关注相对剥夺。权利意味着多样性、创造性和差异化；平等意味着一致性。权利是个人主义的；平等是社会的"。当然，平等与权利之间存在着紧张关系，因为权利以牺牲平等为代价，平等也以牺牲权利为代价，平等与权利是互为本源的。但是，权利和平等的对比则是一个根本错误。在法律和道德上，平等主张的是相同的人应该得到同等对待，与此相关的是，不同的人应该得到不同的对待。除了相同的人应该得到同等对待之外，权利还包括任何可由个人或群体针对某种状态或权利所提出的要求，这可以是自由、优先权、特权、权力、免责权或豁免权。权利来源可以是法律、道德或习俗，可以由一项原则或一项政策构成，是可废止的。"不符合诸种权利资格的唯一要求就是主张相同的人应得到同等对待。"平等是一个空洞的概念，当人们意识到平等是一种没有实质性内容的空洞形式时，它将不再神秘，也不再扭曲道德和政治话语。"一旦人们意识到，每一个法律和道德论据都能以追求平等的论证形式构建起来时，这种情况就会发生。"（Westen，1982）

在政治哲学中，平等和公平与自由、正义和权利等属于同一范畴，它们互为根源，都指向一种理想的政治类型，关注谁、何时以及在何种条件下应该得到何种类型的自由、正义、公平、平等和权利。根据《斯坦福哲学百科全书》（*Stanford Encyclopedias of Philosophy*）的定义，平等、均等、同等等词条均表示一种定性关系，指一组至少在某个方面但并非在所有方面具有相同性质的客体、个人、过程或环境之间的对应关系，平等意味着相似性而不是同一性。根据《布莱克法学词典》（*Black's Law Dictionary*）的定义，在最广泛和最一般的意义上，公平是指公平、正义以及正确地规制人与人之间互动的精神和习惯，即针对其他人的规则，正如我们期望他们针对我们一样，或者正如《查士丁尼法典》（*Corpus Juris Civilis*）所表达的那样，有尊严地生活，不伤害任何人，提醒每个人的责任。因此，公平是一种自然权利或者正义的同义语。但是，在这种意义上，它的义务是伦理性的而不是法律上的，它的讨论属于道德范畴。它植根于良心的训诫，而不是任何实在法的制裁。

在政治经济学中，通常从反向角度即不平等的测量、诱因及其影响来看待平等，或者从权衡效率与平等的角度来看待公平。后者可以追溯到巴利。巴利在讨论政治和政策的社会结果评估时指出，如果有人需要在公平与效率之间进行权衡，"尽管这两项原则不需要被还原成一项原则，但是它们通常有望在某种程度上彼此替代。评估问题可以被看成在公平与效率的混合原则中哪些得到什么程度执行的问题"。这就意味着"如果这是一个在效率与公平之间进行选择的问题，那么，就需要增加大量潜在的公平才能接受效率上的潜在损失，反之亦然"（Barry，1965：6－7）。

奥肯认为，公平和平等是可以交换使用的概念，公平和效率之间面临权衡的问题。平等是指每个人都被赋予相等资源的一种情境，即获得的公共服务；而公平是指实现一种结果平等，即与需求相关的资源。社会往往更喜欢基于平等的分析进路，而不是基于市场的、效率导向的分析进路，但是，市场追求效率，"对效率的追求必然会造成不平等。因此，社会面临着平等与效率之间的权衡"（Okun，1975：1）。在奥肯看来，"这种平等与不平等的混合有时带有矛盾甚至伪善的意味……但这是我们最重大的社会经济权衡，并且在社会政策的许多方面困扰着我们。我们不能既要市场效率的蛋糕，又要公平地分享它。对于经济学家和工程师来说，效率意味着从给定的投入中获得最大的产出。生产的投入是人力、机器和建筑物等物质资本的服务以及土地和矿物资源等自然资源的禀赋。产出是成千上万种不同类型的商品和服务。如果社会找到一种方法，在相同的投入下，生产更多的产品，那么它的效率就会提高"（Okun，1975：5）。也就是说，选择更公平，必然以效率损失为代价。

森认为，平等的多元性主要源自优势概念的多元性，后者更为根本。从人类成就或所处困境的情境下看，如果不削弱他人的优势，任何人都不可能获得更大的优势。理解效率概念的内涵也取决于如何看待优势。如果从绝对视角来看优势，那么效率概念就立刻变成了帕累托优化的概念。但是，如果立足其他优势，比如包括富裕、自由等，我们对效率会形成不同的理解。那么，追求平等不一定必然要牺牲效率。

第二节　社会公平的政治哲学基础

按照戴维·哈特的说法，公共行政中的社会公平观念的思想源头可以追溯到亚里士多德、柏拉图、卢梭、约翰·洛克、霍布斯等古典哲学时代的思想家。当然，自然权利的概念脱离了人，仿佛一切制度运行在真空之中。盖伊等人坚持认为，在现代美国公共行政思想的谱系中，公共行政中的社会公平观念主要来源于罗尔斯、沃尔泽、德沃金、雷根和瑞克罗夫。（Hart，1974）

公共行政中社会公平的观念首先源自罗尔斯的思想。罗尔斯是当代著名的政治哲学家，《正义论》（*A Theory of Justice*）、《政治自由主义》（*Political Liberalism*）以及《作为公平的正义：正义新论》（*Justice as Fairness：A Restatement*）是当代正义理论的圭臬。根据罗尔斯的观点，"正义是社会制度的第一美德……一种理论如果是不真实的,那么无论它多么高雅,多么简明扼要,也必然会遭到人们的拒绝或修正;同样,法律和制度如果是不正义的,那么无论它们多么有效,多么有条不紊,也必然会被改革或废除。每个人都具有一种建立在正义基础上的不可侵犯性,甚至是整个社会的福利都不能凌驾在这种不可侵犯性上。因此,正义否认因为别人享有更大利益而使某个人失去自由变得理所当然。它不承认强加给少数人的牺牲可以因许多人享有更大利益而变得无足轻重。在一个正义的社会里,平等公民的自由权被认为是确凿不移的;得到正义保障的权利不受政治交易的支配,也不受制于社会利益的权衡……同样,某种不正义行为之所以能够容忍,也仅仅是因为需要避免更大的不正义。作为人类活动的第一美德,真理、正义是不可调和的"(Rawls,1999:3-4)。

对我们来说,正义的基本主题就是社会的基本结构,更准确地说,就是主要制度分配基本权利和义务的方式以及确定社会合作所产生的利益分配的方式。按照我的理解,主要制度是指政治构成和主要的经济社会安排。这样说来,对思想自由和良心自由权的法律保护、竞争性市场、生产资料中私有财产保护、一夫一妻制,都是主要制度方面的例证。如果把各种主要制度看作一种安排,那么就是它们规定了人们的权利和义务,影响人们的生活前景,即他们可望成为什么样的人,他们能够取得什么样的成就。社会的基本结构之所以成为正义的主题,是因为这种结构影响深远,而且从一开始就存在。(Rawls,1999:7)

人类是在从原初状态走向基本期望的过程中建构正义的。"任何人不是生来就应该具有较大的能力,也不是生来就应该在社会上占据一种比较有利的起点……自然分配既不是正义的,也不是不正义的;人们在社会中生而具有某些地位,这也不是不正义的。这些不过是天然的事实。什么是正义的，什么是不正义的，取决于制度如何来对待这些事实。贵族社会和种姓社会是不正义的，因为它们把这些偶然因素视为或多或少封闭的、拥有特权的社会阶级的最后归宿的基础。这些社会的基本结构把自然的随意性具体化了。人们没有必要听任这些偶然因素的支配。社会制度不是人类无法控制的一种不可改变的秩序，而是人类行为的一种模式。按照正义即公平的观点，人们一致同意要命运与共。在设计制度时，他们相互约定，只有在有利于共同利益时，才利用自然的偶然事件和社会环境。"（Rawls，1999：102）罗尔斯假定，"各方都处在一张无知之幕的后面。他们不知道各种可供选择的原则会影响他们的具体情况，他们不得不按照一般的考虑来评价原则"（Rawls，1999：137）。对于无知之幕，罗尔斯解释道，原初状态的人不知道自己属于哪一代人。他不知道自己的阶级地位和社会地位，不知道他在自然资产和自然能力的分配中的命运如何，不知道自己的智能和力量，不知道他的关于善的观念、他的理性生活规划的细节，甚至也不知道自己的心理特征，如风险厌恶、易于乐观或悲观等。总之，各方都不知道自身的社会经济或政治状况，也不知道社会已经达到的文明和文化阶段。由此，罗尔斯提出了著名的正义原则及其一般表述："第一项原则：每个人都有平等的权利去拥有可以与别人的自由权并存的最广泛的基本自由权。第二项原则：对社会和经济不平等的安排，应能使这些不平等不仅可以合理地指望契合每个人的利益，而且与向所有人开放的地位和职务联系在一起。"（Rawls，1999：53）

　　显然，第一项原则，即平等的自由原则是不证自明的，关键在于引起争议的第二项原则。从原初状态走向基本期望的过程中，罗尔斯在第二项原则下提出了效率原则、差别原则和连锁关系，特别是差别原则包括了最基本的平等倾向。差别原则意味着补偿原则，即应对出身和天赋的不平等进行补偿，但差别原则绝非等于补偿原则；差别原则意味着互惠，即追求相互有利的原则；差别原则意味着博爱原则,即自由、平等和博爱对个人而言是一种序数效用。因此,罗尔斯最终对两个正义原则作出了完整表述:"正义的第一项原则:每个人都应有平等的权利去享有与人人类似的自由权体系相一致的最广泛的、平等的自由权总体系。正义的第二项原则:社会和经济不平等的安排应能使它们符合地位最不利的人的最大利益,符合正义的储蓄原则,以及在公平的机会均等的条件下,与向所有人开放的地位和职务联系起来。"(Rawls,1999:266)

第一条优先规则是自由权优先:正义原则应按词汇序列来安排,自由权只有为了自由权本身才能受到限制。这里有两种情况:不太广泛的自由权应该能使人人享有的自由权总体系得到加强;不太平等的自由权必须是具有较少自由权的那些人能够接受的。

第二条优先原则是正义优先于效率和福利:正义的第二项原则在词汇序列上优先于效率原则和最大限度提高利益总量的原则;公平机会优先于差别原则。这里有两种情况:机会平等必须扩大具有较少机会的那些人的机会;过高的储蓄率在总体上能减轻为此而受苦的人的负担。

罗尔斯思考正义理论开始于20世纪50年代,1958年他发表了《正义即公平》(Justice as Fairness)一文,到1971年《正义论》出版,正值美国风云变幻的年代。其间,美国爆发了反种族歧视、民权运动、女权运动、向贫困宣战、反越战浪潮、校园叛乱、通货膨胀等一波未平一波又起的社会骚乱,罗尔斯以有良知的自由主义者的社会改良主义,用正义即公平的观念来取代功利主义的正义观念。归纳起来,第一,主张人类价值平等的自然基础:对善和正义感拥有一种最低限度的能力;第二,通过无知之幕的设计,人们在原初状态被认为是平等的;第三,享有这种原初状态观念的先决条件是各方享有政治平等,在选择他们将被统治的原则的过程中作为平等的参与者;第四,提出公平的机会平等;第五,所有应得的赏罚都必须根据社会的不同目标在制度上加以界定;第六,差异原则倾向于使占有的财产平等化。"尽管差别原则与补偿原则不是一回事，但差别原则确实达到了补偿原则的某些目的。它改变了基本结构的目标，使体制的总体安排不再突出社会效率和专家政治的价值……把天赋的分配当作一种共同资产，并分享这种分配产生的无论什么利益。"（Rawls，1999：101）最后，追求正义即公平的理想，应基于互利合作的社会基本结构，遵循公共的规则体系，"永恒的观点不是现世之外的某个地方的观点，也不是超凡入圣的人的观点；相反，它是现世的每个理性人都可以接受的某种思想和感情。不管他们是哪一代人，只要他们那样做了，他们就能把所有人的观点结合成一种安排，一起来提出一些起支配作用的原则……心灵的纯洁如果能够达到的话，将会使一个人明察秋毫，并按照这种观点通情达理地、自我克制地去行动"（Rawls，1999：640）。

第二个思想来源是沃尔泽的《正义诸领域》（*Spheres of Justice*）。沃尔泽区分了简单平等和复合平等，"简单平等鼓吹国家就像普罗克汝忒斯之床，[①] 而复合平等旨在创造一个没有普罗克汝忒斯之床的平等主义，一个鲜活开放的平等主义，它不追求平等主义的字面意思，而是与这一憧憬的更加丰富的层面相吻合，一个与自由相一致的平等主义"（迈克尔·沃尔泽：5）。他提出社会物品的概念，用以指那些社会中可供分配的、作为支配手段的物质或非物质物品，容纳了事实和价值两个方面，比如身份、权力、荣誉、宗教权威、神恩、亲属关系与爱、知识、财富、身体安全、工作与休闲、奖励与惩罚，以及一些更狭义和更实际的物品，比如食物、住所、衣着、交通、医疗等，还有人们收集的稀奇古怪的东西，比如名画、珍本书、盖印戳的邮票等。

沃尔泽认为，我们所有人都在竞逐许多种社会物品，这些社会物品的含义是由社会决定的，而且社会也决定了分配，所以每一种物品都伴随着一个自主的正义领域。这就使得分配正义成为差别化

---

①　普罗克汝忒斯是古希腊神话人物，系阿提卡巨人，羁留旅客，缚之床榻，体长者截取下肢，体短者拔之使与床齐。后人以普罗克汝忒斯之床比喻野蛮地强求千篇一律。

的艺术，垄断意味着在一种物品领域的集中，支配意味着将一个物品领域的需求转移到另一个物品领域。沃尔泽断言，单纯的简单平等是很难实现的，很可能是无法企及的，并且往往会陷入垄断和支配。鉴于这一现实，他相信，并非所有的分配都是平等的，而是因为存在着独立的多重领域，每个人至少应该能够在某些领域实现平等，"复合平等将向更为分散、具体的社会冲突形式开放，并且对物品的可转换性的抵制将会继续，但更大程度的是由普遍的男人和女人在他们自己的能力和控制范围内来进行的，而不再有大规模的国家行为"（迈克尔·沃尔泽，2002：20）。在实践上，这优于罗尔斯关于分配正义的观点，应该强调自由交换、应得、需要作为分配媒介的多元主义原则。"当然，复合平等也必须从所有领域内部来捍卫：通过工会抵制资本的暴政；通过教师坚持它们学校的独立性，拒绝服务于狭隘的政治或宗教目的；通过医疗保健专业人士寻找帮助最脆弱的病人的途径；通过福利制度避免使人们生活在贫困线以下或免除被市场左右的命运。尽管如此，国家仍然是所有这些情况中人们最后诉诸的机构，无论如何，只要各领域内部的努力失败了，国家就介入其中，而且常常如此。"（迈克尔·沃尔泽，2002：4）

　　第三个思想来源是德沃金。德沃金最初在《认真对待权利》（*Taking rights serilusly*）、《原则问题》（*A Matter of Principle*）中阐述了正义的法律进路。[①] 在 1981 年至 1987 年，他先后四次发表了关于平等的演讲，阐述了福利平等、资源平等、自由的地位和政治平等，并最终以《至上的美德：平等的理论与实践》（*Sovereign Virtue：The Theory and Practice of Equality*）为名结集出版。当且仅当资源的不平等分配是有关各方的决定和有意行动的结果时，资源的不平等分配才被认为是公平的。德沃金提出了一种假设的拍卖，在这种拍卖中，每个人都可以通过平等的支付手段积累成捆的资源，

---

　　① 德沃金在《原则问题》一书中指出法律的书面规则与权利阐释之别，从而解释了正义是什么。墨守成规，不仅会导致法越多越好的倾向，而且会导致立法资源的浪费。法律是活的，法律的生命力在于执行（罗纳德·德沃金，2008）。

这样一来，最终就不会有人嫉妒别人的资源。拍卖程序提供了一种精确衡量资源平等的方法：衡量一个人一生投入的资源的标准是审视这些资源对他人的重要性（Dworkin，1981）。在自由市场中，分配如何发展取决于个人的抱负。由此产生的不平等是合理的，因为在个人责任领域，一个人必须为自己的选择负责。对于那些由于不同的先天条件和天赋以及运气不佳导致的不合理的不平等，德沃金认为应通过差别保险制度来补偿，它的保费是建立在无知之幕背后的，以便在现实生活中分配给每个人，并通过税收稽征。这是公平地平衡天赋和运气的关键，防止通过过度的再分配造成对天赋好、运气佳的奴役。德沃金区分了政策证据①与原则证据，并提倡基于原则而不是政策来判断是更好的选择。基于政策对应政治行政二分法，立法再多，也不能穷尽始料未及的情境和疑难案件，这就需要执法者的智慧。在这种情况下，法律解释的整个过程都是基于对每个具体案件的分析，然后将原则引入，执法者不要在中立地适用法律和政治解释之间做出选择，而要在隐藏的和公开的政治解释之间做出选择，在他们的裁决中仔细地、前后连贯地和公开地阐述他们的政治理论。本质上看，法律解释是一种政治道德哲学的行为。

第四个思想来源是雷根和瑞克罗夫的观点。他们认为，社会公平与政策评估存在内在的关联。正式的政策和评估过程均假设存在着一种最佳的决策方式，事实预设和价值预设都是没有意义的，唯有结果才是有价值的，这就导致了以效率为基准的结果评估。效率主宰了行政体制研究，强调效率就是激励根据结果为基准的评价过程，这使得决策过程往往倾向于对风险、成本和收益进行严格的主观性评估。

雷根和瑞克罗夫以联邦能源署为案例，提出了衡量公平的两种标准：程序性公平和实质性公平。"程序性公平包括获取权和待遇。利益相关各方必须根据事前所知道的并适用于所有人的程序参与政

---

① 试图说服决策者，他们最好遵循某种政策。

策过程，包括规则制定和规则裁决，如果要使程序公平的概念有意义，就必须以统一的和非歧视性的方式对待许多情形。这一标准是通过引入民主行政的概念来努力改革行政法的传统基础。由于官僚行为本身很容易被特殊利益集团滥用，也很容易在监管行为中注入政策偏见，改革者们迫切要求修正程序实现最大限度的公平。其中最重要的改革是广泛地采用告知和听证以及发展和传播广泛的审查机制。总之，这些变革有助于增加机会平等。"针对有形物品和象征性物品分配问题提出的实质性公平关注成本和收益分配上的政策效应，从属于分配过程的公正性。"实质性公平超越了机会公平的概念，提出了关于有形物品和无形物品分配的问题。官僚体制频繁地致力于修改利益相关方的行为就是监管机构最重要的产出。制裁和激励机制可以被行政机构在制定规则中应用，在裁决程序中，对这些规则应用方式的例外和修改被认为是理所当然的。这样的行为，特别是被拥有广泛自由裁量权的官僚机构采用时，明确地形塑了由于一个行政机构的决策而分配的收益和成本。"（Regens & Rycroft，1986）

雷根和瑞克罗夫建议，官僚体制绩效包括对程序性和实质性公平的系统评估，以及这两个概念之间的关系。他们的观点是，效率主宰着行政体制的研究，效率限制了将公平标准纳入政策评估框架，导致只有以效率为由才能捍卫公平标准，至少部分情况下是这样。即使公平问题被纳入考量，效率标准也会导致政策关切从程序性公平转向实质性公平。

在回溯公共行政中社会公平观念的政治哲学来源时，政治哲学家巴利也是不可忽视的人物，而且巴利的思想对于中国的政治学界和公共行政学界并不陌生。[①] 巴利指出，对正义的政治哲学讨论是一个不能自圆其说的理论纲领，既有无法完成的风险，又

---

① 巴利的许多论著均已经译成中文出版，包括《政治论证》（Political Argument）、《正义诸理论》（Theories of Justice）、《社会正义论》（Why Social Justice Matters）、《经济学家、社会学家和民主》（Sociologists，Econmicis，and Democracy）等。

有回到原点的风险。是否正义，最终会回归到个人。"诉诸于个人责任是所有政治领导人的一致呼声，他们将不平等归咎于不同人的不同选择：那些境遇良好的人做出了反映他们个人优势的选择，而那些境遇不好的人则做出了反映他们个人劣势的选择。我要表明的是，在现存的不平等之中，只有极少的部分可以这样解释，而且无论哪种选择都受到社会因素的制约，只不过那些强调个人责任的人忽视了这些因素而已。"（布莱恩·巴利，2007：2）巴利认为，无论是做出反映优势的个人选择还是做出反映劣势的个人选择，我们都需要弄清楚两个根本性的问题，其一，如果对我们的社会所患病症的诊断是正确的，那么我们应该采取哪些实际措施矫正这些不正义？其二，我们有何种理由胆敢认定历史会站在社会正义一边呢？实际上，面对着愈演愈烈的不平等，意识形态的辩护越发盛行且拙劣。他甚至借用托尼的术语戏称机会公平与结果公平是蝌蚪哲学，"有头脑的蝌蚪可能会反思，它们之中的大多数会作为蝌蚪存活和死亡。但有朝一日，这一物种中的幸运儿们会脱落尾巴，张大嘴巴，敏捷地跳到干燥的陆地，用蛙叫声与它们以前的朋友交流，开始成为青蛙。这样，蝌蚪才有可能忍受不利的现有境遇"（布莱恩·巴利，2007：49）。显然，巴利的蝌蚪哲学要比罗尔斯的无知之幕更加令人焦虑，因为个人的发展前景不是假设的结果，只有结果公平实现后，再回溯天赋、机会和运气等这些构成机会公平的各种条件，才可能体会到每一个起点并不对应于唯一的终点。

第三节　公共行政中社会公平理念的演化

在现代美国公共行政发展的初期，特别是在伍德罗·威尔逊的公共行政概念中，效率、经济和社会公平是平衡的，政府必须并且能够既追求效率又强调社会公平。沃尔多曾经希望"公共行政是政府的艺术与科学、管理的艺术与科学之间的联姻，社会公平价值理念是属于政府理论的范畴，效率和经济价值理念属于管理理论的范畴。这两者联姻应该是平衡的，即市场的效率理论和政府的民主理论应该按照常规结合在一起。其结论必然是，政府能够而且必须既讲效率又重公平"（Frederickson，2010：55）。可是，事与愿违，随着效率、经济和效能等科学管理的理念和问题占据了主导地位，社会公平在公共行政思想和实践中逐渐被忽视了。

一　缘起

早在20世纪40年代，阿普比就意识到，公平行政是现代公共行政的核心追求之一，行政精神和行政技术应该体现公平。"任何经济概念或秩序本身都不能提供公平。我们知道，任何制度下的公平都是复杂、微妙和不断演变的，它最终取决于行政精神和行政技术。我们知道，任何恰当的公平概念都包括了对人类创造才能的尊重，这些才能使生活不仅是对野蛮的一种逃避，而且是对上帝的一种接近，人们不断发现或按照希望成就自己的形象而创造上帝。公共行政必须十分关注这一点。大量的公平现实也取决于此。让我们不要过于关注图表、工作度量和分类问题，以至于我们无法睁大眼睛来看一看我们的工作场所、它的真实性质、它的机会以及它的责任。"（Appleby，1947）

到20世纪60年代，美国虽然经历了经济增长、平权运动、女权运动、权利法案、向贫困宣战以及反越战示威和校园骚乱等轰轰烈烈的经济社会运动，但是，弗雷德里克森发现，由多元民主政府确立和支持的稳定官僚体制偏向于少数行政相对人，整体上歧视那些缺乏政治和经济资源的人。整个社会陷入了普遍且持续存在的失业、贫困、疾病、愚昧和绝望。如果听任这样的社会局面遗留下一个基本不变的社会结构，如果听任这样的社会局面长期威胁政治体系的活力，那么，这种社会状况在道德上就应该受到谴责。持续的被褫夺将充分滋生广泛的好战状态，好战状态又导致镇压，随后再导致更加激烈的好战状态，如此恶性地循环往复。公共行政如果不能变革，试图补救那些被剥夺的少数人，最终就可能成为镇压那些少数人的工具（H. 乔治·弗雷德里克森，2011：5）。

在 1968 年第一届明诺布鲁克会议上，一群年轻学者公然宣示与秉持价值中立的正统公共行政理论决裂，并标榜新公共行政学的诞生。新公共行政学试图调和公共行政领域的民主，鼓励以行政相对人为中心的官僚制，在解决问题的过程中致力于实现社会公平（Marini，1971）。弗雷德里克森也认为，公共行政的基本原理几乎总是追求更好的管理，这里的更好是更有效或更经济，新公共行政学在传统目标和基本理论的基础上增加了社会公平。公共行政的传统经典试图回答我们如何利用现有的资源提供更多或更好的服务？我们如何在节省开支的同时维持我们的服务水平？前者是效率问题，后者是经济性问题。新公共行政学增加了一个问题，那就是这项服务是否增进了社会公平？

新公共行政学对社会公平的承诺，意味着行政不是中性的，政治行政或者政治政策二分法是缺乏经验根据的，行政管理者既是执行者，也是决策者，他们必须对善治和社会公平做出承诺；他们必须殷切地追求变革，不是为了变革而变革，也不是鼓吹在美国的基本宪法结构中对行政者、执行层、立法者或者法庭的相对作用做出抉择；相反，必须强调整个社会的不同角色都可以为变革效力，强化社会目标，并抵制威胁良好的管理、效率、经济以及社会公平等目标的人。因为传统的官僚体制具有一种超稳定能力，新公共行政学寻求一种可变的结构，试图发现并实现一种持续的灵活性和日常化变革能力的组织和政治形式，趋向于试验或鼓吹改良的官僚组织形式，分权、权力下放、工程、契约、培训、组织发展、责任扩展、对峙和行政相对人参与等在本质上都是新公共行政学的反官僚观念。这些概念既强化了官僚和组织的变革，也增加了社会公平的可能性（Frederickson，2010：8）。在对待政治行政或者政治政策二分法上，新公共行政学呼吁一个强有力的行政或执行政府，不仅寻求尽可能有效和经济地执行立法委任权，而且寻求既影响政策制定也影响政策执行,在更一般的意义上影响那些改进我们所有人生活质量的各项政策。

当然,弗雷德里克森也意识到新公共行政学在概念、认知和实践上都具有某种风险,必须将他们自身与逻辑实证主义、经验主义、科学主义以及实用主义等行政思潮区别开来。"新公共行政学的鼓吹者最好被看成是第二代行为主义者。与他的前辈不同,第二代行为主义者强调公共行政中公共的部分。他不仅接受尽可能科学地理解组织为什么以及如何行动,而且更加感兴趣组织对行政相对人的影响,以及行政相对人对组织的影响。尽管他可能对社会现象的中性科学模型的适用性不抱希望,但他不是反实证主义的和反科学主义的。他不可能将行为主义当作基本原理来简单地描述公共组织如何行动……他试图运用他的科学技巧帮助他分析、实验和评估备选的政策和行政模式。总之,与前辈相比,对于第二代行为主义者而言,通用性的更少、公共性的更多、叙述性的更少、规范性的更多、组织导向的更少、行政相对人效果导向的更多、中性分析的更少、规范分析的更多。"(Frederickson,2010:10-11)

弗雷德里克森还担心新公共行政学造成公共行政思想的断裂,特别是与古典行政思想的断裂、与当代行政实践的断裂。一方面,他警告,新公共行政学和社会公平理念不仅有高贵和显赫的思想血统,而且还有行政实践的滋养。"给任何事务贴上'新'的标签都是有风险的。当'新'归因于观念、思想、概念、范式和理论的时候,风险是双重的。那些主张新思想的人倾向于将先前的思想看成是旧的、枯燥无味的或者两者兼之。作为回应,先前思想的作者们就会辩护且倾向于指出,除了以新的词汇包装早期的思想外,在所谓的新思想中并没有真正的新内容。因此,我们承认:新公共行政学的大部分内容接受了柏拉图、霍布斯、马基雅维利、汉密尔顿和杰斐逊以及许多当代行为理论家的思想。新就在于编织方法上的新,无论这个编织如何衣衫褴褛,并不必然是线绳的新。"(Frederickson,2010:6)另一方面,他强调,新公共行政理论并不是单一的、一致同意的模型，并不完全拒绝历史上的理论和规范。"争论在于在新公共行政中什么是新的，并且社会公平直接来自指导传统公共行政的价值理念。诚然，新公共行政在逻辑上源自社会科学新知识的聚合，并聚焦于公共问题。如果情况是这样，那么新公共行政学和社会公平就有高贵和显赫的血统。"（Frederickson，2010：25）

几经周折，经历了 20 世纪 70 年代的新公共管理运动、80 年代的抨击官僚运动以及新公共服务的崛起①、政府绩效评估以及 90 年代的治理理论，公共行政的社会公平定向俨然已经回归美国文化的核心价值——平等，并且与形形色色的社会思潮合流。正如沃尔多所指出的那样，我们要求政府承担的越来越多，"意味深长地谈论服务国家、促进国家、管制国家和福利国家"（Waldo，1990：38），服务于军事、法律和经济功能的国家已经大大扩张。现在的趋势是走得更远，"我现在提出这样的问题，我们是否正在努力增加另一种功能、另一种层级、另一种国家。这样也许可以称为再分配国家，或者最好称为公平国家。我的观点是，近年来，我们看到了越来越多的项目超越了传统意义上的福利，这些项目更直接地追求实现一些不可捉摸的目标，如自由、平等和正义等，除此之外，还有人性尊严和成就感等非政治性词汇所表达的目标"（Waldo，1990：39）。

二　教科书的定义和课程规范

自第一届明诺布鲁克会议后，社会公平的理念引发了美国公共

---

①　登哈特夫妇认为，社会公平包括纠正社会和政治价值分配中存在的不平等。与平等对待所有人相比，公平主张福利更多赋予那些最弱势的群体。（Denhardt & Denhardt，2003）杜兰特认为，公共服务不仅要考虑代际公平，而且在代议制、官僚制设计中充分考虑社会公平。（Durant，2014）佩里和洛伊丝·怀斯认为，公共服务动机可以分为工具动机、规范动机和情感动机三类。工具动机包括参与政策制定，以及因为个人身份、倡导特殊利益或私人利益而对公共项目作出承诺；规范动机包括满足公众利益、恪尽职守和忠于政府、献身于社会公平；情感动机包括对基于公共项目的社会重要性和乐善好施的爱国主义信念的承诺。（Perry & Wise，1990）

行政学界的热烈讨论。弗雷德里克森以《公共行政评论》杂志为阵地组织了多次社会公平和公共行政专题讨论会，并吸引了戴维·哈特、哈蒙、小俄里翁·怀特、麦格雷戈、奇特伍德、戴维·波特、泰迪·波特、布鲁斯·盖茨等一批当时致力于公共行政学研究的青年学者。但是，教科书中并没有直接出现社会公平，而是以一种与立法和公共政策相契合的迂回方式最初出现在人事管理的教科书中。

　　20世纪70年代末期，罗森布洛姆基于联邦政府在平等就业机会方面的经验，最早勾勒了社会公平概念的教学线索。书中，社会公平是由公正、正义、均等机会、公平和平等等民主宪法价值构成的，体现了一系列概念、法律工具和公共政策。从就业的角度看，包括均等就业机会、平权运动和多样性行动议程等。现代民主治理的价值、收益和有效性，特别是在多元化的社会中，通常与多样性公务员队伍有着千丝万缕的联系，这种联系在政府官僚体制的顶层尤为错综复杂（Rosenbloom，1977）。

　　沙夫里茨、里库奇和罗森布洛姆等人从回顾《彭德尔顿法案》（*Pendleton Act of 1883*）开始，系统评价了美国联邦公务员制度演化、平等就业机会和平权运动。

　　平等就业机会起源于20世纪40年代初的罗斯福内阁的第8802号总统令，呼吁在国防工业和联邦公务部门消除基于种族、肤色、宗教和国籍的歧视，并成立了公平就业实践委员会（Fair Employment Practice Committee）。到1948年，杜鲁门总统将公平就业实践委员会纳入联邦公务员委员会（Civil Service Commission），并采取了一系列改革措施，包括允许对那些寻求职业的过程中所遭到的歧视提起诉讼，但是这些措施仍然受限于种族歧视和功绩制的约束。在艾森豪威尔内阁时期，1955年公平就业实践委员会被总统就业政策委员会（The President's Committee on Government Employment Policy）取代，第10590号总统令宣布，美国联邦政府的政策是根据法律为所有符合条件的人提供平等的就业机会。联邦政府部门有必要将在招聘、培训和其他人事管理领域所做的特殊努力传递到少数群体或受保护的阶层，并朝着平权运动和补偿待遇的方向迈进。但是，将近二十年的努力，并没有根本改变社会不平等问题以及联邦公务员中少数族裔占比偏低的问题。直到肯尼迪内阁时期，平等就业机会才成为联邦人事管理的核心内容和重要工作。1961 年至 1965 年，民权运动达到政治重要性的顶峰，种族平等成为占主导地位的全国性问题。在这个时期，《民权法案》通过，总统就业机会均等委员会和妇女地位委员会（President's Commission on the Status of Women）创建。到尼克松内阁时期，进一步要求联邦政府机构首脑建立并维持平等就业机会的平权计划以及西班牙裔就业计划和拉丁裔就业计划。1972 年通过的《平等机会就业法》（*Equal Opportunity Employment Act of 1972*）巩固了联邦公务员委员会的权威，除了重申传统的非歧视平等就业机会政策外，还授权联邦公务员委员会通过适当的补救措施，发布认为必要和适当的规章、条例、命令和指示，以及负责政府机构平等就业机会计划的年度审查和核准、评价政府机构平等就业机会活动等职责，该法首次将州和地方政府纳入联邦平等就业机会的保护伞之下。到 1991 年，国会通过了修订后的《民权法案》（*Civil Rights Act of 1991*），新法不仅推翻了 1989 年美国最高法院关于平等就业机会和平权运动的几项消极裁决，而且设立了玻璃天花板委员会（Glass Ceiling Commission），研究职场人为阻碍女性和有色人种地位晋升的若干障碍，并将系列的反歧视法案扩大到行政部门的政治雇员和参议院的雇员。

20 世纪 70 年代，联邦公务员委员会和联邦人事管理署（Office of Personnel Management）在促进平等就业机会上乏善可陈，而且陷入了歧视损害补偿诉讼和公务员考试的泥潭。因为补偿性损害赔偿的范围从种族和少数族裔扩大到性别、宗教和残疾等领域，而且赔偿的上限规定为 5 万到 30 万美元，导致案件量激增。联邦人事管理署的职业和行政考试（Professional and Administrative Career Examination，PACE）和美国行政职业生涯考试（Administrative Careers

With America，ACWA）项目饱受诟病。在 20 世纪 70 年代，只有 5% 的非裔美国人通过考试，只有 0.7% 的非裔美国人获得足够高的分数，同期白人的通过率为 51%，其中 9% 得分在 90 分以上。联邦政府每年普通等级的主要行政职业岗位大约为 10000 个，却要面对 30 万至 50 万名的求职者。PACE 和 ACWA 于 80 年代初期、90 年代中期先后被取消，逐渐被求职者大学期间的平均成绩、推荐信、面试以及高度分散化的特定岗位的专业考试所取代。

20 世纪七八十年代的美国公务员制度改革、联邦人事管理署等机构的职能调整，均指向寻求国家劳动力的多样性，规定招聘应从来自社会各阶层的适当来源的合格人员中进行选拔，消除联邦公务员制度内各职类公务员中少数族裔代表性不足的现象。这里的代表性不足特指少数群体或受保护阶层的成员在公务员就业类别内占公务员雇员总数的百分比低于少数族裔在美国劳动力中所占的百分比。在沙夫里茨、里库奇和罗森布洛姆等人看来，无论是平等就业机会，还是平权运动，本质上始终是功绩制与代表性之间的争执。"平等就业机会在很大程度上被看成是防止职场歧视的工具。例如，经修正的《民权法案》第七条旨在防止公共部门和私营部门工作人员因种族、肤色、宗教、性别和国籍而遭到歧视。针对普遍存在的就业歧视而出现的平权运动旨在通过积极努力使职场在种族、族裔、性别甚至体能方面多样化。它对主动变革行动的强调，已经引起了对其究竟是作为就业工具还是社会政策工具的争议和公开辩论。"（Shafritz，et al.，2001：378）

罗森布洛姆认为，平等就业机会意味着行政行为背后隐藏着政治理念。"从政府这一侧看，《行政程序法》（*Administrative Procedure Act of 1946*）的预设前提就是认识到，国家的大部分立法工作过去是并且仍将是通过制定行政规则来完成的。正统的公共行政思想家可能不再声称，行政不应由政治价值和政策关切来引导，而应由管理价值和关切来指引。美国公共行政领域在其历史上第一次进入了异端的或价值多元化的时期。"社会公平仅仅是相互竞争和冲突的公共行政异端学说和多元化价值观的一种，这些异端学说和多元化价值观包括："官僚的社会和政治代表性，内部员工通过集体谈判参与行政决策，社会公平，组织和响应公民参与，通过政策分析改进决策，信息自由和揭发内幕，对效率、经济和效能的传统关切。"（Rosenbloom，2014：viii）实际上，首版于20世纪70年代末期且不断修订的《政府人事管理：政治和过程》（*Personnel Management in Government：Politics and Process*）经典教科书已经为后期的社会公平研究定下了基调。

直到20世纪90年代末期，社会公平才正式进入公共行政的综合教科书。沙夫里茨和拉塞尔在《公共行政导论》（*Introducing Public Administration*）中指出，"行政者合乎道德规范和公平地对待公民是公共机构的核心关切。二十五年来，强制改变公共态度、重组政府运动、公民权利法案以及新公共行政已经取得了胜利。现在，因为种族，或因为职业机会，或因为性别，否认某些人的福利收益是难以设想的，也是非法的。今天，年轻的激进主义者不同于古往今来的经理人需要投入大量的精力为社会公平而战"。"社会公平是公共服务投递过程中的公平性，它是行动上的平等主义，即每一个公民，不论其占有的经济资源或个人特质如何，都理应得到并有权利获得政治制度的平等对待。"（Shafritz & Russell，2000：436）在他们看来，所有的公共行政者都具有一种不可推卸的义务来促进社会公平。这一合法义务具有三个方面的性质，公共行政者必须公正地执行法律，履职尽责；公共行政者必须阐释社会公平，不是清谈论道而是要付诸行动；政府仅仅是强制社会公平，公共行政者必须致力于具备道德领导力。

在《公共行政导论》第九版中，沙夫里茨等人更加系统地讨论了什么是社会公平、平等的挑战、平等就业机会、包括性歧视、性骚扰、孕妇歧视、残疾人歧视、性取向歧视等在内的非种族歧视以及公共行政和社会公平等问题。他们认为，第一，"许多政府组织都有一项特殊的义务，那就是要维护公平，既要追求对待其雇员的社会公平, 也要追求对待公众的社会公平, 因为政府组织代表着公民。这与代表股东等私人利益的商业组织截然不同"(Shafritz, et al, 2016: 469)。显而易见, 所有的公共行政者都有一种促进社会公平的义务, 也就是以公平的方式执行他们所依据的法律。如果没有《民权法案》和《投票权法案》, 当代美国最高法院的两名女大法官奥康纳和露丝·巴德尔·金斯伯格甚至在一家大型律师事务所谋生的机会都没有。如果公共部门和私营部门的所有大型雇主不履行法律义务提供平等的就业机会, 那么必须承担法律责任。第二, 必须以新公共行政的精神, 付出格外努力致力于实现社会公平, 尽到个人、公民和行政人员应尽的责任。第三, 激发社会公平的热情。书中以 1963 年小乔治·华莱士与卡岑巴赫在阿拉巴马大学校门口对峙的故事阐述了政府在推动社会公平方面应该走得更远, 敢于向歧视说不, 行政者做正确的、得体的和荣耀的事情给人民所提供的激励和灵感是无限的, 从而焕发行政者自身的道德领导力。

2000 年, 路特里奇在美国国家公共行政科学院(National Academy of Public Administration)设立了治理中的社会公平常设委员会(Standing Panel on Social Equity in Governance)。该委员会认为, 公正、正义和公平议题一直是公共行政的组成部分, 这些议题是早期平权运动的焦点。现在, 焦点已经从雇用、推广实践和选择缔约商转向教育、警察、福利、住房供给和交通等诸领域。用公共行政的语言来讲, 社会公平这一术语已经成为我们将这些议题结合起来并应用到公共行政领域的方法。该委员会将社会公平定义为公平、正义和平等地管理所有组织, 直接或通过合约服务于公共; 公平、公正地分配公共服务和执行公共政策; 促进公共政策公平、正义和平等地制定。该委员会提出社会公平应该基于程序公平、分配公平、过程公平和产出差异四项标准。程序公平是在法定程序下, 平等保护、平等雇用、平等晋升、平等签署合约都必须是有保证的; 分配公平是确保对各种资源的平等利用、目标干预和承诺, 实现公平的结果；过程公平是无论采用何种分配标准，确保公共服务投递水平的一致性；产出差异是面对事实上可能满足所有的投入标准的各种政策和项目的结果，探索为什么产出差异可能持续存在。

我们不难看出，美国国家公共行政科学院显然放弃了作为公共政策中立执行的观念，转向呼吁政策准备和制定过程的公平、正义和公正。随之而来的是 NASPAA 同行评议和评估委员会（Commission on Peer Review & Accrediting）对 MPA 核心课程提出新的培养要求，要培养融入伦理思考、财政和环境的可持续性以及社会公平等决策的管理和领导力，要培养批判性反思和分析能力，要富有创见性地培养与各色各样且不断变化的职场和公民保持沟通和互动的能力。

三　弗雷德里克森的社会公平思想

弗雷德里克森是美国公共行政学界强烈倡导社会公平的旗手。"很难想象如果没有弗雷德里克森，五十年来在公共行政领域的研究现在会是什么样子。"（Perry & Radin，2012）除了在第一届明诺布鲁克会议上，弗雷德里克森大声疾呼社会公平外，他毕生都致力于推进公共行政的社会公平。2012 年 11—12 月，美国《公共行政评论》发表了《弗雷德里克森纪念专辑》，系统地回顾和总结了弗雷德里克森公共行政思想的发展和演变，特别是弗雷德里克森社会公平思想。

弗雷德里克森认为，20 世纪 60 年代发生在美国众多城市的公民的愤怒、恼怒、暴行、震怒以及骚乱给公共行政者留下了深刻印象。因为政治行政二分法的逻辑，古典公共行政思想坚持认为，效率和经济性赋予了公共行政特定的伦理特征，公共行政者会公平、平等地对待所有公民，而事实上许多公共项目只惠泽部分公民，其他公民根本没份，尤其是种族和阶层不平等随处可见。社会公平不应只停留在口头上、停留在立法层面，只局限于非性别歧视和非种族歧视的平等就业机会、公共参与和公共服务投递，而是应该作为一种公共行政伦理，与效率、经济一样成为公共行政理论和实践的第三根支柱。"社会公平与经济、效率价值理念同样反映了公共行政组织机构的伦理价值特征，即社会公平理念影响着人们的福祉。公共服务在公平中交付，它是平等主义行动原则的体现。对于每一个公民，不论经济资源或个人特质，都有权力平等地得到政治系统的待遇、服务和资源。"（Frederickson，2010：52－53）

在弗雷德里克森看来，社会公平与公共行政之间最初有着天然的血缘关系，其背后的逻辑是公共行政者的自由裁量权。首先，公共行政是行动中的法律，法律不可能自我履行，世事洞明，人情练达，执行法律是公共行政者的使命。其次，法律是活的，法律的生命力来自一个个案例的调适和积累，只有这样，法律才能走向清晰、严密和精确。再次，公共行政者不可能中立地执行法律和政策，必然带有一定的自由裁量权。最后，在所有的公共机构中，民选官员必须与民主自治的官僚体系一起为实现公平、正义和平等而斗争，而不能因为社会上存在着不公平、不正义和不平等，而将这些问题推诿给立法者。（Frederickson，2005）

公平与自由裁量权的思想最早可以追溯到柏拉图和亚里士多德。就实施公共政策和配置公共资源而言，柏拉图认为，行政人员可以中立地且成功地适用法律，他们实际上不就公共资源的分配做出任何决定，他们只是执行法律和法规。亚里士多德认识到自由裁量权的模糊性，并且认识到行政人员依靠实质性的规范价值来指导他们解释法律和配置资源，而这种实质性的规范价值，就是社会公平。这两种进路的分歧本质上涉及行政人员在法律适用上的角色之争。德沃金对法律的书面规则和权利阐释之分恰好对应了柏拉图进路与亚里士多德进路。当讨论正义时，柏拉图进路强调忠诚于普通法的完整性，正义只适用于特殊案件；而亚里士多德进路认为，必须在接近社会正义的各种可能性中进行选择，因为法律是不完备的，立法者在立法时根本无法预料到不同情景和所有问题，行政人员如何做出最符合社会公平的决定是一个实践问题，而不是一个不切实际的问题，也不是一个理论问题。

弗雷德里克森认为，亚里士多德眼中的正义分为两类，即法律的正义和公平的正义。法律的正义源自适用法律，该法律的要求可以明确无误地加以解释。公平的正义是指法律的适用依靠实质性原则也就是法律精神来解决歧义，也会体现在法律正义可能导致实质性不公的案件中。公平优于正义，不顾公平而适用法律会导致不公正，而不是如柏拉图所声称的最大限度地接近正义的结果。所以，弗雷德里克森主张，公平是一个过程，应该对那些受行政决定影响的公民采取对等和地位平等的态度，鼓励他们参与到关于这些决定的公共对话中来，这就是过程。"如果作出决定的过程是公平的，那么公共行政的决定也是公平的。如果所有受影响的公民在决定形成过程中都有真正的发言权，那么这个程序就是公平的。并且，参与导致的行政决定的公平结果不是这种程序带来的唯一好处，平等的公平参与还能够培养有教养的、积极的和有道德的公民。与亚里士多德的观点一样，这种进路强调，通过我们的治理和管理方法，我们不仅创造了我们的公共政策，而且还塑造了我们自己。"（乔治·弗雷德里克森，2003：101）借鉴罗尔斯的思想，弗雷德里克森提倡，公共行政者在政策对话的过程中应站在弱势群体的立场上，基于社会心理学视角，公平是维持社会群体团结的黏合剂，不公平感会加剧社会的不信任，对不公平的反应将会导致政体合法性的下降。"社会公平是一个包含着一系列价值偏好、组织设计偏好以及管理风格偏好的短语，强调政府服务的平等、公共行政人员在决策和项目执行中的责任、公共管理变革、对公民需求的回应等。公共行政关注的基本问题是公平对待公众。这也是社会公平价值理念发挥作用的前提。社会公平应该包括旨在增强社会弱势群体的政治权利并改进他们经济福祉的一系列活动。"（H. 乔治·弗雷德里克森，2011：4）

社会公平涉及治理过程的价值、结构工具和管理工具（见表6-1），追求社会公平的过程就是要破除效率和经济的神话，即便是"最有生产率的政府、最具效率的政府、最经济的政府依然能使得贫困、机会不平等和非正义处于永存状态"(Frederickson，2010：48)。尽管将社会公平提升到与效率、经济同等重要的地位仍存在争议，但弗雷德里克森认为，效率和经济是处理政府如何运行的问题，社会公平是探究政府应该为谁运行的问题。争议的实质在于"良好管理的组织为谁，组织的效率为谁，组织的经济性为谁，公共服务投递为谁"(Frederickson，2010：15)。

表 6-1 **社会公平的价值、结构工具和管理工具 (Frederickson，2010：40)**

有待最大化的价值	成功的结构工具	成功的管理工具
响应能力	● 分权化 ● 合同外包 ● 社区对基层官僚机构的控制权	● 员工和经理人与客户保持日常互动 ● 管理民主:不仅包括对民选官员的响应，还包括对利益集团和无组织的少数群体的响应 ● 培训
员工和公民参与决策	● 享有权力的公民自治组织 ● 重叠的工作团队 ● 员工参与决策过程	● 接受一种坚持员工和公民有权参与那些直接影响其生活的决策的伦理 ● 组织发展培训
社会公平	● 与地方分配体制相关联的区域性税收体制 ● 平等对待各社会阶层的公共服务产出和成果	● 阐明公平的职业道德守则 ● 对多数票决定规则不能推翻少数人享有平等公共服务权利的管理者承诺
公民选择	● 开发备选的服务形式以扩大选择 ● 重叠服务 ● 合同外包	减少医疗保健、教育等特定服务的管理垄断
项目效能的行政责任	● 分权化 ● 委托授权 ● 绩效目标	度量绩效，不仅要度量一般组织标准，而且要度量"为了谁"

弗雷德里克森认为，本着公共行政的理论、实践和精神，让抽象的公平观念来治理具体和复杂的现实世界，必须建立一种社会公平复合理论（the compound theory of social equity），"把公平、公正和平等概念整合到一起。公平不是指某一个方面的公平，而是包含了多方面的公平，包括纯粹的个人公平、分割公平、集团公平、机会公平、公平诸领域、公平价值以及代际公平等理论"（Frederick-son，2010：56）。

纯粹的个人公平是指一对一的个人公平关系，比如一人一票的选举过程，市场经济中商品的价格对所有购买者都是相同的。康德的道德律令（Immanuel Kant's Categorical Imperative）同样是这样的教义，但在公共行政实践中，这种例证是罕见的。

分割平等（segmented equality）强调同类的人、同类的工种被同等对待，不同的职业分类被不同对待。在劳动分工不断深化和市场不断细分的复杂社会，往往倾向于实施分割平等。同工同酬就是一种典型分割平等；等级制安排也是一种分割平等；再分配领域中，不同行业、不同经营类型以及不同地区、不同收入水平实行不同的税收制度，同样是一种分割平等。弗雷德里克森认为，分割公平就是在不平等面前人人平等，是一种体制上或结构化的不平等。（乔治·弗雷德里克森，2003：118）

集团公平（block equality）是存在于群体或次级群体之间的公平，不同于那些纯粹的个人公平、分割公平，后两者都是个体层级上的公平。比如，种族、性别等群体的公平就属于集团公平。显然，集团公平与分割公平是相互转化的，集团公平内部的个体往往会要求基于个人的公平，比如，在职场的性别歧视转化男女同工同酬，这就将集团公平转化为基于个体的分割公平。

弗雷德里克森将机会公平划分为基于发展前景的平等和基于手段的平等。如果两个人得到一份工作的概率相同，那么每个人得到这份工作的机会是平等的，这就是基于发展前景的机会公平；如果两个人拥有相同的禀赋资质,那么每个人获得这份工作的机会是平等的,这就是基于手段的机会公平。基于发展前景的机会公平,类似于抽签,包含了某些幸运的成分,而基于手段的机会公平则由规则决定,后者并不是前者的充分条件,仅仅是一种必要条件。"每个社会都有一套价值观,这些价值观或多或少是按照一种井然有序的等级制度安排的……机会公平的公式应该被修改为:对所有人而言,在特定时间,开发那些为特定人群所高度重视的天赋,就是机会平等。"(Frederickson,2010:57-58)摇滚巨星凤毛麟角,但是进阶摇滚巨星的大门却应该向每个有潜质的人打开。

基于罗尔斯的第一正义原则以及沃尔泽的复合平等、多元主义的思想,弗雷德里克森将公平的领域看成有待分配的诸领域,即公平诸领域(The Domains of Equality)。"公平诸领域可以用实际分配的公共财物、公共服务或利益作为划分标准……公平诸领域的界定是灵活的,可宽可窄,但它受公共机构可分配的公共资源以及申请人平等诉求的制约。公共领域总是在不断地变化、分散、转移,有些公共领域由市场控制,如工作、工资和投资等;有些公共领域由政府控制,主要是纠正市场带来的不公平或者是纠正以前的政策所导致的不公平,如对失业保障、儿童抚恤、食品券、大学教育保证金等方面进行补偿,政府实施这些补偿目的是抵消分配领域之外但又属于更广泛的权利要求之内的不公平。"(Frederickson,2010:56-57)公平诸领域是权利要求所产生和界定的,既涉及政府机构对个人权利的一视同仁,也涉及个人对公共服务的平等索取权。

弗雷德里克森认为,公平价值始于份额平等,基于效用概念,建立在个人效用和价值判断基础上。只有个人才可以判断自己喜欢什么,不喜欢什么。平等不是单数而是复数。正如森的观点"对社会问题进行任何辨别和道德推理,必须要包括在某个被认为关键的层面进行基本的平等考虑。缺乏这样的考量会使理论变得专断并且很难自圆其说……基于这一点,问题也就立刻产生:谁,得到多少,如何分配,平等程度如何"(Sen,1992:17-22)。显然,这是一种相对平等的概念，而不是绝对平等的概念。在满足每个人平等需要的基础上，公共行政必须优先考虑份额平等的边际价值。

基于罗尔斯的思想，结合集团公平和公平诸领域的考量，弗雷德里克森阐述了代际公平。"当代人应该与不同世代彼此之间承担责任和义务。当代人不能随心所欲，要受到原初状态下用以界定不同世代的正义原则的约束。"（Frederickson，2010：89）子孙后代也应作为一个适当的公正、正义和公平的问题领域。实践中，为了子孙后代能够与当代人一样平等地生存和发展，某些组织已经建立起保障代际公平的各种道德制度和信托团体。政府应该制定那些不会对子孙后代产生消极影响的公共政策，不应当制定那些可能导致代际间不公平的公共政策。因为人们对未来的无知或是未来的不可测和不确定性，所以政府在制定公共政策时，就必须邀请专家参与问题界定、议程设定，以确保代际公平，确保不将风险转嫁给后代。

弗雷德里克森等人从哲学、环境管理、经济学、社会选择和博弈论、政治学等角度认定代际公平是一个可持续性发展问题。"从本质上讲，可持续性是一个多维概念，适用于在时间尺度上跨代分析政策和组织决策。首先且最重要的是，可持续性涉及时间上的连续性、能力建设和持续发展，而不仅仅是保存、维持或停滞不前。可持续性是当代的和空间的，超越了时间的界限和国家之间的界限，并且也超越了特定个人、组织或社群的利益。可持续发展强调普遍的归属感，反映了人类的普世主义价值观。"（Stazyk，Moldavanova，Frederickson，2016）代际公平以纵向和横向的道德共同体为前提，其中社会责任组织（socially responsible organizations）肩负着不可推卸的义务和责任。这些社会责任组织根据法律和公共政策行事，行为合乎道德，避免那些会产生社会伤害的行为，积极主动强化社会目标；而且它们听从官僚体制之"看得见的手"，不完全听命于市场之"看不见的手"。

因此，社会责任组织首先必须高度重视综合决策，在采取任何实际行动之前确定一项决策的细节和可能的影响;让同一群人参与决策过程每个环节;努力处理不可预料的突发事件;以完美的决策过程来确保公正和公平地评估代际间的成本和收益,并采取必要的步骤维持子孙后代的生计。其次,要高度重视可持续性作为代际社会公平的一种形式所必需的组织结构。可持续性的综合决策需要在现行组织结构的等级制安排中充分考虑分权化、集体行动以及自下而上的信息传递和协商,必须高度重视中层以下的员工们的知识、技能和能力,使他们的技能和才能资本化。再次,必须高度重视员工们的价值,增加对他们的人力资本投资;要致力于形成长期的就业关系,避免薪酬设计产生消极的激励效应。最后,社会责任组织要避免短视,抵制直接的、短期的收益、非理性核算以及电子表格管理所产生的诱惑,把更多的时间、金钱及其他资源投入到研发以及组织创新中去,树立更加广泛的社会相关者的观念,避免负债和财政赤字。如果负债和财政赤字有利于资本积累,有利于子孙后代的福祉,那就是投资于未来。"人们普遍关注哲学和实践事务中的公正、正义和公平。倘若没有就公正、正义或公平的安排达成一致意见,那么就不可能存在任何道德共同体。这些安排可能主要是当代的和横向的。事实上……维持道德秩序的诸多安排也是代际的和纵向的,我们现在称为可持续发展。在道德秩序和维持道德秩序的诸多安排中,如果某种程度的公平和公正是必需的,那么,坚持这些道德秩序的安排很可能是纵向的,而不是横向的。从长期来看尤为如此。"(Stazyk,Moldavanova,Frederickson,2016)

弗雷德里克森的社会公平思想,是以正义理论为核心的政治哲学的创造性转化,就行政行为而言,类似于"补偿伦理学"。作为一个公正的民主社会的基础、作为影响组织成员行为的因素、作为分配公共服务的法律基础和实践基础、作为理解联邦制的思想来源、作为研究和分析的挑战,社会公平问题被从不同视角剖析。"社会公平是一种观点、一种信仰体系、一种态度,更是一种伦理。"（Frederickson，2010：149）具体到对公务员而言，"公务员不会成为英雄，也不会成为堂吉诃德，而是在公民需要公共服务的时候，公平且公正地调动和分配这些公共服务，在不需要的时候扮演停止这些公共服务的守夜人"（Frederickson，2010：47）。

四　基层官僚：从国家代理人叙事走向公民代理人叙事

利普斯基最早将基层官僚机构的一线员工重新定位为政策过程中的重要参与者。"尽管人们普遍预期基层官员在工作过程中会行使自由裁量权，但是管理者必须设计种种方法确保基层的问责制……我曾经注意到教师、警察或福利工作者的行为变为或补充了代理人政策，并且他们的行为有效地变为他们执行的公共政策。""从某种意义上看，基层官员们可能确实制造政策，因为他们各自的自由裁量行为和未被批准的行为加起来，在总体上就构成了代理人行为模式。但是，他们仅在他们的决定是广义政策结构的一部分时才这样做。基层官员们既没有明确的核心目标，也没有建立实现这些目标的若干机制。对于任何特定的公共代理人或任何政策改革来说，我们需要审视基层官员们行使职能的整个政策环境。"（Lipsky，2010：221）利普斯基关于基层官僚的这一发现给公共行政带来了直接挑战，打破了基层官僚对民选官员的遵从，以及对管理者和顶层官员的先入之见。同时，这一发现引发了紧张的持续争论，争论焦点涉及基层官僚与上级之间的关系、法律合规性与基层官僚的自由裁量权、基层官僚自由裁量权不可避免地存在与必需规定的控制。

自利普斯基的《基层官僚：公共服务中的个人困境》（*Street - level Bureaucracy：Dilemmas of the Individual in Public Service*）在20世纪70年代出版后，基于国家代理人叙事，普罗塔斯曾出版了《人民流程化：公共服务官僚制中的基层官员》（*People - Processing：The Street - level Bureaucrat in Public Service Bureaucracies*），系统地阐述了基层官员的自我裁量权在实现公共服务中社会公平的作用。

20 世纪 90 年代中期的美国联邦福利政策改革成为从国家代理人叙事向公民代理人叙事转向的分水岭。1996 年 8 月，克林顿总统签署《个人责任与工作机会和谐法案》（*Personal Responsibility and Work Opportunity Reconciliation Act*，PRWORA），终结了自罗斯福时代以来美国人所熟知的福利制度。在 PRWORA 实施后，里库奇在纽约、得克萨斯、密歇根和佐治亚等州进行了大量的田野调查，访谈了约 200 名一线社会工作者，对社会工作者与行政相对人之间的接触进行了 730 多次现场观察。研究发现，PRWORA 对一线公共服务没有产生多大影响。一线的社会工作者们仍在做自己擅长的事情：确定行政相对人是否有资格获得福利，并指导他们完成错综复杂的规定获得资助。"基层官僚的行为和行动更多地可以由他们的职业规范、工作习惯和职业文化来解释，而不是由管理因素来解释。这并不是因为基层工作者们的颠覆或反叛态度。相反，规范和文化因素代表了人们熟悉的模式、方法和惯例，这可以被称为一种范式，社会工作者们舒适地、无意识地皈依到这一范式之中。"（Riccucci，2005：115）尽管 PRWORA 是否终结了贫困还存在争议，但它无疑为社会公平研究提供了丰富的灵感。从公民代理人叙事视角看待不平等问题，不仅将公共行政的社会公平问题研究引向了深入，而且与韦伯学派的许多观点是背道而驰的。

梅纳德－穆迪和穆什诺花了三年的时间，收集了分别位于美国西南部和中西部两个州、五个城市四十八名从事警察、教师和福利顾问工作的基层社会工作者们的 157 个故事，并对他们进行了访谈。他们的研究问题从基层社会工作者如何适用法律、法规和规章的国家代理人叙事转向公民代理人叙事，即基层社会工作者们如何权衡规则的执行和对公民的看法，最终决定他们的工作行为。"尽管这些观点可以作为经验观察加以陈述，但是包含在每则故事中的细节代表了故事讲述者的阐释，而不是可复制的观察。通过研究这些故事的细节，研究人员可以将他们的阐释锚定在故事讲述者的阐释中。""这些故事不是关于法律或公平的哲学话语。它们是对行为和身份认同的实用主义表达，以及对主导的但混乱的关于好行为和坏行为、有价值的个人和无价值的个人的社会观点的断言。"（Maynard - Moody & Musheno，2003：27；25）他们建立了一个如何理解基层社会工作者的世界并解释其所作所为的分析框架，研究发现，基层官僚的行为可以归因于官方代理人规则与社会工作者们对他们遇到的公民或行政相对人所做出的道德判断之间的互动，即社会工作者们对与他们交往的人的看法"不断地与政策和规则相抵触"（Maynard - Moody & Musheno，2003：4）。

　　警察、教师和福利顾问是我们生活中的稀缺资源，他们都面临时间有限、职业预期模糊、规则冲突的实际问题。基层社会工作者们每天的工作就是为了寻求公平、平等和正义。在工作场所建立身份认同的过程中，梅纳德－穆迪和穆什诺基于讲故事和实证叙事的研究发现，社会工作者们倾向于根据他们对特定职业群体以及种族、阶层和性别群体的认同来定义自己，这种身份认同反过来影响社会工作者们的行为，那就是，他们基于行政相对人"值不值得"来决定公共服务的投递和分配形式。"修复和强制行政相对人认同构成了基层社会工作者判断的前提。"相比于狭隘的规则约束和静态决策，基层社会工作者的决策牵涉复杂的道德和权变因素。"对行政相对人的道德判断是在面对面的关系情境中形成的，这种关系决定了社会工作者和公民的身份认同。许多规则、程序和法律被用来强制这些判断。"（Maynard - Moody & Musheno，2003：93）"警察、教师和福利顾问们首先必须做出关于违法者、小孩和行政相对人的规范判断，然后应用、遵从或忽视规则和程序来支持道德推理。谁获得服务和谁是麻烦制造者或谁应该被逮捕，以及规则、程序和政策应该如何付诸实施，面对这些问题，对于基层社会工作者而言，道德战胜法律。"（Maynard - Moody & Musheno，2003：155）

　　基层官僚的行为不受官僚规则和法规的影响，而受自己道德判断的影响，这些道德判断是基于他们与行政相对人不断互动产生的。"即便是在有犯罪证据的情况下，他们也会联合起来对抗管理层,来推动不满情绪,团结一致捍卫社会工作者们的声誉。"(May-nard – Moody & Musheno,2003:52)研究发现,"对行政相对人的道德判断渗透到基层决策的方方面面。对于基层工作者们来说,公平与平等地对待每个人、与公平执行法律法规的官僚规范没有多大关系。对于故事讲述者来说,公平和正义意味着基于他们接受的价值来回应公民,回应行政相对人"(Maynard – Moody & Musheno,2003:93 – 94)。基层工作者们并不倾向于把行政相对人看成没有个性、没有人性的个案。行政相对人不是诸如残疾人、穷人、罪犯这样的抽象概念,而是……有缺陷和长处的人,很少遵循一刀切的政策和法律。梅纳德 – 穆迪和穆什诺认为,基层官僚就如同公共政策的矿工(coal miner),在美国从事着艰苦、恶劣和危险的工作。绝大多数时候和绝大多数基层场景中,"被遗忘的深娴民间疾苦的基层工作人员的一些微不足道的、即兴发挥的举动维持着这个国家,这些国家工匠的举动就是制度所依赖的行政行为"(Maynard – Moody & Musheno,2003:165)。

随后,梅纳德 – 穆迪与另外两位合作者艾普和海德尔 – 马克尔开展了一项调查研究。基于公民代理人叙事运用批判法学和社会学—法学的分析进路,以 2003 年到 2004 年在堪萨斯城大都市区曾经遭受过警察拦截的 2329 名驾驶员为样本发放问卷,① 分析种族身份是否是警察行使车辆拦截的依据,揭示"种族如何被警察以隐藏的、微妙的、深刻的、基本的方式所形塑"(Epp,Maynard – Moody,Haider – Markel,2014:xvi)。

调查发现,在勒令停车检查的过程中,警察一般会评估司机和车辆的若干特征,包括司机是否是非裔美国人、性别、年龄,以及车辆价值、车辆类型和车辆损坏情况等。其中,非裔美国人因为交

---

① 调查收回了 708 份问卷,其中 497 份为白人司机,占 70%;211 份为黑人司机,占 30%。在美国,警察勒令停车检查是最容易识别和经常遭到诟病的种族定性事件,每年警察勒令停车检查的事件大约有 1800 万起,12% 的司机曾经遭受过拦截,在少数族裔中这一比例几乎翻一番。

通安全理由被勒令停车的可能性要小得多，而毫无理由或因轻微违章等被勒令停车的可能性要大得多。黑人经常因为侦查原因①而被毫无理由地勒令拦截，比白人高出 2.7 倍。（Epp，Maynard-Moody，Haider-Markel，2014：66-68）因为分区制，非裔美国人在郊区被勒令停车几乎是家常便饭，因为他们被认为不适宜在郊区闲逛。（Epp，Maynard-Moody，Haider-Markel，2014：70-71）

　　基于公民代理人叙事，研究者对诸如警察拦截停车理由等问题进行了翔实的访谈。调查发现，警察和司机的说法截然不同，这不仅弥补了基本调查数据的不足，而且使这些基本调查数据鲜活起来。这些叙事生动地描述了不同种族之间所遭遇到的截然不同的停车检查方式。在交通安全停车检查站，黑人被戴上手铐和拘捕的比例明显高于白人。在侦查停车中，黑人经常遭到警察粗暴的虐待，经常面临逮捕和搜身的威胁，所以黑人更倾向于质疑交通安全停车检查的公平性。警察勒令停车检查中的种族差异是歧视性制度实践的产物，这种制度实践源自并再现了负面的种族偏见。（Epp，Maynard-Moody，Haider-Markel，2014：12）黑人司机对停车检查的叙述表达了他们对程序合法性的担忧。因为黑人经常受到惩罚，程序正义是否适用于黑人就令人存疑。以车辆价值、车辆类型以及车辆破损程度来衡量社会地位，黑人司机意识到自己被当成二等公民（Epp，Maynard-Moody，Haider-Markel，2014：136）。警察的停车拦截不仅助推了种族身份的构建，而且侵蚀着个人自由、公民权保护并破坏着平等。虽然从纯粹的统计上看，没有一种类型的政府控制接近于警察的停车拦截检查，但是，研究发现仍然对于反思种族是如何被形塑的有启示。为了改善这种不公平，研究者建议，当且仅当有明确的犯罪行为证据时才允许警察停车检查，除非有嫌疑，否则禁止搜身检查；建议警方制定停车检查内部指导方针，并

---

①　在美国，超速行驶、交通安全类拦截、必须停车和调查性拦截等是警察勒令停车的制度依据。

建立停车检查监督系统。

特别值得注意的是,近年来,从国家代理人叙事走向公民代理人叙事的过程中,法律社会学学派开始大举进入公民代理人叙事领域,并涌现了包括霍金斯、哈利迪、巴尔内斯等一批新锐学者,他们以独特的法律社会学进路为日常生活的社会公平研究提供了丰富的案例,形成了独特的理论参照系,而且许多公共行政和公共政策学者也参与其中。

五　政府的神经质领域：预备－瞄准－开火模型

种族不平等问题在美国社会是一个根深蒂固的问题。早在 19 世纪末期,杜·波依斯就注意到在公共政策中对种族分析的认识广泛弥漫着政治背景,隔离但平等的观念直到 1954 年联邦最高法院对布朗诉托皮卡教育委员会案做出违宪判决,以及《民权法案》《投票权法案》通过才被废止。这个观点在《保护种族》(*The Conservation of Races*)一书中有所体现。种族问题是一种无处不在的情感和历史情境,以一种或另一种方式不断侵蚀着当代美国的政治和行政行为。(Rohr,1978:99)"种族不是其他一些社会现象的决定性因素或残留,而是依赖于其自身作为竞争性社会力量的一种融合体……种族是相对于另一个种族被建构的,而不是孤立的。"(Lopez,1995:196)"以前被认为是研究对象的种族范畴,比如白种人、黑种人和黄种人,现在被广泛地认为是空洞的遗物,在种族研究中,早期的科学思想弥漫着社会信念经久不衰的阴影。"(Lopez,1995:200)种族是一个具有重大影响的社会建构,有自己的起源,并在社会信念领域保持其强大的力量。

古登认为,种族不平等是公共行政中社会公平的焦点,是衡量美国公共行政和公共政策的试金石,是政府的神经质领域。对种族不平等问题,无论是针对教育、收入、贫困、犯罪还是健康,都陷入了预备—瞄准—再预备的死循环,必须以预备—瞄准—开火代之。在预备阶段,花费相当多的时间和精力,来鉴别公共政策各方面的社会不平等现象，开发各种复杂的统计模型，反复检验不平等的程度。在瞄准阶段，寻求各种公共政策的补救办法，比如反歧视立法、公平住房法、平权运动政策和少数族裔商业备用金等，而这些补救办法执行得好坏，以及政策意图是否实现，在缺乏经验性评估的情况下过早宣布了获得成功。随后再次进入预备阶段，陷入循环往复的追逐。为了走出这种死循环，需要发起开火行动，而不是无休无止地寻求更多的证据。当我们强迫自己直接解决那些让我们变得神经质的事情时，神经质通常会被克服。当直面行动被回避的时候，导致神经质的行动就会增加。种族平等和社会公平问题具有一种弥漫的情感和历史情境，使回避和轻视成为更有吸引力的选择。这种现象类似于易被忽视的一颗蛀牙所产生的累积效应。相对于延期去看牙医这样的选择，尽管从一开始似乎是可取的，但如果不及时治疗，病情只会恶化。所以说，种族和社会公平不可能意外实现，它需要有意识的行动。实现这些行为在情感上和行政上都可能是困难的，有时甚至是不愉快的和有害的，但它们仍然是必要的。为此，古登提出了十条原则（Gooden，2014：196－201）。

原则一：公共行政者有责任在政府的这一神经质领域开展工作。政府公平措施涉及程序公平、准入、质量和效果等许多维度，一个组织应该在诸如种族、伦理族群、性别、宗教、性取向和能力地位等诸多领域考虑、检验、促进、分配和评估公平正义。

原则二：种族歧视的法律史是一个不可轻视的且具备有益指导意义的重要情境。种族歧视的法律遗产直接与当今存在的许多种族不平等现象并行。种族歧视的法律史是一个经验事实，并且具有重要的长期影响。当代公共机构和公务员不能因为这一令人尴尬的历史来源而忽视其影响，必须认识到，美国当代诸多种族不平等的浸透状态不是随机分布的，在很大程度上是由其历史情境所塑造的，特别是在教育、住房、刑事审判、就业等领域。这些领域是靶心，必须集中火力开展重点行动。

原则三：引导政府行动的激励因素来自政治、道德、法律和

（或）经济诱因的某种结合。激励因素往往来自外部。种族平等动机的政治诱因主要是由民选官员提供的；道德激励在很大程度上是社会压力变化的结果；法律诱因来自立法、法院判决和（或）诉讼，诸多法律裁决是社会公平原则的重要推动者；经济诱因主要来自成本效益分析或组织效率改进。这些激励因素并不是相互排斥的，而是相互兼容的，贯穿于公正、正义和平等的开火行动之中。

原则四：高层领导者是实现持续进步的关键因素。许多组织内部的领导者，凭借他们的地位、正式权威、公认的权力以及影响力，向组织成员明确表达强烈信息，告诉他们什么是重要的，什么是不重要的，以及什么处于模棱两可的地带。尽管一线社会工作者每天都履行重要的自由裁量权，这些行为影响着他们所服务的任何特定行政相对人的全部生活，但正是高层领导者的种族公平的承诺塑造了整个组织文化，为这个公共机构的职员们提供了社会化过程，并建立了种族公平绩效和问责制的明确规范和预期。

原则五：在个人层面，公务员必须致力于消除妨碍种族平等的行为。基于不同种族之间的沟通交流，可以有效地影响一个公务员所在的机构提升、促进、参与、评价种族平等的程度。个人层面的一些种族交谈策略，包括回避、策略性种族偏见、大熔炉、话题的多变性、个人体验、文化多样性和文化马赛克等，都可以为公务员提供一个机会，使他可以更加了解社会认同和某些群体成员在公共服务的供给和投递中所起的作用。

原则六：在组织层面，政府机构应该评估其社会化边界，并将它延伸到更广泛的种族平等工作领域。诸多公共组织的社会化过程为种族平等活动提供了许多边界，这些边界包括两个关键维度，即公共边界和真实边界。公共边界通常是公认的工作活动，但它们并不能代表一个公务员活动的真实边界，后者要宽泛得多。为了完成种族平等的工作，真实边界的外部效应通常需要扩大，以便囊括存在于神经质领域的许多活动。对于这些活动尽管可以采取不鼓励或禁止的态度，但是这些活动应该是必需的和允许的。

原则七：没有完美的解决方案，但是应该尝试结构性公平解决方案。如同公共行政和公共政策，完美是不可能的。在政府的这一神经质领域有所作为可能会遇到令人不安的湍流或者逆流。开始可能会举步维艰，必须采取循序渐进的步骤。"在我们努力超越种族的过程中，我们很少关注它是如何构建的，也很少关注结构和潜意识在创造种族状况和意义时的作用。种族不只是一个我们可以选择参与或不参与的理念。"（Powell，2012：233）从直面种族不平等和种族歧视的正常化讨论开始起步，走向针对行政行为和公共政策的深化评估，从而逼近一种更好的结构性公平解决方案。

原则八：种族平等需要在问责制的情境下运作。政府绩效目标应该修订和升级。这些目标应直接与政府机构的使命、组织结构和战略规划联系起来。政府机构应该投资于分析其服务的种族平等维度，从内在目标逐步过渡到高水准的政府绩效和问责制目标，这将在程序公平、准入、质量和结果等公平维度上促进行政行为的最佳实践。这种做法也适用于 MPA 项目。

原则九：如果种族歧视的法律障碍基本被消除了，那么行政领导者、政策、实践和创新就构筑了一线种族平等工作的根基。废除种族歧视的立法是必然的，但消除种族歧视的意念却是不可能的，种族歧视仍然会存在，这不仅需要在世界范围的共同行动[1]，而且需要在行为实践中制定必要的标准，共同在政府的这一神经质领域发力，谨防新的结构不平等的出现。

原则十：政府中的重大种族进步能够实现。在美国，不能因为种族歧视根深蒂固而放弃努力，不积跬步，无以至千里。有信心就要付诸实施。南非已故总统曼德拉说过，在种族平等实现之前，它似乎总是不可能的。在实现种族平等的征程中，尽管不存在万全之策，但是讳疾忌医，则可能陷入万劫不复的渊薮。

---

① 比如，联合国的《消除一切形式种族歧视国际公约》（*International Convention on the Elimination of All Forms of Racial Discrimination*），为根除种族歧视提供了重要的国际框架。

第四节 代表性官僚制、多样性和社会公平

美国公共行政中社会公平观念还有两条重要的思想线索,分别是代表性官僚制和多样性理论,它们同样是构成衡量社会公平的重要维度。

代表性官僚制一词最早可以追溯到金斯利于 1944 年出版的《代表性官僚制:英国公务员制度解读》(*Representative Bureaucracy: An Interpretation of the British Civil Service*)一书。金斯利发现,由于社会、政治和经济精英们在英国的官僚体制中占据统治地位,所以由此产生的政治社会纲领和政策并不能满足所有社会阶层的需求和利益。为了解决这一问题,代表性官僚制是必要的。代表,被看成是根据被代表者的利益行事的某个人(Pitkin,1967:209)或被看成是成就某事(doing something)而不是成为某事(being something)(Pitkin,1967:67)。一个官僚机构或其他机构在某种程度上是否具有代表性,主要取决于代表的社会来源是否反映了被代表群体的社会来源。① 代表性官僚制区分被动代表和主动代表。被动代表,也称描述代表,是由代表是否具有与其所代表的人们相同的人口统计学特征所决定的,在一定程度上反映官僚制所服务的人群的社会学特征。主动代表是指被代表的群体能够从代表性官僚制中获得收益的一种功能,大多数主动代表理论关注代表如何影响政策制定和政策执行,并假设官僚们会有意识地根据他们所代表群体的利益行事。比如,女性和男性在同一机构内工作,女性更有可能积极促进有利于广大妇女的政策议程。被动代表与主动代表之间存在

---

① 弗雷德里克·莫舍尔区分了两种类型的代表性官僚制,即被动代表或人口统计学上的代表,以及主动或政策/行政代表。代表性的被动含义有时也称为社会学含义,关系到代表的来源以及他们整体上反映社会结构的程度。当官僚们将群体利益转化为有利于他们被动代表的群体的政策决策时,就会出现主动的代表性,"就存在着一种负责任的代表性,其中个人或行政人员有望为他所代表的那些人争取利益或实现愿望,无论他们是全体人民还是部分人民"(Mosher,1968:12)。

着迭代，即象征性代表。代表性官僚制强调种族、少数族裔、伦理族群、性别、身份、多样性等因素在决定基层官僚行使自由裁量权和实现民主价值中的重要性，因此，关于代表性官僚制的讨论标志着社会公平研究进入了实证研究的新阶段、新境界。绝大多数代表性官僚制理论从被动代表、主动代表和象征性代表的视角来检验代表性官僚制对社会公平的影响。

梅耶是当代美国公共行政学界代表性官僚制的杰出代表人物，他不仅极力推崇代表性官僚制，而且是第一批在实证研究基础上检验被动代表和主动代表之间联系的学者之一。梅耶和斯图尔特运用佛罗里达州教育部门 20 世纪 60 年代至 70 年代 67 所公立学区的数据验证了代表性官僚制是否会产生不同的政策产出和效果。研究发现，当代表性官僚具有自由裁量权，对被代表的群体具有持久影响，以及政策措施与所代表的人口具有显著关联时，其结果是，代表性官僚与公共政策产出和效果之间不仅存在显著的相关性，而且具有象征性含义。因此，他们认为，代表可以为被代表群体的利益行事，其行事方式包括制定符合被代表群体政策偏好的决策，即政策一致性；确保被代表群体的个人利益，例如法规豁免，即服务回应性；在全体选民中谋求自己所代表的群体的利益，例如政治分肥项目，即分配回应性；建立选民对代表的信任机制和普遍的支持，即象征性代表。这四种表现形式中的任何一种都是可行的，其中的政策一致性与代表性官僚制最为契合。（Meier & Stewart，1992）这项研究开创了种族、伦理族群和性别在政策制定和决策中的社会公平实证研究的先河。[①] 梅耶等人以 1991 年至 1996 年得克萨斯州 350

---

① 后续研究中，代表性成果包括 Representative Bureaucracy：Examining the Linkage between Passive and Active Representation in the Farmers Home Administration. （Sally Coleman Selden，1997）Administrative Discretion and Active Representation：An Expansion of the Theory of Representative Bureaucracy. （Jessica E. Sowa & Sally Coleman Selden，2003）Representative Bureaucracy：Rethinking Substantive Effects and Active Representation. （Hong – Hai Lim，2006）Black or Blue：Racial Profiling and Representative Bureaucracy. （Vicky Wilkins & Brian N. Williams，2008）Representative Bureaucracy：Assessing the Evidence on Active Representation. （Mark Bradbury & J. Edward Kellough，2011）等。

个学区为研究对象，对代表性官僚制是否以牺牲非少数族群利益为代价而谋求少数族群利益的问题开展了进一步验证。研究选择的每个学区都是多种族学区，即盎格鲁学生的比例不低于 10% 但不超过 90%，采用时间序列分析方法，探讨少数族群与非少数族群代表性官僚与组织产出之间的关系。结果发现，代表性官僚制非但没有以牺牲非少数族群利益为代价为少数族群谋取利益，反而在有代表性官僚制存在的情况下，少数族裔和非少数族裔学生都表现得更好，因此得出了存在代表性官僚制比不存在代表性官僚制更有效的结论（Meier, Wrinkle, Polinard, 1999）。

撒迪厄斯·康纳尔使用了对新墨西哥州 32 所和俄克拉何马州 396 所公立学校的 150 名印第安教育长（校长）的第一手邮件调查数据，探讨共同身份与个人态度如何影响与印第安人社群互动的程度。研究发现，与公立学区外的印第安人或非印第安州的公立学校官员们相比，与公立学区内的印第安人拥有共同种族和部落/共同伦理族群身份的公立学校官员们与他们所服务群体的互动水平更高。印第安教育主管代表学区，按照联邦印第安教育拨款的要求，在与部落官员建立和维持伙伴关系方面发挥着关键作用（Conner, 2016）。

凯瑟等人分析了佐治亚州为贫困家庭提供临时援助项目实施处罚的情况。他们发现，尽管非白人受到处罚的比率低于白人，但是与每个地区的白人相比，非白人受到的处罚更多。之所以会出现这种悖论，是因为非白人通常生活在处罚率较低的地区。某个地区的种族背景和贫困家庭临时援助受助人的种族身份所遭到的处罚率，随着非白人人口的增加而增加，直到非白人获得政治权力的临界值（Keiser, Mueser, Choi, 2004）。贝琳达·戴维斯等人则以该项目的职业教育培训为政策工具，探索了主动代表和被动代表在执行公共政策方面的作用。他们使用 2004 年 4 月至 2006 年 9 月路易斯安那州福利工作项目新参与者的行政数据、调查数据和教区层面的背景数据，运用对数分析预测了职业教育人员的构成。研究发现，少数族裔行政相对人受益于黑人政治权力，黑人政治权力的效果取决于项目经理是否参与社区网络。当项目经理是黑人时，所有行政相对人，无论属于何种种族，都更有可能接受职业教育培训（Davis，Livermore，Lim，2011）。

在性别与社会公平领域，当女性作为一个群体从某项政策中获益时，当政治程序将性别定义为一个问题时，当官员的性别改变官员与行政相对人之间的关系时，女性的主动代表可能出现，并且会带来有益于妇女的政策效果。长期以来，学者们认为，女性包括少数族裔需要达到一个临界值才能在政策制定中发挥倡导作用。坎特的研究发现，当女性在组织成员中所占比例不足15%时，她们只是一种象征，在组织内缺乏推动变革的权力和地位。尽管15%是一个可能的临界值，但是这个比例是必需的，且会因情境而异（Kanter，1977）。梅耶检验了一个学区的拉丁裔校长数量是否也存在临界值，才能对拉丁裔学生的教育成绩产生积极影响。研究发现，就拉丁裔校长而言，限制体罚的临界值是24%，而限制停学、提供替代教育服务、减少开除的临界值高达26%（Meier，1993）。多兰分析了1996年11月至1997年1月美国联邦人事管理局所提供的6591名联邦政府女性高管的调查数据。研究发现，当联邦资深女性高管在一家专门处理女性问题的机构或部门工作时，以及当精英女性在公司领导层中所占比例较高时，她们最有可能采取有益女性的策略（Dolan，2000）。梅耶和尼克尔森－克罗蒂以美国司法部汇编的从1990年到1997年美国60个最大的大都会地区的性侵犯案件为样本，分析了女警官与性侵犯案件之间的关系。研究发现，一支拥有更多女性警官的警署会对性侵犯案件做出更积极的反应。首先，一名女性如果看到警署有更多比例的女性，她可能会认为性侵犯指控将会得到更严肃对待。因此，她更有可能第一时间与警方联系，投诉强奸案。其次，如果官员和行政相对人之间的关系发生了变化，那么受害人可能更愿意相信警察站在她一边，提出指控或提供更有说服力的证据。再次，即使女警官没有参与其中，但这一过程也可能是积极的。其前提是，女警官可能使男同事认识到性侵犯的重要性，其结果是男警官为女性受害者采取行动。最后，因为女性警官有一系列与性别有关的共同经历，所以她可以分享关于强奸后果严重性的价值观。在这种情况下，警官可能会主动地代表行政相对人的利益，花更多时间处理强奸案件或更主动地追捕嫌疑人。女警官的比例影响到强奸报案和逮捕的发生率，女警官的比例与性侵犯报案数量和因性侵犯而被捕的人数呈正相关，被逮捕的涉嫌性侵犯、强奸犯嫌疑人更多，甚至有利于控制此类犯罪的增长（Meier & Nicholson-Crott，2006）。梅耶和芬克利用巴西的市政数据，探讨了两个与被动代表相关的问题，一个是选举女性担任公职是否会增加女性在公共行政雇员中的比例？另一个是妇女在民选公职和公共行政中的代表性是否能更好地代表妇女的利益？研究发现，女性当选的领导人增加了任命女性担任公共机构负责人的可能性，通过这些机构负责人，她们间接影响了其他行政职位的代表性，并且在微观层面女性代表在实现社会公平的效果上更为显著（Meier & Funk，2017）。

在另一项针对性别的研究中，研究者以得克萨斯州 1995 年至 1998 年的 607 所高中女生的成绩为样本，研究女性被动代表和主动代表之间的联系。研究发现，女性数学教师不仅提高了女生的数学成绩，而且提高了男生的数学成绩。女性身份及其拥有的自由裁量权可以通过以下四种方式之一影响女生的数学成绩。第一，女性教师意识到数学上的差距，会花更多的时间指导女生，并在讲数学时采取更积极的教学举措。第二，即使女生们没有女性数学老师，女生们仍然可以将女老师作为学习的楷模，这种身份认同可以让女生在数学课上取得更好成绩。第三，非数学女性教师可以通过鼓励学生们克服困难提高学生们的学习能力。尽管数学教师在提供这种鼓励上处于更合适的地位，但一个学生可能更认同另一位不同学科的老师。这可能是具体的，与数学课有关，也可能是一般的，与整体愿望有关。其中一些影响可以通过非正式的咨询过程发挥作用，或者干脆不需要个人之间直接接触。第四，女老师比男老师更有可能敦促学校采取若干政策，对女生历来学习成绩不佳的课程提供更多的鼓励手段。（Keiser，et al，2002）另外一些研究成果显示，在女性儿童收养收容及执法监管等领域，女性被动代表和主动代表都对女性行政相对人产生了积极的影响。（Wilkins & Keiser，2006）

　　少女怀孕也是影响社会公平和种族平等的一个突出问题。在美国 20 岁之前至少怀孕一次的女性高达 34%，每年大约有 82 万少女怀孕（Hoffman，2006）。据古特马赫研究所（Guttmacher Institute）报告显示，2010 年非裔美国人的少女（15—19 岁）生育率为 51.4‰，而白人少女为 32‰，全国平均值为 34.4‰。① 即使考虑到社会经济状况，非裔美国人的少女怀孕率也明显高于其他任何群体。并且，少女母亲的儿子更有可能在监狱服刑，少女母亲的女儿更有可能成为少女母亲。怀孕的少女完成高中学业的不足三分之一，完成大学学业的只有 2%（Perper，Peterson，Manlove，2010）。与 20 岁以上妇女所生的孩子相比，少女妊娠诞生的婴儿早产和体重偏低的风险更大，婴儿夭折、失明、耳聋、慢性呼吸问题、智力迟钝、精神疾病、脑瘫、阅读障碍和多动症的概率更大；少女所生的孩子更容易受到忽视和虐待，接受教育程度更低，获得足够医疗保健的可能性也更小。针对这一严酷现实，阿特金斯和维基·威尔金斯使用佐治亚州公立学校 2002—2003 学年、2003—2004 学年、2004—2005 学年、2005—2006 学年的数据，检验了少数族裔和女教师的存在是否会降低青少年怀孕率。研究发现，当女教师和非裔教师的比例达到临界值（约 20%）时，白人少女平均怀孕率、非裔少女的怀孕率均出现显著降低。（Atkins & Wilkins，2013）

　　身份是象征代表性的重要标识，通过研究公民和行政相对人的认知和行为，发现被动代表转变为象征性代表的线索，能为政策效

---

① U. S. Teenage Pregnancies, Births and Abortions: National and State Trends and Trends by Age, Race and Ethnicity［R/OL］［2020 - 02 - 04］https://www.guttmacher.org/sites/default/files/report_pdf/ustptrends10.pdf.

果的因果实践提供通道。盖德和加丹·威尔金斯通过研究行政相对人对退伍军人事务部所实施的职业康复项目的看法,验证了退伍军人身份的被动代表与象征性代表之间的联系。研究发现,职业康复系统的退伍老兵对他们的康复顾问的行为认知存在显著差异,当他们知道或相信他们的康复顾问也是一名退伍老兵时,他们对职业康复项目的总体满意度就会显著提高(Gade & Wilkins,2013)。尼克·西奥博尔德和海德尔－马克尔利用 1999 年全美关于警察和公众接触的司法档案数据,在个人层面对象征性代表进行测试。研究发现,象征性代表确实存在。如果有黑人警官在场,黑人更有可能认为警察的行为是合法的。相反,如果警察是白人,白人更有可能认为警察的行为是合法的。"与主动代表根据被代表群体的利益行事不同,象征性代表对那些在认知上自认为属于被代表的某个群体的受众产生影响。除了担任政府官职或职位外,即便代表们不采取任何有意识的行动,有了象征性代表,受众的态度和政策的效果也会改变。""人类对许多情境的感知非常重要,即使这种感知可能是错误的。在非常真实的意义上,一个人的感知就是他的现实。当考虑到政府机构的行为时,特别是在一个民主体制中,对所采取的行动及其执行方式的合法性、公平性和正义的感知对政府合法性具有重要的潜在影响。如果公民开始相信政府机构的行为在某种程度上是非法的,他们可能会不信任政府。"(Theobald & Haider－Markel,2009)象征性代表还具有一定程度的心理效应。比如当非裔美国人的同伴担任民选的职位时,他们的心理满足感会提升,奥巴马当选美国总统给非裔美国人带来了希望和鼓舞(Marx,Ko,Friedman,2009)。总之,象征性代表不仅能提高政府的合法性,还能提高人们对政府及其服务的心理满意度。

2009 年 3 月,盖伊在 ASPA 年会的斯通演讲上发表题为《当多样性创造差异》(*When Diversity Makes a Difference*)的演讲。她将多样性与代表性官僚制联系在一起,纵览包括种族、性别、年龄、伦理、宗教、性和生理能力等在内的所有类型的多样性文献,多样性产生了从被动代表到主动代表的转变。多样性促进了美国的民主质量。"我们对多样性的估价越高，我们就越必须保证我们的行政过程和程序向所有人开放。通常沉默的怨言也能够听到，我们不仅容忍差异，而且拥抱差异。"多样性有助于可持续的决策。多样性使决策不再是短视的，而是每一项决策不仅要接受白人的检验，而且要接受少数族群的检验。"当女人必须像男人一样，当黑人必须像白人一样，当拉丁裔必须向盎格鲁人一样"参与决策过程和程序，决策就越发稳健。多样性确实创造了差异，并且在其遭到抵制的过程中改变着各种事务。"事实上，某些人将多样性的增长等同于习惯处于主导利益集团的部分人的不幸。伴随着他们惯常的行事风格的丧失，他们愤怒，继而忧伤，并开始挣扎去克服'我们与他们'的事务之评估。""容纳多样性是一个持续的挑战，无论在邻里之间，还是在工作场所。传统的结构必须让位给容纳每个人的新体系。多样性越多，临界值就越可能实现。当它发生的时候，同化效应就停止了，容纳效应就开始了。"（Guy，2010）

代表性官僚制、多样性研究确实推进了关于社会公平的研究走向经验实证的阶段，也确实得到了不同领域经验数据的检验。但是，代表性官僚制和多样性是否能够调和民主价值是一个充满争议的问题。

美国政治科学学会下设的美国不平等问题特别工作组（Task Force on Inequality in America）的研究指出，"独立宣言承诺所有美国公民都享有平等的政治权利。几乎每一代人都皈依这一承诺，并致力于将美国的民主绩效提升到最理想的境界。然而，美国民主的承诺再一次面临威胁……当前，风险在于不断加剧的经济不平等将凝固政治言论、将影响长期不平等，或许还会加剧这种不平等。我们的政府正变得对权势者越来越民主，并且越来越不是改善弱势群体和关注大多数人的有力工具。如果参与和影响的不平等被进一步巩固并且如果普通的公民放弃民主政府，不平等的公民可能就会苟且偷生，使得美国民主走向长期的弱化"。一个两极化的美国正在形成,特权阶层、管理者和企业所有者为一极,社会中下层的白人、非裔美国人、拉丁裔工人以及蓝领阶层为另一极,他们之间的鸿沟越来越大。"歧视非裔美国人,对妇女的蹂躏已变得更加微妙""参与的不平等意味着政府官员对低收入或中等收入的美国人、少数种族和伦理族群、合法移民的关切整体上充耳不闻。较富裕的人群的利益和偏好得到了清晰、一致和强有力的表达和传递"(American Political Science Association,2004)。国家的财富和收入集中在少数人手中成为一种有力的威胁。在持续上升的不平等时代,美国的平等公民权和回应型政府的理想处在不断增长的威胁之中。收入、财富和获得机会的差异在美国正在比其他国家增长得更加剧烈,种族和伦理族群之间的缺口持续存在。实现美国民主理想的进步可能已经停摆,甚至正在倒退。

当然,多样性也可能成为一种花言巧语的伎俩。20世纪90年代,多样性是赢家,因为作为政治策略,相比于赞同平权运动,赞同多样性是无风险的。多样性重新将这一论题界定为不是专门针对少数族裔或女性,而是作为一种可以被所有公民利用的公共物品。对于富人来说,多样性是自我合法化的有力工具,"一个不仅没有种族主义,也没有性别歧视和同性恋歧视的社会是一个新自由主义乌托邦,在这里,所有理由都被消除了,剩下的任何不平等都是合法的"(Michaels,2006:41)。多样性是一项安慰奖,分散了政策制定者和公共行政人员对不平等这一核心问题的注意力。美国名牌大学的学生只有3%来自经济社会底层四分之一的家庭,现行大学教育的衍生功能就是将特权洗白为资格证书。包括收入、住房、就学、医疗保健、交通等在内的所有形式的不平等必须是公平和正义的核心,多样性问题必须接受意识形态的检验。悖论在于,只要没人想伤害穷人,穷人就不会感到自卑,就没有理由抱怨,也没有理由挑战资本主义加剧不平等的内在机理。从这个逻辑分析,多样性让那些对社会公平问题感兴趣的人走错了路。

也有学者尖锐指出,代表性官僚制并没有产生公共政策有利于少数族裔的积极效果。在民权运动达到高潮后，美国刑事处罚政策的惩罚性不再针对不断上升的刑事犯罪不安全感，而是转向针对雇用劳动的分裂和种族伦理等级制度的重组所引发的社会不安全感。这种刑事处罚政策将限制性工作福利（workfare）与扩张性监狱福利（prisonfare）结合起来进行广泛的重组，建立了一个花里胡哨的公民道德舞台。在这个舞台上政治精英们可以精心策划针对未成年福利母亲、贫民窟的街头暴徒等这些所谓的离经叛道的群体的公开谩骂，将社会福利和刑事司法的演化纳入一个并行的轨道，监狱不仅是执法的技术手段，而且是一个核心的政治机构。一个严重损害民主理想的过度发展和侵略性的刑罚国家就这样建立起来（Wacquant，2009）。

　　理论的完美性掩盖不了现实的残酷性，而且现实也在不停嘲讽理论的苍白。21 世纪 10 年代，美国警察针对黑人的暴力事件再次升级，导致年轻黑人的死亡。2014 年 8 月，一名年仅 18 岁的黑人男子迈克尔·布朗在弗格森市被一名警察枪杀，引发了该市黑人社区的市民骚乱以及全美范围内针对警察暴力镇压黑人强烈的抗议活动。调查显示，虽然弗格森市大约三分之二的居民是非裔美国人，但该镇 53 名警察中只有 3 名是非裔美国人。① "弗格森警局内违法行为的模式和做法违反了美国宪法第一、第四和第十四条修正案以

---

　　① 美国司法部的报告指出，弗格森的执法实践是由该市对收入的关注而不是对公共安全需求所决定的。这种对收入的重视损害了弗格森警察局的机构性质，助长了违宪的治安模式，塑造了该市法院，对弗格森社区的成员造成不必要的伤害。弗格森警方和市政法院的做法都反映并加剧了现有的种族偏见，包括种族成见。弗格森自己的数据建立了明显的种族差异，这对非裔美国人产生了不利影响。有证据表明，歧视性意图是造成这些差异的部分原因。随着时间的推移，弗格森警方和市政法院的做法在社区部分人士和警察局之间播下了深深的不信任之根，特别是在非裔美国人当中，这种做法破坏了执法的合法性。U. S. Department of Justice（DOJ），& Equal Employment Opportunity Commission（EEOC）. Diversity in Law Enforcement：A Literature Review［R/OL］. 2014［2020 - 02 - 04］http：//www. cops. usdoj. gov/pdf/taskforce/Diversity_ in_ Law_ Enforcement_ Literature_ Review. pdf/。

及联邦法律。"① 弗格森警局提供了一个鲜活的案例,非裔美国执法人员的代表性严重不足。或许,代表性官僚制的理论和实践正处于前进三步、后退两步的状态,而且多样性话语是完全不同于社会公平的话语。就如同盖伊所言,与社会公平相比,多样性是不刺耳的,很受欢迎,更具开放包容性。但社会公平的尖锐性却相当清晰,绝不模棱两可。道德上的劝说和统计特征上的宽慰,必须转化为行动的勇气(Guy,1993)。

第五节 社会公平:永无止境的追求

关注社会公平已经成为自第一届明诺布鲁克会议以来"明诺布鲁克传统"的一个重要组成部分,每一届明诺布鲁克会议都能听到社会公平这一议题。一代又一代的"明诺布鲁克人"强调必须澄清社会公平的概念参数。"首先,社会公平研究应该思考身份的社会建构。社会身份不能只包含在种族/伦理或性别变量。社会身份具有超越简单标签的含义,并且经常贯穿于创造的范畴,而这些创造的范畴远比我们通常所讨论的范畴变量更加复杂。其次,我们倡议更加关注身份的当前情境、历史情境和社会公平研究。关于情境的相对广泛且日益增长的关注,将使得新的方法论进路成为必需。最后,我们相信,社会公平研究的最终目标应该是社会变迁。作为一门应用科学,公共行政尤为适合于将我们的学识运用于履行政策创造和政策执行的责任。"(Gooden & Portillo,2011)社会公平研究的最终目标不应该是简单地理解公共组织和公共服务中的社会公平,而是有意识地尝试改进关于社会公平的政策和实践,让社会公平推动社会变迁,或者说,社会变迁应该走向实现社会公平的轨道。传统的社会公平研究过于关注经验研究与规范研究之间的差

---

① U. S. Department of Justice(DOJ). Investigation of the Ferguson Police Department [R/OL] 2015 - 3 - 4 [2020 - 02 - 04] http: //www. justice. gov/sites/default/files/opa/pressreleases/attachments/2015/03/04/ferguson_ police_ department_ report. pdf/.

异，整合这两个方面的研究必须强调经验研究，特别是政策和项目是如何运作的，而政策研究有助于政策制定者和行政人员评估和改进那些未获得成功的项目（Pitt，2011）。未来的社会公平研究不应该局限于报告族群之间的不平等，而是应该致力于理解特定的导致社会、政治和法律冲突的不平等如何被补救（Gooden & Portillo，2011）。理解社会公平，衡量社会公平，追求社会公平，实现社会公平，依然任重道远。

一　重构哲学上的理念

社会公平的政治哲学基础来自正义和平等。罗尔斯从《正义论》到《政治自由主义》已经出现了明显的实用主义思想转向，"罗尔斯似乎不再承诺一种关于人类自我的哲学解释，而仅仅承诺对我们现在的生活方式作一种历史描述和社会学描述"（迈克尔·桑德尔，2011：221）。关于正义"是一组相互冲突的概念，这些正义概念相互间在许多方面都处于鲜明的对峙之中。有些正义概念把应得作为中心概念，而在另一些正义概念中则根本否认应得与正义有任何相关性；有些正义概念求助于不可转让的人权，而另一些正义概念却求助于某些社会契约，还有一些正义概念则求助于功利标准。体现这些对立概念的各种正义理论，在阐释正义与善的关系、正义所要求的平等类型、执行正义的范围、在考虑与之相关的个人在没有上帝法则知识的情况下正义的知识是否可能等问题上，也各执千秋"。之所以如此，是因为"我们的社会不是一个一致认同的社会，而是一个分化的、冲突的社会。建立在社会与文化的碎片混合物基础上的教育无法为人们提供一种连贯的思维方式和判断方式，也就生成了林林总总的相互对立、互不相容且对于我们的道德忠诚、社会忠诚和政治忠诚来说又互竞不一的正义解释。"（阿拉斯戴尔·麦金太尔，1996：1-2）

关于正义和平等问题的讨论仍然是当代政治哲学的前沿问题，而且是许多政治哲学家和道德哲学家毕生的关切（Clayton & Williams，2000)。师承罗尔斯的斯坎伦在《宽容之难：政治哲学随笔》 (*The Difficulty of Tolerance: Essays in Political Philosophy*) 和《为什么不平等如此重要?》(*Why Does Inequality Matter?*) 中系统地阐述了人们反对不平等的理由。1965 年，美国最大的 350 家公司高管的平均薪酬是这些公司员工平均薪酬的 20 倍。随后这个差距一直在增长，到 2000 年高达 376：1，2014 仍然保持在 303：1，比 20世纪 60 年代、70 年代、80 年代或 90 年代的任何时候都高。从1978 年到 2014 年，这些高管的薪酬增长了 997%，这一涨幅几乎是股市涨幅的两倍，远高于同期普通工人 10.5% 的缓慢涨幅。不平等的各种形式存在多元主义观点，"种族不平等包括令人反感的地位不平等、缺乏经济机会、教育和其他重要公共服务的不平等供给以及法律制度的不平等待遇，还包括剥夺获得政治影响力有效手段的权利，在许多情况下被剥夺投票权。性别不平等包括令人反感的地位不平等，缺乏平等的经济机会，在就业和接受教育方面存在歧视，家庭生活负担的分配不均，妇女在获得具有政治影响的地位方面始终受阻" (Scanlon，2018：152 - 153)。在此基础上，斯坎伦提出人们反对不平等的理由，包括："因为它创造着社会地位上诸多羞辱性的差异；因为它赋予富人凌驾于那些拥有更少权力人们之上的让人难以忍受的权力；因为它破坏了经济机会的平等；因为它破坏了政治制度的公平；因为它让那些本该受到政府关注的人丧失了福利机会" (Scanlon，2018：8 - 9)。"反对不平等有许多不同的理由，而这些理由取决于不平等如何影响个人之间的关系，或取决于不平等是源自于个人之间的关系" (Scanlon，2018：152)。所以，斯坎伦提出关系型多元平等主义的观念，这些关系包括羞辱感、自尊心、控制权，以及经济和政治制度不平等所带来的干预控制等。就干预控制关系而言，相对于被陌生人控制，婚姻关系或家人控制就不那么令人反感，法律授予的自由裁量权也比强制性控制更容易让人接受 (Scanlon，2018：98 - 100)。

　　关系型多元平等主义强调程序公平和实质性机会的重要性。如果过分地强调机会平等，就会产生不平等的结果，因为机会平等是以对不平等的其他正当理由为先决条件的。"在一个特定的社会，与正义问题有关的能力取决于制度作用的结构以及有效的发展条件。能力不是个人的一种财产，不能独立于任何制度被定义，而是一个公正的制度应该给予的奖励。选择和努力与不平等的种种正当理由的相关性在于，人们对不具备某些优势的反对理由可能会被特定的事实削弱，即如果他们选择了作出必要努力，他们就可能拥有那些优势。但是，当且仅当如果一个人有机会在足够优越的条件下做出选择，这个人有机会选择一种不同结果这一事实才能具有这种合法化的效果。"（Scanlon，2018：157－158）斯坎伦主张，能力、选择和努力等概念可以避免应得观念。

斯坎伦承认，关系型多元平等主义既有消极的一面，也有积极的一面。"我的消极看法是，经济制度不能通过诉诸独立的产权或应得观念来证明其正当性。我的积极看法是，因为人们是基于其生活将如何受到这些制度的影响而决定是否接受它们的，所以，正当性必须诉诸种种理由。产生不平等结果的制度是没有正当理由的，除非这些不平等无法避免，否则既会侵犯重要的个人自由，也会干扰生产过程，使那些境况较差的人变得更糟。"（Scanlon，2018：157）显然，斯坎伦的关系型多元平等主义拉低了罗尔斯的差别原则。"在最抽象的层级上，平均主义者主张，各种制度必须以认真对待其所有人的利益并给予它们同等重视的方式证明其是正当的。在更具体的层级上，平均主义者承认人们必须反对以某些特殊的方式遭到不平等地对待。"（Scanlon，2018：157－158）斯坎伦建议，要理解不平等所涉及的恶的多样性，不要去追求平均主义的乌托邦，而是要意识到各种差异的产生是不可避免的，消除所有的恶，无论在经济效率、文化特色还是在个人实现方面都会带来无法接受的代价。因此，斯坎伦倡导一种宽容的哲学，即"个人自然而然且合情合理的愿望就是发展他们的天赋，发挥他所意识到的能力"（T. M. 斯坎伦，2008：243）。

内格尔认为，"我们生活在这样一个世界中，它充斥着精神上令人不齿的经济与社会不平等，它迈向承认宽容、个人自由与人类发展的共同标准的进展一直缓慢、不稳定得令人沮丧。"（托马斯·内格尔，2016：5）内格尔主张，无偏倚性进入正当性追求的根基之处，无偏倚性可以使我们拥有更多的平等。所谓无偏倚性指的是这样一种状况，"如果一种体制是正当的，那些生活于其下的人就没有理由抱怨其基本结构容纳他们的观点的方式，而且没有人从体制的运行中撤回他的合作……相反，一种不正当的体制以如此这般的方式对待某些生活于其下的那些人，以致他们能有理由感觉到他们的利益和观点并没有得到充分考虑。结果，即便考虑到他人的利益，他们自己的观点使得他们合乎情理地处于与该体制的对立之中"（托马斯·内格尔，2016：38）。因此，无偏倚性应该被视为确定一种平等的社会制度的可接受性的重要动机（托马斯·内格尔，2016：70）。同时，因为边际效用递减规律，无偏倚性也会导致在其分配后果上是平等主义的。为了将平等自身作为一种善来捍卫，相对于那些福祉水平较高的人们而言，我们不得不赋予福祉水平以较低的优先性。

帕菲特指出，"我们相信政治平等，法律面前人人平等，或者我们相信每个人都有平等的权利，或者每个人的利益都应该给予平等重视……在我看来，要想成为平等主义者，那就是我们必须相信那种平等"。不同的平等观念需要基于平等原则和效用原则，如果我们只关心平等，我们就会成为纯粹的平等主义者。如果我们只关心效用，我们就会成为功利主义者。但是，我们大多数人都是多元平等主义者，即诉诸多种原则或价值。帕菲特区分了目的上的平等主义和道义上的平等主义。从目的上论平等主义，不平等本身就是不好的，但是，目的论的平等主义者可能会在纯粹的平等主义者与功利主义者之间首鼠两端，从而被拉低标准的反对理由者们质疑。[①] 对于

---

① 关于拉低标准的反对理由（levelling down objections），可以参考诺曼（Norman，1987）、阿克（Ake，1975）、特姆金（Temkin，1993）等人的讨论。

平等和优先性，帕菲特强调，平等与优先性并非完全相容，因为"平等主义者关心许多相对关系，即每个人的水平与其他人的水平相比如何；在优先性看来，我们只关心人们的绝对水平。这是一个根本性的结构差异"（Parfit，1997）。帕菲特实际上主张道义上的平等主义，只要不平等不产生恶劣的影响，其本身并无好坏之别，道义上的平等主义者也可以还原为契约主义者。

谁之平等？平等需要何种理由？当代道德哲学家法兰克福将批判的矛头直指柏林的假设，即假设平等不需要理由，只有不平等才需要理由。如果我有一块蛋糕，并且我想把它分给十个人，那么，如果我恰好把它的十分之一分给每个人，无论如何，都不会自动地成为理由；然而，如果我背离这一平等切分的原则，我就需要一个特殊的理由。法兰克福认为，柏林假设完全是错误的。"与不平等相比，平等没有内在的道德优势。支持平等主义目标的假设是没有根据的。如果按平等份额分配柏林的蛋糕在道德上是正确的，那么，正如他所设想的那样，这种解释并不意味着平等不需要理由，也不是说平等主义的分配比其他选择享有一种初始性的道德优越感。他设想情境的关键特征是，他既没有特别的理由来均等地分配蛋糕，也没有特别的理由来不均等地分配蛋糕。在这种情境下，他既不知道想要分蛋糕的人在分配蛋糕的方式上是相同的，因而有理由给他们相等的份额，也不知道他们在分配蛋糕的方式上是不同的，因而有理由给他们不同大小的份额。他完全没有这些人的相关信息。"（Frankfurt，2015：81）法兰克福认为，分配受效用递减规律影响，而效用递减规律对应了参与分配的人，因此，如果我们致力于确保每个人都拥有足够的财富，我们会减少不平等带来的负作用，但是我们在道德上有义务消除贫困——而不是实现平等或减少不平等，重点应该是确保每个人都有足够的钱过上体面的生活，正义的最终目标是消除贫困，而不是终结不平等。

从当代政治哲学和道德哲学的讨论中，道德契约主义的平等观念是可取的，起点上的不平等是不可能消除的，放弃乌托邦的幻想，就必须在现行的制度安排中，特别是经济制度中寻求实现平等的路径，由于边际效用递减的存在，优先权和降低标准不失为现实的选择。

二　寻找政治经济学的药方

当今的美国，最富有的1%人口控制着40%的财富，而最富有的20%人口控制着93%的美国财富。在过去的二十年里，那些大量财富的拥有者和那些没有财富的人们之间的差距一直在稳步扩大。在过去的三十五年里，通货膨胀因素调整后，美国底层80%的人税后净收入基本保持不变，而最富有的6%的人税后净收入增长了两倍多。财富和收入不平等与种族和性别密切相关，非裔美国人、拉美裔美国人和职业妇女在贫困人口中的比例明显过高。美国收入最高的五分之一的人口年度收入是收入最低的五分之一的人口年度收入的十一倍，这是迄今为止工业化民主国家中最大的收入差距。与三十年前相比，考虑到通货膨胀因素，美国工薪阶层的养老金更少，医疗保险覆盖面更小，消费者负债更多，工作保障更少，通勤时间更长，双职工家庭的比例大幅上升。

进入21世纪以来，基于政治经济学的研究为讨论社会不平等问题提供了丰富的经验基础。凯瑟特的《美国的财富:财富不平等趋势》(*Wealth in America*: *Trends in Wealth Inequality*, 2000)、菲利普斯的《财富与民主:美国富人的政治史》(*Wealth and Democracy*: *A Political History of the American Rich*, 2002)、卡兹尼尔森的《当平权行动事关白人的时候:20世纪美国种族不平等的一个不为人知的故事》(*When Affirmative Action Was White*: *An Untold History of Racial Inequality in Twentieth – Century America*, 2005)、哈克的《风险大转移:对美国就业、家庭、医疗保健和退休的侵犯以及如何反击》(*The Great Risk Shift*: *The Assault on American Jobs*, *Families*, *Health Care*, *and Retirement and How You Can Fight Back*, 2006)、雅各布斯和斯考切波主编的《不平等与美国民主:我们知道什么以及

我们需要学会什么》（*Inequality and American Democracy：What We Know and What We Need to Learn*，2007）、巴特尔斯的《不平等的民主：新镀金时代的政治经济学》（*Unequal Democracy：The Political Economy of the New Gilded Age*，2008）、布莱梅迪和安德森的《比较视野下的民主、不平等和代表性》（*Democracy，Inequality，and Representation in Comparative Perspective*，2008）、麦克卡蒂等人的《两极化的美国：意识形态与不平等财富之舞》（*Polarized America：The Dance of Ideology and Unequal Riches*，2016）等著作填补了有关社会公平复合多维模型的许多空白。

特别是当代美国黑人社会学家威廉·威尔逊在《不止是种族：内城区黑人和穷人的状况》（*More than Just Race：Being Black and Poor in the Inner City*，2010）一书中指出，国家强制的种族歧视创造了贫民窟，即制度上的障碍，也就是政府政策和体制上的障碍，也就是例行做法使贫穷的黑人无法摆脱贫困和贫民窟。种族主义的遗产，特别是正式的公共政策，整体上使生活在内城区的人们处于不利地位。20世纪早期，地方政府通过法律将种族隔离到不同的社区。后来，白人利用私人协议和暴力恐吓将黑人赶出白人社区。郊区化建立了新的、独立的城市，白人随之逃离，留下了穷困潦倒的家庭、破烂不堪的住房和设施陈旧的学校。联邦高速公路政策提供了新的道路，高速公路经常用于种族隔离。直到20世纪60年代，联邦住房机构还在进行种族歧视，拒绝为内城区的抵押贷款提供担保，私人贷款机构也纷纷效仿。企业和工作岗位纷纷离开城市，迁往郊区。近年来，新经济在工资水平两极创造了许多新增的就业机会，为受过良好教育和文化适应的人提供包括管理、银行、会计、咨询、信息技术等在内的高薪工作，为那些没有受过教育或缺乏技能的人提供比如园艺、房屋修缮、电话营销、保洁、快餐等低收入工作。更有甚者，现有相当比例的低收入工作是由移民完成的。根据威廉·威尔逊的观点，当代美国内城的问题不能归咎于种族，在贫民窟的贫困持续存在的过程中，公共政策和新经济是比所谓的内城文化功能失调更重要的因素。

近些年,沿着威廉·威尔逊思路的研究成果更加引人注目。三位理查德氏——罗特斯泰因、佛罗里达和里维斯,在 2017 年同年出版了他们关于美国不平等的著作。尽管研究起点不同,却得出了惊人相似的结论。三位理查德氏所提出的一致政策议程,不仅表明了过去几代人的未竟事业,而且也表明了当今美国社会面临的独特挑战。

罗特斯泰因在《法律的颜色:一段被遗忘的历史,关于我们的政府如何分裂美国》(*The Color of Law*:*A Forgotten History Of How Our Government Segregate America*)一书中阐述了一个为人熟视无睹且令人震惊的关于 20 世纪政府资助的住宅种族隔离的故事。政府的抵押贷款和住房开发政策为数以百万计的美国白人提供了创造财富的机会,同时也将大多数非裔美国人锁定在日渐衰落和腐朽的城市贫民窟地区,特别是南部黑人区整体上被分隔在大都市之外(Rothstein,2017)。

佛罗里达在《新的城市危机:我们的城市如何加剧不平等、加深种族隔离、让中产阶级失望,以及我们能做些什么》(*The New Urban Crisis*:*How Our Cities Are Increasing Inequality*,*Deepening Segregation*,*and Failing the Middle Class – and What We Can Do About It*)一书中,介绍了他自己在新泽西州纽瓦克的成长经历,这是 1968 年克纳委员会报告调查城市暴乱期间首访并详细记载的城市。在解释纽瓦克如何成为新经济的核心组织单元时,佛罗里达描述了一种新的、令人不安的模式。在这一迭代中,受过良好教育的知识工作者正在返回城市核心区,相反,贫穷和低技能的工人却走向城市外围。这种分化正在城市内部和大都市地区以及它们之间造成更大的不平等。在他看来,这种模式并不仅是美国大都市地区居民生活的写照,而且在全球各地同样可以看到类似的模式正在以极端方式体现出来。几乎在世界各地的所有地方,人们为了机会、舒适度和工作而涌进城市。各类城市成为创新和经济增长的引擎,但生活在这些城市内城区人们的生活境况却正在令人心碎。根据他的估计，世界上有超过 8 亿人生活在各类贫民窟的赤贫和温饱线以下，并且随着世界城市人口的激增，他们的数量将继续增长。佛罗里达认为，其原因就在于分区开放政策。如果抑制发展的住房开发和土地用途限制被取消，让每一个想在旧金山工作的人都能负担得起在那里的衣食住行成本，那么，这座城市的就业岗位将增加 500%。然而，那些拥有晋升流动性最高的地点现在却往往是最不平等的地点。旧金山的不平等程度与萨尔瓦多和卢旺达的不平等程度相似。地点与社会阶层相结合，强化和复制了社会经济劣势群体。生活在各种设施最完善的社区的人们，不仅能获得最优质的学校、服务和职业，而且能获得最佳的社交网络和社会资本（Florida，2017）。

里维斯的《梦想囤积者：美国中上阶层是如何让其他人陷入困境的，为什么这是一个问题，以及如何解决这个问题》（*Dream Hoarders：How the American Upper Middle Class Is Leaving Everyone Else in the Dust，Why That Is a Problem，and What to Do About It*）则将读者的注意力从收入最高的 1% 人群调整到更广泛的中高收入家庭。里维斯认为，在几乎所有的生活领域，他们都在为自己的利益而操纵体制。机会囤积[①]的核心机制是排他性分区制、影响大学录取的不公平机制、遗产选择权以及实习资格的非正式分配。里维斯指出，每一项制度都是为了迎合中上阶层的孩子们。里维斯辨析了晋升流动的主要障碍和延缓不平等的各种机制。通过聚焦大学入学、家庭财富、税法和土地用途政策的分析，里维斯发现，收入和财富不平等如何转化成质量上不同的教育经历和童年环境，中上阶层的孩子们为了人力资本的囤积，如何在一种温室环境中度过他们的头

---

① 机会囤积，原文 opportunity hoarding，是已故的美国历史社会学家蒂利提出的一个社会学概念，用来解释越来越多的与社会不平等相关的现象。它关注以多种方式定义的对诸多资源的控制，从而使得某些群体可以将其他群体排除在获得他们所累积的诸多资源或利益之外。蒂利认为，机会囤积不同于剥削等其他的社会控制和操纵，但近年来，越来越多的学者将机会囤积看成一种剥削机制或手段（Tilly，1998：91-95）。

二十五年。对高等教育的投资缩减给中低收入家庭带来了沉重的债务负担,使上大学变得更加困难,尽管它从未如此重要。分区制法令已成为将社会阶层划分纳入城市地理的机制。税基容量、服务和其他便利设施的集聚随之遵循这些政策决定。基于地点的分类强化了经济隔离,这种政策最终效果是,不公平地使用税法来补贴中上阶层,却仅为低收入的美国人提供相对微薄的收入(Reeves,2017)。

三位理查德氏都认为分区制和税法的扭曲效应强化了经济不平等,他们呼吁取缔分区制,将反不平等的政策注意力聚焦于地点和空间的议题上,从而消除排他性和限制性分区制的障碍,创建一个更公平、更包容的社会。

经济学家们对美国不平等根源的分析可谓鞭辟入里。美国日益加剧的经济不平等主要是 20 世纪 70 年代末和 80 年代初经济政策变化的后果,是从底特律协定①向华盛顿共识转变的结果。对于第二次世界大战后的一代人而言,收入平等的稳定性是伴随着大萧条时期各项"新政"的政策结果。然而,以华盛顿共识为标签制定的各项新的经济政策,因为无法理解造成经济低迷的宏观原

---

①　底特律协定是指 1950 年全美汽车工人联合会主席卢瑟尔与通用汽车公司之间达成的为期五年的合同。随后,全美汽车工人联合会与三大汽车制造商的另两个成员福特和克莱斯勒也达成了类似的协议。全美汽车工人联合会同意与三大汽车制造商达成一份长期合约,保护汽车制造商免受年度罢工的损失,并放弃了在一些问题上讨价还价的权利,以换取广泛的医疗保健、失业和养老金等福利、延长休假时间以及工资与生活成本挂钩等。从 1945 年到 1950 年,先后进行了四轮谈判。第一轮谈判发生在 1945 年年底,当年 11 月 21 日,32 万名通用汽车工人举行了持续113 天的罢工,卢瑟尔要求工资增长 30%,并要求通用汽车保证不再提高汽车售价。结果是,为了免遭罢工的损失,福特和克莱斯勒同意将工资从每小时 18 美分提高到 18.5 美分。紧跟着美国电气、无线电和机器工人联合会,钢铁工人联合会和橡胶工人联盟也以每小时 18.5 美分的工资与雇主达成了和解。1947 年发生了第二轮谈判,卢瑟尔与通用汽车公司达成协议,与生活费用价格指数挂钩的生活费用津贴被纳入了劳动合同。随后又进行了第三轮谈判,迫使克莱斯勒公司将每小时的工资提高了 13 美分。1949 年 1 月,卢瑟尔开始第四轮谈判,并签署了底特律协定,进一步将社会保障、医疗保健和养老金等纳入了劳动合同。底特律协定影响了许多劳动者的生活,并在随后的数十年内对劳动合同和法律产生了深远影响,使养老金和医疗保险成为劳动合同的固定组成部分。该协议使第二次世界大战以后美国汽车工人的工资几乎翻了一番,进入了中产阶级,并普遍拥有自己的住房。

因，试图以微观经济改革改善宏观经济问题。华盛顿共识将经济低迷的原因归咎于经济冲击、基于技术技能的劳动力市场制度以及经济全球化，转而执行浮动汇率、国际资本流动、放松管制、降低最低工资以及税收调整和解散工会等政策。显然，面对一系列的经济冲击、技术进步和全球化，微观经济变迁是不可避免的，经济冲击和全球化并不决定各种制度，相反加速制度变迁。林德尔特的研究表明，不同的劳动力市场制度与类似的失业、经济增长是相容的，全球化甚至可以保留一系列有效的劳动力市场制度。在美国的劳动力市场制度中一直存在着根深蒂固的种族偏见（Lindert，2004）。苏珊娜·梅特勒和卡兹尼尔森深刻指出，第二次世界大战结束后，非裔美国人在很大程度上实际是被排除在被称为天赐良机和慷慨无比的《退伍军人法案》（*G. I. Bill/ Servicemen's Readjustment Act of 1944*）等许多立法和公共政策的收益之外的。技术进步并不能决定谁能够从经济扩张和繁荣中获得租金，但是，因为立法和公共政策的歧视和错配却创造了一个赢家通吃的劳动力市场，美国社会向上层阶层的流动性已经远远低于欧洲，从而产生了巨大的收入不平等与工薪阶层工资停滞并存的状态（Mettler，2005；Katznelson，2006）。正如美国时事评论家皮尔斯坦所述，"美国人所忍受的收入不平等比欧洲人、加拿大人或日本人还要严重。但是，美国人的忍耐力正在减弱，因为他们看到华尔街的掮客们和企业高管通过削弱工薪阶层、穷人和中产阶级的经济保障而变得异常富有。不仅工作保障、私人养老金和雇主所提供的医疗保险的覆盖面正在被削减，而且中小学和大学、交通、健康、娱乐、职业培训和食品券等作为后盾的公共服务也明显地受到侵蚀。许多市民觉得他们现在是在经济上走钢丝，没有社会保障安全网，正是这一点激起了他们的焦虑，不仅是愤怒"（Pearlstein，2006）。华盛顿共识的首选解决方案是让市场发挥作用，并在事后重新分配，赢家补偿输家。在这一技术性描述中，所缺少的是对事后再分配路径所必需的政治魄力和领导魄力。面对巨大的收入不平等,华盛顿共识显然开错了药方,无论是教育、最低工资、资本流动,还是劳动力流动,都不是决定收入分配路径的单一决定性举措,任何一种举措都能减轻一些人的窘迫,但都不能改变收入分配不平等的总体趋势。学者们的建议是,只有政府政策的重新定位,才能重新创造一种更公平的增长分配方式,在这种分配方式中,涨潮才可能托起所有的船只。虽然,这种重新定位的确切形式还不明了。但是这种改变势在必行,时间会告诉我们,越来越严重的经济不景气是否需要再次改变政策。

奥斯特曼认为,美国正处于一个经济悖谬的时代。一方面,美国经济的活力令人震惊,美国产业的生产率是世界上最高的,并以令人目不暇接的速度衍生出新的理念和产品;另一方面,美国人对他们的经济未来深感不安。其原因就在于美国的繁荣是建立在曾经可靠的战后劳动力市场之上的,如今工人们不再奢望稳定的、全职的工作以及持续增长的收入,相反面临着停滞的工资、裁员、日益加剧的不平等以及临时工的大幅增加。奥特斯曼认为,技术进步和资本流动并不能解决劳动力市场自身的问题,必须采取新的政策。首先必须建立可转移福利制度、更强大的失业保险制度以及帮助劳动者在劳动力市场自由流动的新的劳动力市场中介机制,提高劳动者通过劳动力市场向上层社会的流动性;同时必须大胆改革公司治理结构,通过建立创新性的工会以及有组织地提高劳动者在不同社群的话语权来解决雇主与雇员之间的权力不平衡问题(Osterman,1999)。

切迪等经济学家们认为,经济不平等是美国面临的巨大挑战。应对大挑战需要借助大数据。他们利用数百万美国人日常生活的匿名数据,系统研究了黑人与白人之间不平等缺口持续存在和扩大的原因。研究表明,在美国99%的社区,黑人男孩成年后的可比收入都低于同时长大的白人男孩。专注于改善一代人的经济状况的政策,比如临时性的现金转移支付、提高最低工资或全民基本收入计划等，可以在特定时间段帮助缩小种族差距。然而，从长远来看，除非这些政策也能够改变若干代人向上层社会流动的速度，否则它们不太可能缩小种族差距。黑人与白人之间的收入差距是由童年环境所塑造的。童年时期与高收入社区和低种族差异社区的接触，既可以增加收入，也可以缩小下一代的收入差距。向上层社会流动的黑人与白人之间的差距主要是由可以改变的环境因素所驱动的，减少居住区的种族隔离政策，或者在没有实现社区和学校种族融合的情况下，实施允许黑人和白人儿童就读同一所学校的政策，会产生潜在的政策影响。减少黑人与白人之间差距的最有希望的途径是那些跨越邻里和社会阶层界限的影响，将教育机会视为向上层社会流动的引擎。在过去的十五年，来自贫困家庭学生的社区学院入学率比来自其他任何群体的学生都增长得快。尽管在更广泛的范围内接受高等教育的机会有所增长，但是在处于频繁流动的低收入家庭学生的社区学院的入学率却有所下降。尽管精英学校扩大了财政援助一揽子计划，并在招生方面做了努力，但是低收入家庭学生的数量上升并不明显。改善向上层社会流动的关键在于从社区层级的变革开始逐渐上升到联邦层级，进行量体裁衣式的政策干预，公共政策的核心是地方政府、非营利机构和基金会之间建立直接的伙伴关系，比如，为黑人男孩提供指导计划，努力减少白人中的种族偏见，减少刑事犯罪中的歧视，努力促进各种族群体之间更大的互动。同时，要促进从事这类工作的组织和从业人员之间的广泛合作，系统地评估黑人孩子们向上层社会流动的长期影响，并建立一个知识库，以可扩展的方式为少数族裔增加机会。①

---

① Chetty, Raj, et al., Race and Education Opportunity in the United States: An Intergenerational Perspective (March 2018), Working Paper, Opportunity Insight. and Chetty, Raj, et al., The Opportunity Atlas: Mapping the Childhood Roots of Social Mobility (October 2018), Working Paper, Opportunity Insight.

三 少说多做：公共行政的使命

无独有偶，就在《莫伊尼汉报告》①《科尔曼报告》《克纳报告》出版已逾半个世纪之际，佩奇和雅各布斯出版了《阶级战争？美国人对经济不平等的真实看法》（*Class War? What Americans Really Think about Economic Inequality*）。他们认为，从表面上看，美国人在解决经济不平等问题上存在自由市场的笃信者和政府的倡导者两个对立阵营，但是，关于收入和财富分配日益失衡的讨论将引发一场激烈的阶级战争的警告是没有根据的。所有经济阶层的美国人以及两党在很大程度上都同意对方的观点，可以坦诚地谈论经济不平等，而不用担心会引发某种灾难。他们分析了跨越七十多年的数百项综合民意调查的数据，研究发现，大多数美国人都信奉保守的平均主义，这是一种重视个人主义、自食其力以及公共干预的哲学。这种保守的平均主义思想帮助他们在公平竞争的环境中追求缩小贫富差距、为所有人创造真正机会的公共政策。但是，"美国的治理体系也注定会产生僵局和无所作为。三权分立制度需要在国会两院、总统和最高法院之间达成不太可能的一致同意。当不同的政党控制不同机关时，行动的困难就更加复杂了"（Page & Jacobs，2009：105）。并且，政治献金者和有权势利益集团以及无代表性的政党激进分子利用竞选捐款、游说、公共关系闪电战以及对政党和选举的重大影响力百般阻挠实施保守的平均主义。这就导致提高最低工资、改善公共教育、扩大全民医疗保险覆盖面等想法举步

---

① 20世纪60年代，莫伊尼汉受聘于约翰逊内阁，担任美国劳工部部长助理，帮助约翰逊内阁制订反贫困计划。1965年3月，莫伊尼汉和保罗·巴顿发表了《黑人家庭：为国家行动辩护》（*The Negro Family: The Case for National Action*）报告，又称莫伊尼汉报告。该报告在分析黑人贫困相关的统计数据中，注意到了某些异常的现象，即黑人男性失业率和登记领取社会福利的比率，在1962年开始出现分叉。同时，黑人的非婚生育率高达25%，远远高于白人家庭，这种分叉现象即莫伊尼汉剪刀差（Moynihan's scissors）。该报告的重要结论是，黑人核心家庭的崩溃是美国贫困的重要原因，美国的政策应该使美国黑人充分且平等地分担作为公民的责任和收益。联邦政府针对实现这一目标而制订的各项计划，应该旨在对直接或间接地增进黑人家庭的稳定和资源产生影响。

维艰。

佩奇和雅各布斯认为，以代表性官僚制推进美国政治和行政体制改革不是不可能，而是极为困难。一方面，因为政治献金者和有权势利益集团在广告、咨询、助选活动、聘请律师、充当智囊团以及公共关系上投了巨资，华盛顿和国会甘愿成为这些利益集团的雇用枪手，致使在特殊利益集团与普通公民在争夺话语权和赢得政府官员的斗争中，胜利往往属于特殊利益集团。另一方面，自1968年美国大选改革后，政党候选人提名的控制权转向了各主要政党内部相对较小的活跃人士团体，竞逐国会议员提名也都是由少数忠诚于党派的人决定的，这些政党内部的活跃人士通常受到少数议题的强烈激励，他们支持与他们有着共同的不妥协和狭隘政策目标的候选人。这些党内活跃人士与候选人沆瀣一气，实乃一丘之貉，特别是政治候选人经常在经济不平等问题上左右摇摆不定，他们不仅需要富豪阶层的政治献金，而且需要特殊利益集团的鼎力支持。"让所有美国人在美国参议院都享有平等的代表权，至少需要通过一项或两项宪法修正案，这是一项艰巨的任务。彻底消除政治中的金钱和有组织的利益集团的影响力几乎是不可能的。"（Page & Jacobs，2009：108）实际上，早在半个多世纪之前，美国政治家学特切奈德就曾经指出，"国会中的政党就如同一支墨西哥军队，每个人只关心自己的死活。当敌人出现时，他们想打就打，想逃就逃，或想媾和就媾和。这支军队甚至可能被一个懦夫在一个男孩击盆鸣金的帮助下所击败……各个党派听任他们自己被院外压力集团所困扰，就如同一头胆小的巨鲸被一群小鱼追逐一样"（Schattschneider，1942：196 - 197）。代表制官僚制也不是解决问题的根本出路，代表们只会明哲保身，或是有奶便是娘，只会将民意弃之不顾。

佩奇和雅各布斯提出，应该采取提高普通公民参选率的方式来推进改革。将选举日宣布为国家法定假日，并自动登记所有公民投票，这将极大地缩小目前美国的参选率差距。同时，禁止通过划分选区边界来限制政党内部的激进分子挑选极端主义的候选人。这一改革需要采取两个步骤:第一步是确保全体公民都意识到政策选择将会扩大机会和经济安全,并确保政治家能够明确地阐述公众的需求;第二步是赋予政治家们强烈的、自私的动机去关注公民的利益诉求。一个觉醒的、积极的公众可能著书立说和在公共场合演讲,与朋友和邻居讨论务实的平等主义政策和更负责任的政府的必要性,通过电话、信件或电子邮件与政府官员联系,出席会议和国会听证会,加入或组织致力于改善经济不平等的团体,来实现民有、民治、民享的政府,缓解经济不平等和复兴"美国梦"。

　　弗雷德里克森也注意到,公共行政中的社会公平研究已经从种族和性别明显地转向对社会阶层的关注。"我们所处的时代是一个公开抨击商业行为、蔑视高管薪酬过高、对虚假会计行为发出警告的时代,也是一个借贷过多、生产过多、监管过少引发全球经济衰退的时代。"(Frederickson,2010:135)在这样一个时代,即使因循明诺布鲁克的传统,社会公平仍旧正在向社会阶层转移,是否可以说我们已经陷入了一场阶级斗争?弗雷德里克森认为,阶级斗争这个词旨在成为一个对话的终结者,即指责某人处于不值得认真考虑的地位。即便一个人被指控参与阶级斗争之后,也通常会声称,在国家危机时期,我们应该团结一致,而强调我们之间的分歧以及使我们分裂的情势是不恰当的。倘若由此认为,作为未经选举的公共行政人员不应该关心各阶层之间的公平和平等问题,简直就是无稽之谈。在弗雷德里克森看来,揭露和描述不平等和不公平不是阶级斗争,它只是政府和公共政策中的透明度问题。"检验公共行政中的社会公平是衡量政府绩效的一种形式……正是财富和收入在美国人之间的实际和真实的差异造成了美国的分裂……描述财富和收入的变化不是阶级斗争,而是对权力说出了真相;在法律和政策的约束下,竭尽所能以公平和公正的方式执行,不是阶级斗争,只是良好的公共行政;试图改变不公平或不公平的法律或政策,不是阶级斗争,而是我们道德责任的组成部分;在政策制定过程中为公平和公正发出明智和专业的言论,不是阶级斗争,而是公共行政者职

责所在。"（Frederickson，2010：137）

弗雷德里克森认为，公共行政对待社会公平问题，除了借鉴政治科学的研究成果之外，还需要确定公共行政研究社会公平的视角，必须坚持言行必果，少说多做。他提出以下六个视角：第一，对待社会公平，必须宏观上思考，微观上行动。从结果上看，所有重要的社会公平问题都是局部的，国家政策的结果大多数也体现在社区、家庭、城市以及工作场所等方面。对于美国而言，社会公平是由于其大都会司法管辖权的碎片化所造成的。少数族裔集中在低收入的城市，他们享受不到相应的教育、就业、医疗、住房、交通以及社会保障服务。相反，美国联邦政府所执行的各项改革是无效率的，甚至加剧了这种不平等。因此，对待社会公平问题，必须坚持宏观上思考，从细节着手加以解决。第二，就公共行政而言，是时候每个人都必须参与观念之战了。因为美国人在哲学上信奉保守主义，在行动上信奉自由主义，大政府时代已经终结的鼓噪不仅文过饰非，而且推卸了政府的责任，所有的行政管理者都必须扪心自问究竟给公民带来了什么样的帮助——联邦政府所执行的各种项目是否有效率、是否健康、是否满足公民的需要。第三，公共行政学者是捍卫社会公平观念的中流砥柱。"我们是中立的社会公平战士。我们是政策专业化的热情鼓吹者，并且我们完全是公正地执行政策的热情鼓吹者"（Frederickson，2005）。第四，社会公平必须从社会底层付诸实施，各级行政人员必须相互取经，特别是高层公务员必须向基层公务员学习。基层官僚才是实现社会公平的干才。第五，精英和特权阶层必须放弃幻想，唤醒整个社会的变革预期。第六，光义愤填膺是不够的，还需要铁肩担道义。不平等是一个道德问题，贫困问题是原罪的不平等，道德上的愤怒以及激情经常可能使不平等问题走偏了方向，比如关心堕胎、同性恋婚姻、干细胞治疗以及安乐死等问题，这些问题远没有贫困问题更加值得研究，需要研究和制定衡量社会公平的指数和基准。基于上述六个视角，弗雷德里克森认为，"如果政治学是关注多数人规则的，那么公共行政就应该关注少数人和穷人的利益。这对我来说,我们需要花费很长的时间捍卫这一主张。现在是社会公平言出必行的时候了"(Frederickson,2010:84)。

弗雷德里克森强调,公共行政在社会公平问题上必须克服行为上的道德困境。"在政策执行上理解的公共行政就是行动中的社会公平"(Frederickson,2010:134)。弗雷德里克森赞同奥利里提出的主张,"真正的希望在于强调公共行政人员作为政策顾问和政策制定者的潜力。在社会公平方面,公共行政人员可以做得更多的是防止不公平政策的通过,而不是在不公平政策通过之后,由公共行政人员设法改善其影响。这就需要对公共行政人员的政策角色有一个清醒的和毫无谦宥的看法"(O'Leary,2006;O'Leary,2017)。

但是,我们也必须清醒地看到,公共行政独立承担解决社会公平的问题,仍然是独木难支。在美国公共行政学界,致力于社会公平的学者队伍已经巍巍壮观,一些鼎鼎大名的学者位列其中,包括:伍尔德里奇、莱斯、奥德丽·马修斯、诺曼-马霍尔、古登、里韦拉、沃德、萨瓦拉、科尔文、斯旺以及杰米·泰勒等,然而对于社会公平的教学和研究仍然是曲高和寡,"从2009年至2010年,全美公共行政学领域,州和地方政府、人力资源管理、公共部门管理、公共服务、预算、非营利组织和国土安全等子领域公开招聘的教学职位空缺为50%,而在社会公平方向从助理教授到全职教授的学术空缺至少有95%"(Johnson Ⅲ,2011)。社会公平在公共事务中的声音也非常微弱。这不仅可能是由缺乏教育机会所导致的,而且可能是大多数人对社会公平的认知所决定的,大多数人把社会公平看成仅仅是妇女和有色人种缺乏社会正义和公正所导致的问题。"社会公平问题仍然被看成是一个狭隘问题,或者被看成是一个与妇女、弱势群体或少数族裔等相关的问题。那么,不仅社会公平的教学和研究不可能取得进步,而且社会进步也是令人存疑的"(Waldner, et al.,2011)。除此之外,在公共政策实践中,有勇气和胆识使社会公平成为公共政策主要目标的公共行政者仍然格外罕

见。(Wooldridge & Gooden，2009)

　　或许，沙夫里茨和拉塞尔等人的说法是可取的，对于公共行政而言，既然已经将社会公平作为公共行政的第三根支柱，那么，这就是一个永恒的事业，值得每个人为之鞠躬尽瘁，死而后已。对于当今美国不断恶化的经济不平等，当务之急就是，破除始终阻碍美国追求社会公平的排他性和限制性分区制这一历史沉疴，而教育则是打开向上层社会流动和实现社会公平的钥匙。

第 七 章

德怀特·沃尔多:一个注释

[题记] 无论是左派、右派，还是中间派，对官僚制的反应本质上都是卢德主义者，激情有余，社会知识与技能匮乏，无知且思维错乱，浅薄且误入歧途。他们自以为，我们能够以某些简单的方式做到鱼和熊掌兼得，殊不知我们能够回归简单生活，并保持高质量的生活水准，都是现代科学技术行政技能的产物。

——德怀特·沃尔多（Dwight Waldo），《公共行政与文化》

德怀特·沃尔多（1913.9.28—2000.10.27）是明诺布鲁克运动的幕后始作俑者，也是明诺布鲁克精神的化身，他自称是明诺布鲁克的偷窥者（Minnowbrook voyeur）。他的一生致力于公共行政的政治哲学和历史传统，与他相关的思想和活动，比如西蒙与沃尔多之争、明诺布鲁克会议以及新公共行政学等，不仅横亘了 20 世纪西方公共行政思想，而且成为现代公共行政思想演化过程中一座座里程碑。显然，沃尔多是不可忽略的。作为 20 世纪美国杰出的政治学家和现代公共行政学者，他的毕生都致力于探索行政、官僚和民主的科学性或技术性的理论基础。

第一节　早年岁月和教育经历：1913—1942

1913 年 9 月 28 日，沃尔多出生于内布拉斯加州的农业小镇德维特（DeWitt）的一个农场主家庭。德维特是一个西部大森林式的小镇，人口仅约 500 人，小镇的生活接近 19 世纪美国生活的风格，毫无现代性特征，共同收获、守护谷仓和星期天教堂司空见惯。沃尔多家在小镇上拥有两座谷仓，在小镇的中部拥有一处牧场，在小镇外围拥有数英亩的猪场，饲养纯种的杜洛克 - 泽西（Duroc Jersey）种猪，在小镇的集市销售长达半个世纪之久，此外还继承了马车行生意，后来扩充为小镇的农场运输生意。

沃尔多的家谱最早可以上溯到 18 世纪 40 年代马塞诸塞州法律记载的科尼利厄斯列·沃尔多这一脉。近三个半世纪，他的子嗣既没有显赫的名声，也没有不光彩的骂名。沃尔多的祖父和曾祖父都是铁匠，沃尔多母亲的家族世代为农。沃尔多父亲族谱最远的一支可以追溯到 13 世纪法国里昂的彼得·沃尔多所创立的新教徒宗派。这一支后迁徙到新英格兰殖民地，尽管与沃尔多家族并没有密切的联系，但沃尔多家族具有强烈的新教徒传统。

沃尔多的父母并没有完成完整的高级中学教育。沃尔多有两个兄弟和两个姐妹，他的父亲拥有中产阶级的价值和抱负，并鼓励子女青出于蓝胜于蓝。沃尔多在德维特生活了八年。孩提时代，沃尔多学会了屠宰牲畜、驾驶打谷机等生活技能，曾赢得清点生猪竞赛。中学毕业后的 1931 年，他进入内布拉斯加卫斯理公会大学，1932 年转入乔顿州立师范学院①。他半工半读，每个夏季两次在民用保护设施公司的采石场打工，装卸石灰岩，到了高年级时便兼任英语补习班的老师。

1935 年，沃尔多从内布拉斯加州立师范学院毕业，本打算成为一名高级中学的英语老师，可是当时并没有教师职位。这时，内布拉斯加州立师范学院的院长告诉沃尔多，因为他是班上成绩最好的学生，可以申请进入内布拉斯加大学，并可获得每学期 48 美元的奖学金。申请内布拉斯加大学时，他的兴趣是英语，可是只有政治

---

① 当时为内布拉斯加州立师范学院。

科学有名额，只能改换门庭。生活没有一种决策或逻辑树，只有偶然的运气树。在内布拉斯加大学，他师承哈罗德·斯托克和兰卡斯特。兰卡斯特研究美国乡村政府，也是一位人文主义者，具有深厚的历史和语言学功底，尤其在拉丁语上造诣颇深。在内布拉斯加大学，沃尔多将兴趣转向政治理论，他也刷盘子补贴自己的日常所需。第一年他申请研究生奖学金，结果毫无斩获。第二年他继续申请，结果得到了五所大学的录取通知书，其中包括考尔斯奖学金（Cowles Fellowship）资助的芝加哥大学和耶鲁大学。沃尔多回忆，他之所以选择耶鲁大学，主要是受兰卡斯特的影响。芝加哥大学是当时盛极一时的行为科学发源地和大本营，而兰卡斯特对行为科学持怀疑的态度。当然，耶鲁大学是常春藤联盟成员也是影响沃尔多选择的因素之一。当时的耶鲁大学正在重新翻建校园，新的教学大楼是新哥特式的或者半殖民地风格的。在耶鲁大学，沃尔多与塞德曼、达尔、齐默尔曼、卡荷尔以及亨利·威尔斯等人建立了深厚友谊。

沃尔多在耶鲁大学读博士，师从科克尔和诺斯罗普，论文研究还受到曼斯菲尔德指导。科克尔是南卡罗来纳州人，在哈佛大学和哥伦比亚大学求学，师承政治理论家邓宁，完成研究生学业。科克尔一生都从事政治理论的教学和研究，"是一位思想深刻、诚实正派且致力于奉献的、非常令人敬重的学者。他勤勉工作，思想深邃。他所产生的影响并不是大量来自他的思想，而是来自楷模和人格的力量"。沃尔多在《社会科学百科全书》（*International Encyclopedia of Social Sciences*）的词条中这样描述他的导师，"科克尔的重要性和影响，除了他的教学、人格魅力和大量的著述之外，并不来自新的教条或理论的形成和传播，而是坚定支持自由主义、民主理念和理想以及它们的明智应用"。

在耶鲁大学，德里弗对沃尔多产生了重要影响。德里弗是一位英格兰政治科学史学家，在耶鲁大学从教二十余年。沃尔多跟随德里弗学习了英国史、英国的政治科学、英国的公共事务。尽管考尔斯奖学金每年支付 650 美元，是当时高额的奖学金，足以承担耶鲁大学的学业支出，但是，沃尔多仍然选择寻找为本科生批改作业的职位，并且在第三年获得了助教资格，到第五年，他已经成为正式的指导老师。当时他一心谋求密歇根大学的政治理论助教职位，耶鲁大学得知后，很快就授予他指导老师的资格，可惜在耶鲁大学，他主要从事美国政府方面的教学，而不是政治理论。

沃尔多在内布拉斯加大学时曾经阅读格拉汉姆·华莱士的《政治学中的人性》（*Human Nature in Politics*）和《思想的艺术》（*The Art of Thought*）等著作，并深受其思想的影响。1942 年，在沃尔多博士论文答辩时，他发表了平生的第一篇学术论文《格拉汉姆·华莱士：社会变迁中的理性和情感》。在这篇文章中，他这样陈述，"格拉汉姆·华莱士著作的主要悖论是，在人性中，既坚持非理性因素的重要性，同时又坚持理性因素的有效性。接受前者的存在，同时认为后者是现实的和必然的，他试图建构一种综合两者的心理学和哲学，彼此相互增强而不是独立存在，当一个因素完全服务于另一个因素的时候，其作用要大于两者之和，一种事物不能完全被描述但是可以深刻地感觉到即指向格拉汉姆·华莱士所谓的基于'智慧'的社会判断"。"没有任何迹象表明，我们的社会科学除了带来混乱之外还对当代思潮做了何种贡献，一系列相互对立的教条，每一个教条都自诩是'科学的'，实际上，对于真诚地设法面对所有事实、决定致力于关怀人类生活、价值观和未来的人而言，所有这些教条都是毫无意义的。在判断过程中，一门没有价值观的社会科学，即便在最佳的情况下，充其量只是一种二流的工具，在最糟糕的情况下，就是一种欺骗和幻想。"更为重要的是，他对当时政治学的科学化进行了抨击，"格拉汉姆·华莱士的观点是，社会科学并不是说不可能或不应该成为'科学'。他其实针对那些社会研究的狂热者，这些人对科学方法的概念就是恪守十年前或一百年前流行的科学理论，即 19 世纪的物理学和生物学。格拉汉姆·华莱士的观念就是，研究方法必须由学科和研究任务的性质决定，而把适用于不同时代之不同学科的思维方式强加于人，无论如何天花乱坠，都不能被认为是科学的"（Waldo，1942）。这篇文章充分表明，沃尔多已经与政治学分道扬镳，转向了超越经验事实的规范性研究。

值得注意的是，康奈尔大学的卡尔·贝克尔[①]对沃尔多的影响。当时，卡尔·贝克尔在康奈尔大学教授历史，他主张应该从思想之外审示思想，关注他们发展进程中的历史和情境，并于1932年出版了《十八世纪哲学家们的天国之城》（*The Heavenly City of the Eighteenth – Century Philosophers*）。沃尔多与卡尔·贝克尔通过私信往来，从卡尔·贝克尔身上学会了根据历史环境和知识遗产解释人类的思维模式或学术模型。所有早期的经历和教育背景，都为沃尔多当时的博士论文《行政国家》的破茧化蝶成为划时代的名著奠定了必需的思想基础。

沃尔多的门生斯蒂尔曼在《行政国家》出版六十周年的纪念文章中曾经揶揄地说，他的导师命途多舛，在他出生的那一年，福特建立了第一条汽车生产流水线，飞机仅是玩具，等待着被商业化和军事化，无线电和电视尚未出现，他承受了美国内战和第一次世界大战时期美国社会发生的巨大转型，从先前的乡村和农业社会转变为城市和工业社会，像许多美国人亲身经历的那样，从乡村农业背景进入了主流的经济和文化。"就如同路易斯·布朗洛、查尔斯·梅里亚姆、保罗·阿普比、唐纳德·斯通、约翰·高斯等人都来自美国中西部乡村。如果你回顾过去的五十年，政治科学发生了什么，你会发现令人震惊的人口统计学—社会学的变迁。姓氏从来自英格兰、苏格兰、德国、斯堪的纳维亚转变为再加上来自犹太人的、爱尔兰人的、意大利的和地中海周边的姓氏，再加上来自东欧的，现在又加上来自非洲和亚洲的姓氏。这是一个很有趣的现象，

---

① 卡尔·贝克尔是美国历史学家。1893年进入康斯威星大学麦迪逊分校接受历史学教育；师承美国边疆史学创始人特纳，1907年获历史学博士学位。他最著名的论著包括《十八世纪哲学家们的天国之城》以及20世纪40年代在耶鲁大学发表的关于启蒙主义运动的四次演讲。

我相信，这是一个没有得到很好研究的问题，但是人口统计学—社会学的转变已经对社会科学产生了巨大的影响。"（Stillman Ⅱ，2008）正是因为沃尔多的成长背景，《行政国家》才应运而生。

第二节　一生仅一次的行政经历：1942—1946，华盛顿

尽管沃尔多对从事学术研究和教学情有独钟，但是命运弄人。"二战"打响，沃尔多29岁且已经成家。他在耶鲁大学的博士论文答辩委员会的导师之一曼斯菲尔德已经前往华盛顿加入联邦物价管理办公室（Office of Price Administration），并希望沃尔多也到物价管理办公室工作。沃尔多响应了曼斯菲尔德的召唤，可他第一次却并未能通过联邦公务员考试，直到1941年11月第二次考试得到高分，才入职为联邦公务员。后来，他与好友齐默尔曼合作，发表了《一种来自底层的看法》（A Worm's Eye View）一文，对这次公务员考试的经历进行了讽刺（Zimmermann & Waldo，1942）。

沃尔多在物价管理办公室工作了两年。据沃尔多自己回忆，他承担了各种各样的任务，包括跟踪函件、改进回复函件和建立一个更好的函件检索系统。他通过一个生动的例证说明了国家计划在日常行政与战时行政中存在着强烈反差。耐用品价格部门计划一天一夜搬迁到新的办公地址却未能如愿，但在军事行动中投送数百万的军队，荷枪实弹，跋山涉水，却可以指挥若定，如愿以偿，这些给了沃尔多前所未有的教益。国家计划在教科书上的滥用，实质上谬以千里。在物价管理办公室工作的后期，他成为职业用品部门的代理负责人，主要负责葬礼相关的事物，他戏称自己是殡葬沙皇（Funeral Czar），负责全美80%或90%的殡葬用品和定价。"从理论上讲，我和少量员工要对全美几百个棺材制造商、各种各样的供应商以及所有的丧礼承办人收取的数百万美元的最高定价负责。"一年的时间，沃尔多跑遍了西至芝加哥、东至东海岸的所有殡仪馆、棺材制造商。他感到这种经历，"一方面，我好似独自一人在大草原上被一

群水牛袭击；另一方面，我认为那些被监管的人会觉得他们自己也好似身处大草原中央被一群水牛袭击"（Brown & Stillman II，1986：43-44）。沃尔多指出，正是这些事务的病态才是它们的魅力所在。职业用品的最高限价，不是一个理论问题，而是一个现实问题。

在华盛顿后两年多的时间，沃尔多在总统执行办公室（Executive Office of the President）预算署工作。预算署是公共行政精英的大本营，有一种老男孩俱乐部精神。沃尔多回忆道，"预算署是我所说的自我意识的公共行政主要焦点。它不仅收罗了大量自觉认同公共行政的人士，而且你可以说，预算署自身就是这场公共行政运动的产物。预算署是根据塔夫脱委员会的建议（1910—1912 年）以及 1937 年总统行政管理委员会的建议，从财政部划转到总统执行办公室而创立的。这是一种逻辑上和历史上的契合，这一组织中的人们与该组织的权利完全对等"（Brown & Stillman II，1986：45）。当时人们对预算署有一种盲目崇拜。在预算署工作的人们认为自己有影响力，而且在预算署内部有一些小圈子，包括密歇根派、马克斯维尔派以及其他派别。

然而，沃尔多觉得自己在预算署的前程并不光明。这主要有两个方面的原因，一个是消极的，另一个是积极的。消极的原因是，当时沃尔多写了一篇文章，并在同事间流传，但并未发表。这篇文章的核心观点是，把预算署从财政部划转到总统执行办公室是个错误，因为这导致总统执行办公室扩张给总统带来了管理上的难题，总统不能通过增加员工的规模来扩大他的能力。沃尔多认为，正确的做法应该是把预算署留在财政部，建立一种财政控制的模式，就像英国政府所创建的那样，即财政预算的管理和控制职能应该紧密结合或统一在一个行政机构之中。当然，这种建议预示着财政部将被改革为一个与过去或现在有所不同的实体。沃尔多建议，财政部长应该由总统任命、明确任期，不需要参议院批准，这样，财政部长就会成为总统的管理人员，财政部也会随之成为总统的管理部门。然而，这篇文章与当时预算署员工的自豪感和喜悦感是格格不入的，从财政部划转到总统执行办公室不仅摆脱了预算那种默默无闻的岗位地位，而且让他们感觉到前所未有的影响力，怎么可能容忍沃尔多这样的毛头小子肆意妄评。沃尔多自嘲，这篇文章使他如同传染病病毒携带者一样在预算署内流传开来，也使他个人的前程蒙上了政治阴影。积极的原因是，伴随着战争即将结束的迹象，学术界的情况开始好转，百废待兴，在 1946 年春天，沃尔多发现自己并没有真正寻求就有了许多工作机会。在经历了战争年代的贫乏之后，美国学术界出现的复苏正在向沃尔多招手。

在《行政国家的反思》中，沃尔多回忆了"二战"时期他在华盛顿工作的经历。"在我的一生中，没有哪个阶段能与我第一次在华府工作所受到的教育相比。在此期间，我在联邦物价管理办公室耐用消费品部门负责规划和执行相对不太重要的机械性任务，从一个部门到另一个部门：以学院式的方式撰写和谈论关于国家计划的油嘴滑舌的废话！自从我在华盛顿的那些年以来到现在，我认为，没有任何重大的公共事务经验，就可以教授政治科学，是令人震惊的；这种情况比把一个医科学生直接从教室送到手术室更为严重，应该受到谴责。"（Waldo，1965a）

第三节　伯克利岁月：1946—1967

1944 年 6 月 22 日，罗斯福签署了《退伍军人法案》，全美大约有 220 万退伍军人重新回到大学校园，继续他们因为"二战"而中断的学业，大约还有 560 万退伍军人参加了各种不同的培训项目。"二战"结束以后，对于教师而言，全美大学几乎都处在卖方市场。当时的教室充溢了大量的从战场重返校园的镀金者，这些镀金者具有非常饥渴的、热情的学习动机。

面对着当时斯坦福大学和伯克利分校为助理教授提供的 3200 美元和 3800 美元的年薪，沃尔多选择了伯克利。伯克利分校当时政治科学系的教师规模不大，仅有两三位青年教师，即萨缪尔·梅和约瑟夫·哈里斯，其他教师均为中老年。1946 年秋季，沃尔多负责讲授政治科学，这门课吸引了约 1400 名学生登记注册。在伯克利期间，他先后讲授英国政府、英联邦政府、国际关系理论以及政府的商业管制等课程，并且为研究生开设了行政理论。许多课程动辄达到 400—1000 人。

1946 年至 1949 年，沃尔多担任政治科学系副教授，也负责处理系内的各种杂事，几乎成为政治科学系的"公用设施"。在这期间，他既是本科生的论文指导老师，也是研究生的论文指导老师，同时兼任了两个夏令营的课程、执行系主任。萨缪尔·梅和约瑟夫·哈里斯之间的关系紧张，沃尔多受到了他们两人的笼络，与年长的教师们一直保持真挚友好的关系。作为一名年轻教授，他一直保持中立，不想卷入办公室政治。在此期间，沃尔多带着从华盛顿重返学术界的反思，将他的博士论文最终修订为《行政国家：美国公共行政的政治理论研究》。应马克斯之邀，还为《公共行政的要素》（*Elements of Public Administration*）撰写了《程序政府》（government by procedure）一章。在这一章中，沃尔写道，文明等同于复杂性，复杂性等同于繁文缛节。好的程序是它可以很好地应用于现实所欲求的终极目标。麻烦既来自如何界定所欲求的终极目标，也来自一旦这些目标得到同意，程序是否真正适合实现这些目标（Waldo，1947b：367）。

随着"二战"后殖民地国家纷纷独立为民族国家以及联合国的创建，1949 年，时任美国总统杜鲁门向国会提出对不发达地区的科学技术援助计划，并列为外援计划的第四点，史称第四点计划（The Point Four）。整个美国社会科学界完全卷入了世界性事务，不仅公共行政和政治科学，几乎整个社会科学界均对新的世界变化做出了积极响应。1948 年，沃尔多为研究生开设比较国家行政课程。他强调，国家不是指中央政府，而是基于比较维度，其中涉及国家历史、政府体系、社会结构、教育安排等，课程的内容主要聚焦于欧洲，后来扩展到墨西哥和日本，这门课讲了四五个学年就放弃了。沃尔多致力于寻找一种普遍的语法和句法，历时的和跨文化的。这时恰好韦伯著作的英文版在美国发行，为沃尔多打开了新的思想世界。"对我来说，韦伯在某种程度上是一个文化英雄。超越了他的著作和生活，韦伯一直具有因果和符号的重要性。韦伯的著作拓宽了我看待 19 世纪和 20 世纪欧洲大陆历史和社会学学者的眼界。我所研究的公共行政世界与越来越多的其他社会科学是直接或间接相关的，就如同与政治科学相关一样，或许与前者的相关性更重要。"20 世纪 50 年代，沃尔多与本迪克斯①共同开设了比较公共行政课程。本迪克斯是韦伯著作的重要阐释者，在本迪克斯的职业生涯中，韦伯的著作留下如同酵母一样的功效。

　　1953 年夏季，沃尔多获得了富布赖特研究员资格参加由牛津大学举办关于美国历史、文化和公共事务的会议。这是他四十年来第一次出国。在这次会议上，他遇到了康奈尔大学库什曼教授。库什曼相当详细地告诉沃尔多他完成的关于总统行政管理委员（President's Committee on Administrative Management）② 独立管制委员会的专题论文。库什曼主张废除独立管制委员会，将他们的职能划转给正规部门，保留一定程度的自治权。库什曼的主旨就是帮助罗斯福总统，因为当时罗斯福总统正在与某些委员会开战，撤销一划转模式恰好就是威胁这些委员会的武器。返回伯克利后，沃尔多

---

　　① 本迪克斯（1916.2.25—1991.2.28），德裔美籍社会学家。1938 年移居美国，先后获得芝加哥大学学士、硕士和博士学位，1947 年加入伯克利，1960 年当选美国社会学协会主席和美国人文科学和科学研究院院士。1991 年在参加一场研讨会时因心脏病突发逝世。主要著作有《产业界的工作和权威》（*Work and Authority in Industry*，1956）、《马克斯·韦伯：一幅思想肖像》（*Max Weber：An Intellectual Portrait*，1960）、《国家建设和公民权》（*Nation - Building and Citizenship*，1964）、《陷入困境的原因》（*Embattled Reason：Essays on Social Knowledge*，1970）、《国王还是人民：权力和授权统治》（*Kings or People：Power and the Mandate to Rule*，1978）、《暴力、命运和自由》（*Force，Fate，and Freedom*，1984）、《从柏林到伯克利》（*From Berlin To Berkeley*，1986）以及遗著《不安的亲和力》（*Unsettled Affinities*，1993）等。其中，1960 年出版的《马克斯·韦伯：一幅思想肖像》奠定了他作为美国社会学与欧洲社会学纽带的地位，他不仅向美国介绍了韦伯的理论导向，而且强调比较历史研究。《产业界的工作和权威》《国家建设和公民权》《国王还是人民》已经成为传世经典。

　　② 也称布朗洛委员会（Brownlow Committee）。1936 年 3 月 22 日，美国总统罗斯福任命由布朗洛为首、梅里亚姆和古力克组成。

将库什曼的论文主旨告诉了约瑟夫·哈里斯。当时，约瑟夫·哈里斯既是伯克利的教授，也是总统行政管理委员会的研究主任。约瑟夫·哈里斯听后，非常愤怒。他责问，库什曼为什么要说这些？《布朗洛报告》中不存在任何隐秘的议程，报告以及建议仅从表面价值看待问题。沃尔多认为，库什曼和约瑟夫·哈里斯都是真诚的，因为他们分别讲述了他们看到的真相。库什曼－哈里斯现象被反复提到了 N 次，就如同打开了一个活塞，背后潜藏着巨大压力。

1953 年，沃尔多成为伯克利的全职教授。但是，他对荣升为教授并不兴奋，经常奔波在加州大学的各个分校讲授许多课程，此时，他还开设了一门美国史和制度的课程，第二年又在伯克利和斯坦福大学讲授该课程。

1953 年，沃尔多的同事、好友约瑟夫·哈里斯，因兼任麦克劳—希尔出版公司的政治学编审，一直敦促他编写一本公共行政的教科书。当时，沃尔多的心理是矛盾的。一方面，他对教科书充满了敬意，可是担心他的时间和精力；另一方面，他对编写教科书赚钱持反对态度。当时两本流行的教科书①正在激烈地竞争大学市场。怀着写一本原创性的教科书又担心无力胜任的犹豫心理，沃尔多最终主编了《公共行政的理念和议题》（*Ideas and Issues in Public Administration*）。沃尔多认为，这本教科书主要用于公共行政一般课程，其目的是呈现不同的观点和议题，结论完全由读者经过深思熟虑后自己归纳。他批评了冯·米瑟斯的《官僚制》（*Bureaucracy*）一书中关于公共行政问题可以不予理会的观点，认为这是一种极端误解，公共行政对于处理政府的事务是完全必需的，不能按照工商管理的标准来判断公共行政，因为目的决定手段。哥伦比亚大学的小威廉·托马斯在评论这本教科书时，认为这本书的作者是明智的，也是相当合理的，因为行政思想处于悬而未决的状态。但是，

① 这两本流行的教科书分别是 Pfiffner, John M. , and R. Vance Presthus, 1953, *Public Administration*, NewYork, NY: The Ronald Press. 以及 Dimock, Marshall E. , and & Gladys O. Dimock, 1953, *Public Administration*, New York, NY: Rinchart and Company。

某些观念和议题是有争议的，某些观念是可以相对接受的，某些观念和议题只是泛泛而谈。"学生们想要也需要一幅行政机构的具体图像，诸如预算和人事，以及那些说不清楚的基于实践的基本原理"（Thomas, Jr., 1954）。不过，这本教科书并没有取得商业成功。

1955 年，沃尔多出版了《公共行政研究》（*The Study of Public Administration*），这是应斯奈德的邀请撰写的，当时斯奈德正在主编一套政治科学导论。《公共行政研究》是一部公共行政学的各种教科书和文献的导论。这本书取得了巨大成功，不仅被翻译成多种语言出版，而且到 1967 年 1 月印刷了九次。"现代官僚行政可能不是，实际上也不是实现任何合作目标的最有效的工具。这是一种静态的且受文化束缚的观念。但是，在现代西方社会，在实现我们现在所希望的目标方面，它是理性合作的有效工具"（Waldo, 1955：66）。这本书的出版，标志着沃尔多在公共行政学界已经从年轻的激进主义者转为年老的保守主义者。在这本书中，他首次提出了公共行政的大小写问题，大写（Public Administration）表示理论研究，小写（public administration）表示行政实践。

1956 年，沃尔多又出版了《行政的视角》（*Perspectives on Administration*）。这是一部在阿拉巴马大学的演讲集。"视角"成为评论公共行政的关键词，而且特别强调历史和文学的立场。"我自己的观点是，因为行政主体如此之广，且在许多方面如此晦涩，我们应该打开我们能够发现的所有窗户；所有的模式和公理都具有他们的美德以及他们的罪恶；所以，伴随着我们的进步，我们应该像决定任何为我们所用或不能为我们所用的特殊模式一样，尽可能地使用大量的知识和善意"（Waldo, 1956a：49）。

1956 年至 1957 年，为了履行加州大学与博洛尼亚大学之间的协定，① 沃尔多首次赴意大利讲学，1961 年至 1962 年再度赴意大

---

① 加州大学与博洛尼亚大学之间的协定是"二战"后美国对意大利外国援助和技术援助的组成部分，也是第四点计划的内容之一。加州大学负责将美国公共行政的诀窍及行政科学的经验输出到意大利，该协定执行期十年。

利讲学。据沃尔多回忆，他首次赴意大利讲学，他所携带的职业用品是一个廉价的烟缸，镂刻着通俗的意大利语铭文——不要给我忠告，我已经知道如何犯错了。沃尔多解释道，我没有足够的智慧驾驭我自身的生活，无人可以幸免。当然，我必须乐于倾听，并设法帮助学生理解他们的处境以及他们的选择。我坚持这种观点，决策是学生做出的，不是我强加的。对于第二次赴意大利的讲学之旅，沃尔多深切地理解了比较公共行政的尴尬，也认识到了对外援助项目的极端复杂性。他指出，对外援助根本不是钱的问题，而是技巧问题，花费再多，也可能事与愿违。他认识到一个国家及其文献的独特价值，美国公共行政的诸多原则基本上是美国的，在欧洲水土不服，欧洲大陆的行政法分析进路源自其历史，而且与政府和社会以极端重要和复杂的方式融合在一起。①

1957 年，沃尔多从意大利讲学返回后开始接任伯克利政府研究所②所长，直至 1967 年。在任职期间，他致力于提高研究的综合性和深度，扩大研究广度，包括政治学和公共政策。研究所从其他院系聘任兼职研究员，这几乎挤占了沃尔多三分之二的精力。在他第

---

①　沃尔多在《行政国家的反思》中，对比较公共行政的反思可谓意味深长。他指出，经验基础和数据几乎完全是美国的，而且到目前为止，它们只涉及密切相关的西方国家。只有当一个人试图在国外教授公共行政学时，他才能体会到我们的观点和专业文献是何等美国化！他责问，比较公共行政学与发展行政学涉及相同的或不同的现象？他们是替代性分析进路还是补充性分析进路？难道前者涉及理论，后者关注应用？前者是纯科学，后者是实践科学？他强调，就发展而言，在纽约、印第安纳州、密西西比州、加利福尼亚州和夏威夷的比较研究、实践和发展本质上会提出同样的问题。差异只适用于规模——在某些方面，甚至规模差异根本不存在。而就比较而言，则涉及公共、历史和文化（Waldo, 1963；Waldo, 1965a）。

②　伯克利政府研究所脱胎于 1919 年年底由梅创建的公共行政局（Bureau of Public Administration），梅在 1955 年退休前一直担任主席。该局共有 45 人，包括七位图书馆馆员，拥有全美第一流的公共事务图书馆，同时拥有一批专业研究人员。梅曾自诩该局为立法机构提供了超过六百份以上的研究服务。美国大学的研究局运动（Bureau Movement）最早可以追溯到纽约大都会研究局（New York Bureau of Municipal Research），它们一般是由私人捐助，扎根于一座大型城市，通过收集各种事实，将科学与改革联系起来，为解决城市问题寻找答案。到 20 世纪 30 年代，这类研究局逐渐走向式微。另一种类型的研究局开始兴起，它们通常坐落在一所大学，聚焦于州和地方政府的事务，具有一定的研究能力，为政府机构和立法机构提供咨询或者培训项目，有时候也被称为研究所或者研究中心。当时，大多数大学研究局都设立在公立大学，但是，也有一些非常有名望的私立大学设立类似的研究局，比如雪城大学、南加州大学、普林斯顿大学、哈佛大学等。

二次赴意大利讲学期间，李担任了执行所长。在回首这段经历时，沃尔多将此与20世纪80年代兴起的政策科学和新公共管理运动进行了对比，因为在这个时候，美国许多大学又创立了一系列政策工作坊，而且这些工作坊绝大多数都脱胎于公共行政。在沃尔多看来，这些研究机构的益处在于它们可以摆脱传统的院系藩篱和束缚，引入一系列新的观念和方法，但是，它们不可能转变研究、政府决策和政府行政的世界观。"在这一进程中，我看到的是一种友善关系，一种双向的渗透——公共行政课程和研究工作坊从政策科学运动中吸收观念和技巧，政策科学运动正在挤入行政的世界，发现了真实的世界。"（Brown & Stillman Ⅱ，1986：81）

在伯克利的岁月，是沃尔多创作的鼎盛时期，甚至可以说20世纪50年代至60年代中后期的伯克利校园洋溢着沃尔多公共行政思想的思绪。1956年，他应联合国教科文组织邀请撰写了《美国的政治科学》（*Political Science in the United State*）。在这本小册子中，他指出，"在政治科学素材的范围和程度上、在彻底性和新颖性上、在整个学科的组织和特定领域的持续发展上，美国政治科学是举世无双的。但是，各部分之间缺乏清晰的关联，在某些领域缺乏恰当的理论，并且缺乏完整的体系或者参照系，上述方面它也是独一无二的"。"在美国的早期，公共行政领域在导向上显然是反理论的。它诞生于改革实践和经验研究的愿望，并且将理论与一种传统主义观点和它所希望避免的书卷气联系起来；通过将自身限定在经济和效率问题上，它也有意识地避免伦理思考。显然从回顾的角度看，公共行政不能避免伦理思考，仅仅是遮掩他们，让他们潜藏在行动中，或者在事实的伪装下讨论它们。在任何事务中，为了批判和分析的目的，日益增加的理论警觉和有意识的理论运用，已经成为当代公共行政的特征。"（Waldo，1956b：17；72）

20世纪60年代，沃尔多一直在思考组织理论。"在阅读组织文献的时候，我常有一个感受，我确实以另一种语言来阅读它：政治理论的语言。当我阅读巴基的组织宪章时，我觉得他正在写某些与柏拉图和亚里士多德的兴趣非常接近的东西，换句话说，是在写一个团体的自我认同和差异的概念。当我阅读西特尔和马奇讨论作为联盟的组织、单边支付的授予等问题的时候，我想到的不仅包括达尔和戴维·杜鲁门，而且包括从马基雅维利到乔治·华盛顿等人的名字。请不要误解我。我不认为每一件事都需要以古喻今。只要从法约尔或者泰勒开始思考组织理论的任何人都需要强迫自己看一看霍布斯《利维坦》（Leviathan）的扉页插画。现在来看，那就是一个组织图。"（Waldo，1961）沃尔多把组织理论看成公共行政理论的前沿，是历史文化的沉淀。"在我看来，前进的道路是一直向前的。我提议我们接受这样的事实，我们拥有一种行政文化，并运用这种文化尽可能实现美好生活。对我来说，敦促我们运用我们的行政文化使文化更加人道，在现在受到粗暴攻击或可耻浪费的重要人文价值上花费更少的代价，两者是不矛盾的。事实上，一种行政文化可以显著适用于重塑文化。我们可以决定我们需要什么，并寻求比我们现在所拥有的更少的组织、更少的官僚方式来实现；但是，我知道，仅凭更广泛的行政知识进路、技巧和参与，相对于混乱的条件而言，则没办法实现这一终极目标。"（Waldo，1965b：61）

或许，对组织理论的异端看法成了沃尔多的宿命。当时大学的公共行政研究氛围也不利于将公共行政看成政治理论。尽管伯克利从事公共行政的教师队伍非常杰出，但是，伯克利并不是一个严肃追求公共行政研究的友好环境，由于整体学术气氛不利于公共行政，在伯克利的学生很少追求公共行政。更为重要的是，伯克利在燃烧，成为20世纪60年代后期校园学生运动的发源地之一。"骚乱是我离开伯克利的充分理由，但不是必然原因。我离开伯克利的原因是复杂的。系里的内讧导致了系内各种关系巨变，并带来了一些痛苦的人际关系。"（Brown & Stillman Ⅱ，1986：89）沃尔多在没有接受其他职位的情况下，决定辞职。沃尔多之所以辞职，是因为他感到应该这样做，他必须维护自己的心智和健康，这也是他一生中最艰难和痛苦的决定。大学的骚动和选民对加利福尼亚州政治的反应都与里根当选州长有关。毕竟，里根当选为加利福尼亚州的共和党州长，而这个州拥有数百万民主党选民。"我曾经一半是玩笑一半是严肃地说过，里根缺乏感激之心。如果他尚存感激之心，他应该找到马里奥·萨维奥①，并给他高官厚爵。因为正是萨维奥铺平了里根成为美国总统的道路。"（Brown & Stillman Ⅱ, 1986: 89）在沃尔多的回忆中，伯克利骚乱使他不愿回首，骚乱就发生在他的窗下。记忆已经消退，但是，心智仍在捣鬼。他后来只是轻描淡写地回忆这段岁月。"在一般意义上，对抗官僚和把大学行政当局当作极权主义者和压制者的反叛运动是整个画面的组成部分。一种反组织的氛围是十分普遍的。如何无组织地组织成为这场运动的关键问题。试图解决这一问题激励我成为一个观察者。"（Brown & Stillman Ⅱ, 1986: 90）

另一个原因可能与行为主义运动有关。当年，伯克利是世界的科学之都，对各种学术思潮都兼容并蓄。沃尔多在回忆中记录了一则逸事。这是一则关于一位地震学家和经济学家的故事。一位地震学家想就某些投资活动得到某些经济建议，希望经济学家告诉他在股票市场上或商业活动中将会发生什么？可是，这位经济学家却说他真的不知道。这位地震学家回答道，如果仅仅基于规律性谈论什么可能会发生，而不能做出任何预言，这就是一门科学的悲哀。对话一直在持续，过了一会儿，这位经济学家转而询问一些关于地震的问题。这位地震学家说道，他知道大量关于地震的事情，但是，当下一场地震将要发生的时候，他真的什么不能说。因为他无法意识到，到时候他是否已经身首异处（Brown & Stillman Ⅱ, 1986: 70）！

第四节　《公共行政评论》主编: 1966—1977

沃尔多一生中与《公共行政评论》结下了不解之缘，为《公

---

① 伯克利抗议运动的领导人。

共行政评论》担任编辑工作长达19年，1958年至1966年任《公共行政评论》编委会成员，1966年至1977年任《公共行政评论》主编。这段时间是他一生中的华彩篇章。

1966年6月，沃尔多接任《公共行政评论》主编当期就发表了社评，提倡学术界发表的论文不要让行政实践者觉得过于学术化，行政实践者的论文不要让行政理论界觉得过于实践化，主编的责任就在于弥合学术研究和实践者之间的缺口。沃尔多认为，投稿和写作在很大程度上是学术界的博弈，而不是实践者的博弈。学者们的文章通常要比实践者的文章写得好，自然，所发表的学者文章的比例要大得多。然而，事物的核心是不同视角。学术问题、价值和观点可能不同于行政实践者的问题、价值和观点，但他们关心的却是同样的事物。

在沃尔多担任主编期间，《公共行政评论》设立思潮和探索、来自职业的潮流、公务员退休后的反思、公共行政的现状、研究进展以及报告与文件、书评和新书预告、读者来信等栏目。几乎每期都安排一个专题讨论，这些专题讨论先后涵盖了能源冲击、组织发展、社会公平和公共行政、加拿大的公共行政、政府的生产率、医疗保健危机、后工业社会正在改变的计划风格、监狱行政、司法行政、城市管理、大都市地区的治理、走向国际公共服务、教育与公共政策、美国的大学、20世纪70年代美国的州长等。这些专题讨论不仅紧扣当时美国的现实问题，而且为从公共行政视角触及社会问题提供了平台，特别是力邀政治科学、公共行政学的教授们走出象牙塔来关注现实问题，激发了来自社会学、经济学、哲学以及人类学等众多学科的学者以及离职公务员的兴趣。沃尔多发现，行政实践者很难成为《公共行政评论》的读者。似乎存在着这样一个读者的圈子——经常阅读《公共行政评论》，但是又经常抱怨文章的学术质量。针对公共行政实践者的矛盾情绪，《公共行政评论》后来又设立了公共管理论坛，专门引述公共行政实践者经过润饰的演说以及他们的著作。

在主编《公共行政评论》期间，沃尔多非常重视读者反馈。"编辑《公共行政评论》的关键问题之一就是征集读者的反馈，这些反馈信息告诉我们谁正在阅读什么文章、喜欢什么、不喜欢什么，以及我们做得如何和我们如何做得更好。在各种来信中，我们很少收到评论和评价，收到一封在语气上持批评的态度的信件就更少"（Waldo，1971a）。在沃尔多眼中，《公共行政评论》是实践世界和学术世界之间的第三世界，应该对批评和建议持开放态度。

在1977年辞去主编职务的当期《公共行政评论》上，沃尔多发表了最后一篇社评《最后的告白……》（*And in Conclusion...*）。他总结了十一年来的成绩和遗憾。在此期间，《公共行政评论》从季刊转变为双月刊，而且在外界的资助下尽可能出版不定期增刊，刊物的篇幅、版式、装帧和发行量都增加了，从每期仅1700册增加到近4000册，而且读者群从ASPA成员扩大到非成员的群体。但他也对自己特别钟情的改变表达了遗憾，包括社评、行政幽默、公共行政学发展的现状、外国和比较公共行政等。对于社评，他以特有的语言风格表达了自己的力不从心，"尽管主编为每一期撰写社评是一种惯例，但我很快意识到，我没有精力没有智慧每期都撰写社评。于是，我做了一个大胆的实验：我邀请编委会成员撰写社评。我很吃惊，居然没人回应。然后，我邀请ASPA主席、执行主编和理事会成员来撰写社评。我准备好迎接纷至沓来的鸿雁。但是，我的邀请又杳无音信。再后来，我又向国家公共行政研究院的成员发出邀请，当时它仍是ASPA的一部分，仍然毫无回应。最终，编委会成员仅发表了两篇社评"（Waldo，1977a）。对于将行政幽默引入《公共行政评论》，因为受到了其他编委会成员的抵制，他只好自嘲，风险大，失败的代价也高。大象跳舞让人尴尬，某个人的行政幽默在另一个人看来是粗俗。对于公共行政学现状和进展的报道，则有三两年的滞后期。对于及时、恰当、经济地引入国外和比较行政研究的文献，毕竟因为编委之间的分歧而事与愿违。沃尔多坚持，虽然我们必须解决自身所面临的迫切问题毫无疑问是正确的，但是认为外国学者对美国的公共行政情境无知或压根毫无兴趣是完全错误的，因为公共行政是人类共同的事业。

沃尔多认为，对于《公共行政评论》如何扮演好公共行政学者和实践者的思想园地这一问题，可以效仿美国科学促进协会（American Association for the Advancement of Science）和美国心理协会（American Psychological Association）。面对职业兴趣的多样化，应该出版多样化的刊物，从而让读者们各取所需。公共行政学者和实践者大多数都是知行合一者，随着行政实践的变革和行政理论的演化，很难将学者和实践者归入哪一个阵营，《公共行政评论》理应成为思想与实践、学者与实践者之间的桥梁。

回忆担任《公共行政评论》主编十一年的职业生涯，沃尔多认为:"我努力工作，并且改变了某些事情。我认为已经变得更好了。在十一年中，这份任务至少耗费了我四分之一的时间和职业精力。在我一生中花在担任主编上的时间，我没有后悔，确实没有后悔。相反，却让我丰富了一些想法。处在主编的位置上，我经常想，这确实是一个拥有特殊权力的位置。我称为瞭望台，它使我能够纵览公共行政新发展的景观——就我个人而言，我发现某些事情是令人感兴趣的，并且对我的职业是有益的。"（Brown & Stillman Ⅱ，1986：98－99）正是因为这种职业态度，1966—1977年的《公共行政评论》与各种新的思想和观念，一直保持着非常友善的关系，而且对美国公共行政学界，甚至政治学界产生了重要影响。

第五节　马克斯维尔岁月及晚年：1967—2000

1966年春，沃尔多向伯克利提出辞职，去意已决，择时待定，很快他就收到了来自14所大学的邀约。但是，沃尔多回忆，从他提交辞职信到离开伯克利，整个校园一片寂静，从系主任到校长，没有一人出面挽留，甚至连一句"再见""祝您好运"的话都没有。"关于个人恩怨，这个问题仍然很敏感……这个伤疤现在依然很敏感，不能触碰。"（Brown & Stillman Ⅱ，1986：100－101）此时恰好纽约州资助在全美聘请十名特级教授，其中五名为人文科学艾伯特·施韦策讲座教授，每个讲座教授都拥有一万美元的项目基金，可以聘用三名研究助手。时任雪城大学马克斯维尔公民和公共事务研究生院院长斯蒂芬·贝利认为，沃尔多是美国一流的公共行政哲学家和历史学家。1967年，沃尔多接受了冠名艾伯特·施韦策人文科学讲座教授席位，加入了雪城大学马克斯维尔公民与公共事务学院。

在马克斯维尔的岁月，沃尔多成就了其公共行政教育家的美誉。1967年，因为《霍尼报告》的发表以及社会动荡剧变所孕育的公共行政新动向，他倡议动用冠名施韦策讲座教授基金资助35岁以下年轻学者，举办第一届明诺布鲁克会议。1968年8月，在第一届明诺布鲁克会议举办前夕，在提交给学院全体教职员工的一份备忘录中，沃尔多揶揄自己，就个人而言，我计划住在紧邻赫姆老克厅（Hemlock Hall）的地方，作为一个旁听者和观察者顺便走访正在举行的会议。在沃尔多的倡导和资助下，第一届明诺布鲁克会议召开，新公共行政运动发起，他的信徒弗雷德里克森被誉为新公共行政运动的旗手。沃尔多承认，他对新公共行政运动的理念持有同情的态度，但也存在一些实质性的疑虑。沃尔多认为，对新公共行政学的大量指责是不公平的、虚伪的，并且是不切实际的。在他看来，虽然我们的行政思潮一直朝着理性的方向发展，但这种方向并不构成对僵化的组织程序和官僚主义的盲目追求。在一定程度上，新公共行政运动只是反映了年青一代与年老一代的冲突，"总的来说，童子军和青年运动在文明史上并没有谱写下欣喜闪耀的篇章"（Waldo，1971b：268）。甚至更加刻薄地说，年青一代代表一种野蛮人的不断入侵，如果要防止他们回归到野蛮状态，就必须使他们社会化和文明化（Waldo，1971b：281）。沃尔多将这场运动称为新浪漫主义，因为它和哲学运动一样，假定人生来是善的，但被糟糕的制度所腐蚀，这种观点可以追溯到卢梭，因为它通过强调感觉高于理性,感官高于心智,自发性、创造性、自我实现高于习俗和规则的作用而对理性主义做出反应。在 1984 年《行政国家》第二版的长篇序言中,沃尔多指出,"新公共行政学就是对我所指的那个时代的事件和发展的回应,它可能在 20 世纪 50 年代中期就出现了,或者它在 80 年代是不可想象。尽管这场运动在 70 年代初相当活跃,但是,随着公共注意力所聚焦的问题已经转移,时代精神已经改变,现在,这场运动几乎全然消退"(Waldo,1984:xvii)。

这段时期,沃尔多除了担任《公共行政评论》主编之外,他先后担任 NASPAA 副主席(1976—1977)、主席(1977—1978)。沃尔多提倡一种公共行政的职业观,并推动了 NASPAA 的认证和评级。对沃尔多来说,对公共行政的探索就如同找寻圣杯,因为公共行政大规模地、自上而下地、通常是决定性地影响着我们的个人生活和集体生活(Brown & Stillman Ⅱ,1986:164)。但是,鉴于组织建制,公共行政一直受到各种难题和障碍的困扰。它一直在政治学系被赋予了一个继子的地位,而在商学院却因为管理学而黯然失色,在人文学院被当作二级学科。公共行政无法获得足够的资源来支持其存在。在沃尔多看来,如果公共行政教育是为了让学生们为致力于公共服务的职业生涯做好准备的话,那么公共行政教学和研究的最佳希望就是一所类似于医学的专业学院。公共行政太大了,不能成为一门学科的组成部分,也太落伍了,不能进入人文学院,因为人文学院的学术目标是将人们的思想从无知、傲慢和偏狭中解放出来。NASPAA 对于沃尔多来说,就是一个推进公共行政朝着职业性专业发展的平台。当时,NASPAA 面临的首要问题是:是否采用一个认证体系,或者至少是朝着建立一种认证体系前进。沃尔多认为这是一个重要的问题,并倾向于朝着认证方向发展,但沃尔多也承认,NASPAA 采用了一种"半拉子"(semi)认证制度,即引入了同行评议、公共事务和公共行政学院院长们的自评估。之所以采用这种方式,沃尔多解释道,为了让一个组织获得认证,它自身必须被认证,即它必须经一个具有这种职能的全国性组织——高等教育认证委员会（Council For Higher Education Accreditation）颁发证书。那时，NASPAA 并不满足这些标准。所以，一个 MPA 项目是否符合 NASPAA 指导方针的认证和评级，是在自评估、同行评议的基础上，经过同行评议巡访委员会以及 NASPAA 决定的。沃尔多领导下的 NASPAA 决定要走出认证这一步，却不想走得更远。在邦瑟继任 NASPAA 主席后，MPA 认证和评级制度正式建立起来。

1979 年秋季学期，沃尔多在马克斯维尔公民与公共事务学院发表了课程之外的告别讲座，这次讲座一共十一讲，系统地回顾和总结了他四十年来对公共行政的思考，结集为《公共行政的事业：一个综述的观点》，阐述了公共行政是政府的组成部分以及公共行政是一种自觉的学术事业，描述了公共行政史的维度、目的以及在社会中的作用，并且论述了公共行政教育、伦理和发展、政治与行政的关系，对公共行政的未来进行了展望。沃尔多认为，公共行政首先必须研究历史，然后才能讨论未来。

《公共行政的事业》是沃尔多在马克斯维尔公民与公共事务学院从教十二年的谢幕词。退休后，全家移居到弗吉尼亚州的福尔斯彻奇（Falls Church），但他依然热衷于学术活动。1980 年至 1982 年，他担任伍德罗威尔逊国际研究中心（Woodrow Wilson International Center for Scholars）的研究员，同时兼任刘易斯和克拉克学院（Lewis and Clark College）、新墨西哥大学等大学的客座教授，并积极参与 ASPA、NASPAA 和国家行政研究院的学术活动。1979 年，ASPA 决定设立沃尔多奖，作为对公共行政做出终身学术贡献的最高荣誉。在此期间，沃尔多试图基于世界史撰写一部关于民主与行政的著作。1982 年 6 月完成初稿并投寄给一家商业出版社和一家大学出版社。这两家出版社五个月后都给了答复，商业出版社认为这本书过于学术化；而大学出版社认为这本书不够学术化，并且这两家出版社都认为，在主旨和逻辑连续性上都存在严重的问题。后因患有严重的眼疾，尽管老骥伏枥，但这一计划最终只能束之高阁。1987 年，沃尔多荣获了 ASPA 每年颁发的旨在表彰在政治科学和公共行政两个领域作出终身成就的高斯奖，9 月 3 日发表了题为《在我们的时代，公共行政理论也是政治学理论》（*A Theory of Public Administration Means in Our Time a Theory of Politics*）的演讲。"如果人们寻找指向人类集体的术语，在这一点上，政治学和行政可以很好地被综合，两个确实值得考虑的术语可能是极权主义和乌托邦。显然，我们现在并没有陷入极权主义和乌托邦的危险。但倘若我们探寻后者的时候，我们必须意识到前者的存在。"（Waldo，1990）

20 世纪 80 年代至 90 年代，沃尔多会时不时地造访 ASPA、NASPAA 和国家行政研究院，只要这些学术团体的会议在华盛顿举行，他几乎逢会必到，与朋友们和学生们保持密切的联系。针对里根政府抨击官僚运动，沃尔多出席了 1982 年 ASPA 年会，并发表了《政治与行政：严重脱节》（*Politics and Administration：A Profound Disjunction*）的演讲。他在演讲中指出，西方世界的历史导致了在现代民族国家中政治与行政的严重脱节……我们的政治是希腊式的，但我们的政府是罗马式的。其结果是，这两个领域之间的交流与合作难以实现。针对 20 世纪 80 年代美国在生产率、教育、技术、国际贸易等方面的国际竞争力下滑，沃尔多敏锐地指出，我们需要严肃地看待我们的主要竞争对手——日本和德国正在做什么，为什么他们采取的做法不同或者为什么他们做得更好？需要更好地审视他们的国情以及这些国情是否可以转移到美国。一个恰当的视角就是必须以公共行政的名义来看待工业化运动。应该对这些国家的不同哲学、政府政策和社会科学理论保持严谨的态度，奥地利经济学、指导性计划、工人参与公司治理、现象学、结构主义以及批评理论等值得关注（Brown & Stillman Ⅱ，1986：135）。

桃李不言，下自成蹊。1996 年 6 月 27 日至 29 日，马克斯维尔公民与公共事务学院举办了纪念沃尔多学术研讨会，来自世界各地的友人、学生和同事百余人参加。活动温馨而热烈，据瓦姆斯利回忆，"几乎出席活动的所有人都有个人的小花絮要讲……这些小花絮都涉及沃尔多对他们以及他们学术生活的影响，从这位学富五车、人格高尚的学者德怀特·沃尔多身上学到的方方面面"（Wamsley，2001）。曾任《公共行政评论》主编的高思罗普在纪念活动的祝酒词中反复说，沃尔多是一位名副其实的绅士，是一位大儒。①

2000 年 10 月 27 日，沃尔多逝世。

第六节　沃尔多式的行政世界：历史和政治哲学之维

在从语言学、政治学到公共行政的人生经历中，如果要问什么是沃尔多毕生的杰出贡献，那么，这应该是他强调公共行政与历史关联的重要性，正如他所说的，历史仅是序曲（Waldo，1981：34）。尽管他自谦虽书写了很多关于历史的著述，但仍未入木三分、力透纸背，但是他确信从历史中可以习得很多经验教训。② 他痛惜许多公共行政文献在本质上是反历史的。尽管历史会以不同的基调、千变万化的主题循环往复，但是，忽视历史就阻断了从历史中汲取"若干洞见、假设和科学结论"的源泉（Waldo，1961）。历史的一个重要教训是，行政并非起源于 20 世纪，行政技巧经历了若干世纪的发展，"纵观历史，公共行政一直是行政技术发展的引领者，而不是跟随者"（Waldo，1984：xxxii）。行政处于政府演化的核心。沃尔多始终坚持，政府和行政在实质上是等同的，行政通过为文明提供一种基础而构筑文明，作为行政的政府与文明总是紧密相连的。（Waldo，1984：9）

沃尔多的关注点主要在于西方世界的政府发展。他注意到，现

---

① 这次学术研讨会的论文先后以《官僚主义与民主：纪念德怀特·沃尔多的论文集》（*Bureaucracy and Democracy：Essays in Honor of Dwight Waldo*）、《现代比较行政：纪念德怀特·沃尔多的论文集》（*Modern Comparative Administration：Essays in Honor of Dwight Waldo*）和《沃尔多公共管理研讨会》（*The Waldo Symposium on Public Management*）为题发表在《公共行政评论》1997 年 57 卷第 3 期第 190—222 页、第 4 期第 323—353 页以及《公共行政研究与理论》1997 年第 7 月号的第 398—487 页上。

② 1995 年 4 月 13 日，德怀特·沃尔多给霍洛维茨的信，版权由霍洛维茨持有。

代国家的政治和行政牢牢地扎根于两种截然不同的传统之中。一种是起源于古希腊的思想和经验，并借鉴了罗马共和国和某些中世纪和早期现代城邦国家的公民文化传统。另一种是起源于中东和地中海盆地古代帝国的帝国传统。而美国则体现了这两种传统。（Waldo，1987：90）在弗里和拉施尔德斯的《驯服公共行政：从马克斯·韦伯到德怀特·沃尔多》（*Mastering Public Administration：From Max Weber to Dwight Waldo*）一书中，沃尔多被描述为公共行政的折中主义者。实际上，沃尔多的公共行政世界是根据对公共行政古典进路的批判、沃尔多式的视角（Waldonian Perspective）以及作为学科、职业和事业的公共行政等建构的。

一 对公共行政古典进路的批判

在沃尔多看来，20 世纪 40 年代之前，公共行政的古典进路一直支配着美国的公共行政研究，并在 1937 年古力克和厄威克主编的《行政科学论文集》（*Papers on the Science of Administration*）出版时达到了鼎盛时期。沃尔多认为，古典进路有五个鲜明的特征，即接受政治行政二分法、普遍的管理导向、通过科学分析寻求行政原则、强调行政权力集中、致力于民主。美国公共行政的古典进路是改革运动和进步时代的产物，与强调行政领导力、公务员制度改革和公民教育、科学崇拜、经济性和效率福音等主流意识形态是高度契合的。

古典时期的作者们接受政治和行政之间的区别，声称行政属于专业知识领域，政治应该被排除在外，并且强化行政长官的权威，以遏制行政部门的离心力（Waldo，1984：114 - 115）。普遍的管理导向即假定私营部门的管理技巧适用于公共部门。公共行政既接受商业程序，也接受一种商业意识形态，因为商业模式通常被用来否定各种权力之间的平衡，并被用来强化行政长官的作用，也被用来证明等级控制机制、择优任命和采用商业式的预算程序是合理的（Waldo，1984：44）。致力于寻求一门行政科学，扬弃理想主义的导向，崇尚实用主义的导向，因为人们认为，行政的科学研究可以引导发现一般的行政原则，效能政府可以建立在这些原则的基础上，(Waldo，1955：41；Waldo，1968a：148) 通行的药方就是集权化、简单化和标准化。这些药方的目标就在于实现责任集中化，通过在行政部门内建立更强有力的等级控制来保证行政长官的权力，并以效率的名义精兵简政，撤销多余的机构 (Waldo，1984：133-134)。而对民主的基本承诺，是强调实质性民主，而不是程序性民主，要实现民主，必须建立一个强大、积极响应、负责任的政府，以有效地满足在新兴的"伟大社会"中人民的需要 (Waldo，1971b：26)。

沃尔多认为，尽管古典时期的公共行政学者们表面上或是刻意回避了价值承诺、意识形态和哲学，但是，公共行政古典进路包含着一种对个人主义、物质主义和平等的默认承诺、一种和谐胜于冲突的偏好、一种对城市优越生活的信仰，以及致力于把科学作为进步的一种主要工具的献身精神。这种意识形态信奉一种民主的美国使命理念、对基本法的信仰、对进步和进步主义学说的遵循、对效率福音的采纳，以及对借此可能建立一个民主的统治阶级的专业知识的信仰，其背后包括实用主义、功利主义和实证主义 (Waldo，1984：77-85)。实用主义体现在专注于各种手段的效率。功利主义体现在实现最大多数人的最大幸福的目标上，即假定实际上人人都是平等的。实证主义反映了与无形标准的对立，并试图以衡量标准替代形而上学。(Waldo，1984：80)

沃尔多也将韦伯归结为公共行政的古典主义者。20 世纪 50 年代，他曾经与韦伯著作的重要阐释者本迪克斯共同开设了比较公共行政课程。但是，沃尔多对韦伯的官僚体制和理想型官僚制在技术上更胜一筹的观点表示怀疑，"在西方文明断断续续地走向韦伯时代理想组织类型的进程中，实际上，韦伯把自己所处的时空想象为创造性过程的终结，难道他不正是这种常见思维弊端的受害者吗"(Waldo，1952)？

在描述分析的意义上，沃尔多用官僚制指代大型的、正式的、复杂的、任务专业的和面向目标的组织。如此定义的官僚主义组织已被证明是极为重要的，它们履行与社会秩序和稳定相关的，鲜为人知且无人喝彩的职能，正是因为如此，它们通常被谴责为刻板僵化和刚愎自用。沃尔多认为，官僚制与民主之间的冲突是一种两难境地。一方面，权力被看成一种危险品，应该被碎片化和分散化；另一方面，人们认识到，如果权力得到适当引导，可以为善意的目的服务。在行政中，这种双重潜力意味着官僚权力被看成可能造成不道德行为的力量，应鼓励分权。而民主只有在权力集中的情况下才有可能实现，以便它既能采取行动，又能承担责任。在民主的约束和预期内，随着从政府中寻求民主来谋求表达公共行为和投递公共服务越来越困难，这一两难困境也随之加深。根据沃尔多的看法，官僚制与民主的概念并非完全不相容，因为官僚制为民主价值观提供了重要支持，解决之道就在于寻求民主和官僚制之间的最佳组合，承认民主是可取的，官僚制是必要的。他认为，我们应该接受这样一个事实，即我们拥有一种行政文化，我们应该利用这种文化尽可能多地获得益处。我们必须关心人类平等和参与的价值。尽管权力、等级制甚至权力强制是必要的，也是不可避免的，但是官僚主义的博弈应该让每个人都知道基本规则，并一直允许按照技能和偏好来参与博弈（Waldo，1965b：45）。我们应该周密计划，维护自由和自发性的领域。简言之，沃尔多希望我们改革，而不是企图逃避或废除，在顺从权威与反抗之间寻求合理的平衡。正是基于这些辨析，沃尔多把韦伯看成传统的系统构建者、开创性的行为主义者，甚至是变相的形而上学家（Waldo，1968b）。

二　沃尔多式的视角

沃尔多式的视角是由卡罗尔创造的词汇。卡罗尔认为，20世纪80年代，里根政府发起的抨击官僚会破坏职业公共行政的承诺和自信，这些攻击应该从公共行政的历史、功能和价值等视角进行检验，这恰恰就是沃尔多式的视角。沃尔多式的视角在方法和内容上是独特的。方法上主要包括四个方面：一是二律背反性，即尽管诸多概念在各自的领域内是可信的和有效的，但是要分析这些概念之间的紧张关系；二是多元主义和多维度，即强调在与现有主题相关联的所有主要因素的分析中存在的包容性；三是历史性，即不仅要强调治理和行政的演进发展，而且要强调治理和行政细微的循环发展；四是比较性，即强调与什么相比较。内容上也主要包括四个方面：一是关注文明与行政之间关系的基本问题，其中包括美好生活问题；二是关注政府的核心职能和其他职能，以及与官僚制和变革之间的关系；三是关注民主进程和价值与行政过程和价值之间的关系；四是对寻求解决公众不满的形式主义方案提供同化力（assimilative）以及在一定程度上提出警告。卡罗尔认为，沃尔多式的视角在沃尔多对组织理论的批判性分析中表现得淋漓尽致（Carroll，1997）。

早在攻读博士学位期间，沃尔多就对组织理论给予了格外的关注。在伯克利期间，他先后完成多篇论文，形成了对组织理论的系统看法。沃尔多将组织理论发展划分为三个阶段，即古典阶段、新古典阶段和现代组织理论阶段（Waldo，1961；Waldo，1978）[①]。古典阶段以泰勒、古力克、法约尔和穆尼等为代表，强调人类行为的理性；新古典阶段始于20世纪20年代的霍桑实验，一直持续到20世纪中期，强调组织中人类行为的情感和社会心理维度；现代组织理论阶段始于1958年马奇和西蒙《组织》（*Organizations*）一书的出版，以组织作为一个有机体或自然系统的模型为基础，强调组织的成长和生存能力。现代分析方法很少认同依赖于等级制控制的组织，更多地认可权力来源、更大的个人流动机会，以及对组织

---

①　沃尔多通过比较1961年和1978年组织理论的状况，断定虽然我们知道这方面的著作越来越多，但这只是数量上的增加。

变革更加强烈的接受能力，强调行为取向，采用物理和生物科学的方法，寻求一种适用于任何时代、任何领域、价值中立的一般理论。

沃尔多认为，前两个阶段具有一定的继承性。新古典主义阶段由霍桑实验及其思想衣钵继承者倡导的人际关系运动所主导。人际关系运动强调组织行为的情感和社会维度，诸如士气、感觉和态度、群体关系、非正式群体、领导能力以及组织行为中合作的基础等。人际关系运动关注组织行为中的社会和心理因素，不仅表现了对古典进路的扬弃，也揭露了科学管理运动等视角的局限性（Waldo，1968a：150）。一方面，人际关系运动早期可以被看成科学管理运动的一种修正；另一方面，它继续强调科学、管理主义和效率的价值，目的是把非理性行为置于理性的控制之下。因此，就目标或方法论而言，人际关系与其说是对古典方法的一种彻底背离，不如说是对其分析工具的一种改进。

对于现代组织理论，沃尔多认为这是一种多元化、异质性且深受千变万化的潮流影响的议题（Waldo，1978）。借鉴来自管理科学、社会学、社会心理学、经济学和人类学等多学科的思想来源，试图建立组织行为的普世价值，但是很少关注公共组织作为一个潜在的可独立分析的主题。现代组织理论仍然基于 20 世纪西方文化的价值观，即科学、理性、效能、效率和生产力。这种文化取向最终导致从描述到处方、从理论到应用科学的显著转变。沃尔多认为，现代组织理论存在着三个流派。第一个流派是以西蒙为代表的决策流派。在坚持更严格的科学标准和关注行政决策方面，西蒙对组织理论的研究构成了一种根本性背叛，但在分析方法上，西蒙试图建立一门行政科学，把效率保留为组织决策的标准，并通过以事实价值二分法替代政治行政二分法来维持这一普世价值的双重建构，这显然是一种保守主义的分析方法。第二个流派是组织人本主义流派，以阿吉里斯和李克特[①]等为代表。从人本主义的视角来看，组织的目标是在个人利益与组织利益相容的前提下，实现组织的有效性和自我完善（Waldo，1977b）。虽然组织人本主义被认为是一种逃避官僚主义的非人格化工具，但也是一种实用主义的尝试，旨在构建更加灵活的、以知识为基础的、能够在不断变化的环境中实现理性和效率的组织。第三个流派是基于系统论的科学和管理流派，这一流派既包括权变理论，也包括决策理论、组织发展、计算机技术和组织未来主义，旨在在一个不断变化和不确定的环境下，实现理性和效率等传统价值，与组织人本主义流派一样，只是换汤不换药（Waldo，1981：146）。

沃尔多对新古典主义和现代组织理论的态度是褒贬不一的，他自称经历了一个从盲目崇拜，到充满求知欲和满怀期望，再到除了敌意之外仅剩下冷漠和厌恶的过程（Waldo，1966：1）。沃尔多担心，现代组织理论的技巧可能会被管理层仅用来更娴熟地操控他们的员工（Waldo，1954）。他戏谑梅奥以及人际关系运动，"我一直梦想有一个现代化的奶牛场，力求管理完美，每一头奶牛都依偎在熠熠发光的拴牛桩旁，心满意足地咀嚼着维生素饲料，挤奶机的操作声在维也纳华尔兹圆舞曲中隐若相闻"（Waldo，1952）。沃尔多指责，许多现代组织理论是反个人、是侏儒化和去人性化的。沃尔多断言，这种倾向最生动地反映在西蒙对组织的理性和逻辑的关注上。西蒙在揭开了组织理性的神秘面纱的同时，使组织去人性化。

沃尔多指责，研究组织理论的作者们在定义他们的分析对象时并不具体。他以盲人摸象的寓言为例，"作者们是否谈论的是同一头大象，甚至是同一物种的成员，这一点尚不清楚……如果他们都在谈论同一头大象，那么，这头大象就是一头周身患有象皮病的硕

---

① 李克特（1903.8.5—1981.9.3），美国社会心理学家，以发明李克特量表而著称。他的主要著作有《管理的新模式》（*New Patterns of Management*，1961）和《人类组织：它的管理和价值》（*The Human Organization: Its Management and Value*，1967）等。

大无比的巨型大象"（Waldo，1961）。一方面是分析对象界定的缺失，另一方面是致力于发展一种普遍和统一的组织理论，沃尔多认为，与其说这种普遍性是存在的、一个统一的理论是可能的，倒不如说期望多于定论。沃尔多谴责，尽管现代组织理论自命不凡，但是并没有形成统一的组织理论。凭借包罗万象，系统理论面临着成为虚无的危险。（Waldo，1978）权变理论的核心观点是"一切取决于……"这听起来很有道理，但很少有迹象表明在这一观点之外还能做些什么。现代组织理论很少关注公共组织，而且"具有讽刺意味的是，一个在其成就上追求普遍性的事业，其根茎却如此狭隘"（Waldo，1961）。

沃尔多认为，与古典方法一样，新古典主义组织理论也受主观价值的影响。从行政到组织的转变，至少在一定程度上是为了对抗价值问题。组织概念表明有一些事情是可以在描述性的基础上进行研究的。但是，像行政这样的诸多组织不可避免地反映了它们所栖生的社会价值观。在20世纪的美国，这就意味着对理性和效率等价值观地执着追求。沃尔多坚信，研究组织不可能脱离其所体现的价值和所追求的目标。因此，在他看来，一种价值中立的组织理论是不可企及的（Waldo，1966：16）。沃尔多戏称组织理论是大象学（Elephantology），从行政走向组织是与行为主义相关的，试图建立行政的科学（Administrative Science）或行政科学（Science of Administration）。"20世纪50年代以来的组织理论，应该冠以《设计和管理一个创新、有效、人道和适应性的组织：一种系统、结构、行为、环境和权变分析》的书名，并在扉页上明确，在当今的官僚世界，一部积极的执行者的工具，创造性研究者的指南。组织理论已经进入了波涛汹涌的深水区，应该扬弃松散的、实用主义的、机械的模型，转而倾向以生物演化的视角看待组织变迁。我发现，相比于理论物理学发展的图文并茂的精彩生动的描述，生物学演化可以更好地类比于'社会科学'的演化，但这是另一个传说。"（Waldo，1978）

当然，沃尔多并没有提出某种组织理论。早在 1947 年他就提出，组织分析是行政分析师的工作职责，需量体裁衣开展田野调查，并提出了组织分析需要权衡的问题清单，诸如组织和程序、行政控制权、政策协调和职能一致性、自治和自主权、撤销、合并和重组、合作和互补、客户、受益者、受监者和雇员，以及常识和科学、公共利益和私人利益等，"作出一个组织变革的决策必须得到决定性证据的支持，这一决策将超越合理的怀疑，证明变革是可取的。无论它们是什么，许多已确立的组织都是巨大的，人际关系的结构和生活习惯都是错综复杂的。一开始，组织变革会带来混乱和不安全感。最终的结果可能是新能量的释放，但是，要面对的最直接结果首先是降低效率和个人苦恼。一项变革的显著收益必须既超过由此产生的直接弊端，也超过维持现状所得到的好处"（Waldo，1947）。在沃尔多后期的著作中，这种二律背反和配对替代法、多元主义和多维度等为特征的沃尔多式的视角，凝练为政治和行政、事实和价值、集权和分权、高效和低效、稳定和变革、民主和官僚主义等各种主旨。我们需要注意的是，这些相悖或者相对偶的语词使用"和"（and）而不是更常用的"与"（versus）作为连接词，其背后的深意彰显了行政的包容性。①

对组织理论的关切，实际上体现了沃尔多对公共行政未来的关切。在 20 世纪 70 年代从工业社会向后工业社会过渡的进程中，沃尔多注意到，尽管关于未来的许多预言未能实现，但是这些预言依然有效，即后工业社会将会见证知识作为生产力的关键要素、信息

---

① 哈蒙认为，公共行政研究过多地使用了二分法，这是分裂的悖论，因为它们涉及两个彼此对立的原则。其实，也存在两种相互对立的原则或者是两种原则在彼此的创造性紧张中共存，比如，在语言上，集权化和分权化；在职能上，政治和行政；在程序上，机械组织和有机组织等，这就是二律背反的悖论。哈蒙在两本著作《责任悖论：对政府理性话语的批判》（*Responsibility as Paradox：A Critique of Rational Discourse on Government*）和《公共行政大考：职业和学科的实用主义重组》（*Public Administration's Final Exam：A Pragmatist Restructuring of the Profession and the Discipline*）中继承和扩展了沃尔多式的视角。当然，也有人认为，沃尔多式的二律背反和配对替代方法作为一种措辞方式实际上是政治行政二分法的延伸。

处理技术的创新、工厂的衰落、基于科技知识的新权力精英阶层以及权力中心的兴起、从生产到分销和服务的职业转移（Waldo，1981：158-160）。所有这些过渡性活力都将加快经济社会政治变革的步伐，从而孕育制度和社会心理危机。在沃尔多看来，这些力量将会导致一系列问题，并且在一定程度上必须由公共行政来解决。公共行政即将面临的一个特殊问题就是研究新型组织和管理模式，并要求履行新的责任。沃尔多预言，未来的组织将是缺少官僚色彩的，越来越具有公私混合的性质，与单一组织相比具有更多的链式、复合特征，并且越来越国际化或跨国化（Waldo，1981：167-168）。这些新的组织模式提出了如何在不混乱的情况下建立缺少官僚色彩的组织的问题，对于适应性的组织，稳定性、可预测性和责任等问题会发生什么变化？如何应对日益增加的道德复杂性，以及如何应对日益增加的冲突和危机？公共行政更容易被要求履行更多的职能，从而增加了体制负荷的危险，公共行政体制已经承担了超越其所能掌控的权力或其所呼唤的美德的责任（Waldo，1981：187）。这种超负荷的未来对公共行政的影响是多方面的。公共行政是政府应对上述问题的主要机制，因此，它必将全面参与变革和转型。公共行政人员的决策必然是政策判断、工具判断、法律判断和道德判断的组合。当我们试图生存下去、适应和控制变革时，公共行政事业将以哲学、学科和方法论的多元化为标志。沃尔多相信，我们必须创造未来——而不是简单地复制未来，他希望"我们现在或许可以加快相互学习、相互调整和制度干预，一个统一的而非大一统的、和谐的而非同质化的世界可能会取得进展"（Waldo，1981：134）。

三 作为学科、职业和事业的公共行政

在沃尔多式的行政世界里，一个萦绕沃尔多一生的问题就是公共行政的定向问题。如果公共行政不是一门纯科学，那么它是什么？沃尔多断言，公共行政充其量只能被看作一门应用科学，也许

更应该被看作一种职业性专业或其他什么。公共行政有好多个替代性的选择，而沃尔多一生都在寻求一种被广泛接受的描述。

沃尔多认为，公共行政是否应该被认为是一个学科，一方面取决于我们如何定义公共行政这一术语。无论如何，更可取的看法是，公共行政是由许多学科组成的，这些学科的知识都是将来从事公共服务事业所需要的（Waldo，1975：181－232）。沃尔多强烈反对公共行政仅仅是一个分支学科的观点，尤其是将公共行政视为政治学的分支学科。政治科学受逻辑实证主义的影响太深，以至于它现在专注于"有趣但无关紧要、可以量化但微不足道的东西"（Waldo，1981：6）。公共行政与政治科学之间的传统关系是一种惯例与惰性的关系，这对于公共行政的未来发展是有问题的。沃尔多也反对将公共行政归入商学院或一般的管理学院，因为无论是行政价值观还是行政技巧都不能普遍化，公共行政既需要一种差异化的技术，也需要一种独特的哲学。就像政治学一样，商学院或一般学院的公共行政课程很可能面临"因缺乏营养而缓慢死亡，或因缺乏关注和关爱而枯萎"（Waldo，1965a）。

另一方面，取决于我们是否已经形成、正在形成或将要形成一门行政科学。对这个问题，沃尔多的答案是模棱两可的。在某种程度上，答案取决于人们如何定义科学。广义上的科学就是引导控制"具体转型"的知识（Waldo，1981：21）。社会科学包括公共行政学，都将是科学。社会科学已经实现了对人类行为的高度控制，并能够做出许多准确的预测。因为社会科学与自然科学的进步是如此密切，在某种重要意义上所有的科学均是社会科学。（Waldo，1981：24）到了20世纪80年代初，沃尔多又承认自己致力于规范的经验研究，对行政主义和逻辑实证主义知之甚少，"我的成长和教育经历使我偏向于软科学的一面：对社会科学采取一种人文主义的进路，对所有提供真理的哲学和方法持怀疑的态度"。"即使是一门简陋的且幼稚的科学也比没有科学要好。"我们已经"从硬科学，即从行为导向的文献中"受益匪浅。（Waldo，1984：xlix；1）

与学科定向相比，沃尔多更赞同公共行政是一种职业性专业。早在20世纪60年代，沃尔多就捕捉到了公共行政的身份认同危机，并对公共行政寄于政治科学的篱下，沦为政治科学的次级学科或者政治科学系的二等公民很不满意，公共行政虽寻求作为社会科学的独立学科，但受到了当时滥觞的行为主义、逻辑实证主义以及实用主义的冲击（Waldo，1968b）。沃尔多尝试以一种职业性专业的形式定向公共行政，尽管这实际上并不存在，而且在严格的意义上也许都没有存在的希望。面对文森特·奥斯特罗姆（1999：19-20）和朗（Long，1974）等人的质疑，沃尔多为自己开的处方辩护，"当代政府中的公共行政要比照顾和治疗病人更加复杂，而不是更简单。我们需要一个视角、一个定向来恰当地完成任务。用我的话来说，我们的理论视野，应该随着职业性专业化挑战的延伸而延伸，并应该回应这一挑战所呈现的需要和机遇。如果将公共行政类比为医学是有效的话，这就意味着，我们必须予以关注的不是一种理论而是多种理论，实际上是有多种类型、多个维度和多个方面的理论。职业性专业立场既不是通过简单的自动投币程序来提供答案，也没有为理论问题提供完整而清晰的日程表。它提供的是一个足以包含理论问题的框架，它帮助澄清被提出的问题，并确定正确答案的性质；在寻找哪种方法以及哪种层级的方法来解决问题的时候，它又为我们指引方向。重要的是，它在允许多样性的同时给出了统一性"（Waldo，1968c：10-11）。言下之意，沃尔多主张，职业性专业化是一种良好的态度或策略，公共行政从一种学科的角度转变为一种职业性专业的角度，在大学中拥有一所独立的专业学院（Waldo，1968c：28）。沃尔多最喜欢的类比是医学，医学既是科学又是艺术，既是理论又是实践，它是多学科的焦点，而不是单一的理论，并为广泛的社会目的服务。公共行政作为一种职业性专业，可以使其摆脱在人文学院的二流学科地位，使其摆脱因没有独特范式而导致的内疚感，并允许其在任何领域寻求任何需要的范式。

沃尔多对公共行政身份认同危机问题给予深刻反思。"现在，有可能的是，我把解决我自身问题的方案误认为是解决公共行政问题的方案，把主观性误认为是客观性。这就是说，我经历了所谓的皈依，迁居到马克斯维尔，进入公共行政系。我也看到了 ASPA 和 NASPAA 的出现和增长。我参与了这些进程。我现在比二十年前感觉好多了。然而，针对一般情境，我难道欺骗了自己吗?"（Brown & Stillman Ⅱ，1986：134）无论在多远的未来，对于公共行政而言，任何非常坚实和可靠的内核都不会被发现或创造出来，因为有太多的谜团、太多有待调和的不可调和因素、太多的超越我们控制和影响的因素，所以不可能有一个内核。这就需要通过诸多比较来实现恰当的心智—情感均衡。沃尔多断言，"任何社会科学学科都没有明确的界限，没有毫无争议的哲学方法论核心。任何职业都没有明确的边界，没有无可争议的哲学方法论核心。这是一个充满风险、不稳定和争议的世界"（Brown & Stillman Ⅱ，1986：134）。沃尔多的最终判断是，公共行政不是一个单一的主体，而是一种兴趣的焦点，最好被描述为一项事业。这一事业包含许多维度、视角、兴趣和方法论，在解决一个紊乱的、迅速变化中的世界的诸多问题上，它是折衷主义的、试验性的和开放的。公共行政事业应该有"一个稳定的核心和一个活跃的外围"，并强调扩大其职业性专业的范围（Waldo，1956a：137）。

沃尔多对自己致力于探寻公共行政的一生曾经有精辟的概括，"未经考验的人生是没有意义的，这句柏拉图式的格言是可以扩展的，即未经考验的职业性专业是不值得追求的……我从未想过要写一篇自我辩白书!"（Brown & Stillman Ⅱ，1986：134）这是他自己的自画像。"在许多方面我们都是沃尔多的学生。今天，我们学习公共行政是沃尔多教会的，今天，我们研究公共行政是沃尔多教会的，今天，我们实践公共行政是沃尔多教会的。他将永远伴随着我们"（Carroll & Frederickson，2001）。或许，高思罗普对沃尔多的白描更加形象，德怀特·沃尔多是一所学院!

第 八 章

向赫尔伯特·西蒙致敬

[**题记**] 初闻不识曲中意，再听已是曲中人。

——施人诚，《后来》

赫尔伯特·西蒙（1916.6.15—2001.2.9）一生对行政理论、组织理论、政治学、经济学、社会学、心理学、计算机科学、认知科学和哲学等都做出了重大贡献。在西蒙不间断从事学术研究的64年中，共发表了900多份不同类型的成果。[①] 1978年，西蒙获得诺贝尔经济学奖，"被美国学术界解读为真正的诺贝尔奖，实际上是社会科学领域的第一个诺贝尔奖"（Gawthrop，1979）。在1945年，年仅29岁就出版了《行政行为》（第一版）。"西蒙与公共行政的联系体现在三个方面：第一，他从公共行政开始起步。他早期的职位和大部分研究都是公共行政。他与人合著了一本公共行政学教科书。第二，他对公共行政领域的影响是非凡的。几乎从一开始，他就是一种思想武器。第三，他在思想观念上从未脱离公共行政领域。在他的整个职业生涯中，把重点放在公共行政的一个核心问题上，即从个体上看，人类如何受到理性的限制，在社会组织中人类如何解决问题？以及他们如何更有效率地做到这一点？"（Augier & March，2001）一些重大的理论论战，比如行为主义与传统政治科

---

① 参阅 http://www.cs.cmu.edu/simon/。

学之争、有限理性与最优化之争、认知心理学与行为主义之争以及机器思维之争等，无一例外地说明西蒙是思想的磁铁，尤其是西蒙与沃尔多之争、西蒙与阿吉里斯之争以及西蒙与罗伊（Lowi & Simon，1992）之争开启了公共行政研究的另一个进路，以决策、有限理性和满意度为钥匙打开了现代组织理论和人类行为理论的大门。显然，他是公共行政之子。

第一节　决策：行政和组织理论的最小理论单元

20 世纪 40 年代到 60 年代，凭借《行政行为》（*Administrative Behavior*，1947）、《人的模型》（*Models of Man*，1957）、《人工科学》（*The Sciences of the Artificial*，1969），与斯密斯伯格、汤普森合著的《公共行政学》（*Public administration*，1950），与马奇合著的《组织》以及一系列论文，西蒙将芝加哥学派的精神带进了公共行政，直击行政理论的核心。

《行政行为》以西蒙的博士论文为基础，为行政组织的科学理论奠定了基础。西蒙集中批判了被传统行政文献公认的四条行政原则，即专业分工、统一指挥、控制跨度，以及根据目标、程序、服务对象、地点划分组织的原则。西蒙认为，分工只是群体工作的本质，组织不论效率如何都需要分工，因为两个人不能在同一时间、同一地点做同一项工作，分工只不过是不同的人在同一时间做不同的工作而已。分工并不构成有效行政的条件，并且与统一指挥原则相互冲突。控制跨度显然与尽可能减少组织层级相互冲突，因为减少控制跨度势必增加组织层级。西蒙在《行政行为》第二版序言中毫不留情地指出，我们谈论组织时使用的语言与非洲撒哈拉沙漠巫师治病时使用的语言差不多。往好里说，我们是靠谚语过日子，往坏里说，我们是靠满嘴胡言。这些所谓的行政原则，只能将它们托付给思想的炼狱。① 西蒙不仅为了毁灭，更是为了创造而毁灭。"目前，对行政的描述过于肤浅、过于简化、缺乏现实性。它太局限于权威机制，而没能把同样重要的其他几种组织行为影响模式纳入考虑范围。它回避了对决策的研究这一繁重任务。它满足于谈论权威、集权、控制跨度、职能等，却不去寻找这些术语的可操作定义。如果对行政的描述达不到更高的思辨水平，就不要希望能在甄别和验证有效的行政原则方面取得迅速进步。"（Simon，1997：44－45）

"对我来说，《行政行为》就像是一个可靠的起航港口，让我可以远航去探索人类决策行为的真理。"西蒙决定为行政科学建立一套可操作性的概念和词汇表。"一门科学在建立原理之前，它必须拥有诸多概念。在重力定律得以形成之前，必须先有加速度和重力的概念。因此，行政理论的首要任务，就是要建立一系列概念，让人们能用这些与该理论相关的术语来描述行政情境。这些概念要想在科学上有用，就必须是可操作的，即它们的含义必须与经验上可观察到的事实或情境相对应。"（Simon，1976：37）

西蒙认为，"行政理论的核心关切是人类社会行为的理性与非理性之间边界"（Simon，1976：xxvii）。经典的、理想的、理性的人类决策模型，在现实中并不存在，且容易受到批评。西蒙认为，问题的关键不是批评这些模型，而是要理解决策是如何在组织中产生的，以及如何设计理性组织。作为一个起点，你必须拥有一些理性。然而，理性必须被看成一个变量。没有任何个人或组织能够满足经典决策模型的必要条件。该模型可以用于搜寻，研究个人和组织如何建立目标和价值，描述和判断不同的替代方案，收集和利用信息，得出决策。从逻辑实证主义的科学标准出发，西蒙认为，

---

① 西蒙早年发表的《行政的谚语》（*The Proverbs of Administration*，1946）是批判性的，主要指出古力克和厄威克在《行政科学论文集》中所说的那一套教义并非基本原理，而是一些谚语，矛盾百出。我们需要更多的研究来确定在什么时候、什么情况下、什么谚语有效。（赫尔伯特·西蒙，1998：344）

"行政理论的概念必须从人类选择的逻辑学和心理学中导出"（Simon，1976：ix），从而使研究方法具有知识累积性，研究成果更具有效性、可预测性、因果性和可接受性。由于决策是西蒙行政理论的核心概念，他敏锐地意识到事实命题和道德命题在本质特征上的差异。"和任何科学一样，行政科学也纯粹只关心事实性陈述。道德判断在科学体系中没有任何地位。但凡道德陈述出现的时候，它们都可分解为两个部分，一部分关乎事实，另一部分关乎道德，只有前者才与科学有某种关联。"（Simon，1976：360）西蒙完全同意逻辑实证主义的看法，认为科学家的任务是检验事实命题。以对显性行为的观察或从这种观察中逻辑演绎的结论为基础，"事实命题陈述的是可观察到的世界及其运行的方式"（Simon，1976：59）。而价值命题陈述的是应该如何做的问题，指的是对事物的偏好。与价值观模棱两可的性质相反，事实陈述是明确的，因为事实命题是可以验证其真伪的命题，即它们对世界的表述是否是事实。一个行动者，无论是个人还是组织，都是基于某种信念或假设做出决定的，西蒙称为决策的前提。如果一个人能够控制个人或组织行动的前提，他就能够控制决策。行政理论是对控制决策前提所需要的信息、知识和理性的探索。通过采纳逻辑实证主义的立场，西蒙认为，价值与事实是可以并确实是分离的。

在价值和事实问题上，特别是在应然和实然问题上，西蒙区分了规范和经验两个层次，"价值指的是应然问题，无论如何是确凿无疑的问题，而事实指的是实然问题，无论如何是推测性的问题"（Simon，1976：5）。在一个组织中，决策将基于包括经验因素和规范因素在内的许多前提。这两种不同类型的前提分别称为事实前提和价值前提。事实前提是由关于组织及其环境的信息和知识构成的，价值前提是由目标和既定的道德和法律约束组成的。"对于一个公园管理者来说，备选方案包括清除杂草、苗圃栽培、道路养护、清洁工作等，决策的价值前提是在法律上和社会中所要求的园貌美观、清洁卫生和娱乐设施使用价值等，而事实前提是预算、工作方法和单位成本等"（Simon，1976：198）。公园管理者的理性决策就是要决定做一些事情来实现目标，决定采用哪种手段来实现某种最终目标。手段和目标必须在一个分层次的结构链中来考虑。"在决策过程中，被挑选的备选方案被认为是达成合意目标的适当手段。然而，许多目标本身通常只是最终目标的辅助性工具。因此，我们被引向一组系列概念，或者说分层次的目标。理性与这种类型的手段—目标链构建有关……事实就是，目标可能会依赖于他们对其他更遥远的目标所产生的影响，遂导致这些目标的分层次安排——每一层次都被认为是它下一层级的目标，同时被认为是它上一层次的手段。"（Simon，1976：76）

在组织视角中，西蒙曾以卡内基工学院商学院的回忆给出了一个隐喻式的现身说法。"组织一所专业学院或者一个研发部门，很像是把油和水混合在一起：描述期望的产品是容易的，生产它却很不易。当目标已达成时，任务却没有完成。如果顺其自然的话，那么油和水又会重新分离。所以，学科和专业也是如此。在这些情境下，组织过程不是一劳永逸的活动。它是一种持续不断的行政责任，对于事业的持续成功至关重要。"（Simon，1967）油和水混合就体现在组织内部影响决策的五种机制中，即群体分工、标准运行程序、决策的向下传递、沟通、培训和教化。

这些机制包括不同的影响过程或影响模式：一是权威。权威必须与决策和行为相联系，它是纯客观的和行为主义的。"只有当事人双方的行为确实发生时，他们之间才存在权威关系，无论组织的书面理论讲的如何天花乱坠，如何蛊惑人心，如果没有发生行为，就没有权威可言。"（Simon，1976：125）二是沟通。正式沟通是通过口头联络、备忘录、信函、记录、报告和手册等媒介来表达的。非正式沟通是围绕组织成员的社会关系建立的（Simon，1976：157－162）。三是培训。培训既包括职前培训即教育经历，也包括在职培训即组织内的日常监督和正式培训。"无论在众多决策过程中涉及多少相同的或不同的因素，培训都适用。培训可以为受训者提供处理这些决策所必需的事实；可以为受训者提供一种思考的参考系；可能教会他如何核准解决方案，或者，如果他试图自己做出决策的话，培训可以向他灌输明确的价值观。"（Simon，1976：170）四是效率的标准。效率一词是"行政词典中最常用的、当然也是最被误用的一个词"（Simon，Smithburg，Thompson，1962：490），其误用表现在模糊性与多样性上。从广义上讲，效率是理性的同义语；从狭义上讲，它指净产出与机会成本之比率的最大化。采用效率一词要格外小心，"如果在机会成本不变的情况下，一种选择能够带来最大的潜在收益，或者在收益既定的情况下，一种选择所花费的机会成本最小，那么这种选择就可被定义为有效率的"（Simon，Smithburg，Thompson，1962：493）。由于所有的行政决策都是受限于现有的有效资源，"如果两种替代方案具有相同的成本，那么就挑选其中将会使组织目标实现可能性更大的方案；如果两种替代方案导致相同的结果，那么就需要挑选导致成本较小的方案"（Simon，1976：122）。效率不能回避备选方案的可比性问题。五是组织认同和忠诚。个人以组织目标替代个人目标，"个人在制定一项决策时，他将根据几个替代方案对特定群体的影响开展评估，从而认同自己归属于一个群体"（Simon，1976：205－218）。

西蒙建立了行政科学的规范和词汇表，自20世纪60年代以来，特别是在当今行政理论著述中，没有人胆敢在不事先查阅西蒙对这些问题看法的情况下，贸然使用理性、效率、权威、权力、均衡、认同和因果关系等术语。西蒙所构建的行政世界不同于传统行政理论建构的世界，也不同于沃尔多所建构的世界，正如麦克斯怀特所言，"西蒙的组织观完全抽空了组织，把组织简约为不过是决策前提所携有的相互交叉的信息流的制度机制。西蒙用以描述这一制度的形象隐喻是从高空某点看到的河流，人们能看到河流的主线，它的干流是上百条大小不一的支流从无数的源头和无数的方向流进主河道汇聚而成的。整个河系是动态的，运动是持续的，并在每一时刻发生变化。最适宜于管理组织的人通过这一隐喻的框架，看到的不是传统主义文献中所描述的浪漫主义的行政领导，而是能理解河流整个水利系统的工程师，有的还具备特殊的技术知识，具备那些为了有效地利用水利造福于人而巧妙地选定地点建造水坝、溢洪道或使河流改道所必需的知识。"（O. C. 麦克斯怀特，2002：168 - 169）

第二节　满意者：有限理性

决策是有目的的行为，而不是理性行为。理性决策将包括对所有可能结果、可能行动的条件的全面规范描述，以选择最好的唯一行动，但这样的综合计算是不可能的。西蒙引入了著名的人类理性极限的思想。行政理论必须关心理性的局限，以及组织对理性局限的影响方式。"行政理论需要基于这样的现实，即人类理性存在着实际的局限性，而这些局限性不是静态的，取决于个人决策所处的组织环境。因此，行政的任务就是设计这样一种环境，使个人在决策过程中尽可能接近理性，这种理性根据组织的目标来判断。"（Simon，1976：240）自《行政行为》出版之后，西蒙先后在数学、心理学、社会学、经济现象论文集《人的模型》、科学哲学论文集《发现的模型：科学方法中的其他主题》（*Models of Discovery*：*And Other Topics in the Methods of Science*，1977）、认知心理学论文集《思维的模型》（*Models of Thought I*，1979；*Models of Thought II*，1989）以及经济学论文集《有限理性的模型：经济分析与公共政策》（*Models of Bounded Rationality*：*Economic Analysis and Public Policy*，1982）等著作中不断丰富有限理性的思想。

在西蒙看来，行政原则必须处理理性的诸多限制。第一，个人受到无意识的技能、习惯和条件反射的限制。决策过程会受到思维过程的速度、基本运算技能等因素的限制。行政原则必须关注个体生理学、技能培训规则和习惯规律。第二，个人受到影响其价值观以及那些影响他作出决定的目标相关诸概念的限制。比如，个人动机、忠诚、士气、归属感、主观能动性、领导艺术等。"如果他对组织很忠诚，那么，他的决定就可能接受组织目标。如果忠诚是缺失的，那么个人动机就会干扰行政效率。"（Simon，1976：46）第三，个人受到与其工作相关的知识水平的限制。"行政理论要研究的基本问题包括：人类大脑能够积累和应用的知识极限是什么，掌握知识的速度有多快，行政组织中的专业化如何与社会职业结构中普遍存在的知识专门化相联系，沟通系统如何将信息和知识传导到适当的决策点，哪些类型的知识易于传递，哪些不易于传递，以及专业化模式如何影响组织内双向信息交流，这些是行政理论的未知领域。"（Simon，1976：46）

人类理性的局限性是与生俱来的，主要是因为注意力稀缺、多重价值观和不确定性。注意力是一种稀缺资源，不可避免地会导致人们陷入赶时髦或一事一议的程序性选择。"人类心理方面的极限引起的第一个社会行为问题是，政治机构在处理问题尤其是当他们处理重大问题时，必须按照一次一件或者最多一次几件的方式进行。不幸的是，有待处理的一系列相关公共问题不能同时在行动议程之中体现。"（Simon，1983：79）对于人类或者组织而言，每次很难将注意力同时集中在好几件事情上，这至少会造成同时并存但乍看起来多少是相互矛盾的两种现象。第一种现象，政治机构行为的赶时髦。所谓时髦，并没有评判好与坏的意思，是指将大部分注意力聚焦于这些时髦的热点问题而已。另一种现象，当把注意力同时集中在两个问题，并且这两个问题紧密相连时，那么应对其中的任何一个问题的政策势必会影响另一个问题（Simon，1983：80－82）。借用组织选择的垃圾桶模型（Cohen，March，Olsen，1972），西蒙澄清了一个组织从来都不能明确它打算决定的问题是什么。

至于多重价值观，西蒙认为，不存在任何简单的公式或神奇的方式来处理多重价值观问题以及相互冲突的利益诉求。阿罗不可能定理就是处理价值观问题的选项，即假设必须允许不同的人按照不同的方式对价值观进行选择，不必强迫所有人拥有相同的价值观集合。但是，西蒙怀疑这样的假设，"然而，如果接受了这样的假设条件，我们就会发现，我们真的不知道如何在人们的价值观之间进行比较，这是一个苹果和橙子的比较问题"（Simon，1983：83）。西蒙在价值问题上的态度是一以贯之的，价值必须屈从于事实判断，类似于经济学上的偏好和序数效用，人们不可能清晰地界定一个能够解决利益冲突的社会福利函数。

不确定性不仅使理性变得非常脆弱，而且导致达成最优行动方案几乎无望。经典的囚徒困境恰好说明了万事总有余地的博弈策略。"如果我们采用一个满意的观点，即如果我们寻找足够好的方案，而不是坚持唯一的最优方案，那么，调和不同观点和不同价值观加权就会变得相对容易一些。只要我们不是追求最优的完美主义者，那么，我们就可以找到——通常也会找到——几乎社会中的所有人都能容忍甚至许多人喜欢的行动方案。"（Simon，1983：85）

西蒙认为，上述局限性主要植根于个体理性的有限性，但是某些制度安排却能够比其他制度安排对社会选择问题做出更理性的反应。因此，如何增强制度理性是关键，这里存在三种最恰当的选择。第一种选择是创建组织与市场。通过创建一些专业性团体和专门的组织或机构，我们就可以同时处理日常的、重复性的需要。西蒙的这种思想与新制度经济学和演化经济学的思想是一致的。新制度经济学强调由于交易成本存在，从而使组织替代市场，成为降低交易成本的制度设计。而演化经济学强调，组织就是一套日常规程的聚合，可以有序解决组织演化过程中面临的问题，并且使组织与问题解决也称为决策之间产生一种匹配，每个群体或组织专门处理某一类问题，其他组织处理其他类问题。组织并不完全取代市场，市场机制可以为行为者提供相对充分且有效的信息。第二种选择是引入对抗式诉讼，诉诸法律程序，即立法听证、法律辩论等司法机制来保证程序正义，实现各方满意的正义。因为在对抗式诉讼中，各方都在为自己辩护，而这种自我辩护过程能够增进各方对有关事项的了解和理解。第三种选择是运用运筹学、管理学以及人工智能等学科发展的技术性工具来建模和求解。所不同的是，这些现代科学技术工具离不开公共信息库，包括大众传媒、专家以及对政治制度的认知等。这个过程可以避免将那些错误数据或不正确知识输入思维过程，避免因为错误的输入而必然产生错误的结论。

在《行政行为》第三版的序言、《人的模型》和《组织》中，满意（satisficing）和满意者（satisificer）被作为运用有限理性的机制。于是，经济学从正门、心理学从侧门就进入了行政世界。行政理论是关于意向理性和有限理性的一种独特理论，即关于那些因缺乏寻求最优的心智而转向寻求满意的人类行为的理论。只有将纷繁复杂的真实世界转化为粗略的简化模型，从寻求最优到寻求一个令人满意的或足够好的行动程序，以行政人/组织人替代经济人，行政理论才能全面、综合地评价行政组织所必须权衡的各项准则。"完全理性，即新古典理论的理性，假设决策者有一个全面的、一致的效用函数，知道可供选择的所有替代方案，可以计算与每一种替代方案相关联的效用期望值，并挑选使期望效用最大化的替代方案。有限理性，是一种与我们人类的选择行为相一致的理性，假定决策者必须寻找其他替代方案，拥有关于行为后果的不完整和不准确的知识，并挑选期望令人满意的行动，尽管满意程度受到约束，但是可以实现目标。"（Simon，1976：17）

以组织人/行政人替代经济人是西蒙的重要主张。组织人的提法最早出现在西蒙与阿吉里斯的争论中，"在阿吉里斯的多尼西亚世界（Doinysian World），理性是自由的枷锁之一。理性人是冷酷的、受约束的、不能自我实现、没有顶峰体验。为了解放被禁锢于其中的真正理性的人，人必须抛弃他的理性，必须对冲动做出反应"。"在我的阿波罗尼亚世界（Appolonian World），理性是自由和创造力的侍女。正是工具使我拥有我的猫和狗无法想象的顶峰经验。正是工具使我和我的同胞创造出可以满足我们基本需要的环境和社会，从而我们所有人，不只是少数人，可以体验到某些更深层次的感官和精神的愉悦。而由于我们如此严重地依赖理性去创造或

维持人类世界，我们看见了更好地理解理性的需要，构建经得起检验的关于理性人理论的需要。"（Simon，1973）

西蒙认为，经济人的最大化决策经过改造后可以包含在理性行政人的价值前提之中，如果不这样做，行政任务就变得平庸，行政理论就变得毫无用处。经济人描述了决策的理想且理性模型，行政人描述了在现实中如何执行决策。在经济人看来，理性决策包含了五个必要条件，即当面临一系列备选方案时，总能做出最大化的决策；根据价值偏好，总能对备选方案进行排序；偏好类似于序数效用，是可传递的；所选择的替代方案总是与其价值尺度的最大化相对应；如果情境出现反复时，经济人总能够做出同样的选择。对于行政人来说，理性总是不完备的，预期是未来的，也是不完美的；想象力必须能够弥补未体验的价值缺失；所有可能的备选方案也只有很少几种方案出现在行政人的脑海之中。"理性完全是工具性的。它不能告诉我们去哪里，充其量只能告诉我们如何去。它是一把供租用的枪，可以用来服务于我们设立的任何好的或者坏的目标。"（Simon，1983：7 - 8）与经济人不同，行政人一般总有一个关于问题情境的简化模型，只会寻求有限数量的备选方案，或者寻求关于有限替代方案结果的信息。

与经济人把组织当作纯粹的工具不同，行政人至少在组织生活中找到了一些满足。不同于经济人及其在行政理论、博弈论和统计决策理论方面的近亲，行政人并不是完全理性的，他的理性是有限的，但绝不缺失理性。行政人并不是一个真正的最大化者，他以寻求和挑选决策过程满意的备选方案为导向。用西蒙的话来说，他是满意者，他不追求最优的解决方案，他追求的是令人满意的解决方案。满足感（satisficing）只是最大化的一个特例，而不至于给行政人的思考能力强加无法负担的重任。

对于西蒙关于组织人/行政人是经济人的亲兄弟至少是堂兄弟的观点，达尔曾经风趣地指出，"毫无疑问，在社会科学中，在经济人、理性行政人、博弈人、弗洛伊德的非理性肉欲主义者和西蒙的组织人之间将会展开一场关于人类组织的生存之战。很有可能，组织人和他的堂兄弟们会把其他人痛打一顿"（Dahl，1957）。

第三节　致力于人类行为理论的追求

或许是人类行为理论的召唤，西蒙晚年逐渐向公共行政回归，从而成就其公共行政之子的一生。几场标志性的活动足以见证公共行政在西蒙心目中的地位。

1990 年，西蒙、斯密斯伯格、汤普森决定再版出版了 40 年的《公共行政学》教科书。在新版的序言中，他们这样写道，公共行政不是一个仙境，而是现实运行的人类组织。当政府被犬儒主义、保守主义和自由主义所包围的时候，就不是一条蛇而是一窝蛇进入了伊甸园。第一条蛇是 20 世纪 40 年代起步的打击繁文缛节和麦卡锡主义，致使公务员的忠诚和敬业精神低落；第二条蛇是公务员的薪酬与私营企业职员、与大学教工的薪酬未能保持同步，致使政府人才加速外流；第三条蛇是随着"伟大社会"的梦想被越南战争的梦魇所代替，公众对政府的信心不断跌落，官僚制和政府成为贬义词。这一切使得公共服务不断走向衰落。他们认为，40 年来权变理论、人际关系、管理和政策等已经发生了深刻变革，但是，公共行政理论的目标始终没有改变。依然是"理解人们在组织中如何行动，以及组织如何运行；为如何最有效地组织行政机构提供实践建议。当然，只有人类生物学的科学知识快速进步，医学实践才能取得快速进步，因此，有效的组织和管理技术必须依赖于组织中一种健全合理的人类行为理论"（Simon，Smithburg，Thompson，1962：19）。

1991 年，西蒙发表了《组织与市场》（*Organizations and Markets*）一文，对新制度经济学提出了尖锐批评。"现在工业化社会的经济可以比市场经济更恰当地被称为组织经济。即便是市场驱动的资本主义经济也需要一种组织理论，就如同它们需要一种市场理论一样。新制度经济学试图仅从代理人、非对称信息、交易成本、机会主义以及其他源自新古典经济学的概念来解释组织行为，忽视了权威、认同和协调等关键的组织机制，因而是非常不完备的。"西蒙认为，组织理论呼吁重新检验政治经济学的一些经典问题，利润作为组织效率执行者的首要地位已经被组织的多元目标所替代，这些目标与组织认同、物质激励和监督相结合，所有这些因素都激励员工们朝着这些目标努力。"我们必须重新讨论这一问题：谋利、非营利和政府组织何时应该良好运行，何时需要市场竞争来约束组织的运转。"工业化社会面临的所有政策问题的完美答案取决于是否拥有对大型组织行为在经验上的健全理论。这些理论不可能源自纸上谈兵，需要研究人员深入生机勃勃的地域采集事实，深入主导我们经济体系的诸多组织中收集事实（Simon，1991a）。

　　1995 年，西蒙接受了沃尔多奖，并在 ASPA 年会上发表了演讲。他回顾了早年与沃尔多之间的分歧，承认沃尔多进路和西蒙进路在当时都是革命性的，只是在优先选择方面截然不同，但是最终都通向民主行政。西蒙对 90 年代喧嚣尘上的私有化浪潮给予了当头棒喝，"自由市场繁荣，并不是处于辉煌灿烂的孤立状态中，而是处于大型的且有生产力的商业和政府组织的情境之中：现代经济不仅是市场经济，而且是私人和公共组织系统嵌入到市场中。自由市场在无政府状态下并不兴盛，是依赖于政府的规则制定和规则执行，以及政府提供和维护的基础设施和公共产品的有效性而存在的"。西蒙提醒人们不要相信市场原教旨主义者所信奉的免除政府和任何形式的干预是解决现实经济社会问题的灵丹妙药，民主行政一直在回应社会和人类的需求。"钟摆以前一直摆动，它将继续摆动。自由主义把每个人都看成是蜷缩在与世隔绝的安乐窝中的个体，当面临世界上人口、环境、能源以及和平等巨大的社会问题时将黯然失色，并逐渐消失。我们将再次认识到，我们必须彼此相依为命，大家一起拥挤在这个小小的星球上；并且我们将再次认识到，政府在其中承担着至关重要且高尚光荣的使命。"（Simon，

1995）西蒙给世人提出警告，人类的许多教训是不值得一提的，唯一需要铭记的是，民主需要政治，而人类社会需要社会纲领，这些纲领需要有效的行政。政府不可能因为犬儒主义便得到成功的管理。政府必须由相信它的目的和可能性的人民来管理，人民的信念是由坚实的、现实的知识和理解所支撑的。

　　1997 年，西蒙应邀在 ASPA 年会上发表了斯通演讲。西蒙认为，公共选择是市场达尔文主义者，消费者是效用最大化的追求者，选民投票是为了保护和充实自己的钱袋子，政治家和公务员不断寻求自身权力最大化，但公共选择延伸到政治科学和公共行政可能会出错。"错误就在于，无论我们多么希望这样，这一理论没有考虑到我们人类寻求效用最大化行为能力的极限。它也不能解释这些局限性如何影响我们的决策方式。"因为我们的知识是不完备的，我们的推理是不精确的，我们的理性是有限的。我们的专业知识、推理和理性必须来源于合法信息，而不是完全听命于自私的基因，我们认同并忠诚于我们的家庭、我们的学校、我们的城市、我们的部门、我们的伦理族群以及我们的国家。市场和组织是两种互补性合法信息的来源，也是两种相互防止权力过度集中的纠偏机制，一味地屈从于市场，"不仅效率处于险境之中，而且民主也处于险境之中。权力集中，无论是在一个社会的公共部门还是在私营部门，总是危及民主的稳定。在设计我们的社会制度时，保持权力在私营部门与各类组织之间适当平衡，以及它们之间及其组成部分之间的充分独立性，是我们必须考量的一个重大问题"（Simon，1998）。

　　2000 年，西蒙发表了高斯演讲。他对效用最大化、竞争性市场和私有化的帝国主义的滥觞忧心忡忡。新古典经济学创造了一个统一的框架，用于解释由效用最大化的奥林匹克式的过程所产生的几乎所有的人类行为，并认为行为者的知识或思维能力没有极限。新古典框架预设一个静态均衡，一旦开始严肃关注大型且复杂的社会制度中的动态现象和不确定性，这一框架就开始颓败，直至今天走向崩溃。"如果我们采取一种极端的自由主义观点，市场和组织都将是不必要的。对于自由主义者来说，人类是莱布尼兹的单胞体：坚硬的、有弹性的小颗粒，它们相互反弹，彼此没有任何其他相互作用，当然也不会对彼此的价值观做出回应或产生影响。"事实上，我们并没有生活在市场经济之中，而是生活在组织经济之中。在市场经济中，斯密的"看不见之手"并没有导出共同利益，在组织经济中却存在共同利益。在大型且复杂的组织经济中，"要理解组织和政府组织的这种增长，我们必须理解组织有效协调复杂活动的能力远高于市场所能达到的水平。正如组织理论长期教导我们的那样，协调不是一种善，而是一种必需。协调是昂贵的和不完善的，我们希望在我们目标的结构和复杂性所要求的基础上导入更多的协调"（Simon，2000）。

应对复杂的体制，其主题和主线始终是组织设计问题。在西蒙看来，组织设计有两个必需的步骤。首先，确定在组织活动中哪些相互依存关系会从协调中获益，使活动划分所需的协调最小化、时间更短。这样就可以界定市场与组织之间的边界，这与劳动分工异曲同工。分工的基本事实是，执行高度相互依存活动的人员之间需要高频的快速沟通，而执行相互独立活动的人员之间则需要相对较少的沟通，这种区分应该明确地反映在组织结构中，反映这些特性的系统就被称为近似可分解的系统。其次是明确组织认同。组织认同是组织与其参与者之间的合约，"组织认同是一个强大的激励因素，它植根于人们的价值观，以及他们建立的一个简化的世界模型以期关注他们的特定职责和工作环境"（Simon，2000）。

即便相信市场是自发演化的，组织也是自然演化的，但是只有那些具有近似可分解性和适应性的组织才能生存下来，而且那些不断修正其结构的组织会替代市场。市场仅是微弱的协调机制，允许每个组成部分进行相当程度的独立变迁，但变迁不可能那么快，否则将动摇参与者的预期，不稳定的市场使大量短期的信息流动成为多余。当市场必须与组织竞争，作为手段确保因快速适应渐进变革的收益时，仅在高度稳定的环境下，市场才有可能在竞争中获胜。

因此，市场和组织是民主行政发展的双驱，两者不可缺失。对于政府组织而言，大规模的私有化并不是解决行政弊端的最佳解决方案。"我们不需要重塑政府。政府组织是必需的，就像它们一直是必需的一样，来执行包括市场契约规则在内的博弈规则，促进私营组织的协调，履行那些私营部门不可能有效履行的服务。法律机构必须是有力的和独立的，足以遏制通过贿赂和其他非法活动所造成的博弈规则的腐败，并且博弈规则本身，例如政治活动捐赠规则，也不能受到赎买的影响。在执行这些职能时，政府机构本身，当然成为有助于平衡私营部门根据自身利益而施加的影响力的权力中心。"（Simon，2000）

西蒙认为，私营组织和公共组织在现代发展中发挥了重要作用，相辅相成，互相学习，同时竞逐权力来引导和管理已经出现的体制。"这一进程尚未结束，政治科学和经济学必须继续它们之间的相互教育，彼此相互借鉴……其目标不是将政治学转化为一种神话般的、效用最大化的经济人的公共选择理论；其目标是理解人类行为如何模铸，人类行为如何被复杂结构所模铸以确保完成大部分目标所需的协调，以及如何在保持与民主制度相一致的权力广泛分散的同时实现这一目标。""目前电子学的发展，特别是万维网和电子市场的发展，以及诸多组织管理在地理上分散活动的增强型能力，为远程协调提供了大量未知的新机会。今天，我们对这些新进展，包括它们的形式和潜力，几乎没有什么经验。因此，市场或组织是否能够最有效地利用新机会，以及无论结果是我们将会看到目前生产活动集中在组织内部的趋势将会加速持续，还是我们将看到这种趋势将会减缓或甚至向市场转向，我们仍然缺乏可以形成判断的理论基础。"（Simon，2000）

西蒙晚年对人类行为理论的关切可谓啼血呼唤。一方面，在自传中，他以极具感染力的方式劝说后学，"要做出有意义的科学发现，你应当结交尽可能多的好朋友，朋友们精力充沛、聪明睿智、博学多识。任何时候，只要能够，就尽可能与他们建立伙伴关系。

然后，坐下来，放松。你会发现所有你需要的程序都储存在你的朋友之中。只要你不过多干预，这些程序会富有创造性和富有成效地执行任务。我与80多位合作者共同完成的工作可能证明了这种启发式方法的力量"（赫尔伯特·西蒙，1998：490）。另一方面，在1989年9月29日美国国会参议院举行的关于社会科学的听证会上，西蒙明确表示反对硬科学与软科学之分，随着数据的增长和工具的革新，硬科学与软科学之别将失去意义，一种行为的社会科学正呼之欲出。"经济学、社会学和政治学需要在一个或多或少持续的基础上，收集更多关于我们社会运作方式的事实，以及人类行为者的行为方式。心理学需要增加在实验室研究行为的机会，组织理论和商业经济学需要对商业企业和政府机构日常的决策工作进行更广泛和详细的观察。我们特别需要更好的数据——长时间跨度的数据来说明人民和制度如何历时变迁。我认为，建构和应用理论的复杂性是今天社会科学的一大优势，而缺乏足够的数据是一大劣势。"（Simon，1990）

今天，我们之所以重温西蒙，是因为西蒙的行政理论构建了理论和实践两个世界，前者构建了人类行为在市场和组织中的制度世界，后者构建了寻求满意的现实商业世界；我们之所以重温西蒙，是因为西蒙博大精深的有限理性体系使我们"不需要望远镜、显微镜、盖格计数器或无线电检波器来观察人类行为的显性方面"（赫尔伯特·西蒙，1998：82），只需观察和体验日常的所见所闻；我们之所以重温西蒙，是因为西蒙打通了政治学、经济学、社会学、哲学、心理学、认知科学、计算机科学以及人工智能等之间界限，决策就是连接这些领域的桥梁，"我是沉迷于单一事物的偏执狂，我所沉迷的东西就是决策"[1]（Feigenbaum，2001）。西蒙甚至指出，"决策理论家们也不理解整个政体；但他们教会了我们大量关于在

---

[1]　西蒙的弟子之一、美国国家工程院院士费根鲍姆在回忆自己的导师时印象最深刻的教诲就是西蒙终身对决策的执着。

政治戏剧中扮演角色的人们的思想和情感：选民、官员、公务员、说客，他们告诉了我们很多关于这些演员们如何思考、他们知道什么，以及他们珍视什么。如果没有这些知识，许多全球性的、整体性的事件就将变得毫无意义，甚至令人恐惧，既缺乏情节，也缺乏动机"（Simon，1993）。

对于当今中国的公共行政而言，沃尔多进路和西蒙进路，不仅是当今中国公共行政理论和实践的隔岸参照系，而且在行政理念转向治理理念的今天，这两种进路"苟日新，日日新，又日新"的逻辑张力使得后学必然走上日久弥远的路程。"如果没有西蒙，公共行政学就不知如何一步步地向前迈进；但如果没有沃尔多，公共行政学就不知道该朝哪一个方向迈进。从这个意义上说，西蒙更多地是公共行政学的一个建构者、一个创造者；沃尔多更多地是公共行政学的一个导航者、一个引路人。"（颜昌武，2008）更为重要的是，我们需要扎根我们生活的沃土，反思、建构我们的公共行政。正如舍伍德在反思西蒙时所言，"我们有必要对公共行政的许多前提和方向进行彻底的反思。对于年轻学者而言，仅仅接受西蒙、施瓦茨和沃尔多以及他们的追随者所提供的学科定义是不够的，原因很简单，诸多传统问题不一定是今天和明天的重要问题。历史学家们会对过去感兴趣，但公共行政的新一代学者们必须以一种截然不同的思维方式来评估公共行政的现状，并界定这门学科"（Sher-wood，1990）。

第 九 章

明诺布鲁克:未尽的思想之旅

[题记] 对于公共行政领域的研究者，我要说：尽管你们面临的世界可能比前一代人面临的任何世界的问题更多，但这是你们的世界，你们拥有它，而不是别人拥有它。你们可以按你们的要求改变它，不要让任何人告诉你们任何不同的东西。

——O. C. 麦克斯怀特（O. C. McSwite），
《公共行政的合法性：一种话语分析》

第三届明诺布鲁克会议召集人奥利里教授将明诺布鲁克称为一个地点、一种传统、一种观念、一种精神、一种事件和一种挑战。作为明诺布鲁克衣钵的传承者之一，她的表述不仅吐露了个人情感，而且倾诉了对公共行政学的期待。

明诺布鲁克是一个地点。据说沃尔多亲自选择明诺布鲁克会议中心作为第一届明诺布鲁克会议的会址。这是一个远离尘世喧嚣的世外桃源般的地点，静谧而安宁，是思考伟大思想的理想场所。2008 年 9 月第三届明诺布鲁克会议期间，该地尚无手机信号覆盖，参会者可以全身心地投入会议议题和讨论之中。

明诺布鲁克是一种传统，从一开始，沃尔多就将年青一代学者召集到一起，对公共行政学的发展现状和未来进行批判性自我评估，厘清学科未来的发展方向。

明诺布鲁克是一种观念，更确切地说也是一组观念。这些观念来自 20 世纪 60 年代沃尔多的关切，公共行政学研究和公共行政实践必须与时代的发展和变化产生强烈的共鸣。技术创新、全球气候变化、恐怖主义、世界范围的水资源短缺、颓废的基础设施、全球化和外包、分权化和委托代理关系、网络化治理、公共卫生等，都需要公共行政学的观念做出与时俱进的改变。

明诺布鲁克是一种精神，它代表了批评性探索和一种公共行政领域自我检验的精神，将公共行政学的研究和教学与象牙塔之外的行政生活关联起来，对是什么、为什么以及如何做等问题给出切题性的答案。

明诺布鲁克是一种事件，每隔二十年举办一届，这不仅吊足了公共行政学者们的胃口，而且也使得学者们在二十年的时间中，对那些有争议的课题以及行政实践进行充分的酝酿和讨论，为下一届会议做足思想上的准备。

明诺布鲁克是一种挑战，对于每一位研究公共行政学、公共管理和公共服务的学者来说，我们需要更好地将我们所做的事情与各层级治理所面临的紧迫问题联系起来，我们必须理解和面对层出不穷的新问题（O'Leary，2011）。

站在 20 世纪 20 年代时间坐标的起点，回荡在我脑海中的明诺布鲁克，集中在切题性幽灵（ghost of relevance）、回归公共和公共性、回归法治、实践"沃尔多解"和"沃尔多期望"这四个主旋律上。"行政思想必须与人类知识王国中每一个主要领域都建立起一种工作关系"（德怀特·沃尔多，2017：260）是一代又一代的公共行政学者继承"明诺布鲁克传统"的学术本色。

第一节　切题性幽灵

自第一届明诺布鲁克会议以来，切题性幽灵一直伴随着公共行政学和公共行政学者。（Perry，2013）如果因循沃尔多进路把公共行政看成一种政治理论，那么，公共行政的切题性就与政治理论的切题性是高度关联的，甚至可以说陷入了切题性暴政（the tyranny of relevance）的诅咒（Flinders，2013）。

政治理论或行政理论中的切题性不同于经济学中的相关性。在经济学中，相关性和拟合检验经常并列使用。拟合检验，诸如 T 检验或相关性平方检验，本身并不能解决戈塞特显著性的所有问题。统计样本中的显著性一般只关注统计样本中精确的 p 值或 t 检验。经济学家们希望具有相关性，并借助一些准则，如果遵循这个或那个假设，就能把工作、收入、利润或自由的最大损失降到最小。（Ziliak & McCloskey，2008：8）但事实上，经济学家们多年来一直忍受他们的高级经验经济学已经沦为检验各种假设的练习场，并且这种趋势蔓延到其他数理科学领域。由于深受逻辑实证主义的全面影响，经济学对相关性的一般追求是形成定理和定律。政治理论或行政理论对切题性的讨论显然不同于经济学，尽管其发展也遭受逻辑实证主义和行为主义的持续强烈冲击。

首先，政治理论或行政理论的切题性更加关注针对价值观的冲突，而且其中存在两种相互冲突的倾向，一方面强调政治或行政是一项复杂活动，必须将政治或行政理论的叙事和建构与现实世界关联起来，增强其切题性；另一方面强调科学的客观性、基础知识和寻求真理以抵制切题性。从学者们的成长经历来看，由于从事政治或行政理论研究的学者早年都曾经有过学而优则仕、指点江山、激情澎湃的岁月，在出师未果后遁入象牙塔，切题性问题仿佛是他们的中年危机。伊斯顿的切题性信条[①]（Easton，1969）；拉斯韦尔的

---

① 切题性信条（credo of relevance）主要有七个要点，一是实质必须凌驾于技巧，研究什么比如何研究更重要；二是简单地声称在经验上研究现存的政治，可能会使政治学屈从于保守主义的观点，因为它倾向于关注政治学是什么，而不是政治学可能是什么；三是方法上过于复杂，掩盖了许多现实政治的残酷性，阻碍了政治科学解决人类的紧迫需求；四是科学不可能是中立的，选择研究什么是由价值判断的，而研究成果应该如何运用也是由价值引导的；五是知识分子的作用是促进文明的人文价值；六是"知"要承担"行"的责任，科学家肩负着将他们的知识付诸实践的特殊责任；七是科学家的这种参与应该被制度化，并通过学者协会和大学来表达。职业政治化是不可避免的，也是可取的。

民主的政策科学，倡导政治学应该致力于探究谁得到什么？何时和如何得到？政府生态学（Gaus，1947：8－18）、行政病理学（McKinley，1951）等便是例证。其次，政治理论或行政理论的切题性与身份认同密切相关，偏重于价值和道德的人文主义导向与偏重于科学和效率的管理主义导向往往会陷入不可调和的冲突。

实际上，自20世纪40年代至50年代以来，政治理论已经就切题性问题建立了三道防线。（Stoker，Peters，Pierre，2015）第一道防线是，所有知识都是相关的，而且政治理论生产的知识因为具有独特的健壮性，所以它更是相关的。因为构成切题性的因素并不是一成不变的，会随着实践、现状甚至观察者立场的变化而变化，原本一些看似无关紧要的事情也可能因为政治情境的改变而具有现实的切题性。学者们应该坚持自己的立场，对自己的学术计划更有信心。只要学者们坚持生产知识，无论使用的学术术语、模型和方法如何复杂，最终决策者们都会找上门来，而不是相反。互联网和社交媒体已经使得政治理论或行政理论的切题性与过去不可同日而语。

第二道防线是，政治科学的若干分支已经证明了各自参与社会实践的能力，并产生了广泛的影响。比如政治理论或行政理论的概念、范式、方法、模型等更加多元化，尽管学者们直接介入政治活动或行政政策世界的活动不如历史上频繁和深入，但是方法、手段和模型却更加严谨和逼真，可以说政策处方以及措施建议的质量有所提高。

第三道防线采取了进攻性态度，政治学未能通过切题性检验是政治家和政策制定者的欲加之罪，也就是说，政治家和政策制定者忽视了他们认为不合意的证据，为了掩饰他们不可告人的意图而错误地指责政治科学缺乏切题性。"当代政治学的政策相关性太强，而不是太弱。政治家们只是不喜欢学术研究支持的种种政策，而是更喜欢那些投其所好的政策，当然通常是'骗子们'提出的，并试图压制或忽视与他们自己或他们的基础选民意识形态相矛盾的基于证据的研究。当这些政治家们虔诚地断言政治学没有提供与政策相关的研究时，他们真正的意思是，政治学没有提供支持他们自己偏见的研究。政治家们不应该射杀或冷淡信使。"（Rogowski，2013）

当然，毋庸置疑，三道防线面临着某些挑战，政治理论的切题性存在一些明显的缺陷，比如是否聚焦于公共关切；方法、手段和模型是否得当；研究结果是否广泛传播并且被公众所了解。对于这些缺陷，不同的学者态度不同，观点不一。比如奈认为，学者们应该致力于一些悬而未决的问题，年青一代的学者也不必屏住呼吸等待现实所提出的建议，而是要采取涓滴进路（trickle down approach）——在报纸、博客上发表评论来补弥理论与政策之间的缺口（Nye, Jr., 2009：252–256）。

弗林德斯认为，应该借鉴公共社会学（public sociology）的做法，倡导政治想象力和翻译的艺术，改进政治学者和行政学者的写作方式，致力于成为杂学家或创业学者，尝试学术研究、短评以及博客等的三重写作文风改进政治理论或行政理论的传播，从而使得政治理论拥有越来越多的受众。（Flinders，2013）

仿效伊斯顿的做法，针对政治现实，格里·斯托克等人也提出切题性宣言。第一，对严谨科学分析的价值要坚持信心，不要让切题性毁了高质量的研究，而要把它当作一位重要的朋友，作为证据和论点需要面对的有力的、不同的挑战。第二，在研究建构中，不要把切题性作为事后的想法，而是要把它放在选择调查什么、如何陈述和分享研究成果的核心位置。在与专业以外的其他人的对话中，设置研究议题，并运用传统媒体和新媒体改进沟通技巧。第三，研究中把握问题导向，使这些证据和观点能够被彻底地应用于建构问题的潜在答案，提供若干解决方案，并阐明所期望的变革及其面临的挑战。第四，支持学科中的方法多元化，各种各样的分析进路最有可能提供丰富的相关工作，可以接触到不同的潜在读者。第五，致力于与其他学科合作，提高研究工作切题性。好的、创新的工作往往是跨学科的。许多问题都具有多维度特性，跨学科工作能够再次提供保证切题性的机会。第六，酌情积极培养与不同中介机构，比如智库、记者、特别顾问、政党、公民组织和社交媒体等之间的联系，改进研究的切题性。第七，提倡教学作为一种传递切题性的手段，因为教学能培养一批具有批判性意识的公民和决策者（Stoker，Peters，Pierre，2015：225－226）。

行政理论的切题性显然不完全等同于政治理论的切题性。一方面，因为公共行政并没有发展成为一门交叉学科，相反越来越孤立于其他学科的发展；另一方面，因为互联网的崛起导致公共部门与私营部门之间的边界日渐模糊，公共部门面临着正在消失的危险。与此同时，公共行政分析方法上的单一和滞后也导致人们担忧公共行政是否能够生产有用知识。佩里在题为《公共行政学正在消失？》一文中警示，他对正在消失的公共行政学存在着三种感觉。第一种感觉是实质性消失，公共部门正在消失，行政能力不断被侵蚀；第二种感觉是组织上的消失，美国许多一流大学正在一窝风地撤销公共行政学院，转而成立公共政策学院；第三种感觉是前两种感觉的叠加，涉及公共行政理论和学术研究的稳健性，公共行政学术社群所生产的知识并不能满足公共服务的挑战。"理论与现实之间的知识缺口……被广泛视为跨学科的领域——公共行政学已经远离了它所依赖的思想活力和知识更新的诸多学科。我们只能向内看，而对其他领域的知识发展视而不见。"（Perry，2016）特别值得注意的是，诸多学科因为现行的学术激励对行政问题不感兴趣，成为公共行政学的旁观者。公共行政学如何生产有用知识？这不仅需要公共行政学术社群自觉地向外看，满足使用者的优先偏好和需求，扩大公共行政学术社群，让诸多学科的学者和公共行政实践者自觉地加入进来，提高行政知识的内部有效性和外部有效性，而且在诸多学科从局外人转变为局中人后，行政研究需要倡导方法论上的变革，共同提高行政研究的质量。方法论上的变革要求公共行政研究少做问卷调查，减少抽样误差、覆盖误差、无响应误差、度量误差和处理误差；还要求针对问题的不同从单一方法走向复合方法，从而实现情境现实主义（Perry，2012）。从根本上讲，公共行政学术社群需要改变思维定式或心智模式，减少学科之间的隔阂，让诸多学科和第一线的行政实践者成为有用知识的相关者。

也许是因为公共行政领域的日益专业化和方法论的技术化，才导致它对实践者的开放程度降低了。ASPA 会刊《公共行政评论》已经成为一份纯学术期刊，尽管它尽可能地致力于吸引实践者，但是所发表的文章很少是由实践者撰写的。文献计量学显示，20 世纪 40 年代，超过一半的文章是由来自政府的作者撰写的。那十年是一个特殊的时代，许多杰出的学者在国家紧急状态下纷纷加入了政府，这一情境与今天相去甚远。最终，我们面对的现实是，当研究团队变得更大时，实践者的空间却更小了。从纯经济角度来看，因为实践者并没有为研究团队提供足够价值。尽管专业化和方法论的技术化对提高研究质量大有裨益，但是这给实践者设置了障碍，他们无法与学者们的直接接触，因为彼此不在一个话语体系下。"在美国，当代学者面临的专业激励结构与西蒙的同辈人或二十年前的学者们所面临的截然不同。改变之后的激励结构对研究重大问题产生了不利影响，并在这一过程中造成了公共行政研究的空洞化。"（Milward，et al.，2016）对于一个致力于为职业世界代言的领域，不能听任这种状况继续下去。雷丁在荣获 2012 年度高斯奖发表的演讲中指出，解决公共行政的切题性要求当代行政学者向进步主义时代公共行政领域的著名学者们看齐，他们中的许多人，包括布朗洛、高斯、古里克、梅里亚姆等之所以对公共行政做出了不可磨灭的贡献，主要得益于他们都有政府工作经历，这些经历使得他们有意识地将理论与实践弥合在一起。雷丁呼吁恢复进步主义时代和"新政"时期的理论与实践之间充满活力的关系。

如何解决理论与实践的脱节，可谓仁者见仁，智者见智。施罗德和奥利里等人考察了 89 位顶级公共行政学者的职业生涯，对于如何改善公共行政的切题性提出了十个方面的建议。第一，审慎选择您的博士课程，特别是在攻读学位期间，要挑选那些有一定政府工作经历和研究经验的导师，并争取广泛的跨学科训练。第二，做好自己感兴趣的研究课题，而不是那些时髦问题，寻求能够做好的项目，将自己的优势最大化，不要担心冒智识的风险，对自己的追求、对自己的判断有信心，从而实现自己作为学者的身份。第三，超越美国的公共行政学。要博览群书，博古通今，触类旁通，多做比较研究，广泛参与大学的思想生活。第四，必须通过出版建立自己的学术声望，无论是论文还是书籍，质量永远第一，宁缺毋滥。第五，在自己选择的领域内，深耕厚植，而不是见异思迁、人云亦云。第六，广泛参与各种公开的学术交流，如果有可能的话，在专业组织中担任带头人。第七，在重大问题上要勤奋工作，并且利用这些问题可能带来的各种机会，建立自己的学术网络。第八，为自己的工作设定严格的高标准。第九，学术新人可能不太关心他们第一次就职机构的声誉，然而，一旦成为一名优秀学者，就必须在一个声名卓著的机构占据一席之地。一个良好的工作环境以及同事们的大力支持是非常重要的。第十，切记一生中最重要的事情不是成为著名学者，最重要的职业遗产不是学术研究，而是全身心地投入具有强烈的自我意识的公共行政教育事业之中，让自己桃李满天下（Schroeder，et al.，2004）。

格里米利克惠森等人认为，当代学者应该继承西蒙和沃尔多那一辈学者对心理学高度重视的学术遗产，借鉴行为政治学和行为经济学的发展路径，加强与心理学的结合，创立行为公共行政学（Behavioral Public Administration）（Grimmelikhuijsen，et al.，2016）。将有限理性扩展到有限认知能力、有限意志以及有限私利和互惠能力，特别适用于公共领导人的行为和动机、官僚行为的繁文缛节、行政程序的透明度、公共服务供给的竞争和选择、公共服务的动机、公共部门绩效信息披露以及公务员的信任机制等论题。如果将极为重要的宏观理论与微观基础结合起来，那么行为公共行政学就可以验证或识别在宏观层面所作主张的细微差别，进而系统地检验它们的微观基础。比如，在微观层面的测试表明，政府透明度可以增强公民的信任和政府行为的合法性，政府信息披露和信息公开可以增强公民对决策过程的理解，同时吸引公民参与，进而改变决策的情境和公民参与的文化态度，确保决策的预期效果。再比如，通过可以被选民所识别的特征符号和性别分组，可以测试选民的投票行为和偏好，这种微观分析有助于对官僚的问责制研究。

行为公共行政学在方法论上应大胆借鉴实验研究方法，将诸如功能核磁推理成像、量表设计、日志研究、田野实验、实验室实验，以及广泛地聚焦于因果推理的各种方法纳入研究方法工具箱，还可以将心理学、政治心理学、行为经济学以及其他行为科学的方法和研究标准整合进来。在行为科学实验中，每年大约发表数千篇论文，这些都为行为公共行政学研究提供了大量的方法和理论参照系。一个巴掌拍不响，行为公共行政学不仅需要充分利用公共行政的理论，而且要大胆借鉴心理学和行为科学的前沿理论，加强政治学、公共行政与心理学等学科之间的合作。对于行政实践而言，行为公共行政学具有两个方面的裨益：一方面为行政实践者带来心理学的见解；另一方面，将公共行政理论带入由心理学家或行为学家们所主导的争论，从而强化心理学与公共行政理论之间的融合。这样的努力是非常有价值的，因为它有助于将公共行政的理论与实践结合起来。

公共行政研究具有强烈的历史制度主义和路径依赖特性，如果我们再回到沃尔多、伊斯顿讨论政治理论或行政理论切题性的20世纪60年代，或许我们不仅会赞同伊斯顿的主张，也会赞同沃尔多的主张。"我们现在知道，价值观不仅提供了塑造一项经验问题研究选择的母体，而且还构筑了问题的陈述、数据的选择，甚至阐释。如果真理只有在驱逐我们的道德预设的条件下才能获得，那么，真理就会因为价值观不可避免的存在而永远不可企及。"（Easton，1953：225）"那个贴着价值问题标签的包裹被交给了哲学家、人文主义者、神秘主义者和江湖骗子，对他们来说，这真的没什么区别。因为当包裹被打开时，它是空的！"（Waldo，1954）正如沃尔多所主张的那样，行政理论应该致力于因果理论、伦理理论及其它们之间的和谐。"致力于土壤保护和改善、酗酒成瘾和治疗、更有效的原子核反应的生物物理学理论研究是否投入？不同投入之间的比例如何？显然是一个社会的价值体系问题。同样明显的是，一个自诩为民主的社会可以选择聚焦人类行为领域的经验研究，这将导致它所决定的任何民主价值的最大化。"（Waldo，1954）在制造杀伤力巨大的原子弹和原子能研究上产生大量的数据和理论是很普遍的，但是，很显然，我们可以决定我们更喜欢或强调哪一种研究路线。

在我看来，"明诺布鲁克传统"所强调的切题性就是公共行政的入世观。但是，半个多世纪以来，不同学科的高度专业化却构筑了公共行政的出世观。当然，当我们致力于观察和思考行政世界时，无论是持入世观还是持出世观，切题性问题始终是公共行政阿喀琉斯之踵（Achilles' Heel），明诺布鲁克作为传统和精神并没有为我们提供阿里阿德涅线团（Ariadne's Thread）。在经济社会发生剧烈动荡的时期，因为行政理论与社会现实的脱节，公共行政随时可能成为替罪羔羊。

第二节　找回公共和公共性

戴维·马修斯曾经考察公共的希腊语词根以及词源演化。戴维·马修斯认为，公共一词有两个希腊语词根，一个是 pubes，即成熟，意味着有能力理解个人行为对他人产生的后果，超越自我的能力。另一个是 koinon，也是共同（common）的词根，是从 kom - ois 衍生出来的，即关心，意指对各种关系重要性的认同或承认。当人们看待别人时，如果看到的不仅是家族或血缘群体，而是一种联系和一种关系时，那么这就是一次心灵和精神的重大飞跃。这是共同观念的基础，也是公共的根源。（Mathews，1984）

一代又一代学者都对公共进行了孜孜以求的探索。早在 20 世纪20年代，李普曼和杜威就对这一问题展开了激烈交锋。早期，李普曼将公共等同于制造共识。[①] 李普曼认为，把公共当作一种具有某种意志和某种灵魂的超级个体，或者一种统一的有机体，其中个人就是一个细胞；公共是一个具有固定成员的可知主体；公共体现了世界主义的、普适的和无私的直觉；公共是法律或道德的分配者等诸多说法是完全错误的。公共根本不是这些东西，公共只是一个纯粹的幻影、一种抽象，嵌入在一种虚伪的哲学之中，并取决于一种社会的神秘概念。他假设社会是由代理人和旁观者，或称为内部人和外部人组成的，但代理人和旁观者的身份不是绝对的，一个事务的代理人可能是另一事务的旁观者，人们不断地在两种角色之间来回穿梭。然而，在绝大多数情况下，公共只是在后排的聋哑旁观者，因为在大多数情况下，相比于治理社会的事务而言，个人只对他们的私人事务和个人关系更感兴趣，他们对公共问题知之甚少（Lippmann，1925）。到了后期，李普曼将公共等同于公共利益。"积极的成年人共享相同的公共利益。然而，对于他们来说，公共利益与他们的私人利益和特殊利益混杂在一起，而且通常是不一致的。我认为，可以这样看，如果人们亲眼所见、理性地思考、无私地、乐善好施地行动，那么公共利益就可以被假设为人们可能选择的利益。"（Lippmann，1955：42）

杜威对李普曼的观点进行了反驳。在《公共及其问题》（*Public and its Problems*）一书中，杜威认为，公共不是虚构，也不是幻影，而是一种分散的、不连续的存在，可能是因为公共过多，以至于很难发现它的存在。当人们意识到社会间接行为的后果，也就是消极的外部性会对他们产生集体的影响时，公共才会出现。"面对

---

①　李普曼早期的观点主要体现在《公共舆论》（*Public Opinion*，1922）和《幻影般的公共》（*The Phantom Public*，1925）之中。他认为，没人否认制造共识能够被大大改进。公共舆论产生的过程无疑是错综复杂的，但对任何了解这一过程的人来说，操纵的机会又是显而易见的。伴随着心理学研究的进展，再加上现代通信手段，民主的实践已经走到了一个转折点。一场革命正在发生，比任何经济权力的转变都要重要得多。在宣传的影响下，公共不一定只有难以猜测的意义，我们思维中的传统常量已经成为变量（Lippmann，1922）。

间接的、广泛的、持续的和严重的后果，才会呼唤在控制这些后果方面的共同利益，并产生联合和相互制约的行为，公共才会存在。"（Dewey，1927：126）现代民主政体，因为特殊利益集团、强大的公司资本，麻痹和分散注意力的娱乐、普遍的自私自利以及变幻莫测的公共沟通，使有效的公共协商变得异常困难，进而导致公共黯然失色。但是，杜威并不主张放弃公共，而是主张从社群起步，摆脱现代技术对公民注意力的干扰，将"伟大社会"转化为"伟大社群"，通过有效沟通，公共可以发现自己，并且形成有凝聚力的群体。

20 世纪 50 年代至 60 年代，公共哲学的理念开始呈现。阿伦特认为，公共一词表明了两个密切联系却又不完全相同的现象。在公共领域中所展现的任何东西都可为人所见、所闻，具有可能最广泛的公共性。对于我们来说，展现，即可为我们，亦可为他人所见所闻之物，构成了存在。同时，市场理性是私人的，在公共空间不应该存在，因为市场理性与公共理性之间存在根本的利益冲突（Arendt，1958：23）。

20 世纪 70 年代至 80 年代，公共哲学再次唤醒了人们的广泛关注。塞内特在《公共人的衰落》（*The Fall of Public Man*，1977）一书中提出，公共不是私人的对立面，更多的是私人的必然结果，需要引起注意的是，公共和私人意识是交替的，但并不矛盾，当然，公共领域仍然是不清晰的。赫希曼在《转变参与：私人利益与公共行动》（*Shifting Involvements: Private Interest and Public Action*，1982）一书中提出，公共行动包括追求公共利益的行动以及争取公共幸福的行动，追求私人利益与参与公共行动之间是可以相互转换的。人们之所以选择参与，是因为人们期望从中得到满足，当然参与的过程中同样也会产生失望和不满。虽然人们参与的动因不同，方式不同，程度各异，但是任何参与的普遍规律是自食其果，参与要承担相应后果，无论是满足还是失望。所以说，失望和不满，或者说在满足期待上的得非所愿就是触发追求私人利益的行动与公共行动之间转换的驱动力。博兹曼认为，公共与私人组织在结构和管理方式上存在着密切联系和显著的差异，但所有组织都是公共的，公共在一定程度上是由"一个组织所受到的政治权力影响决定的"（Bozeman，1987：xi）。帕尔默在《陌生人的陪伴：基督徒与美国公共生活的复兴》（*The Company of Strangers*：*Christians and the Renewal of America's Public Life*，1981）一书中提出，公共既不是政治过程，也不是政府的同义词。公共先于政治，甚至是先于政府的。公共这一概念虽然在一个连续统一体中被公认为是集体，但实际上是一个完全不同的概念。共同对集体心态没有意义。当一个政府把集体主义强加给一个国家时，它不仅摧毁了私人生活，也摧毁了公共生活。哈贝马斯考察了德语中的公共，"通过'公共空间'，公共首先指的是我们社会生活的一个场域，在这个场域里，某些接近于公共舆论的东西可以形成。所有公民的进入是有保证的。在每次对话中都存在公共领域的某部分，其中私人聚合在一起形成一个公共主体"（Habermas，1988）。在哈贝马斯看来，公共空间不仅是一个描述性的概念，而且有规范性的内容；不仅是个人偏好的聚合，而且是政治合法性与个人成熟和自治的结合。沃尔多也曾经对公共表达过感慨，我绞尽脑汁也想象不出它的模式，如何能够将其付诸实践。

从公共行政学的角度看，"公共是一个太模棱两可而无法使用的术语，充其量不过是指芸芸众生、凡桃俗李、凡夫俗子。在某种程度上，公共又被看成是政府和政治的同义词，无法成为一个独立的概念"（Mathews，1984）。从公共哲学的角度看，公共与西方传统的个人主义相悖，带有激进的集体主义色彩；同时，如同公共利益一样，公共带有一致同意的浪漫主义观念，与多元化的实用主义哲学是格格不入的。公共至少具有物理场所、社会范畴、公共利益和公共话语四个方面的含义，分别指向开放接入、社会建构、共同关切和舆论聚合等内涵（Gripsrud，et al.，2010）。

明诺布鲁克旗手弗雷德里克森，自第一届明诺布鲁克会议后，始终致力于研究公共，并探寻公共的理论基础和经验证据。他认为，公共（public）、公民权（citizenship）和公民精神（civism）是一个多维的公共行政视野，它们之间可以在社群认同感中相互支持和转化，并且是公共行政面临的一个最重要的理论问题，否则"公共行政将会持续构成对公民的威胁，并导致当选官员成为替罪羊"。"事实上，我们所有的组织机构似乎都陷入了困境。家庭正在分崩离析，学校没有效率，对包括工业、商业和政府在内的最大规模的组织抱有深深怀疑。对教会的支持正在减少。犯罪令人惊悚已是常态。我们在种族、经济、伦理、人口和性别分裂上陷入了巴尔干化。私有化、贪婪、自私自利和自我放纵挑战了社群。传统的信任和诚信的假设已经陷入了诉讼的泥潭，使法院应接不暇、不堪重负。因为设法管理违背凯恩斯主义的通货膨胀、失业和利率之间相关性的观念，所以经济运转不畅。"（Frederickson，1982）这一切无不与公共概念的模糊和公民权的缺失存在着很大的关联。

公民权是独特的人类活动，并且在政治社会中具有显著的重要性。弗雷德里克森对公民权的学术研究植根于五个核心主题：一是公民在治理中发挥的工具性作用；二是响应性和社会公平是公共行政的核心目标并可能以牺牲效率为代价；三是公共被认为是最好的并应该被当作公民权利来对待；四是公共应当具有宪法基础而且它确实植根于宪法；五是公共行政教育是培育支持公民权的公民和社会机构的必要组成部分。

对公共行政的公共，弗雷德里克森提出了五个视角，"公共即利益集团：多元主义的观点；公共即消费者：公共选择的观点；公共即代表：立法的观点；公共即客户：服务提供的角度；公共即公民：公民权的观点"（Frederickson，1991）。显然，从这五个视角来看，公共不等同于政府，它提供了包括政府在内的所有行为者参与公共事务、公共行动以及创造公共价值、公共利益的可能性。"如果我们把公共等同于政府，我们事实上限制了人民参与公共事务。作为一种观念，公共意味着所有的人，为了公共利益，而不是为了个人的或家族的目的走到一起。作为一种能力，公共意味着为了公共利益而在一起工作的一种积极的、获取充分信息的能力。在许多情况下，这样的行动是通过政府进行的，但并不是所有的行动都要通过政府才能进行。志愿者协会、非营利组织、公司都是公共的表现形式。公共的职责意味着它能使公民制定一致同意的社群目标，为了公共利益，大家一起工作实现目标。公共的职责既是公共管理者的责任，也是公司管理者的责任。一个人不能躲在'私人的或企业的'名义下，逃避公共的责任，也不能躲藏在一个组织、一个政府或者一个企业之中，逃避公共的责任。公共责任不是集体的责任，而是我们每个人的个人责任。"（Frederickson，1997：52）就如同戴维·马修斯所言，"政府的概念是公共的一个非常远房的表兄妹。也许我们能更好地理解公共与政治或国家之间的关系，就像我们理解氢与水的关系一样。氢当然是水的一部分，但是氢肯定不是水。公共对于政府是至关重要的，但仍然不是政府。除了政府生活之外，还有公共生活。公共是我们构建政府分子的基本原子，是我们编织政治的纱线"。（Mathews，1984）

　　弗雷德里克森认为，公共即公民的观点最适合于公共行政理论的发展。这基于四个标准，它必须以美国宪法为基础；它必须以崇尚道德的公民为概念基础；它必须对集体和非集体的公共做出响应；它必须建立在仁慈和博爱的基础上。弗雷德里克森认为，首先，公共即公民的观点与宪法基础相匹配，从根本上阐明了权利归属、法律正当程序以及权力制衡等相关原则。其次，公民应该过着一种公民生活，其中道德判断是重要的组成部分。公民必须相信政体的价值，应该承担个人的道德责任，应当展示克制和宽容，最终实现少些管制多些治理的状态。再次，第三条标准实际上是要求发展和维持一种体制和程序，它不仅倾听和回应作为一个整体或有组织利益集团的集体利益，而且也倾听和回应未充分发展的公共利益。"当公民的私利侵蚀公共利益，或者公务员的私利侵蚀公共利益时，尽管是司空见惯的，但是通过政府追求私利必须遭到抵制。"

（Frederickson，1991）最后，强调乐善好施是公民处理彼此之间互动关系的关键，也是公民与立法者、与公共行政人员、与利益集团等互动关系的结构性模式，这样才能在不断演变和变化的社群中发现公共意志。"公共生活能够使拥有共同领地的陌生人聚集到一起，这表明人们之间有相互承认的需要，也有生活在一起的冲动……一个健康的公共生活发生在人们无数次分离聚散的场合，通过进进出出的人们不断互动而进行的。这种公共生活是真正的公共生活，是人类体验的一种有效形式，和其他更为亲密的人类互动方式一样，这种公共生活能够证明共同的、共享的生活是有效的。这种公共，既是一种作为理念的公共，也是作为一种能力的公共。"（Frederickson，1997：49）

公共和私人之间的区别显然是政治史上的重大发明。但在二元对立的观念中，人们也经常陷入政治与行政、公共与私人、国家与商业世界的二分法窠臼。弗雷德里克森的一系列论述既剔除了极端个人主义，也消除了道德相对主义和功利主义的影响。诚然，不可否认的是，这些论述也是非常理想化的，正如弗雷德里克森自己所言，"如果我们在更广泛的意义上看待公共行政，把公共行政视为政府机构、非营利组织和公民互动的过程，那么，这就增大了这样一种可能性，即人们有可能出于其他原因，而不是出于政治野心从事公共行政"（Frederickson，1997：48）。

进入 21 世纪，对公共和公共性的兴趣再度兴起，特别值得关注的是佩施的《公共性困境：公共行政概念歧义性探究》（*The Predicaments of Publicness：An Inquiry into the Conceptual Ambiguity of Public Administration*）。佩施提出，公共性集中在宏观即国家和市场、中观即组织以及微观即个人三个层次。在宏观层面，旨在将经典的政治理论与公共行政研究关联起来，通过经典的集体主义进路对公共意愿、公共利益等进行话语分析，阐述公共利益是国家活动基础。在微观层面，主要采用古典自由主义和个人主义分析进路。但是，已有的研究成果对于回应保护公民免受国家和社会侵扰与保护集体权利免受个人私利行动侵害的关系上是模棱两可的。佩施主张，回到西蒙的组织概念，也就是中观层面重建公共性。特别是公共部门改革产生了许多混合组织（hybird organization），这种组织是市场和国家机制的混合，既不是"看不见的手"，也不是"看得见的手"，而是带来了乱插手、脏手等问题，导致了一系列的风险和外部性。既然如此，对于公共性问题就应该采取经济学家的分析进路，借鉴有关外部性的经济理论，为公共部门干预私营部门提供理论依据。佩施认为，"公共性既不是自然现象，也不是超自然现象；它被用来作为一种理论工具，有助于人们根据现代性的意识形态来积极设计社会世界。控制社会世界的愿望可能已经取得了成功，但是，它们并不是建立在一个一致的哲学框架之上的。为了能够理解世界并积极地构建它，在现代性中至少使用了两种截然不同的观点①，两种观点之间尚未被认识到的紧张关系导致了持续不断的斗争。最终双重本体论使得建立一个含义明确的公共行政的公共性概念模型成为不可能。公共性研究的一项任务就是要阐明平衡两种观点的工作原理，当然这项任务本身很复杂。作为公共行政的学术研究，应不允许为行政人员制定意识形态课程；它只能阐明意识形态对行政人员、行政组织以及他们所服务的公共的日常生活的影响。在这些意识形态的运行中，公共性的双重性质是最大胆、最复杂的方面；如果不迷失在片面的还原主义或方法论上荒谬的谚语中，揭示这种双重性质必须是公共行政学者的核心任务之一"（Pesch，2006：196－197）。

很显然，时至今日，公共和公共性仍然披着神秘面纱，仍然模棱两可。随着市场演化、技术进步、契约不完备性和信息不对称性的发展，人类需要处理的事务太多太泛太复杂，非人格关系、走向公共（to public）以及公共化（publicing）极大地扩展了公共的边界。找回公共行政中的公共和公共性是公共行政的永恒主题，建立

---

①　按照西蒙的观点，就是组织机制和市场机制。

一个动态的而非静态的、本体阐释论的而非还原论的、可预言的而非语义学①的公共和公共性理论仍旧是公共行政学者面临的紧迫挑战。

第三节　公共行政的法律之维

公共行政的法律之维一直是行政之公共和公共性的制度之维，这不仅因为法律是卷帙浩繁的冷冰冰文本，而且因为法律是规范社会秩序和行为的工具。"我们需要铭记，法律不只是公共行政人员据之以执行政策的工具，更为重要的，是一种诉讼救济的机制。"（Harlow，1981）显然，法律是行政过程的重要核心。公共行政的法律之维主要体现在公法视角和宪法视角两个方面。

一　公共行政的公法视角

自亚里士多德和柏拉图以来，法律与行政之间的关系就引起了历代先贤们的关注。孟德斯鸠是系统构建法律与行政关系的最早先驱者之一。他的三权分立学说表明，执行涉及政府和行政，但是执行也仅仅局限于行政，并不制定政策。政府存在三重功能，彼此之间不是联盟而是竞争者。但是，这与现实相去甚远，执行机构在制定政策，立法机构在制定法律，而且政府执行所有事务受制于立法机构和法官的双重控制。

---

①　美国政治学家曼斯菲尔德在 2007 年的杰斐逊演讲《如何理解政治：人文科学能对科学说些什么》（How to Understand Politics：What the Humanities Can Say to Science）中指出，对于公共的分析涉及对政治过程的理解，它应该尽可能借鉴数学思维，为我们带来可预言的解释。曼斯菲尔德类比了文学和科学。文学和科学有着相同的目的，那就是发现和阐述真相，但文学可以寻求娱乐，而科学，即便是一些最伟大科学名著的丹青妙笔，也没有喜闻乐道的魅力，有的是数学的美。人文科学涵盖的领域与文学相同，即人类行为领域，但是作为科学，不得不被迫以没有偏见的、无可指责的、无可非议的文风重申常识。原则上，科学对每个人都是可复制的，如同数学演算一样尽可能精确。不幸的是，实践中的公共缺乏数学思维，这就导致我们依赖于非科学家的公共知识分子来告知公众公共科学发现了什么，然而这些公共知识分子通常心怀私念，尽管声称追求科学崇高的目的超越了琐碎的人类党派偏见，却也常常陷入其中。

立足公法视角，公共行政和公务员行为的合法性和法定诉讼程序、对争议解决的裁决和调查程序都是公共行政不证自明的核心要素，而且法律也是大量公共政策的传递介质。包括地方政府在内的法定行政主体必须严格在权限规则的约束下运行。"法律是一种类似于公共卫生或公共福利的公共服务，具有日益增加的成本且受制于财政。"（Drewry，1995）

公法与公共行政之间的关系因为不同国家法律的差异而有所不同。"宪法问题广泛弥漫于美国的法律界和生活中，任何国外的观察家都发现这是不可思议的。美国人已经成为一个宪法主义者，他们用诉讼替代立法，并且我们可以看到宪法问题潜伏在每个案例之中。"（Schwartz & Wade，1972：6）在司法和公法的情景下，诉讼是美国生活和文化的显著特征。高等法院在美国具有核心地位，在英国和欧洲却没有相应的对等地位。当美国人谈论司法审查（judicial review）时，往往指向立法机构或执行行为的合宪性；而在英国，只涉及行政行为的合法性或公正性，这可能是因为英国缺乏成文的宪法和权利法案造成的。

菲利普·库珀认为，在美国，诸如古德诺、伍德罗·威尔逊、弗罗因德、迪克森等学者认为公共行政原理一直植根于公法。伍德罗·威尔逊自称为公法教授，致力于创立公共行政的公法学派。伍德罗·威尔逊的著名论文《行政研究》（*The Study of Administration*，1887）就认为公共行政是公法的具体化和系统执行。但是，这些早期的公共行政的公法视角存在两种相反的方法，古德诺和伍德罗·威尔逊采取从里向外审视的立场，把法律看成一种治理工具，而弗罗因德和迪克森却把法律看成保护公民权利免受政府侵犯的一种制度设计（Cooper，1990：258）。但是到了"新政"以后，兰代斯、格尔霍恩、弗兰克等学者提倡平衡改进行政法效率和捍卫行政合法性的思想，赋予行政机构具有实质性的制定规则和裁决的职责。"尽管这些学者同意一个更为适当的行政法主体是必要的，但是他们警告发展过度刚性的规则可能会阻碍行政官员必要地保留自由裁量权"。（Cooper，1990：259）所以就产生了制定规则程序的改革，引入了法定诉讼程序保护和提供司法审查等机制，并最终形成了1946年《行政程序法》。但是，菲利普·库珀注意到，在《行政程序法》通过后，法学家趋向于以狭义的程序性术语看待行政法，并将他们与公共行政的原理区分开来。这一情况的出现主要是因为里昂纳德·怀特公共行政教科书《公共行政导论》（*Introduction to the Study of Public Administration*）的出版，该教科书明确认同公共行政是科学管理问题，并断言行政研究应该以管理为基础起步而不是以法律为基础起步。

在英国，就在伍德罗·威尔逊论文《行政研究》发表的两年前，迪斯出版了《宪法研究导论》（*An Introduction to the Study of the Law of the Constitution*）。书中，他警告那些持右派思想倾向的英国人，任何试图引入一个独立公法体系的尝试都将是对法治的伤害，在他看来，因袭法国的行政法，由一个独立的行政法院来管理是行不通的，法治意味着"法律面前人人平等，普通法院所管理的普通法世界平等地制服所有的阶层"（Dicey，1959：193）。同时代的法学家麦特兰德也意识到公法的改革可能即将到来。实际上，他们都意识到，英国政府的权力在过去的六十年的时间内获得了大幅增加。迪斯认为，"超越法律所授权力的任何官员都要承受普通法对其错误行为的责任追究；他必须服从于普通法院的权威，并且普通法院自身对决定什么是他的合法权力具有裁决权，无论在何种情况下他采取了什么行为，训令都是合法的和有效的。因此，在最宽泛的法的用词含义上，法院在本质上确实限制和干预了行政行为"（Dicey，1959：389）。显然，迪斯的法治思想实际上既排斥了行政霸权，也排斥了行政宽泛的自由裁量权。这是一个法律至上主义的观念，回到了维克多利亚的自由放任时代，而且缺乏远见，对20世纪即将隐约可见的国家干预主义没有任何预见性（Drewry，1995）。

20世纪30年代，英国建立了多诺莫尔部长权力委员会（Donoughmore Committee on the Powers of Ministers)，1932 年 4 月发表了《阁员权力委员会报告》（*Report of the Committee on Ministers' Powers*)，以驳斥英格兰首席大法官赫瓦特。赫瓦特反对新专制主义，并将新专制主义描述为从属于议会，逃避法院，致使行政机关的意志和恣意妄为不受约束，拥有至高无上的权力。其中逃避法院指的是，公务员做出了日益增加的准司法决策，以及源自授权的立法增长致使议会处于从属地位。《阁员权力委员会报告》断言，法国式的公共行政与英国灵活的非成文的宪法是不兼容的，在非成文的宪法体制下，不存在清晰的权力分离，行政几乎每天都要受制于普通法院的监督，每个读者都可以从《泰晤士报》每日的法律报告中知晓想知道的一切（Williams，1982)。然而，就在 20 世纪 20 年代，当时英国法学家的著作，诸如卡尔的《授权立法》（*Delegated Legislation：Three Lectures*，1921)、罗伯森的《正义与行政法》（*Justice and Administrative Law*，1928)、弗里德里克·波特的《行政法》（*Administrative Law*，1929）等，已经开始奠定行政法作为理论和职业实践的思想基础。

　　"二战"结束后，这一进程迅速加快。1957 年弗兰克斯委员会（Franks Committee）发布《行政裁决和调查的报告》（*Report on Administrative Tribunals and Enquiries*)，提出了具体的行政法改革议程。报告讨论了公民抱怨的救济问题，提出了行政裁决委员会和调查委员会的设置，讨论了设立一名监察专员①调查中央政府乱政引起的投诉。这份报告导致 1967 年英国《下议院议员法》（*Parliamentary Commissioner Act of 1967*）的通过。该法规定在宪法的框架下部长对议会负责，并仅能通过议会成员接受申诉，而且这一责任一直附属

---

　　① 监察专员（Ombudsman）是公法实践的一种流行观念。这一职位这最早起源于瑞典，主要负责调整政府官员的徇私舞弊行为，随后迅速向斯堪的纳维亚国家和世界其他国家扩散，并于 1962 年正式被英语世界的国家新西兰所采纳。美国律师协会也设有调查官员舞弊情况的协会（Ombudsman Association）。监察专员在有些国家需要得到宪法认可，有些国家对这一职位的立法处于悬而未决的状态。实际上，这一职位可以看成行政与法律之间的桥梁，而且是各国行政法改革的试金石（Sawer，1971)。

于而不是替代议会成员在受理选民诉讼上的传统作用。公法仍然是政治的事务而不是法律的事务，事实上，也不能解决政治理论的真正性质的问题（Craig，1991）。

公法理论在英国的发展被哈罗和罗宁斯形象地称为红灯理论家（red light theorists）和绿灯理论家（green light theorists）。前者忧虑于国家干预主义和官僚权力的增长，指望法庭作为控制执行机构的工具，后者或许因为意识形态的立场在原则上支持干预主义，"行政法并不作为一种平衡力对干预主义政府起作用而抑制政府行为"（Harlow & Rawlings，1984：39）。迪斯代表了红灯理论家，而罗伯森、詹宁斯代表了绿灯理论家。绿灯理论家认为，有待行政法学家澄清的问题是，"鉴于法官必须行使某些职责，各类法院和司法程序必须使得这些职责的履行最具效率"（Frankfurter & Jennings，1936）。然而，在实践上这两种理论主张却是收敛的，"今天少数法学家可能鼓吹平衡宪法的理论，就如同赫瓦特勋爵一样极端；少数法学家可能试图将控制权完全交给议会"（Harlow & Rawlings，1984：47）。绿灯理论家通过应用功能主义的方法检查行动的体制；主张法庭应该发挥最小意义上的作用，明显偏向于依赖行政的内部（政治）检查而不是诸如裁决那样的外部的和追溯效力的检查；而红灯理论家赞成外部的和追溯效力的检查。"因为他们把自身的职责看成是争议的判决，因为他们从外部看待行政职能，法学家在传统意义上强调交锋和判决。对于特定的法学家而言，法律是警察，它行使一种外部控制，经常是追溯法律效力的。行政官员们宁愿监视而不愿交火。因为众所周知防患于未然优于治疗，所以监视比交火更为有效率。詹宁斯所使用的形容词'效率的'意味着现代行政法重点的转向。"（Harlow & Rawlings，1984：44）从这一点上看，由于20世纪80年代撒切尔夫人的放松管制改革，效率成为重组政府的起点，也证明了绿灯理论家的先见之明。哈罗和罗宁斯因为其中间立场被称为黄灯理论家（amber light theorists）（Drewry，1995）。

哈罗将公法或者说法律与公共行政的关系划分为六个阶段，他称为六个片段（episode）。按照哈罗的逻辑，我们可以建构在治理过程中公法与公共行政之间的对立、交融、收敛、谮越的演化历程。

第一，平衡宪法。由于三权分立理论，法律与行政之间是相互敌对的。"有限政府模型在制度上植根于自由民主社会，即便我们感到它是不现实或机能失调的，我们也不能完全逃避它的诅咒。"鉴于公正地制定政策的禁令，行政法代表了一种理性类型的命令和控制理论，它通常是高度程序化的，诸如美国的法定诉讼程序、英国的自然正义和法国的捍卫权力的审判等。哈罗认为，"因为他们反映了司法价值，他们经常很难被行政管理者所推测和体会。对于理性和有效决策而言，理性决策是良好行政的一种重要管理工具。立足公民立场，他们是透明度、民主价值的一种展示和确保政治责任的方法。立足行政法学家立场，理性决策主要是一种保护个人权利的机制"（Harlow，2005）。这一阶段意味着，有限政府表明政府受制于法律，现代政府已经逃避了这一框架，政府扩张自身已经成为一个目标。

第二，国家干预主义。"新政"终止了美国传统的自由主义经济学和契约主义宪法理论，代之以积极的国家干预主义政策。"新政"带来了一个动态的政府，专注于产出价值，其核心的关键词是服务提供、团队生产、管理和鞭策。法律介入每天的行政事务之中。法律在行政中的作用主要体现在三个方面：法律是一种沟通的工具，它告诉行政管理者哪些是立法机构的预期；法律是控制的工具，设定了行政管理者权利的界限；法律建立了个人实质性的和程序性的权利（Dimock，1980：11）。但是，在哈罗看来，由于"新政"所信奉的积极行政和干预主义政策，法律与行政之间的关系应该增加第四个维度，即法律提供限制各种政策的基准（Harlow，2005）。但是，在欧洲由于缺乏最小意义上的国家理论或行政法的控制理论，行政法体系可以轻易地对经济社会环境的变化作出回应。比如在法国，公法是一个政府的概念，法律提供了政府行为的框架，政府本身就是公共服务的组织者。显然，法国的行政法也是通过公共服务建构的，并且也关注政府行为的合法性，其中，政府的制衡与不协调的价值之间自然存在着紧张，不过司法与行政之间的紧张很大程度上是局部性的，主要体现在官僚与民主、集体利益与个人利益、专家与政客、效率与尊严等方面。因此，在这一过程中，公法起到了平衡公共利益与私人利益的作用（Cane，2002：252）。

第三，相对于规则的裁量权。国家干预主义的扩张显然打破了法律与行政之间的平衡。在形成价值和程序的过程中，法律的过多注入会导致动态行政的努力成为徒劳，并使政府日益表现出试探性、形式化和官僚化，也会产生程序与理性的冲突，最终导致对行政法产生敌意。动态的、经理人的行政需要行动自由，并需要行政裁量权，"如果管理者只服从规则，那么不可能出现任何让人惊艳的结果"（Dimock，1980：11）。但对于行政法学家而言，行政的无法无天是重要问题。行政裁量权与司法之间的紧张在 20 世纪后半期导致了司法审查的出现和扩张。"立法的冲动具有从法院移走权力的效应，对于那些传播规则的立法者而言，这一过程将法律描述为原则、标准和价值。"（Harlow，2005）这次转移实际上是将权力重心从立法机构转向行政机构。（Schwartz & Wade，1972：84）在美国率先的表现来自立法机关，要求对规则制定者施加严格的法定诉讼程序。美国法院借鉴挑剔审查（hard look review），要求法官与决策者之间进行提纲式对话（synoptic dialogue），决策者不仅要回应既得利益群体的所有问题，而且要回应法官察觉的所有问题。[①]"对于法院来讲，挑剔审查实际上是贯穿、回溯或重构决策过程的一种特许权。权力又重新回归到了法院。"（Harlow，2005）肯尼

——————————

① Shapiro, Martin, The Giving Reasons Requirement [R/OL]. (2015 – 11 – 07) [2020 – 2 – 12]. https：//chicagounbound. uchicago. edu/uclf/vol1992/iss1/8.

斯·戴维斯却认为，法治模型是不现实的，应该通过规则使得裁量权结构化。法学家应该睁眼看待现实，相对于各个团体的正义是在法院之外而不是在法院内部执行的，警察、公诉人、移民官员以及福利服务等都是通过行政的裁量权执行的。所以，制定规则可能填补行政裁量权与司法之间的缺口。裁量权可以随等级制而提高，官僚可以纳入在方框内打钩式的规则（tick – this – box type of rule）框架之中（Davis，1965）。但是，"在现代治理体制中，规则制定者的真实选择并不在于此，而在于正式的与非正式的制定规则之间"（Harlow，2005）。在行政体制内部，过程和程序是由各种指引、备忘录、实践手册和通告所构成的。由于透明原则的约束，公民被告知自己拥有的权利和行政管理者应承担的义务，因而法院可以把这些规则看成约束和强制性的。然而，非正式规则实际上破坏了授权原则，也等于篡夺了立法权、剥夺了法院和立法机构的监督权。将规则转化为行动是行政裁量权的实质，它允许决策者的不当行为，甚至鼓励他们犯错误，以决策者自身的标准替代公共的、合法的标准，从而也为裸权腐败打开了方便之门。规则是公共的和开放的，他们强化了合法性，推进了正义的利益，并有助于公平。规则起到了计划的功能，"当人民知晓相关规则是什么的时候，人民和制度可以更加有效地组织他们的生活和活动"（Schneider，1991）。

第四，经理人的治理。以公共服务的私有化、自由化和外包等为特征的新公共管理运动可以被看成对改革大政府的反应。新公共管理崇尚经理人的治理，也给公法学者理解和借鉴新公共管理的语言带来了巨大诱惑。一方面，新公共管理冷酷的、计算的和无情的产出价值与行政法的程序主义存在着大量争执（Hood，1991）；另一方面，权利和人权的理念在20世纪已经被注入了宪法。新公共管理是企业家式的、竞争的和产出导向的，"考虑到效能和效率会被程序性导向控制所阻碍，并且正统理论依赖于去政治化、责任和预防腐败。交叉管制被认为特别有害于结果导向的公共行政，比如那些与中央人事体制和政府采购等相关的规则"（Rosenbloom & O'Leary，1997：7）。新公共管理的管理体制是经理人式的和等级制的，涉及一系列标准，比如公开、信息、选择、非歧视、可接入等，这些标准都是行政价值的体现而不是法律价值的体现，法律显然不在强制机制之列。比如私有化意味着向民法的契约回归。但是，新公共管理将法律的控制机制转向审计价值和绩效评估价值，管制机构"在宪法上可能是尴尬的，因为它们合并了传统上的权力分离，而且它们逃避了正规的公法控制"（Baldwin & McCrudden，1987：3）。但是，对于新公共管理而言，由于其涉及行政法、民法和宪法等含义，法学家虽然在这些方面浪费了大量的笔墨，却在还没完全理解时表达了他们对新公共管理的同情态度（Harlow，2005）。

第五，权利规则。似乎人权话语法律化没有任何特殊的理由，《联合国宪章》以及联合国人权委员会的设立是政治的而非法律的，但却对公共行政产生了深刻的影响。欧盟在法国斯特拉斯堡（Strasbourg）设立了人权法院，受理个人权利受到国家侵犯的案例。在美国削减宪法权利的行政实践也在司法干预的威胁下不得不被放弃（Rosenbloom & O'Leary，1997：277）。南非的宪法法院训令政府做出承诺在所有的公立医院阻止艾滋病的母婴传播。权利规则所带来的直接结果是从公民权利、政治权力走向了社会和经济权利，一个有效的公共行政现在不仅要能够高效地、经济合理地提供公共服务，而且不能侵犯个人的人权。"权利革命已经带来了价值的双重趋同。在国家层面，由于人权修辞的渗透，法律的价值和公共行政一直持续汇聚。在跨国层面，一直存在着跨文化的趋同。对于公共行政而言，由国际货币基金组织、经济合作和发展组织所推动的善治已经成为援助和贷款的附加条件。这两个层面的进程收敛于一个单一的、选择性的交流和相互认同的过程，因为人权以'善治标准'和'良好的行政原则'的形式直接贯穿于公共行政的世界。"（Harlow，2005）

第六，通过法律开展的全球治理。治理是一个难以捉摸的术语，罗兹曾经指出它的不同含义均意味着与传统的政府含义的决裂。替代所熟知的美国、威斯敏斯特（Westminster）模型或者威斯特伐利亚（Westphalian）模型，我们正在面临"一种新的治理过程，或者一种正在改变有序规则的环境；或者一种治理社会的新方式"（Rhodes，1997：6）。没有政府的治理是以相互依存的、分离的执行机构、政策网络、治理和空心化为特征的，公私之间的边界已经崩溃，一个由自组织的网络所构成的社会自动化体系替代了传统上行政法所关注的国家组织机构，很自然，治理也超出了民族国家的边界。这也是学者们开始讨论全球行政空间的原因所在。现在全球行政空间已经包括了不同类型的国际组织，诸如联合国、国际货币基金组织、世界银行、世界贸易组织、世界卫生组织、经济合作和发展组织、欧盟等，这些全球治理组织越来越感兴趣设计和传播善治的标准。例如，经济合作和发展组织的美洲狮计划（PUMA programme）一直致力于评估各国的管制改革、公共部门预算、人力资源管理、战略政策制定、伦理和腐败等内容；世界银行开通了一个行政和公共服务网站。特别在环境政策领域，国际组织的治理活动更为活跃，世界银行建立了拥有判决权的审查团（Inspection Panel），负责确保其援助项目严格按照环境标准执行。在国际贸易冲突和争端中，基于生物多样性和保护濒危及珍奇动物的要求，一些滥杀和围捕的行为也可以向世界贸易组织提出诉讼。《欧盟治理白皮书》（*White Paper on European Governance*，2001）明确呼吁参与行政（participatory administration），将协调的开放方法（Open Method of Coordination）作为治理的方法论典范，白皮书本身就是鼓励合作、互换最佳实践、认同共同目标的一种方法，允许成员国相互比较、彼此借鉴，并开展定期监督。在欧盟，行动计划是通过咨询和协商实现的，强制是通过定期的报告反馈和对等审查进行的，唯有改进的意见要求欧盟委员会、欧盟理事会批准。协调的开放方法相对于政策发展和标准制定发挥了软法律的作用（De

Búrca，2003）。

　　哈罗认为，法律对公共行政的贡献以及影响是随时间和地点的变化而变化的。在公共行政者眼中，它既不是静态现象，也不是停滞工具。"在 20 世纪 90 年代，法律帝国快速扩张。法律发挥了强制机制的作用，并因此允许法院设立价值和标准。然而，一旦法律开始起作用，司法化过程就很难终止。同样的周期现在已经在跨国间开始出现。"基于非法律的、软接触的分析，治理就是软法律。"国际行政法主要有两个功能，一是全球治理体制的内部控制和管制，这一点正在滋生；二是通过善治价值促进国家法律和行政体制的渗透。"但是，基于国际组织的实践，将软法律转变为硬法律的能力无疑是非常重要的，"或许软法律现象预示着向多元主义价值的回归，并通过多元价值预示着全球行政法的死亡"（Harlow，2005）。

　　对于法律实证主义者而言，那种认为法律趋向于作为一个静态现象呈现出来的观点不仅是过时的而且是单维的（Harlow，2005）。其实，可以把这种观点理解成——行政法是既存的确保行政行为合法性和防止公共权力滥用的一种机制。从法学家的角度看，法律对公共行政的需要是不敏感的。然而，从公共行政的角度看，这里存在不同的理解法律的方式。工具主义者把法律看成一种执行社会政策和实现社会目标的工具，法律与公共行政是等价的。功能主义者认为，法律与公共行政之间需要根据社会价值和经济效率进行审查，在他们看来，公共行政的本质就是节约、效能和效率。

　　鉴于治理背景的变化，法律在公共行政中所起的作用也已经发生改变。公共服务不再作为一个"家族"运行，据此各种关系可能是基于公共价值的，诚信已经被韦伯式的客观性和管制所替代（Hood & Scott，1996）。今天，管制国家已经成为司法化过程的组成部分，在这一过程中，社会关系和工作实践都被还原为规则，从而使得这一切都需要求助于法庭和其他的司法机器来解释潜藏在这些规则中的语言的模糊性。权利和义务的语言以及流行的人权法律话语已经形成了一个司法周期，管制促进了司法化，反过来，司法化又促进新规则的构建（Teubner，1998）。

遗憾的是，对公共行政和公共管理研究而言，公法的影响仅仅是时断时续的，主流的文献几乎从不考虑行政法。《公共行政》（*Public Administration*）杂志在 1970 年至 1999 年只发表了寥寥无几的行政法论文，1990 年以后情况进一步糟糕。德鲁里认为这种情况是极端不正常的，需要加强公法与公共行政之间的趋同和合作。要加强两者之间的合作，首先，要大量增加带有明显的绿灯理论倾向的公法学者文献，这可以为公共行政的日益变化的景观提供新的见解；其次，持续增加日益多样化的司法救济机制，扩大司法评论的范围；最后，促进国际组织进一步推进公法，从而对一些国家的法律和政治事务发挥影响。不过，德鲁里对公法与公共行政之间的关系给出了爱莫能助且无可奈何的预言，"公共行政的一条重要线索是，一直越来越多地从商业管理而不是从政治学汲取它的灵感。在过去的十五年中已经从新公共管理替代传统公共行政中获得了新的激励。新公共管理领域已经与公法很少有联系。尽管如同我们所看到的那样，大批法学家一直对这一现象保持浓厚的兴趣，比如私有化和外包。或许它是不可避免的，因为新公共管理已经成为景观的组成部分，在公共服务与私人服务之间创造了不断增加的变异体，公法与私法之间的边界也倾向于日渐模糊。新公共管理至今仍没有导致新公法的出现"（Drewry，1995）。

二 公共行政的宪法视角①

美国公共行政的宪法学派（Constitutional School of Public Administration）是斯帕索和特里率先冠名的一个术语。受汉密尔顿的影响，创立美国公共行政的宪法学派将使更多学者和实践者有机会决定我们政府行政在责任、效能、效率、伦理、法律和宪法等方面

---

① 本节的核心观点曾发表在《中国行政管理》2013 年第 11 期上。

是否满足公民的需要。"当公共行政管理者宣誓赞成宪法的时候，他们正在对宪法过程的持续性作出一种道德的承诺，宪法过程的持续性包含了特殊的价值、信念和利益。这一承诺能以特殊的术语进行表达，并贯穿于政府组织的行政、忠于职守的全过程。"（Terry，2003：28）公共行政的宪法学派旨在揭示行政国家的合法性或公共行政的宪法基础。"美国公共行政的宪法学派并不偏向于一种宪法视角而忽视另一种视角，在相当程度上，我们鼓励和依赖于不同的关于美国宪法如何影响行政理论和实践的分析、视角和思想。"（Newbold，2010）由于美国社会科学和人文科学界长期养成了解释宪法的传统，政治学家、法学家和公共行政学家都习惯于从解释宪法的角度捍卫自己的学术立场，公共行政的宪法学派也不是一个整齐划一的阵营。20世纪60年代明诺布鲁克会议后形成的新公共行政学派、黑堡学派以及布卢明顿学派①等都可以被称为公共行政的宪法学派。

　　我们在这里主要关注的是黑堡学派。《黑堡宣言》开宗明义地指出，"公共行政的显著特征在于它是治理的一部分，它要具备在

---

①　关于奥斯特罗姆夫妇的代表著作，参见文森特·奥斯特罗姆《美国公共行政的思想危机》，毛寿龙译，上海三联书店1999年版。埃琳纳·奥斯特罗姆《公共事务的治理之道：集体行动制度的演进》，余逊达译，上海三联书店2000年版。有关布卢明顿学派的文献，可参考 Aligica, Paul D., and Petter J. Boettke, 2009, *Challenging Institutional Analysis and Development: The Bloomington School*, New York, NY: Routledge. and Aligica, Paul D., 2014, *Institutional Diversity and Political Economy: The Ostroms and Beyond*, New York, NY: Oxford University Press. 以及 Cole, Daniel H., and Michael D. McGinnis, 2014, *Elinor Ostrom and the Bloomington School of Political Economy: Vol. 1: Polycentricity in Public Administration and Political Science*; *Vol. 2: Resource Governance*, *Vol. 3: A Framework for Policy Analysis*; *Vol. 4: Policy Applications and Extensions*, Lexington, MA: Lexington Books. 与 Tarko, Vlad, 2016, *Elinor Ostrom: An Intellectual Biography*, Lanham, MA: Rowman & Littlefield Publishers. 等。

关于奥斯特罗姆夫妇与公共行政之间的思想联系，可参考 McGinnis, Michael D., and Elinor Ostrom, 2012, "Reflections on Vincent Ostrom, Public Administration, and Polycentricity" *Public Administration Review*, Vol. 72, No. 1, pp. 15–25. 和 Toonen, Theo, 2010, "Resilience in Public Administration: The Work of Elinor and Vincent Ostrom from a Public Administration Perspective" *Public Administration Review*, Vol. 70, No. 2, pp. 193–202. 以及 Aligica, Paul D., 2015, "Public Administration, Public Choice and the Ostroms: The Achievements, the Failure, the Promise" *Public Choice*, Vol. 163, No. 1–2, pp. 111–127 等。

复杂的政治环境中追求公共利益的能力。这使它与企业管理相区别,并为改变长期被忽视的状况奠定了基础。它不能仅仅限于在政治环境中进行管理的能力,更要有能力维持官僚制、维护最广泛的公共利益以及维护合乎宪法规范的治理过程。公共行政无疑以执行部门为中心,但也包括与宪法授权相关的政府各个部门,通过我们不同层次的政府管理体系,使法律得到忠实履行"。但是,由于公共行政与生俱来的党派不清、行事谨慎,导致公共行政总是受到诸多的限制,甚至成为一片自由交火区和各方权力争斗的靶子。契约在公共行政的来源、宪法声明、公务员改革的传统以及历史实践中表达了其神圣的含义,它"似乎是抓住了公共行政曾经是什么、现在是什么以及应该是什么的问题:公共行政者及其服务的公众之间的庄严契约以公共利益为目标。实际上,行政能力受到宪法的传统、法律和民族共同历史的制约。公共行政应将过去看作公共对话的序言部分,它激活了一个自由社会。这样,宪法应当被看作有活力的词而非平谈的词"。黑堡学者们认为,公共行政具备一个具有历史性、契约性、机能性以及宪法上的合法性。公共行政应该参与宪法表达和道德表达,并从宪法秩序和公民意愿中寻求合法的秩序。"公共行政者必须承诺实践,有批判意识的行为或对目标的追求;公共行政者必须承诺反思,对已采取行动开展苛刻评价以便从经验中学有所获。实践和反思在引导我们所说的先验目的中扮演重要角色,在对完善具体的日常目标,优雅而体面地服务大众、尊重公众、尊重与自己同等地位的人等方面扮演非常重要的角色。"(Wamsley, et al, 1984)

站在宪法立场上,《黑堡宣言》重新阐述了公共行政的定位、行政与政治之间的关系、公共行政管理者的角色以及公共部门的价值追求。"公共行政管理者发誓支持美国宪法不是强烈的奇想。这一誓言促使行政管理者们进入由宪法所创造的社群,并迫使他们知晓和支持影响他们的公共服务氛围的宪法原则。"(Wamsley, et al, 1990:47)如果美国的公务员不捍卫、保护和保持宪法,那么,美国宪法秩序的共和结构和它的制度构成将会被严重危害（Rohr，1986；Terry，2003；Wamsley，et al，1990）。时隔差不多二十年，按照瓦姆斯利自己的说法，《黑堡宣言》可以被视为对20世纪70年代和80年代以来美国政治对话中那种反官僚、反权威、反政府风尚的纠偏，也是对新公共管理运动的一种反叛。"公共行政不是简单的工具，行政也不是价值中立的手段，公共行政应追求崇高的目标与道德承诺，应考虑全民的长远利益，应以改善人民生活、追求公平、效率与民主为职责。公共行政在美国治理过程中应扮演核心、重要、正面的角色。唯有塑造一个专业的、投入的、有尊严的、有正当合理性的公共行政，并将其作为宪政的重心，才能避免太过集权或太过无能的两难困境。"（段钢，2002）尽管《黑堡宣言》在行政与政治的关系以及公务员在政治对话中可能产生的操控性引起了人们的担心，但它的宪法主张还是得到了许多学者的支持和赞同。

罗尔从另一角度阐述了公共行政的合法性。在《实施宪法：行政国家的合法化》（*To Run a Constitution：The Legitimacy of the Administration State*）一书中指明，目的是"根据宪法原则使行政国家合法化"（Rohr，1986：ix）。基于发生在1787—1788年的大范围公开争论，罗尔建构了一个简洁的合法化情形。引证联邦党人和反联邦党人的著作，罗尔认为，行政机关内部的权力调和与国父们的权力分离是不一致的。行政国家的设计是针对美国参议院发挥一种平衡作用，并且也对众议院设定的代表限制起到一种补救作用。"针对我们所称的行政国家，在检验建国证据方面，我们一方面可以留神普布利乌斯（Publius）和其他人来决定：什么是他们想从新宪法中获得的，他们认为他们正在提供什么。另一方面反联邦党人的著作和演说也将告诉我们：他们恐惧新宪法什么；他们认为他们正在得到什么。这些证据对于宪法制定者决定宪法特殊条款的意图是重要的。"（Rohr，1986：10）罗尔认为，国父们是圣洁的、道德崇高的，"宪法不只是一部法律文本，它是如同契约的圣约"（Rohr, 1986：x)。如果我们试图使公共行政合法化，就应该重视国父们关于权力分离的论据，这些论据反映了他们欲求认可行政机构行使的行政、立法和司法权力是正当的，而不是关注权力滥用，"参议员们、官僚机构都不抵制流行的想法在今天看来是值得喝彩的"(Rohr, 1986：36)。

罗森布洛姆长期以来致力于检验联邦公共机构与美国宪法之间的连接。他认为，这种关系不仅重要，而且公共行政低估了这一关系的价值，这一关系体现了美国公共行政的宪法传统和法治特征。罗森布洛姆的研究强调程序上的合法性，强调个人的实质权利，强调当私有的参与者与政府之间存在利益冲突时美国法院如何保障公平和公正。这就意味着政府能够且应该确保公民的宪法和个人权利，也意味着政府在作决策时能够以回应性的和代议制的方式支持宪法原则(Rosenbloom, 1983)。尤其是主张从价值多元的立场上寻求公共行政的宪法基础。"功利主义者引导公共行政者根据成本收益率判断决策的愿望和其他行为。工具主义者关注成本效率，也就是说使政府'工作得更好且花费得更少'。所有致力于向公共部门提供融资的现代行政分析都是基于功利主义与工具主义思考的某些混合。"(Lee & Rosenbloom, 2005：8)

尽管承认行政国家的合法性或者公共行政的宪法基础，但是，在对美国公共行政的宪法基础的解释方面，公共行政的宪法学派存在深刻的思想分歧。斯帕索和特里认为，美国公共行政的宪法学派特别是罗尔，使用的是历史解释的理想主义方法，形成了一种浪漫主义的观点，通过宪法之父们的行为和性格解释他们的意图和行为是脆弱的，也容易遭到攻击。比如权利，宪法之父们显然忽视了奴隶制问题。"积极的公共行政在本质上必须植根于宪法的逻辑，并且适应权利的审查。这一分析不幸超越了历史和国父们的道德遗产。"(Spicer &Terry, 1993)理解宪法与公共行政的关系，关键在宪法的逻辑而不在于宪法的历史。

宪法的逻辑在于为什么由理性的个人组成的社会从一开始同意

缔结一部宪法来指导他们的政治秩序。"宪法可以被定义为公共政策建构和执行的规则集合。宪法设定了公共政治过程的博弈规则。宪法本身可以是成文的或者是非成文的。政策过程的参与者同意受制于这些规则是至关重要的。宪法的效力也有效限制了政府官员的自由裁量权。某些宪法可能简单地禁止或阻碍政府官员采取某些政策选择。"（Spicer & Terry，1993）追寻理性的个人为什么同意缔结一部宪法，等同于他们为什么同意限制政府官员的自由裁量权。根据公共选择学派的契约主义观点，政府官员可能以公民利益为代价追求自身的经济利益。当个人将强制权力让渡给政府以便获得公共物品的时候，他们意识到政府官员可能使用这些权力剥削他们。他们将认识到政府的活动既是潜在价值的来源，也是潜在剥削的来源，这些剥削可以采取繁重的税收、剥夺财产所有权、服务歧视或政治暴力等各种形式。因此，必须寻求对政府权力的某些限制。

选举过程不可能限制政府权力，多数票规则也不能限制剥削。立足契约主义经济学，多数票规则为社会上的一些集团提供了激励，组成利益集团并使政府确保自身利益而牺牲少数人的利益。因此，理性的个人会认为超越提供选举规则的那些宪法规则是必需的，并寻求限制民选政府的自由裁量权。但是，在政治学者和公共行政学者中，关于理性的个人追求自身经济利益的问题一直存在激烈争论。即使理性的个人预期政府不以牺牲公民为代价追求经济利益，他们仍然可能要求设立宪法规则，以降低被剥削的风险。这是因为政府在潜在意义上会毁灭他们的财产和生活，也是因为个人政策偏好是不尽相同的，即使在政策执行过程中存在公共精神，也不可能适当制衡公共权力。意识形态和宗教集团以及一些狂热行为，即使不追求自身的经济利益，也可能导致一个剥削的政府，让公民蒙受惨重代价（Spicer & Terry，1993）。

理性的个人缔结宪法的另一个原因是政策过程的不确定性。不确定性会带来额外的成本，从而改变或修正私人行为。宪法规则可以通过广泛参与政策过程，从而消除因为不确定性而带来的政策错误。宪法规则集合通过制衡自由裁量权，限制了政府可能强加给公民的成本。当然，基于宪法规则的公共行政并不意味着自由放任的政府或者守夜人的政府，"发展限定政府官员自由裁量权的适当规则可以引导理性的个人支持大规模的政府职能活动，而不是缺乏规则约束下的活动。如果缺乏限制政府权力的规则，理性的个人永远不会让渡任何强制的权力给政府"（Spicer & Terry，1993）。

　　无论是《联邦党人文集》（*The Federalist*：*A Collection of Essays*，*Written in Favour of the New Constitution*，*as Agreed upon by the Federal Convention*）还是"反联邦党人文集"（The Anti‑Federalist Papers），在宪法的逻辑上基本上都倾向于制衡政府的自由裁量权。麦迪逊担心多数规则可能会导致对少数人的伤害，他赞成在联邦层次的权力分离，就是为了限制政府的自由裁量权，雄心必须通过雄心来抵消，麦迪逊旨在通过提供对立和竞争的利益集团来克服美好动机的缺陷。汉密尔顿关注制衡政治权力，他担心宗派集团的利益可能会如同毒药一样混进不同利益集团的协商之中。反联邦党人同样关注制衡政治权力，所不同的是制衡联邦立法机构的权力，而不是联邦政府的权力。布鲁图①警告，权力落入统治者手中并且因为拥有自由裁量权，几乎总是会被滥用，压制人民扩大自身地位，阻止政治权力的滥用是必需的。加图②担心，所有政府的"治人者"都将建立一种脱离于"治于人"的利益，并将产生一种奴役他们的趋势。

　　斯帕索和特里认为，公共行政学者忽略了联邦党人和反联邦党

---

① 布鲁图（Brutus），反联邦党人所使用的化名。

② 加图（Cato），当时反联邦党人使用的笔名。《加图信札》（Cato's Letters）主要收集了1720年到1723年反联邦党人最初表达的对金融丑闻的关注以及要求对卷入金融丑闻的人士进行严厉处罚的要求。很快《加图信札》的内容就扩展到关于言论自由、良知、自然权利、自由的救济、约束政府的要求以及抵抗暴政的权利等广泛的话题。《加图信札》不仅针对英格兰的读者，而且针对整个美洲殖民地的读者。（Spicer，2012）

人的权力制衡思想，结果导致对公共行政宪法基础的误解。比如，罗尔认为应该高度关注国父们担心政府权力滥用和保持权力中立的思想。（Rohr，1986）伍德罗·威尔逊把权力分离看成宪法的缺陷，妨碍了有效政府的行为。"联邦政府缺乏力量因为它的权力是分离的，联邦政府缺乏推动力因为它的权威是多元的，联邦政府缺乏适宜性因为它的过程是交叉的，联邦政府缺乏效率因为它的责任是模糊的以及它的行为脱离了能力导向。"（Wilson，1956：206）考德威尔认为，"政府不是权力过度，而是责任缺乏严重威胁了国民福利"（Caldwell，1976）。斯蒂尔曼对宪法制衡权力的思想提出了尖锐的批判，他认为，国父们的国家观念束缚于、固化于古老的真理，对当代治理固执地坚持古老的共和国解决方案。这种观念阻碍了有效的政府行为，而认可拖延、僵局、多目的的行动和无效率（Stillman Ⅱ，1989）。在斯帕索和特里看来，这些观点都存在谬误之处。

斯帕索和特里认为，历史浪漫主义地解释宪法就等于把自己等同于历史角色，需要"重新生活、重新行动、重新思考、重新体验那些希望、恐惧、计划、观念和意图"。"基于宪法基础的行政裁量权可以认为是正当的，有时候可以使行政管理者以合法的方式修改、拖延或抵制政治领导人的训令。""作为公共服务提供者，公共官僚能够决定政府的重要特征。行政裁量权可以有助于限制领导人强加给公民的各种成本。"（Spicer & Terry，1993）但是，这绝不意味着行政管理者应该忽视来自当选领导人的特殊训令，自然也不排除当选领导人与行政管理者之间的合作关系。"理性个人永远不会同意产生一个失控的官僚体制的宪法规则，宪法规则意味着可以赋权公共行政管理者质疑当选的政治领导人，意味着认可他们对政治领导人权力滥用的限制。当然，宪法逻辑也可以应用到行政机构自身，行政裁量权可以被官僚规则和程序的发展、或者繁文缛节所制衡，他们减少了公共行政管理者以套利方式对待公民或者以公民为代价损公肥私的能力。行政裁量权在某种程度上也可以通过政治领

导人的权力，比如拒绝支付官僚机构某些活动的资助而得到制衡。"（Spicer & Terry，1993）

斯帕索和特里挑起了激烈争论。ASPA 于 1993 年组织了一次小型辩论会，邀请公共行政的宪法学派学者专门讨论行政国家的合法性问题。纽约州立法机构成员费尔德曼认为，争论公共行政、宪法和合法性是一个笑话。"我们需要某种类型的、精细的、多变量的、决策的网格或矩阵来反思赋予公共行政和公共行政管理者的宪法价值"以处理行政国家和宪法规则之间的平衡（Feldman，1993）。沃伦认为，关于行政国家宪法基础的争论是一个无聊的争论，早在"新政"结束时这个问题就已经解决。"美国人一贯支持无休止的政府计划，这些计划需要大型的官僚体制，并且通常支持维持或增加这些计划的流动资金。""行政国家是合法的，因为法律说它是合法的。"（Warren，1993）查尔斯·怀斯认为，"我们的宪法设计是为了建立一个持续的框架以便使那些价值平衡。宪法设计要求这一平衡能够在代议制过程中反映出来的大众需求、有效的行政权力与保护公民权利之间不断调整。公共行政必然积极地通过参与创造这一平衡过程追求自身目标"。"如果公共行政和公共行政管理者尊重一般的控制、权力分离和宪法权利等基本的宪法原则，也强调在给定时期与宪法体系中的传统价值之间的适当混合，那么两者都将符合他们应得的合法性。"（Wise，1993）

罗尔提出，面对斯帕索和特里对他羡慕国父们的动机和人格的指控，"我认罪，不仅认罪而且死不悔改"。国父们对奴隶制的妥协立场是为了构建更加完美的联盟，不应该看成道德上的瑕疵。"政治才能在道德上是有风险的，在绝对必要的道德领域，治国才能是局促不安的。""如果人们不考虑国父们的意图和人格，而只是把他们看成一个可鄙的种族主义的无赖帮派，那么他们就可能进入任何话题的公共争论并且处于无法逾越的劣势地位。"公共行政合法化的争论必须与特定时期的政治文化相关。罗尔批评斯帕索和特里的宪法逻辑存在着严重缺陷。首先，他们的立宪主义分析是单方面的。宪法一词来源于拉丁语"constituere"，它意味着建立或者创立。如果不是从必要的时间顺序上而是从逻辑顺序上看，政府必须在他们能够被限制之前首先被建立起来。斯帕索和特里过度强调了宪法对政府权力的限制，从而颠倒了宪法的逻辑。其次，理性个人为什么缔结宪法并选择民主政体，缺乏逻辑上的连贯性。难道理性的个人不会选择一个非民主的和不自由的政体？这样的逻辑是美国例外论的。从历史和理性的立场出发，"他们忘记了我们的祖先不是因为抽象的理性做出选择，而是因为对他们所置身的特殊的历史情境的理性评估"（Rohr，1993）。

　　斯蒂福斯尽管认同国父们的意图和人格不是完美的，在奴隶制和女权主义方面采取了妥协的立场，但是"斯帕索和特里希望劝说我们在捍卫行政国家的裁量权方面能够减少道德关切。他们的立场意味着道德问题是肮脏的和无法解决的，并可能使我们处于关于行政的、性格脆弱的被质疑地位。因此，我们必须躲在逻辑的堡垒之中。斯帕索和特里接受给定的经济自私自利，需要做的唯一理性的事情就是同意用于限制官员行为的一系列规则。因为规则既来自理性，又是对理想的回应。根据定义，质疑后发生的安排其价值是不符合逻辑的。证毕。合法的行政国家必须存在，因为逻辑需要它"（Stivers，1993）。合法性是一个价值术语，是为了揭示试图纯粹区分逻辑与道德导致的相关风险。斯蒂福斯认为，斯帕索和特里的分析是自相矛盾的，因为他们把价值问题偷换成为一个选择问题。在斯帕索和特里的政治世界，逻辑和理性等同于经济利益的追求。当效用最大化的时候，人民合乎逻辑地或者理性地行事。即便是美国宪法的制定者们也承认经济立场可能是宗派的最主要来源，把宪法作为给予政府的简单的蓝本或者运算法则，但仍旧掩盖了这样的事实，即宪法"认可一个整体的包含特殊政治经济关系、公私分工、权力建构和发展导向的社会秩序，并且不承认其他的社会秩序"（Adams，et al，1988）。某些人和集团根据这一宪法文本可以获利，而其他的人，比如所有宗族和阶级的无产者、非裔美国人和妇女则得不到什么。斯帕索和特里的分析也是浪漫化的，因为宪法制定者们不是从经济自利出发做出选择的，这一逻辑"既使宪法制定者们与经济自利脱钩，也卖空了他们"。就如同尼采所指出的那样，当已经对环境施加压力的研究者意识到逻辑如何束缚自身并咬住自己的尾巴的时候，他就已经陷入了一种新的观念类型：一个悲剧的观念。斯蒂福斯主张，针对宪法的世界应该回到斯托林的研究思路上来。按照斯托林的说法，宪法制定者们过度强调个人权利，因此，切断了每个人与他们的同类和上帝之间的联系。斯托林认为，国父们倾向于将正义还原为自我保护，将自我保护还原为自私自利，将自私自利还原为"那些是方便的和可以实现的"（Storing，1979：226）。斯蒂福斯认为，斯帕索和特里陷入了同样的陷阱，将合法性等同于逻辑，逻辑等同于自私自利。斯蒂福斯认为，我们应该接受哈韦尔的警告，对人类自由的最大威胁不是古典的独裁，而是非人际的权力现象，也就是那些表面上植根于中立和客观逻辑的权力。所以说，关键在于我们不应哄骗自己我们能够完全清楚真相问题，而应该致力于实践的道德，致力于服务真理（Stivers，1993）。

罗伊认为，使公共行政合法化是每个政体都不得不做的事情。在联邦党人看来，只要少数好人在适当的位置上做出少数好决策，那些行政就是合法的。在杰克逊式政府一般理论中，政府不仅仅是处于宪法严格约束下的小政府，它应该永远不卷入超出常人执行能力的任何活动。政党分肥制实际上是完全合乎逻辑的争论，只要行政与民主保持一致，它就是合法的，只要它是常人可接近的，它就是与民主一致的。特别是在政党民主体制下，根据获胜的政党所安排的政府官员的轮替可以被认为是民主原则简单的、合乎逻辑的应用。19世纪晚期由于杰克逊式民主政体（Jacksonian democracy）的高度成功，中产阶级将行政的合法性等同于精英统治。对合法的公共行政的证据不在于精英自身，而在于与权力中立之间的关系。一个古老的公理是行政管理者是随时调用的而不是高高在上的，他们被委任巨大的政府权力和责任，不仅是因为所接受的职业训练并能终身处理行政机构所面临的各种问题，而且因为他们增加职业受训是出自一种意愿，即期望将他们的能力从属于当选官员。中立的公务员是合法性的核心要素，而不是他们自身的职业主义，这使得精英统治在逻辑上与立法的最高权力是相容的，这也是美国宪法的核心。

罗伊认为，从19世纪到20世纪，每一次关于公共行政合法性的理论争论都是为了充实与当权的政党或政体相一致的、更为一般的意识形态或国家理论。因此，罗伊赞同罗尔的观点，权力必须首先出现，限制权力紧随其后。这不仅是宪法条款的规定，而且是宪法条款的运用。"这对我来说似乎表明，如果在美国存在使公共行政合法化的一般来源，如果这一来源可以被觉察并发展出一种宪法的逻辑，它必须来自对行政的授权，特别是对特殊行政机构的授权，而不是来自其他领域。从这一点看，除了作为公共就业者的情境下需要合法性外，公共行政作为一种一般组织可能不具备普遍合法性，并且也不需要这种普遍合法性。在公共行政中所有的合法性都来自国会所采纳的合法程序对行政管理者身份的特殊授权，对特殊的行政机构执行特殊任务明确授予行政权和司法权。这是一个永恒的宪法立场。""如果行政裁量权是宪法的产物而不是法律授权的产物，那么作为对行政裁量权约束的法治就是在逻辑上不相干的。""斯帕索和特里的立场不是荒唐可笑的，立足它自身的方法也不是不符合逻辑，但对我来说是令人恐怖的。恐怖之处不在于它不同意他们所称的以罗尔为代表的宪法学派的立场，恐怖之处不在于他们不同意什么而在于他们同意什么。他们同意是建立行政新的合法性的时候了。他们同意行政的新的合法性将直接植根于宪法。他们同意国会的作用应该是约束。他们同意公共行政将是被授权的政府。他们同意基于公共行政性质的狭隘性和自私，国会和法院所做的绝大多数事情是干预性的。他们同意公共行政是唯一的制衡。"这些说法在政治科学中是前所未有的，把行政合法性植根于宪法，是一种不可信的逻辑跳跃。实际生活中的合法性是治理的权力。"在现实的政治世界，权力限制按照两种方法进行。在宪法原则和逻辑上，使用裁量权的权力机构取决于当选官员，主要是国会；并且对其他机构授予裁量权和限制其他机构的裁量权的权力取决于立法机构。尽管如此，根据宪法的权力取决于当选官员，特别是众议院和参议院的成员。"（Lowi，1993）行政国家的合法性必须从立法机构的授权中去寻找，而不是根据契约主义的立场从所谓的宪法逻辑中去寻找，否则就会导致行政国家陷入一种新的更为保守的体制。

斯帕索和特里认为，对行政国家的合法性讨论之所以产生如此重大的分歧，是因为方法论问题。沃伦无视美国社会对行政国家作用的持续忧虑，混淆了讨论的逻辑，如果认为存在就是合法的，那么就意味着强权创造了权利，同时，从实证主义法学的立场上看待法律为何重要，就等于剥夺了法律的规范基础，并将陷入伦理的虚无主义。当然，从政治文化看待宪法，仍然是一种历史解释的理想主义方法，仍然会复原到政治领导人的人格上来。因此，斯帕索和特里主张一种契约主义方法分析公共行政的合法性。借用瓦尔德沃斯基的观点，我们生活在一个意识形态分歧的时代，对平等、民主和政府的作用存在深刻的分歧，分歧破坏了法律的权威和政治文化提供的合法性。行政自我裁量权的任何行为，在一些人看来是合法的，而在另一些人看来就是非法的，简单地依据法律和文化基础捍卫行政的合法性已经不再可能。这就必须求助于理性（Wildavsky，1988）。所以，斯帕索和特里认为，理性将关注点从特殊政策的优缺点转向制定政策过程的规则；理性关注不确定性；理性能够从长期的角度看到自身的政治地位和权利地位的变化，有时候可能手持权杖，有时候可能手无权杖；相互妥协达成规则就是理性的结果（Spicer & Terry，1993）。

美国公共行政宪法学派的争论根本分歧在于寻找行政的宪法基础的路径分歧，可以看成是历史情景的阐释主义与契约主义之争，这些争论把权力、权利、民主、正义、公平、公共利益、契约、效率以及价值多元主义带入了公共行政的法律基础。沃尔多曾指出，"一个真正民主的政府也是一个有效的政府：它对大众需求是敏感的，它能够通过才智、诚实、节约、分批实现大众意愿。反之，真正有效的政府也是民主的：它根据它所代表的人民的真实需要施政"（Waldo，1948：134）。在经历了自由主义滥觞和如火如荼的新公共管理改革运动之后，曾克认为，宪法是共和政体、民主、价值多元化和政治对话的基础，"宪法建立一个华丽辞藻的共和政体，其中主要的政府活动是由演说、倾听和行动所组成的，其中国家统一依赖于公民学习现实和积极地参与对话、辩论以及使那些现实得以显现表达的行为承诺。这一共和政体信奉政治和社会经济利益的多元化，但是不允许单一的声音支配公共讨论"（Zinke，1992：145）。当代美国最高法院的大法官鲍伊德更加雄辩地阐述了宪法的立场，"我把宪法看成是创造了一个恰当政府类型的一致性框架。从一般描述而言，政府是民主的；它避免了太多的权力集中在少数人手中；它保护个人自由；它坚持法律平等地尊重每个人；同时，它仅根据法律自身的基础施政"（Breyer，2005：8）。

从公共行政的立场来看，宪法是活的，是永生的，公共行政的宪法基础问题不仅是一个继承遗产和捍卫遗产的问题，而且是如何让遗产活起来的问题，让它保持与政治、经济和社会秩序共生和共同演化。"美国公共行政宪法学派的目的是鼓励学者和实践者持续地从事、辩论和撰写与继承美国宪法遗产、它的民主制度以及它的行政机构等相关重大问题……讨论与宪法理论和法治产生共鸣的思想，这一领域将被鼓励增加法律是如何影响行政国家更为翔实的检验，就如同罗尔、罗森布洛姆、奥利里、查尔斯·怀斯、菲利普·库珀、特里·库珀以及其他学者所出版的著作那样。"（Newbold，2010）

第四节 "沃尔多解"与"沃尔多期望":
我们实现了吗?

美国公共行政学自 20 世纪 40 年代至 50 年代以来一直深陷身份认同危机。对于这个问题,沃尔多先后提出两种解决方案,一种方案是与人类知识王国的每一个主要领域建立起工作关系,另一种方案是职业定向。前者可称为"沃尔多解",后者可称为"沃尔多期望"。

沃尔多是这样陈述"沃尔多解"的,"无论如何,如果我们审慎考虑摒弃政治行政二分法,如果要满足现代文明对公共行政的需求,那么,行政思想就必须与人类知识王国中每一个主要领域都建立起一种工作关系"(Waldo,1948:212)。他甚至抱怨,"时至今日,公共行政研究才将自己从自我设计的'政治行政二分法的工具主义哲学'紧身衣中解放出来,这件紧身衣一直限制了我们的广度和范围"(Waldo,1948:208)。在 1955 年出版的《公共行政研究》那本小册子中,沃尔多再次表达了同样的主张。公共行政定义的科学艺术之争不仅产生了许多无谓的争论,而且针对公共行政这一术语应用也产生了值得思考的概念甄别和共识甄别问题。公共行政具有科学和艺术的双重含义,即"一个思想研究领域、一门学科或研究,以及一个管理公共事务的过程或活动。尽管这两种含义是密切相关的,然而,它们之间是有差异的,这种差异是一种类似于研究有机体的生物学与有机体自身的差异"(Waldo,1955:3)。这就需要引入理性行为的概念才能妥善解决公共行政的科学艺术之争。"公共行政指向最大化实现公共目标的行为。当公共行政是一种行为活动时,尽管在目标、意志、知识以及参与活动的抽象层级上存在许多变量,但为了实现公共目标,存在计算。一个高层领导者受过训练,并且将他的时间和精力花费在有意识的和精心的计算上,以便实现既定的公共目标。当然,一台机器可能并不知道或并不关心为之效力的政府机构的公共目标，然而机器也是理性的。理性可以被铸入一台计算机甚至是一种职业。然而，领导人或者行政者的任务是致力于寻求如何将嵌入的理性与目标联系起来，以实现最大化。"（Waldo, 1955：4 - 5）所以说，行政是合作性理性行为，是一系列制度和活动的总和，这就是官僚体制，而我们必须从组织和管理两个范畴来看待它。组织是行政的解剖学，管理是行政的生理学。组织是结构，管理是履行职能。但是，在任何现成的行政体系中，它们是彼此依存的，失去另一方是不可想象的，就如同解剖学和生理学彼此依赖生活在任何活性有机体中一样。沃尔多主张，公共行政必须放弃轻视理论、轻视哲学的先天不足，采取结构功能的解释路径。在《公共行政研究》这本小册子连同1956年出版的《行政的视角》中，沃尔多考察了公共行政与政治学、历史学、文化人类学、社会学、社会心理学、经济学以及工商管理之间的关系，提出行政理论的智识事业，进一步提出不同的自然科学和技术也在为行政学者的磨坊供应谷物。"事实上，没有一门学科与行政无关联，并且行政研究与每个学科都有关联性。"（Waldo, 1956a：107 - 137）这就是解决身份认同危机的"沃尔多解"。概括起来，"沃尔多解"的内涵主要包括，一是必须摒弃政治行政二分法，将行政理论还原为政治理论；二是行政理论的进路是多元的，整体上就是为了满足现代文明进步对公共行政的需求；三是行政理论必须摆脱工具主义哲学的束缚，伴随现实情境演进；四是行政理论之源必须植根于人类知识王国的每一个主要领域。

　　罗森布洛姆认为，将公共行政从政治中分离出来的观念是古怪的，为了履行他们的任务，公共行政人员必须有能力履行法律和宪法所赋予的义务并遵守其限制。他提出，公共行政理论至少包含三种不同的分析进路。这三种分析进路可以被分别贴上管理、政治和法律的标签。管理进路——经常用于管理诸多组织的绩效，关键领域包括行政决策、管理技术、领导人以及员工的贡献，通过这些要素的协同工作，组织才能够成功地运转。政治进路——讨论了政治官员如何监督不同的行政决策，政治家对公共行政人员执行的法律拥有最终发言权。法律进路——法治的进路，包括秩序、理解，并阐明何时以及如何完成任务（Rosenbloom，1983）。每一种分析进路都有相对独立的起源、不同的价值观以及不同的组织结构，并以不同的方式看待个人。这三种分析进路反映了宪法的权力分离，由于当代行政国家的崛起，权力分离通常会被行政部门所瓦解。发展一个更加连贯的公共行政理论体系，我们必须认识到每一种分析进路都适用于行政的不同方面。实践者经常被迫将这些分析进路整合到工作中，这对理论构建而言是一种难能可贵的指南（Rosenbloom，1993）。

沃尔多曾评价，"罗森布洛姆已经为我们提出了这一问题的结构。对于三类合宪机构的每一类机构而言，都有一系列信条、价值观、工具和程序。对于行政部门来说，是行政的、管理的、官僚的，重点在于效能和效率。对于立法部门来说，是政治的和政策制定，重点在于代表性和响应性的价值。对于司法部门来说，是立法的，重点一方面在于宪法完整性，另一方面在于对个人的实质性和程序性的保护。我们的公共行政确实是由这三种分析进路的不同组合构成。将公共行政的关切收窄到任何一类机构，不仅是不可取的，也是不可能的。我们的任务就是找到一种合适方式将这三者紧密地组合在一起"（Brown & Stillman Ⅱ，1986：463–464）。显然，"沃尔多解"已经收敛为管理、法律和政治三种进路的整合。

2013年，罗森布洛姆对《公共行政理论与权力分立》（*Public Administrative Theory and the Separation of Powers*）发表三十周年进行了反思。管理、法律和政治三种进路实际上为公共行政提供了结构—功能框架和制度之锚，而这一制度之锚就在于政府职能。当然他也承认，这三种进路之间存在持续的紧张关系，"管理进路应在关注高可靠性组织和公共安全的领域处于主导地位；政治进路，在涉及诸如环境的可持续性和保护等长期公共利益的问题上是适当的；而法律进路最适用于平衡个人契约主义的宪法权利，以及抵制公共行政和政治功利主义、政府权力行使的其他法律利益"（Rosenbloom，2013）。同时，这三种路径也未能赋予社会公平、社会资本、公民参与以及充满活力的民主应有的理论地位。罗森布洛姆本人特别钟情于行政国家的司法回应，并将自己早年所确立的框架修订为建立"以法律为中心的行政国家"（Rosenbloom，2000）。

然而，"沃尔多解"并没有结出硕果，公共行政的学科工作关系并没有真正建立起来。赖特对公共行政与法学、管理学和政治科学之间的引证分析揭示了公共行政盲人（public administration blinders）的后果。为了评估公共行政与其他学科领域融合或孤立的状况，赖特考察了公共行政期刊发表的文章引证法学、管理学和政治科学研究成果的情况，以及公共行政期刊发表的文章被法学、管理学和政治科学期刊引证的情况。研究发现，"在顶级管理学或政治科学期刊上发表的文章被公共行政论文引用的频率相对较低，在顶级法学期刊上发表的文章被公共行政论文引证的频率更为罕见。如果查阅在顶级法律、管理和政治科学期刊上刊发的文章引证在公共行政期刊上发表的研究成果的频率，公共行政研究的孤立性更加触目惊心"（Wright，2011）。显然，当前公共行政面临的最大挑战之一就是与这三种分析进路的疏离，这种疏离降低了公共行政的重要性和可信性。"公共行政领域及其所有的贡献几乎在主流社会科学中是看不到的。事实表明，该领域仍被视为一潭学术死水，没有真正理解为了满足什么，也没有真正理解如何构建一个应用领域的理论基础。"（Simon，1991b：14）这就意味着，作为公共行政学者，我们需要做大量的工作，检验公共行政的所有主流理论在公共组织受制于法律和政治情景时是否能应用，如何能得到有效应用。如果公共行政领域希望发展一个更加连贯一致的公共行政理论体系，最大限度地指导公共行政实践，并获得作为一个社会科学领域的声誉，那么，我们就必须努力结束与政治学、法学和管理学的疏离。

解决身份认同危机问题的方案之二是"沃尔多期望"。1968年，沃尔多先后发表了两篇论文《公共行政》（*Public Administra-*

tion）和《公共行政的理论范围》（*Scope of the Theory of Public Administration*），就当时美国公共行政的现状，真诚并且直言不讳地反思了自觉的公共行政学者共同体应该如何定义他们共同致力于解决的问题。从讨论问题的一开始，他就拒斥了两种传统的思路，一是作为政治科学的二级学科或者作为任何其他学科的子学科，二是作为社会科学的一门独立学科，这亟须勇气，但又显得勇气不足。基于这种批驳，沃尔多提出了非常著名的解决方案，那就是"我们设法以一种职业性专业来行事，尽管实际上这个职业性专业并不存在，哪怕在任何严格的意义上甚至没有成为一种职业性专业的希望或意愿"。在承认这种说法容易受到奚落和挖苦的同时，沃尔多还是为这种职业性专业的选择做了辩护："职业性专业的观点或职业性专业地位是唯一足够宽泛和灵活的选择，它可以容纳我们各种各样的兴趣和目标，同时又是足够稳健的、通俗易懂的，它可以提供关于方向和目标的某种一致性和某种意义。它内涵丰富，包含有用的提示和命令，这对研究和讲授公共行政的学术界以及实践公共行政的政府部门都具有深远的意义。与任何其他分析进路相比，这种思路在公共行政的理论与实践所展开的更广阔的环境里，能给我们带来更多的东西。"（*Waldo*，1968c：10）沃尔多用"事业"一词作为比喻，以表征这个领域的范畴宽泛和观点多元。沃尔多坚持，唯有职业性专业地位，才是在战略上更具可行性的选择。

沃尔多之所以提出职业性专业这一解决方案，是因为期望能通过整合公共行政的各个方面来解决身份认同危机问题。沃尔多的主要目标之一是要维持公共行政共同体的包罗万象的特性，这种使命和努力已经深深地扎根于美国政府研究的短暂的学术史中。美国政治科学学会在 1903 年成立之时便确立了三项相互补充，以至于在观念上必然是无法区别的使命，即强化公众的公民教育、培训公务员，以及开展政治学及其对政府的研究。20 世纪 30 年代至 40 年代，公共行政在政治科学的几乎所有方面，包括致力于保持研究者与实践者之间的紧密工作关系等都具有明显的中心地位。事后看来，改变的信号在30年代都可以被发现，也许没有什么比ASPA作为一个独立实体的成立更为明显了。我们可以把这一段历史看作一种日益增长的决裂。决裂的双方，一方是那些试图在政治科学中使公共行政作为一门社会科学的地位合法化的学者，另一方是那些致力于在政府事务中坚持研究与实践相结合的学者。对那些影响力与日俱增的强硬的学者来说，他们渴望研究与实践的分离，渴望学科的客观性，他们认为与实践者的联系以及站在实践者角度开展研究是对公共行政学家在知识上的玷污。对于那些实践者而言，这帮学者的学究气太重，其结果就是当代公共行政学家们沦为"含混的、经常令人不爽的、双重的二等公民，在学术界是讲求实践的人，在实践中是空谈者"（Waldo, 1968b）。正是在这一背景下，沃尔多关于职业性专业的主张是有意义的。公共行政学不仅包括对政府运作和管理的研究，而且它天生还包含一个广泛的社会目标，这与医学研究的特性并无二致。任何旨在解决身份危机的努力，都必须包含这种对目标的承诺。

1972年，在文森特·奥斯特罗姆的《美国公共行政的思想危机》（*The Intellectual Crisis in American Public Administration*）出版前，沃尔多在给文森特·奥斯特罗姆的私人通信中又一次表达了他的期望，"但是，我想说的是，并且一直坚决主张的是：没有任何一种学科范式能够解决问题。这是因为公共行政不是一门科学性质的学科。它从广义上看是一种职业，一种有关职业的集合，它能够行动，并运用来自许多学科的范式、技术以及其他东西。换一种说法，如果我们需要一种范式，它就应该是适合于职业性，而不是科学性。我曾经把它类比为医学专业；到目前为止，我认为它与保健专业是类似的"（Ostrom, 1973: 169）。

尽管把公共行政看成一种职业的观点遭到了多年的批评，但沃尔多始终坚持他的观点。在《公共行政的事业：一种综述的观点》（*The Enterprise of Public Administration: A Summary View*）中，沃尔多坦然，他依然死不改悔。身份认同问题不能通过一套意识形态公式、科学范式，加上方法论来解决，只能通过创造一种新的心态和身份来妥善应对。沃尔多认为，职业—专家的问题在未来会越来越严重，其原因主要在于科学知识的增长和新技术的诞生和传播，以及日益复杂的文明需求和问题需要。但是，专业知识和专业主义在其效果上是分裂的和离心的，如何才能运用专业知识和专业主义保持诸多事务协调一致，防止混乱？首先，我们需要看到与日俱增的专业知识和专业主义有助于解决公共行政合法性的同时，也带来了权威危机。在传统的公共权威观念中，公共利益是由民选官员所代表的，民主控制是通过这些官员的等级制权威实现的，权威是自上而下的，响应和责任是自下而上的，但专业知识和专业主义创造了另一种权威，即知识权威，从而使公共行政必须协调这两种权威，产生了公共行政向私人领域延伸的普遍问题。其次，在消除歧视的运动中，存在着一股相当大的反权威逆流，即基于平等主义的"反文凭主义"。这种平等主义的逆流不仅会持续下去，而且会越来越有力量。这种逆流在公共行政中已经有所反映，原本为受过正规教育、获得文凭证书的人保留的职位已经由各种辅助性人员接手。

可是，事与愿违。齐格勒却发现存在"职业化悖论"（paradox of professionalization），即随着永久性职业官僚的职业化水平在各级政府部门的显著提高，行政相对人——公民以及政治精英对官僚体制的认可度却降低了。"职业化悖论"导致对行政人员缺失敬重，主要表现为人们对政府的信任下降，经济增长所催生的政府转型，以及改革所导致的失败的秩序搜寻。齐格勒认为，巨大的社会、经济、文化、人口和技术变革使美国从工业经济转变为服务型和信息生产型经济，并日益成为全球经济的一部分，然而长期以来，为了满足一个富庶和流动社会的需求，服务投递机构有所增加，致使碎片化的政府、政策领导力的多种来源、分裂的政党控制、宪法歧义性、立法企业家、竞争性的联邦制等成为一种现实，政策领导力、促进管理、各州复兴、财政联邦制的重塑、地方政府的活力以及其他因素为公共行政职业化提供了新的方向。如何满足一个富庶和流动社会的需求，重建公民对政府以及对政府工作人员的尊重，多渠道吸引并增加公众参与的机会，让公民深切地感受到自身所承担的责任和义务，才是公共行政人员职业的最佳归属。齐格勒提出，根本出路就是让纳税者得到理所当然的公共服务。就如同联邦最高法院法官霍姆斯所说过的那样，我之所以乐意缴税，是因为我用它们购买了文明（Cigler，1990）。

公共行政的职业认同，除了需要公民认同之外，还需要公务员市场的稳定性以及规范性主张的支持。一方面，公务员市场的脆弱性降低了职业预期。从绩效薪酬的角度看，职业化无法解决公共行政的身份认同、效率以及伦理冲突等问题，这主要是由公共行政脆弱的制度化进程所决定的。有限的流动性和可怜的薪酬激励影响了公共行政内部劳动力市场的发展。德拉罗卡认为，脱离一定的结构和社会前提条件，管理主义无法提供解决方案，仅靠立法也不足以弥补这一差距，不能为改善公共行政组织创造条件（Rocca，2000）。另一方面，规范性主张尚显不足，还需要做大量工作。埃文斯和洛厄里注意到相比于实践者、政治行动者、公众乃至通俗小说家们而言，公共行政领域的学者们通常并没有提出规范性主张的自由。如果我们选择把我们自身看成一个多学科的研究领域，以便支持广泛的职业实践，我们的双眼和心灵就必须沐浴在一系列学术争论中，其中一些争论是创新性的和令人震惊的。这些论点所体现的见解可能会打开通往历史经验和新机会的大门。它们可以唤醒那些世俗的、实践的、日常所经历的真理的内在意义，即使这些真理与传统智慧背道而驰，我们也愿意引导对其有意义的实践领域的探索。（Evans & Lowery，2008）

林恩认为，我们应该为公共行政提供一种适用的框架，并且将不同的视角应用到职业实践之中。"那种认为整合的、越来越一致的认识就可以解决长期以来在这一职业内部许多人所感觉到的身份危机，不仅是一种徒劳的希望，而且是一种误导。贯穿于公共行政理论化过程中的许多争议反映了公共行政伦理的、人文的、民主的、实用主义的职业关怀。"在林恩看来,这主要是因为理论家们的行政哲学理念差异所导致的。即便是占主导地位的实证主义倡导者们自身也不是统一的。所以,基于一种或另一种哲学倡导者所热衷的学说,公共行政理论命中注定仍然是一种持不同政见者的异端学说。林恩认为,公共行政既是一种理论的实践,也是一种实践的理论。"作为一个实践问题,作为一种职业精神,以理论为基础的公共行政经验研究可以被认为是一种实践启发式的潜在的有效的可信来源,是对行政现象进行建设性、创造性或批判性思考的来源,并且如果适合于对行为诊断,那么,它就是协商理念的来源。执行良好的、基于理论的经验研究能形成对实际问题的深刻见解,切割了可能看起来不连贯的复杂性。规范性批评家必须有能力证明,当他们在实践中面对诸多行政问题时,他们能够比实证主义者做得更好。"(Lynn, Jr., 2011:3-24)

公共行政理论与实践是一种共生关系。作为一种职业,公共行政必须是人类道德律令、现实政策抉择、资源稀缺和个人行为之间的调节器,职业也只能限定在这一范围之内。

参考文献

一 译著

［美］阿拉斯戴尔·麦金太尔，1996，《谁之正义？何种合理性？》，万俊人、吴海针、王今一译，当代中国出版社。

［美］保罗·克雷·罗伯茨，2018，《供应学派革命：华盛顿决策内幕》，杨鲁军等译，格致出版社、上海人民出版社。

［英］布莱恩·巴利，2007，《社会正义论》，曹海军译，江苏人民出版社。

［美］查尔斯·T. 葛德塞尔，2007，《为官僚制正名——一场公共行政的辩论》，张怡译，竺乾威校，复旦大学出版社。

［美］德怀特·沃尔多，2017，《行政国家：美国公共行政的政治理论研究》，颜昌武译，中央编译出版社。

［美］盖伊·亚当斯、丹尼·巴尔福，2009，《揭开行政之恶》，白锐译，中央编译出版社。

［美］乔治·弗雷德里克森，2003，《公共行政的精神》，张成福等译，张成福校，中国人民大学出版社。

［美］H. 乔治·弗雷德里克森，2011，《新公共行政》，丁煌、方兴译，丁煌校，中国人民大学出版社。

［美］赫尔伯特·西蒙，1987，《人工科学》，武夷山译，商务印书馆。

［美］赫尔伯特·西蒙，1998，《我生活的种种模式：赫尔伯特·

A. 西蒙自传》，曹南燕、秦裕林译，东方出版中心。

［美］加尔布雷思，1965，《丰裕社会》，徐世平译，上海人民出版社。

［英］昆汀·斯金纳，2011，《现代政治思想的基础（上卷：文艺复兴）》，奚瑞森等译，译林出版社。

［美］理查德·霍夫斯达特，1989，《改革时代——美国的新崛起》，俞敏洪、包凡一译，河北人民出版社。

［美］罗布·柯克帕特里克，2013，《1969：革命、动乱与现代美国的诞生》，朱鸿飞译，光明日版出版社。

［美］罗纳德·德沃金，2008，《原则问题》，张国清译，江苏人民出版社。

［美］马丁·费尔德斯坦编，2018，《转变中的美国经济》，马静译，商务印书馆。

［美］迈克尔·哈林顿，1963，《另一个美国：美国的贫困》，卜君等译，世界知识出版社。

［美］迈克尔·桑德尔，2011，《自由主义和正义的局限》，万俊人等译，译林出版社。

［美］迈克尔·沃泽尔，2002，《正义诸领域：为多元主义和平等一辩》，褚松燕译，译林出版社。

［美］美国联邦存款保险公司编，2010，《20世纪80年代至90年代初银行危机：历史与教训》，朱崇实等译，刘芳等校，厦门大学出版社。

［美］O. C. 麦克斯怀特，2002，《公共行政的合法性：一种话语分析》，吴琼译，中国人民大学出版社。

［美］全钟燮，2008，《公共行政的社会建构：解释与批判》，孙柏瑛等译，北京大学出版社。

［美］塞缪尔·亨廷顿，2016，《美国政治》，先萌奇、景伟民译，新华出版社。

［美］T. M. 斯坎伦，2008，《宽容之难》，杨伟清译，人民出版社。

［美］托马斯·内格尔，2016，《平等与偏倚性》，谭奎安译，商务印书馆。

［美］威廉·曼彻斯特，2014，《总统之死》，梅静、陈杰译，作家出版社。

［美］文森特·奥斯特罗姆，1999，《美国公共行政的思想危机》，毛寿龙译，上海三联书店。

［美］西奥多·索伦森，1981，《肯尼迪》，复旦大学世界经济研究所译，上海译文出版社。

［美］约翰·加尔布雷思，1999，《我们时代的生活：加尔布雷思回忆录》，祁阿红等译，江苏人民出版社。

［美］詹姆斯·托宾，1980，《十年来的新经济学》，钟淦恩译，商务印书馆。

二　中文期刊论文、析出文献及报告

段钢，2002，《重建公共行政的思考——〈黑堡宣言〉首席作者万斯莱教授访谈录》，《中国行政管理》第 10 期。

［美］H. 乔治·弗雷德里克森，2000，《走向新公共行政》，载竺乾威等编《公共行政学经典文选》，复旦大学出版社。

［美］加里·奥伦，2015，《失宠：公众对政府的信任度下降》，载小约瑟夫·S. 奈、菲利普·D. 泽利科、戴维·C. 金编《人们为什么不信任政府》，朱芳芳译，商务印书馆。

颜昌武，2008，《寻求公共行政的身份认同——从西沃之争看公共行政研究路径的竞逐与共生》，博士后报告，中山大学。

三　英文期刊论文、报刊文章及析出文献

Ackerman, Bruce, 2000, "The New Separation of Powers", *Harvard Law Review*, Vol. 113, No. 3, pp. 633 – 725.

Ackerman, Bruce, andIan Ayres, 2003, "Why a New Paradigm?" *University of Richmond Law Review*, Vol. 37, No. 4, pp. 1147 – 1184.

Ad Hoc Committee, 1964, "The Triple Revolution: An Appraisal of the Major US Crises and Proposals for Action", *International Socialist Review*, Vol. 24, No. 3, pp. 85 – 89.

Adams, Guy, 2011, "The Problem of Administrative Evil in a Culture of Technical Rationality", *Public Integrity*, Vol. 13, No. 3, pp. 275 – 286.

Adams, Guy, et al., 1988, "Joining Purpose to Practice: A Democratic Identity for the Public Service", *Dialogue*, Vol. 10, No. 4, pp. 57 – 91.

Adams, Guy, and Danny Balfour, 2010, "Can the Study and Practice of Public Service Ethics Be Recovered in A New Governance Ear?", in O'Leary, Rosemary, David M. Van Slyke, and Soonhee Kim, eds., *The Future of Public Administration Around the World: The Minnowbrook Perspective*, Washington DC: Georgetown University Press.

Ake, Christopher, 1975, "Justice as Equality", *Philosophy & Public Affairs*, Vol. 5, No. 1, pp. 69 – 89.

American Political Science Association, 2004, "American Democracy in an Age of Rising Inequality", *Perspectives on Politics*, Vol. 2, No. 4, pp. 651 – 666.

Appleby, Paul, 1947, "Toward Better Public Administration", *Public Administration Review*, Vol. 7, No. 2, pp. 93 – 99.

Atkins, Danielle, and Vicky Wilkins, 2013, "Going Beyond Reading, Writing, and Arithmetic: The Effects of Teacher Representation on Teen Pregnancy Rates", *Journal of Public Administration Research and Theory: J – PART*, Vol. 23, No. 4, pp. 771 – 790.

Augier, Mie, and James March, 2001, "Remembering Herbert A. Simon (1916 – 2001)", *Public Administration Review*, Vol. 61, No. 4, pp. 396 – 402.

Bailey, Mary, 1989, "Minnowbrook II: An End or a New Beginning?"

Public Administration Review, Vol. 49, No. 2, Special Issue: Minnow-brook II. Changing Epochs of Public Administration, pp. 224 – 225.

Bailey, Mary, 2009, "Parsing the 'Minnowbrook Tradition'", *Administrative Theory & Praxis*, Vol. 31, No. 1, pp. 97 – 101.

Bang, Henrik, and Anders Esmark, 2009, "Good Governance in Network Society: Reconfiguring the Political from Politics to Policy", *Administrative Theory and Praxis*, Vol. 31, No. 1, pp. 7 – 37.

Banovetz, James, 1967, "Needed: New Expertise in Public Administration", *Public Administration Review*, Vol. 27, No. 4, Special Issue, pp. 321 – 324.

Barton, Rayburn, 1980, "The Road to Minnowbrook: Development of the New Public Administration in the United States", *International Journal of Public Administration*, Vol. 2, No. 4, pp. 447 – 475.

Behn, Robert D., 1998, "What Right Do Public Manager Have to Lead?" *Public Administration Review*, Vol. 58, No. 3, pp. 209 – 224.

Bell, Daniel, 1969, "The Idea of a Social Report" *The Public Interest*, No. 15, pp. 72 – 84.

Biller, Robert, 1971, "Some Implications of Adaptive Capacity for Organizational and Political Development" in Marini, Frank, ed., *Toward A New Public Administration: The Minnowbrook Perspective*, Scranton, PA: Chandler Publishing Company.

Bowornwathana, Bidhya, 2010, "The Study of Comparative Public Administration: Future Trajectories and Prospects" in O'Leary, Rosemary, David M. Van Slyke, and Soonhee Kim, eds., *The Future of Public Administration Around the World: The Minnowbrook Perspective*, Washington DC: Georgetown University Press.

Brewer, Gene A., and Sally C. Selden, 1998, "Whistle Blowers in the Federal Civic Service: New Evidence of the Public Service Ethic", *Journal of Public Administration Research and Theory: J –*

PART, Vol. 8, No. 3, pp. 413 – 439.

Brown, Brack, 1989, "The Search for Public Administration: Roads Not Followed", *Public Administration Review*, Vol. 49, No. 2, Special Issue: Minnowbrook II. Changing Epochs of Public Administration, pp. 215 – 216.

Bryer, Thomas, 2009, "Minnowbrook III: What Was Missing? Procedural Justice and Backbone", *Administrative Theory and Praxis*, Vol. 31, No. 1, pp. 102 – 105.

Burke, John, and Robert Cleary, 1989, "Reconciling Public Administration and Democracy: The Role of the Responsible Administrator", *Public Administration Review*, Vol. 49, No. 2, Special Issue: Minnowbrook II. Changing Epochs of Public Administration, pp. 180 – 186.

Caiden, Gerald, 1991, "What Really Is Public Maladministration?", *Public Administration Review*, Vol. 51, No. 6, pp. 486 – 493.

Caldwell, Lynton, 1976, "Novus Ordo Seclorum: The Heritage of American Public Administration", *Public Administration Review*, Vol. 36, No. 5, Special Bicentennial Issue: American Public Administration in Three Centuries, pp. 476 – 488.

Callen, Jeffrey, 2009, "A Moment of Opportunity", *Administrative Theory & Praxis*, Vol. 31, No. 2, pp. 261 – 265.

Campbell, Alan, 1972, "Old and New Public Administration in the 1970's", *Public Administration Review*, Vol. 32, No. 4, pp. 343 – 347.

Carroll, James, 1997, "The Warfare on and over American Government in Waldonian Perspective", *Public Administration Review*, Vol. 57, No. 3, pp. 200 – 204.

Carroll, James, and H. George Frederickson, 2001, "Dwight Waldo, 1913 – 2000", *Public Administration Review*, Vol. 61, No. 1, pp. 2 – 8.

Cho, Yong – Hyo, 1989, "Response to Peter May", *Public Adminis-*

tration Review, Vol. 49, No. 2, Special Issue: Minnowbrook Ⅱ. Changing Epochs of Public Administration, p. 212.

Cigler, Beverly, 1990, "Public Administration and The Paradox of Professionalization", *Public Administration Review*, Vol. 50, No. 6, pp. 637 – 653.

Cleary, Robert, 1989, "Dialogue, Negotiation, and the Advancement of Democracy: Reflections on Minnowbrook Ⅱ", *Public Administration Review*, Vol. 49, No. 2, Special Issue: Minnowbrook II. Changing Epochs of Public Administration, pp. 226 – 227.

Cohen, Michael D. , James March, and Johan P. Olsen, 1972, "A Garbage Can Model of Organizational Choice", *Administrative Science Quarterly*, Vol. 17, No. 1, pp. 1 – 25.

Conner, Thaddieus, 2016, "Representation and Collaboration: Exploring the Role of Shared Identity in the Collaborative Process", *Public Administration Review*, Vol. 76, No. 2, pp. 288 – 301.

Cooper, Phillip, 1990, "Public Law and Public Administration: The State of The Union" in Lynn, Naomi B. , and Aaron Wildavsky, eds. , *Public Administration: The State of the Discipline*, Chatham, NJ: Chatham House.

Dahl, Robert, 1957, "Decision – Making in a Democracy: The Supreme Court as a National Policy – Maker", *Journal of Public Law*, No. 6, pp. 279 – 295.

Davis, Belinda, Michelle Livermore, and Younghee Lim, 2011, "The Extended Reach of Minority Political Power: The Interaction of Descriptive Representation, Managerial Networking, and Race", *The Journal of Politics*, Vol. 73, No. 2, pp. 494 – 507.

De Búrca, Grainne, 2003, "The Constitutional Challenge of New Governance in the European Union", *Current Legal Problems*, Vol. 56, No. 1, pp. 403 – 437.

Denhardt, Kathryn, 1989, "The Management of Ideals: A Political Perspective on Ethics", *Public Administration Review*, Vol. 49, No. 2, pp. 187 – 193.

Denhardt, Robert, 1977, "The Continuing Saga of the New Public Administration", *Administration and Society*, Vol. 9, No. 2, pp. 253 – 261.

Dilulio, John, Jr., 1989, "Recovering the Public Management Variable: Lessons from Schools, Prisons, and Armies", *Public Administration Review*, Vol. 49, No. 2, Special Issue: Minnowbrook II. Changing Epochs of Public Administration, pp. 127 – 133.

Dolan, Julie, 2000, "The Senior Executive Service: Gender, Attitudes and Representative Bureaucracy", *Journal of Public Administration Research and Theory: J – PART*, Vol. 10, No. 3, pp. 513 – 529.

Drewry, Gavin, 1995, "Public Law", *Public Administration*, Vol. 73, No. 1, pp. 41 – 57.

Dubnick, Melvin, 1999, "The Waldo/Simon Debate: Who Won? What Was [almost] Lost", *PA Times*, Vol. 22, No. 12, p. 4.

Dubnick, Melvin, 2002, "Spirited Dialogue: The Case for Administrative Evil: A Critique", *Public Administration Review*, Vol. 60, No. 5, pp. 464 – 482.

Durant, Robert, 2000, "Whither the Neoadministrative State? Toward a Polity – Centered Theory of Administrative Reform", *Journal of Public Administration Research and Theory: J – PART*, Vol. 10, No. 1, Tenth Anniversary Issue, pp. 79 – 109.

Dworkin, Ronald, 1981, "What is Equality? Part 2: Equality of Resources", *Philosophy & Public Affairs*, Vol. 10, No. 4, pp. 283 – 345.

Easton, David, 1969, "The New Revolution in Political Science", *The American Political Science Review*, Vol. 63, No. 4, pp. 1051 – 1061.

Edlund, Carol, 1989, "Response to Patricia Ingraham and David Rosenbloom", *Public Administration Review*, Vol. 49, No. 2, Special Issue: Minnowbrook II. Changing Epochs of Public Administration, pp. 125 – 126.

Evans, Karen, and Daniel Lowery, 2008, "The Scholarship of Elegance and Significance: Expressive and Aesthetic Truth Claims", *Administration and Society*, Vol. 40, No. 1, pp. 3 – 24.

Farmbry, Kyle, 2009, "Legacies and Diversity: Postgathering Reflections on Minnowbrook III", *Administrative Theory & Praxis*, Vol. 31, No. 1, pp. 112 – 115.

Feigenbaum, Edward A., 2001, "Retrospective: Herbert A. Simon: 1916 – 2001", *Science*, Vol. 291, No. 5511, p. 2107.

Feldman, Daniel, 1993, "Introduction", *Public Administration Review*, Vol. 53, No. 3, pp. 237 – 239.

Fesler, James, and Dwight Waldo, 1948, "The Administrative State: A Study of the Political Theory of American Public Administration", *American Political Science Review*, Vol. 42, No. 4, p. 782.

Flinders, Matthew, 2013, "The Tyranny of Relevance and the Art of Translation", *Political Studies Review*, Vol. 11, No. 2, pp. 149 – 167.

Frankfurter, Felix, and W. Ivor Jennings, 1936, "Courts and Administrative Law: The Experience of English Housing Legislation", *Harvard Law Review*, Vol. 49, No. 3, pp. 426 – 454.

Frederickson, H. George, 1982, "The Recovery of Civism in Public Administration", *Public Administration Review*, Vol. 42, No. 6, pp. 501 – 508.

Frederickson, H. George, 1989, "Minnowbrook II: Changing Epochs of New Public Administration", *Public Administration Review*, Vol. 49, No. 2, Special Issue: Minnowbrook II. Changing Epochs of Public Administration, pp. 95 – 100.

Frederickson, H. George, 1991, "Toward a Theory of the Public for Public Administration", *Administration and Society*, Vol. 22, No. 2, pp. 395 – 417.

Frederickson, H. George, 2000, "How I Became a Waldonian", *PA Times*, Vol. 23, No. 12, p. 11.

Frederickson, H. George, 2001, "Herbert Simon and Dwight Waldo", *PA Times*, Vol. 24, No. 3, p. 8.

Frederickson, H. George, 2005, "The State of Social Equity in American Public Administration", *National Civic Review*, Vol. 94, No. 4, pp. 31 – 38.

Gade, Daniel, and Vicky Wilkins, 2013, "Where Did You Serve? Veteran Identity, Representative Bureaucracy, and Vocational Rehabilitation", *Journal of Public Administration Research and Theory: J – PART*, Vol. 23, No. 2, pp. 267 – 288.

Galbraith, John, 1967, "The New Industrial State: A Review of a Review", *The Public Interest*, No. 9, pp. 109 – 118.

Gawthrop, Louis, 1979, "Editorial: A Tribute for Two", *Public Administration Review*, Vol. 39, No. 1, pp. 1 – 2.

Gawthrop, Louis, and Jeffrey Luke, 1989, "Minnowbrook: The Search for a New Reality", *Public Administration Review*, Vol. 49, No. 2, Special Issue: Minnowbrook II. Changing Epochs of Public Administration, pp. 194 – 196.

Getha – Taylor, Heather, et al., 2011, "Focusing the Public Leadership Lens: Research Propositions and Questions in the Minnowbrook Tradition", *Journal of Public Administration Research Theory: J – PART*, Vol. 21, Supplement 1: Minnowbrook III: A Special Issue, pp. i83 – i97.

Goldsmith, Mike, 2014, "The Future of Public Administration around the World: The Minnowbrook Perspective edited by Rosemary

O'Leary, David M. Van Slyke and Soonhee Kim", *Public Administration*, *Vol.* 92, No. 2, pp. 516 – 517.

Gooden, Susan, and Shannon Portillo, 2011, "Advancing Social Equity in the Minnowbrook Tradition", *Journal of Public Administration Research and Theory*: *J – PART*, Vol. 21, Supplement 1: Minnowbrook Ⅲ: A Special Issue, pp. i61 – i76.

Goodsell, Charles, 1989, "Administration as Ritual", *Public Administration Review*, Vol. 49, No. 2, Special Issue: Minnowbrook Ⅱ. Changing Epochs of Public Administration, pp. 161 – 166.

Goodsell, Charles, 1993, "Did NPR Reinvent Government Reform?", *The Public Manager*, Vol. 22, No. 3, pp. 7 – 11.

Grimmelikhuijsen, Stephan, et al., 2016, "Behavioral Public Administration: Combining Insights from Public Administration and Psychology", *Public Administration Review*, Vol. 77, No. 1, pp. 45 – 56.

Guy, Mary, 1989, "Minnowbrook Ⅱ: Conclusion", *Public Administration Review*, Vol. 49, No. 2, Special Issue: Minnowbrook Ⅱ. Changing Epochs of Public Administration, pp. 219 – 220.

Guy, Mary, 1993, "Three Steps Forward, Two Steps Backward: The Status of Women's Integration into Public Management", *Public Administration Review*, Vol. 53, No. 4, pp. 285 – 292.

Guy, Mary, 2010, "When Diversity Makes a Difference", *Public Integrity*, Vol. 12, No. 2, pp. 173 – 183.

Guy, Mary, Meredith Newman, and Sharon Mastracci, 2010, "Are We There Yet? From Taylor's Triangle to Follett's Web; From Knowledge Work to Emotional Work" in O'Leary, Rosemary, David M. Van Slyke, and Soonhee Kim, eds., *The Future of Public Administration Around the World: The Minnowbrook Perspective*, Washington DC: Georgetown University Press.

Habermas, Jürgen, 1988, "Concerning the Public Use of History",

New German Critique, No. 44, Special Issue on the Historikerstreit, pp. 40 – 50.

Harlow, Carol, 1981, "Discretion, Social Security and Computers", *The Modern Law Review*, Vol. 44, No. 5, pp. 546 – 555.

Harlow, Carol, 2005, "Law and Public Administration: Convergence and Symbiosis", *International Review of Administrative Sciences*, Vol. 71, No. 2, pp. 279 – 294.

Harmon, Michael, 1971, "Normative Theory and Public Administration: Some Suggestions for A Redefinition of Administrative Responsibility" in Marini, Frank, ed., *Toward A New Public Administration: The Minnowbrook Perspective*, Scranton, PA: Chandler Publishing Company.

Harmon, Michael, 1989, "The Simon/Waldo Debate: A Review and Update", *Public Administration Quarterly*, Vol. 12, No. 4, pp. 437 – 451.

Harmon, Michael, 2003, "PAT – Net Turns Twenty – Five: A Short History of the Public Administration Theory Network", *Administrative Theory & Praxis*, Vol. 25, No. 2, pp. 157 – 172.

Harmon, Michael, and Jay White, 1989, " 'Decision' and 'Action' as Contrasting Perspectives in Organization Theory", *Public Administration Review*, Vol. 49, No. 2, Special Issue: Minnowbrook II. Changing Epochs of Public Administration, pp. 144 – 152.

Hart, David, 1974, "Social Equity, Justice and the Equitable Administrator", *Public Administration Review*, Vol. 34, No. 1, pp. 3 – 11.

Hart, David, and Nancy Grant, 1989, "A Partnership in Virtue Among All Citizens: The Public Service and Civic Humanism", *Public Administration Review*, Vol. 49, No. 2, Special Issue: Minnowbrook II. Changing Epochs of Public Administration, pp. 101 – 107.

Heilbroner, Robert, 1966, "Where Do We Go from Here?" *New York*

Review of Books, March 17.

Henderson, Keith, 1971, "A New Comparative Public Administration?" in Marini, Frank, ed. , *Toward A New Public Administration: The Minnowbrook Perspective*, Scranton, PA: Chandler Publishing Company.

Henry, Beverly, 1989, "Response to Brack Brown", *Public Administration Review*, Vol. 49, No. 2, Special Issue: Minnowbrook Ⅱ. Changing Epochs of Public Administration, pp. 216 – 217.

Holzer, Marc, 1989, "Minnowbrook Ⅱ: Conclusions", *Public Administration Review*, Vol. 49, No. 2, Special Issue: Minnowbrook Ⅱ. Changing Epochs of Public Administration, pp. 221 – 222.

Honey, John, 1967, "A Report: Higher Education for Public Service", *Public Administration Review*, Vol. 27, No. 4, pp. 294 – 321.

Honey, John, 1968, "Honey Responds", *Public Administration Review*, Vol. 28, No. 5, pp. 483 – 485.

Hood, Christopher, 1991, "A Public Management for All Seasons?" *Public Administration*, Vol. 69, No. 1, pp. 3 – 19.

Hood, Christopher, and Colin Scott, 1996, "Bureaucratic Regulation and New Public Management in the United Kingdom: Mirror – Image Developments?" *Journal of Law and Society*, Vol. 23, No. 3, pp. 321 – 345.

HOU, YiLin, et al. , 2011, "The Case for Public Administration with a Global Perspective", *Journal of Public Administration Research and Theory: J – PART*, Vol. 21, Supplement 1: Minnowbrook Ⅲ: A Special Issue, pp. i45 – i51.

Ingraham, Patricia, and David Rosenbloom, 1989, "The New Public Personnel and the New Public Service", *Public Administration Review*, Vol. 49, No. 2, Special Issue: Minnowbrook Ⅱ. Changing Epochs of Public Administration, pp. 116 – 126.

Johnston, Erik, and Yushim Kim, 2009, "Mobilization via Frustration: A Minnowbrook Ⅲ Tradition?" *Administrative Theory & Praxis*, Vol. 31, No. 1, pp. 116 – 118.

Johnson Ⅲ, Richard Greggory, 2011, "From the Guest Editor: Social Equity as A Tool for Social Change", *Journal of Public Affairs Education*, Vol. 17, No. 2, pp. 163 – 167.

Karl, Barry D., 1987, "The American Bureaucrat: A History of a Sheep in Wolves' Clothing", *Public Administration Review*, Vol. 47, No. 1, The American Constitution and the Administrative State, pp. 26 – 34.

KeiserLael, et al., 2002, "Lipstick and Logarithms: Gender, Institutional Context, and Representative Bureaucracy", *The American Political Science Review*, Vol. 96, No. 3, pp. 553 – 564.

Keiser Lael, Peter R. Mueser, and Seung – Whan Choi, 2004, "Race, Bureaucratic Discretion, and the Implementation of Welfare Reform", *American Journal of Political Science*, Vol. 48, No. 2, pp. 314 – 327.

Kim, Soonhee, et al., 2010, "Introduction: The Legacy of Minnowbrook", in O'Leary, Rosemary, David M. Van Slyke, and Soonhee Kim, eds., *The Future of Public Administration Around the World: The Minnowbrook Perspective*, Washington DC: Georgetown University Press.

Kraemer, Kenneth L., and John Leslie King, 1987, "Computers and the Constitution: A Helpful, Harmful or Harmless Relationship?" *Public Administration Review*, Vol. 47, No. 1, The American Constitution and the Administrative State, pp. 93 – 105.

Kronenberg, Philip, 1971, "The Scientific and Moral Authority of Empirical Theory of Public Administration" in Marini, Frank, ed., *Toward A New Public Administration: The Minnowbrook Perspective*,

Scranton, PA: Chandler Publishing Company.

Lambright, Kristina, 2010, "The Challenge of Remaining Relevant" in O'Leary, Rosemary, David M. Van Slyke, and Soonhee Kim, eds., *The Future of Public Administration Around the World: The Minnowbrook Perspective*, Washington DC: Georgetown University Press.

Lambright, W. Henry, 1971, "The Minnowbrook Perspective and the Future of Public Affairs: Public Administration Is Public – Policy Making" in Marini, Frank, ed., *Toward A New Public Administration: The Minnowbrook Perspective*, Scranton, PA: Chandler Publishing Company.

Lambright, W. Henry, 1989, "Science, Technology, and Public Administration: The Government – University Nexus", *Public Administration Review*, Vol. 49, No. 2, Special Issue: Minnowbrook II. Changing Epochs of Public Administration, pp. 206 – 209.

LaPorte, Todd, 1971, "The Recovery of Relevance in the Study of Public Organization" in Marini, Frank, ed., *Toward A New Public Administration: The Minnowbrook Perspective*, Scranton, PA: Chandler Publishing Company.

Laski, Harold, 1948, "Reviews: The Administrative State: A Study of the Political Theory of American Public Administraton", *Public Administration*, Vol. 26, No. 4, pp. 278 – 279.

LeRoux, Kelly, 2010, "Has Public Administration 'Repositioned' Itself? Advanced and Inertias in Transitioning to the Collaborative Governance Paradigm" in O'Leary, Rosemary, David M. Van Slyke, and Soonhee Kim, eds., *The Future of Public Administration Around the World: The Minnowbrook Perspective*, Washington DC: Georgetown University Press.

Lewis, Gregory, 1990, "In Search of the Machiavellian Milquetoasts: Comparing Attitudes of Bureaucrats and Ordinary People", *Public Ad-*

ministration Review, Vol. 50, No. 2, pp. 220 – 227.

Long, Norton, 1974, "The Intellectual Crisis in American Public Administration. by Vincent Ostrom", *Journal of Politics*, Vol. 36, No. 3, pp. 803 – 805.

Lopez, Ian F. Haney, 1995, "The Social Construction of Race" in Delgado, Richard and Jean Stefancic, eds., *Critical Race Theory: The Cutting Edge*, Philadelphia, PA: Temple University Press.

Lowi, Theodore, 1993, "Legitimizing Administrative State: A Disturbed Dissent", *Public Administration Review*, Vol. 53, No. 3, pp. 261 – 264.

Lowi, Theodore, and Herbert Simon, 1992, "Lowi and Simon on Political Science, Public Administration, Rationality and Public Choice", *Journal of Public Administration Research and Theory: J – PART*, Vol. 2, No. 2, pp. 105 – 112.

Lucas, Robert, Jr., 2003, "Macroeconomic Priorities", *The American Economic Review*, Vol. 93, No. 1, pp. 1 – 14.

Lynn, Laurence, Jr., 2011, "Public Administration Theory: Which Side are you on?" in Menzel, Donald C. and Jay White, *The State of Public Administration: Issues, Challenges, and Opportunities*, Armonk, NY: M. E. Sharpe.

Mackenzie, W J M., 1951, "The Study of Public Administration in the U. S.", *Public Administration*, Vol. 29, No. 2, pp. 131 – 143.

Macmahon, Arthur, 1948, "The Administrative State, by Dwight Waldo; Freedom and the Administrative State, by Joseph Goldfarb", *Public Administration Review*, Vol. 8, No3, pp. 203 – 211.

March, James, 1992, "The War Is Over, The Victors Have Lost", *Journal of Public Administration Research and Theory: J – PART*, Vol. 2, No. 3, pp. 225 – 231.

Marini, Frank, 1992, "Introduction", in Bailey, Mary, and Richard

Mayer, eds. , *Public Management in an Interconnected World*: *Essays in the Minnowbrook Tradition*, New York, NY: Greenwood Press.

Marx, David M. , Sei Jin Ko, and Ray A. Friedman, 2009, "The 'Obama effect': How a Salient Role Model Reduces Race – Based Performance Differences", *Journal of Experimental Social Psychology*, No. 45, pp. 953 – 956.

Mathews, David, 1984, "The Public in Practice and Theory", *Public Administration Review*, Vol. 44, Special Issue: Citizenship and Public Administration, pp. 120 – 125.

May, Peter, 1989, "Policy Analysis: Past, Present, and Future", *Public Administration Review*, Vol. 49, No. 2, Special Issue: Minnowbrook Ⅱ. Changing Epochs of Public Administration, pp. 210 – 212.

Mayer, Richard, 1989, "Minnowbrook Ⅱ: Conclusions and Reflections", *Public Administration Review*, Vol. 49, No. 2, Special Issue: Minnowbrook II. Changing Epochs of Public Administration, p. 218.

Maynard – Moody, Steven, and Adam W. Herbert, 1989, "Beyond Implementation: Developing an Institutional Theory of Administrative Policy Making", *Public Administration Review*, Vol. 49, No. 2, Special Issue: Minnowbrook II. Changing Epochs of Public Administration, pp. 137 – 143.

McKinley, Charles, 1951, "Federal Administrative Pathology and the Separation of Powers", *Public Administration Review*, Vol. 11, No. 1, pp. 17 – 25.

Meier, Kenneth, 1993, "Latinos and representative bureaucracy testing the Thompson and Henderson hypotheses", *Journal of Public Administration Research and Theory*: *J – PART*, Vol. 3, No. 4, pp. 393 – 414.

Meier, Kenneth, 1997, "Bureaucracy and Democracy: The Case for More Bureaucracy and Less Democracy", *Public Administration Review*, Vol. 57, No. 3, pp. 193 – 199.

Meier, Kenneth, and Jill Nicholson – Crotty, 2006, "Gender, Representative Bureaucracy, and Law Enforcement: The Case of Sexual Assault", *Public Administration Review*, Vol. 66, No. 6, pp. 850 – 860.

Meier, Kenneth, and Joseph Stewart, Jr. , 1992, "The Impact of Representative Bureaucracies: Educational Systems and Public Policies", *The American Review of Public Administration*, Vol. 22, No. 3, pp. 157 – 171.

Meier, Kenneth, and Kendall Funk, 2017, "Women and Public Administration in a Comparative Perspective: The Case of Representation in Brazilian Local Governments", *Administration & Society*, Vol. 49, No. 1, pp. 121 – 142.

Meier, Kenneth, Robert D. Wrinkle, and J. L. Polinard, 1999, "Representative Bureaucracy and Distributional Equity: Addressing the Hard Question", *The Journal of Politics*, Vol. 61, No. 4, pp. 1025 – 1039.

Miller, Arthur H. , 1974, "Political Issues and Trust in Government: 1964 – 1970", *The American Political Science Review*, Vol. 68, No. 3, pp. 951 – 972.

Milward, H. Brinton, et al. , 2016, "Is Public Management Neglecting the State?", *Governance*, Vol. 29, No. 3, pp. 311 – 334.

Mosher, Frederick, 1967, "The Universities and the Problems of the Cities", *Public Administration Review*, Vol. 27, No. 4, Special Issue, pp. 325 – 328.

Mosher, Frederick, 1971, "The Public Service in the Temporary Society", *Public Administration Review*, Vol. 31, No. 1, pp. 47 – 62.

Mulligan, J. Kenneth, 1967, "A View from Washington", *Public Administration Review*, Vol. 27, No. 4, Special Issue, pp. 328 – 330.

Nabatchi, Tina, Holly T. Goerdel, and Shelly Peffer, 2011, "Public

Administration in Dark Times: Some Questions for the Future of the Field", *Journal of Public Administration Research and Theory: J – PART*, Vol. 21, Supplement 1: Minnowbrook Ⅲ: A Special Issue, pp. i29 – i43.

Nesbit, Rebecca, et al., 2011, "Wrestling with Intellectual Diversity in Public Administration: Avoiding Disconnectedness and Fragmentation while Seeking Rigor, Depth, and Relevance", *Journal of Public Administration Research and Theory: J – PART*, Vol. 21, Supplement 1: Minnowbrook Ⅲ: A Special Issue, pp. i13 – i28.

Newbold, Stephanie, 2010, "Toward a Constitutional School of American Public Administration", *Public Administration Review*, Vol. 70, No. 4, pp. 538 – 546.

Newland, Chester, 1983, "A Mid – Term Appraisal – The Reagan Presidency: Limited Government and Political Administration", *Public Administration Review*, Vol. 43, No. 1, pp. 1 – 21.

Nye, Joseph, Jr., 2009, "The Question of Relevance" in King, Gary, Kay L. Schlozman, and Norman Nie, eds., *The Future of Political Science: 100 Perspectives*, New York, NY: Routledge.

O'Leary, Rosemary, 2011, "Minnowbrook: Tradition, Idea, Spirit, Event, Challenge", *Journal of Public Administration Research and Theory: J – PART*, Vol. 21, Supplement 1: Minnowbrook Ⅲ: A Special Issue, pp. i1 – i6.

O'Leary, Rosemary, 2017, "The 2016 John Gaus Lecture: The New Guerrilla Government: Are Big Data, Hyper Social Media and Contracting Out Changing the Ethics of Dissent?" *PS: Political Science and Politics*, Vol. 50, No. 1, pp. 12 – 22.

Olshfski, Dorothy, 1989, "The Leadership Environmental of Public Sector Executives", *Public Administration Review*, Vol. 49, No. 2, Special Issue: Minnowbrook Ⅱ. Changing Epochs of Public Administration，pp. 134 – 135.

Olson，Mancur，Jr.，1969，"The Plan and Purpose of a Social Report"，*The Public Interest*，No. 15，pp. 85 – 97.

Pardo，Theresa A.，J. Ramon Gil – Garcia，and Luis F. Luna – Reyes，2010，"Collaborative Governance and Cross – Boundary Information Sharing：Envisioning a Networked and IT – enabled Public Administration" in O'Leary，Rosemary，David M. Van Slyke，and Soonhee Kim，eds.，*The Future of Public Administration Around the World：The Minnowbrook Perspective*，Washington DC：Georgetown University Press.

Parfit，Derek，1997，"Equality and Priority"，*Ratio*，Vol. 10，No. 3，pp. 202 – 221.

Pearlstein，Steven，2006，"New Economy Hurting People in the Middle Most"，*The Washington Post*，March 8.

Peffer，Shelly L.，2009，"Minnowbrook III：Fear and (Not Enough) Loathing in Blue Mountain Lake"，*Administrative Theory and Praxis*，Vol. 31，No. 2，pp. 252 – 254.

Perry，James，2012，"Editorial：How Can We Improve Our Science to Generate More Usable Knowledge for Public Professionals?" *Public Administration Review*，Vol. 72，No. 4，pp. 479 – 482.

Perry，James，2013，"Editorial：Reflection on Relevance"，*Public Administration Review*，Vol. 73，No. 3，pp. 386 – 387.

Perry，James，2016，"Is Public Administration Vanishing?" *Public Administration Review*，Vol. 76，No. 2，pp. 211 – 212.

Perry，James，and Beryl Radin，2012，"Introduction to the Special Issue in Honor of H. George Frederickson"，*Public Administration Review*，Vol. 72，Special Issue in Honor of H. George Frederickson，pp. s3 – s4.

Perry，James，and Hal G. Rainey，1998，"The Public – Private Distinction in Organization Theory: A Critique of Research Strategy", *The Academy of Management Review*, Vol. 13, No. 2, pp. 182 – 201.

Perry, James, and Lois Wise, 1990, "The Motivational Bases of Public Service", *Public Administration Review*, Vol. 50, No. 3, pp. 367 – 373.

Pfiffner, James, 1997, "The National Performance Review in Perspective", *International Journal of Public Administration*, Vol. 20, No. 1, pp. 41 – 70.

Pitts, David W., 2011, "A Little Less Conversation, a Little More Action: Using Empirical Research to Promote Social Equity", *Journal of Public Administration Research and Theory: J – PART*, Vol. 21, Supplement 1: Minnowbrook Ⅲ: A Special Issue, pp. i77 – i82.

Porter, David, 1989, "Minnowbrook II: Conclusions", *Public Administration Review*, Vol. 49, No. 2, Special Issue: Minnowbrook Ⅱ. Changing Epochs of Public Administration, p. 223.

Radin, Beryl, Terry Cooper, and Daniel McCool, 1989, "From Public Action to Public Administration: Where Does It Lead?" *Public Administration Review*, Vol. 49, No. 2, Special Issue: Minnowbrook Ⅱ. Changing Epochs of Public Administration, pp. 167 – 170.

Rainey, Hal G., 1983, "Public Agencies and Private Firms: Incentive Structures, Goals and Individual Roles", *Administration & Society*, Vol. 15, No. 2, pp. 207 – 242.

Rainey, Hal G., Robert W. Backoff, and Charles H. Levine, 1976, "Comparing Public and Private Organizations", *Public Administration Review*, Vol. 36, No. 2, pp. 233 – 244.

Regens, James, and Robert Rycroft, 1986, "Measuring Equity in Regulatory Policy Implementation", *Public Administration Review*, Vol. 46, No. 5, pp. 423 – 431.

Riper, Paul van, 1967, "Hit 'Em Harder, John, Hit 'Em Harder!" *Public Administration Review*, Vol. 27, No. 4, Special Issue, pp. 339 – 342.

Riper, Paul van, 1983, "The American Administrative State: Wilson and the Founders – An Unorthodox View", *Public Administration Review*, Vol. 43, No. 6, pp. 477 – 490.

Robinson, Scott E. , 2010, "Rebranding Public Administration for the Postsector Age" in O'Leary, Rosemary, David M. Van Slyke, and Soonhee Kim, eds. , *The Future of Public Administration Around the World: The Minnowbrook Perspective*, Washington DC: Georgetown University Press.

Robson, William, 1949, "Book Reviews", *The Political Quarterly*, Vol. 20, No. 1, pp. 83 – 88.

Rocca, Giuseppe, 2000, "The Public Administration Paradox: An Organization with a low degree of Institutionalisation", *Scandinavian Journal of Management*, Vol. 16, No. 4, pp. 375 – 389.

Rogowski, Ronald, 2013, "Shooting (or Ignoring) the Massager", *Political Studies Review*, Vol. 11, No. 2, pp. 216 – 221.

Rohr, John, 1993, "Toward a More Perfect Union", *Public Administration Review*, Vol. 53, No. 3, pp. 246 – 249.

Rohr, John, and Rosemary O'Leary, 1989, "Public Administration, Executive Power, and Constitutional Confusion", *Public Administration Review*, Vol. 49, No. 2, Special Issue: Minnowbrook II. Changing Epochs of Public Administration, pp. 108 – 115.

Rosenbloom, David, 1983, "Public Administrative Theory and the Separation of Powers", *Public Administration Review*, Vol. 43, No. 3, pp. 219 – 227.

Rosenbloom, David, 1993, "Have an Administrative Rx? Don't Forget the Politics!" *Public Administration Review*, Vol. 53, No. 6, pp. 503 – 507.

Rosenbloom, David, 2008, "The Politics – Administration Dichotomy in U. S. Historical Context", *Public Administration Review*, Vol. 68,

No. 1, pp. 57 – 60.

Rosenbloom, David, 2013, "Reflections on 'Public Administrative Theory and the Separation of Powers'", *The American of Review of Public Administration*, Vol. 43, No. 4, pp. 381 – 396.

Rosenbloom, David, and Katherine C. Naff, 2010, "The Status of Law in Contemporary Public Administration Literature, Education, and Practice" in O'Leary, Rosemary, David M. Van Slyke, and Soonhee Kim, eds. , *The Future of Public Administration Around the World: The Minnowbrook Perspective*, Washington DC: Georgetown University Press.

Savage, Peter, 1968, "What Am I Bid for Public Administration?" *Public Administration Review*, Vol. 28, No. 4, pp. 390 – 391.

Sawer, Geoffrey, 1971, "The Jurisprudence of Ombudsmen", *Australian Review of Public Administration*, Vol. 30, No. 3, pp. 221 – 228.

Schick, Allen, 1975, "The Trauma of Politics: Public Administration in the Sixties" in Mosher, Frederick, ed. , *American Public Administration: Past, Present and Future*, Tuscaloosa, AL: University of Alabama Press.

Schneider, Friedrich, 1991, "A European Public Choice Perspective", *Public Choice*, Vol. 71, No. 3, Twenty – Five Years of Public Choice: A Retrospect and Prospect, pp. 197 – 200.

Schroeder, Larry, et al. , 2004, "Routes to Scholarly Success in Public Administration: Is There a Right Path?" *Public Administration Review*, Vol. 64, No. 1, pp. 92 – 105.

Schweik, Charles, et al. , 2011, "Toward Open Public Administration Scholarship", *Journal of Public Administration Research and Theory: J – PART*, Vol. 21, Supplement 1: Minnowbrook III: A Special Issue, pp. i175 – i198.

Shangraw, R. F. , Jr. , Michael Crow, and E. Sam Overman, 1989,

"Public Administration as a Design Science", *Public Administration Review*, *Vol.* 49, No. 2, Special Issue: Minnowbrook Ⅱ. Changing Epochs of Public Administration, pp. 153 – 160.

Sharkansky, Ira, and Margaret Wrightson, 1989, "The Overloaded State" *Public Administration Review*, Vol. 49, No. 2, Special Issue: Minnowbrook Ⅱ. Changing Epochs of Public Administration, pp. 201 – 205.

Sherwood, Frank, 1990, "The Half – Century's 'Great Books' in Public Administration", *Public Administration Review*, Vol. 50, No. 2, pp. 249 – 262.

Simon, Herbert, 1966, "Automation" (a letter in response to "Where Do We Go from Here?" March. 17, 1966 issue), *The New York Review of Books*, May 26.

Simon, Herbert, 1967, "The Business School: A Problem in Organization Design", *Journal of Management Studies*, Vol. 4, No. 1, pp. 1 – 16.

Simon, Herbert, 1973, "Organizational Man: Rational or Self – Actualizing", *Public Administration Review*, Vol. 33, No. 4, pp. 346 – 353.

Simon, Herbert, 1990, "Herbert A. Simon Testimony on the Social Sciences: Senate Committee on Commerce, Science, and Technology, September 29, 1989", *PS: Political Science and Politics*, Vol. 23, No. 1, pp. 33 – 34.

Simon, Herbert, 1991a, "Organizations and Markets", *The Journal of Economic Perspectives*, Vol. 5, No. 2, pp. 25 – 44.

Simon, Herbert, 1993, "The State of American Political Science: Professor Lowi's View of Our Discipline", *PS: Political Science and Politics*, Vol. 26, No. 1, pp. 49 – 51.

Simon, Herbert, 1995, "Guest Editorial", *Public Administration Review*, Vol. 55, No. 5, pp. 404 – 405.

Simon, Herbert, 1998, "Why Public Administration?", *Journal of*

Public Administration Research and Theory: *J – PART*, Vol. 8, No. 1, pp. 1 – 11.

Simon, Herbert, 2000, "Public Administration in Today's World of Organizations and Market", *PS: Political Science & Politics*, Vol. 33, No. 4, pp749 – 756.

Simon, Herbert, Peter Drucker, and Dwight Waldo, 1952, "Development of Democratic Administration: Replies and Comments", *The American Political Science Review*, Vol. 46, No. 2, pp. 494 – 503.

Solow, Robert, 1965, "Technology and Unemployment", *The Public Interest*, No. 1, pp. 17 – 26.

Solow, Robert, 1967, "The New Industrial State: A Rejoinder", *The Public Interest*, No. 9, pp. 118 – 119.

Spicer, Michael, 2012, "Passion, Power, and Political Conflict: An Examination of Cato's Letters and Their Implications for American Constitutionalism and Public Administration", *Administration and Society*, Vol. 44, No. 5, pp. 523 – 545.

Spicer, Michael, and Larry Terry, 1993, "Legitimacy, History, and Logic: Public Administration and the Constitution", *Public Administration Review*, Vol. 53, No. 3, pp. 239 – 246.

Stazyk, Edmund C., Alisa Moldavanova, and H. George Frederickson, 2016, "Sustainability, Intergenerational Social Equity, and the Socially Responsible Organization", *Administration and Society*, Vol. 48, No. 6, pp. 655 – 682.

Stillman II, Richard, 1987, "The Constitutional Bicentennial and the Centennial of the American Administrative State", *Public Administration Review*, Vol. 47, No. 1, The American Constitution and the Administrative State, pp. 4 – 8.

Stillman II, Richard, 1989, "*Ostrom on the Federalist Reconsidered*", *Public Administration Review*, Vol. 49, No. 1, pp. 82 – 84.

Stillman Ⅱ, Richard, 2008, "Review Article: Dwight Waldo's The Administrative State: The Neglected American Administrative State Theory for Our Times", *Public Administration*, Vol. 86, No. 2, pp. 581 – 590.

Stivers, Camilla, 1993, "Rationality and Romanticism in Constitutional Argument", *Public Administration Review*, Vol. 53, No. 3, pp. 254 – 257.

Stivers, Camilla, 2008a, "The Significance of ' The Administrative State '", *Public Administration Review*, Vol. 68, No. 1, pp. 53 – 56.

Storing, Herbert, 1979, "Slavery and Moral Foundations of American Republic" in Horwitz, Robert H. , ed. , *The Moral Foundations of the American Republic* (2nd edition), Charlottesville, VA: University of Virginia Press.

Teubner, Gunther, 1998, "Legal Irritants: Good Faith in British Law or How Unifying Law Ends Up in New Differences", *The Modern Law Review*, Vol. 61, No. 1, pp. 11 – 32.

Theobald, Nick, and Donald Haider – Markel, 2009, " Race, Bureaucracy, and Symbolic Representation: Interactions between Citizens and Police", *Journal of Public Administration Research and Theory: J – PART*, Vol. 19, No. 2, pp. 409 – 426.

Thomas, William, Jr. , 1954, "Ideas and Issues in Public Administration: A Book of Readings by Dwight Waldo", *The Western Political Quarterly*, Vol. 7, No. 1, pp. 121 – 122.

Tolman, Newton, 1966, " Automation ", *The New York Review of Books*, May 26.

Ventriss, Curtis, 1989, "Toward a Public Philosophy of Public Administration: A Civic Perspective of the Public", *Public Administration Review*, Vol. 49, No. 2, pp. 173 – 179.

Waldner, Leora, et al. , 2011, "Serving Up Justice: Fusing Service Learning and Social Equity in the Public Administration Classroom", *Journal of Public Affairs education*, Vol. 7, No. 2, pp. 209 – 232.

Waldo, Dwight, 1942, "Graham Wallas: Reason and Emotion in Social Science", *Journal of Social Philosophy and Jurisprudence*, Vol. 7, No. 1, pp. 142 – 160.

Waldo, Dwight, 1946, "Government by Procedure" in Marx, Fritz, ed. , *Elements of Public Administration*, New York, NY: Prentice – Hall Incorporated.

Waldo, Dwight, 1947, "Organizational Analysis: Some Notes on Methods and Criteria", *Public Administration Review*, Vol. 7, No. 4, pp. 236 – 244.

Waldo, Dwight, 1952, "Development of Theory of Democratic Administration", *The American Political Science Review*, Vol. 46, No. 1, pp. 81 – 103.

Waldo, Dwight, 1954, "Administrative Theory in the United States: A Survey and Prospect", *Political Studies*, Vol. 2, No. 1, pp. 70 – 78.

Waldo, Dwight, 1961, "Organization Theory: An Elephantine Problem", *Public Administration Review*, Vol. 21, No. 4, pp. 210 – 225.

Waldo, Dwight, 1963, "Comparative Public Administration: Prologue, Performance, Problems and Promise", *The Indian Journal of Political Science*, Vol. 24, No. 3, pp. 177 – 216.

Waldo, Dwight, 1965a, "The Administrative State Revisited", *Public Administration Review*, Vol. 25, No. 1, Twenty – Fifth Anniversary Issue, pp. 5 – 30.

Waldo, Dwight, 1965b, "Public Administration and Culture" in Martin, Roscoe C. , ed. , *Public Administration and Democracy: Essays in Honor of Paul Appleby*, Syracuse, NY: Syracuse University Press.

Waldo, Dwight, 1966, "Theory of Organization: Status and Problems" in Waldo, Dwight, and Martin Landau, eds. , *The Study of Organizational Behavior: Status, Problems, and Trends*, Washington DC: Comparative Administration Group, American Society for Public Administration.

Waldo, Dwight, 1968a, "Public Administration" in Sills, David L. , ed. , *International Encyclopedia of the Social Sciences*, New York, NY: Macmillan and Free Press.

Waldo, Dwight, 1968b, "Public Administration", *The Journal of Politics*, Vol. 30, No. 2, pp. 443 – 479.

Waldo, Dwight, 1968c, "Scope of the Theory of Public Administration" in Charlesworth, James C. , ed. , *Theory and Practice of Public Administration: Scope, Objectives, and Methods*, Philadelphia, PA: The American Academy of Political and Social Science.

Waldo, Dwight, 1971a, "Editorial: Regrets but No Apologies, Hopes but No Promises", *Public Administration Review*, Vol. 31, No. 1, pp. 2 – 5.

Waldo, Dwight, 1972, "Developments in Public Administration", *The ANNALS of the American Academy of Political and Social Science*, Vol. 404, No. 1, pp. 217 – 245.

Waldo, Dwight, 1975, "Education for Public Administration in the Seventies" in Mosher, Frederick, ed. , *American Public Administration: Past, Present and Future*, Tuscaloosa, AL: University of Alabama Press.

Waldo, Dwight, 1977a, "And in Conclusion⋯⋯" *Public Administration Review*, Vol. 37, No. 4, pp. 351 – 318.

Waldo, Dwight, 1977b, "The Future of Management", *The Bureaucrat*, Vol. 6, No. 3, pp. 101 – 113.

Waldo, Dwight, 1978, "Organization Theory: Revisiting the Elephant", *Public Administration Review*, Vol. 38, No. 6, pp. 589 – 597.

Waldo, Dwight, 1987, "Politics and Administration: On Thinking about a Complex Relationship" in Chandler, Ralph, ed. , *A Centennial History of the American Administrative State*, New York/London: The Free Press/Collier Macmillan.

Waldo, Dwight, 1990, "A Theory of Public Administration Means in Our Times a Theory of Politics" in Lynn, Naomi B. , and Aaron Wildavsky, eds. , *Public Administration: The State of the Discipline*, Chatham, NJ: Chatham House.

Waldo, Dwight, 1992, "Epilogue" in Bailey, Mary, and Richard Mayer, eds. , *Public Management in an Interconnected World: Essays in the Minnowbrook Tradition*, New York, NY: Greenwood Press.

Walker, Richard, 2011, "Globalized Public Management: An Interdisciplinary Design Science?" *Journal of Public Administration Research and Theory: J – PART*, Vol. 21, Supplement 1: Minnowbrook Ⅲ: A Special Issue, pp. i53 – i59.

Wamsley, Gary, 1976, "On the Problems of Discovering What's Really New in Public Administration", *Administration & Society*, Vol. 8, No. 3, pp. 385 – 400.

Wamsley, Gary, 2001, "Reflections on the Passing of Dwight Waldo", *Administration and Society*, Vol. 33, No. 3, pp. 247 – 250.

Wamsley, Gary, et al. , 1984, "The Public Administration and the Governance Process: Refocusing the American Dialogue", *Dialogue*, Vol. 6, No. 2, pp. 2 – 18.

Warren, Kenneth, 1993, "We Have Debated Ad Nauseam the Legitimacy of the Administration State – But Why?", *Public Administration Review*, Vol. 53, No. 3, pp. 249 – 254.

Westen, Peter, 1982, "The Empty Idea of Equality", *Harvard Law Review*, Vol. 95, No. 3, pp. 537 – 596.

Wildavsky, Aaron, 1966, "The Political Economy of Efficiency: Cost –

Benefit Analysis, Systems Analysis, and Program Budgeting", *Public Administration Review*, Vol. 26, No. 4, pp. 292 – 310.

Wildavsky, Aaron, 1985, "The Once and Future School of Public Policy", *The Public Interest*, No. 79, pp. 25 – 41.

Wildavsky, Aaron, 1988, "Ubiquitous Anomie: Public Service in an Era of Ideological Dissensus", *Public Administration*, Vol. 48, No. 4, pp. 753 – 755.

Wilkins, Vicky, and Lael Keiser, 2006, "Linking Passive and Active Representation for Gender: The Case of Child Support Agencies", *Journal of Public Administration Research and Theory: J – PART*, Vol. 16, No. 1, pp. 87 – 102.

Williams, D. G. T. , 1982, "The Donoughmore Report in Retrospect", *Public Administration*, Vol. 60, No. 3, pp. 273 – 292.

Wilson, James Q. , 1994, "Can the Bureaucracy be Deregulated? Lessons from Government Agencies" in Dilulio, John, Jr. , ed. , *Deregulating the Public Service: Can Government Be Improved?* Washington DC: Brookings Institution Press.

Wilson, Woodrow, 1887, "The Study of Administration", *Political Science Quarterly*, Vol. 2, No. 2, pp. 197 – 222.

Wise, Charles, 1993, "Public Administration Is Constitutional and Legitimate", *Public Administration Review*, Vol. 53, No. 3, pp. 257 – 261.

Witt, Matthew, et al. , 2009, "Midnight in the Garden of PA", *Administrative Theory & Praxis*, Vol. 31, No. 1, pp. 106 – 111.

Wooldridge, Blue, and Susan Gooden, 2009, "The Epic of Social Equity: Evolution, Essence and Emergence", *Administrative Theory & Praxis*, Vol. 31, No. 2, pp. 222 – 234.

Wright, Bradley, 2011, "Public Administration as an Interdisciplinary Field: Assessing Its Relationship with the Fields of Law, Management, and Political Science", *Public Administration Review*,

Vol. 71, No. 1, pp. 96 – 101.

Zimmermann, Virgil, and Dwight Waldo, 1942, " A Worm's Eye View", *Public Administration Review*, Vol. 2, No. 1, pp. 54 – 60.

Zimring, Bob, 1971, "Comment: Empirical Theory and the New Public Administration" in Marini, Frank, ed. , *Toward A New Public Administration: The Minnowbrook Perspective*, Scranton, PA: Chandler Publishing Company.

Zinke, Robert, 1989, "Response to Henry Lambright", *Public Administration Review*, Vol. 49, No. 2, Special Issue: Minnowbrook Ⅱ. Changing Epochs of Public Administration, pp. 208 – 209.

Zinke, Robert, 1992, "American Constitutionalism in the Interconnected World: Administrative Responsibilities in a Rhetorical Republic" in Bailey, Mary, and Richard Mayer, eds. , *Public Management in an Interconnected World: Essays in the Minnowbrook Tradition*, New York, NY: Greenwood Press.

Zorn, C. Kurt, 1989, "The Economic Perspective on Public Administration", *Public Administration Review*, Vol. 49, No. 2, Special Issue: Minnowbrook Ⅱ. Changing Epochs of Public Administration, pp. 213 – 214.

四　英文著作及报告

Aaron, Henry, 1978, *Politics and Professors: The Great Society in Perspective*, Washington DC: Brookings Institution Press.

Arendt, Hannah, 1958, *The Human Condition*, Chicago, IL: University of Chicago Press.

Baldwin, Robert, and Christopher McCrudden, 1987, *Regulation and Public Law*, London: Weidenfeld & Nicholson.

Barry, Brian, 1965, *Political Argument: A Reissue with New Introduction*, Oakland, CA: University of California Press.

Baumgartner, Frank R. , & Bryan D. Jones, 1993, *Agendas and Instability in American Politics*, Chicago, IL: University of Chicago Press.

Bevir, Mark, and Frank Trentmann, 2008, *Markets in Historical Contexts: Ideas and Politics in the Modern World*, Cambridge: Cambridge University Press.

Bevir, Mark, 2012, *Modern Pluralism: The Anglo – American Debates Since 1880*, Cambridge: Cambridge University Press.

Bozeman, Barry, 1987, *All Organizations Are Public: Bridging Public and Private Organizational Theories*, San Francisco, CA: Jossey – Bass.

Breyer, Stephen, 2005, *Active Liberty: Interpreting Our Democratic Constitution*, New York, NY: Alfred A. Knopf.

Brown, Brack, and Richard Stillman Ⅱ, 1986, *A Search for Public Administration: The Ideas and Career of Dwight Waldo*, College Station, TX: Texas A & M University Press.

Califano, Joseph, Jr. , 1991, *The Triumph and Tragedy of Lyndon Johnson: The White Years*, New York, NY: Simon & Schuster.

Cane, Peter, 2002, *Responsibility in Law and Morality*, Oxford, UK: Hart Publishing.

Churchman, C. West, 1971, *The Design of Inquiring Systems*, New York, NY: Basic Books.

Clayton, Macmillan, and Andrew Williams, 2000, *The Ideal of Equality*, London/New York: Macmillan and St. Martin's Press.

Cloward, Richard, and Lloyd Ohlin, 1960, *Delinquency and Opportunity: A Theory of Delinquent Gangs*, Glencoe, IL: The Free Press.

Cohen, David, 1998, *Amateur Government: When Political Appointees Manage the Federal Bureaucracy*, Washington DC: Brookings Institution Press.

Cooper, Terry, 1998, *The Responsible Administrator: An Approach to*

Ethics for the Administrator Role (4th edition), San Francisco, CA: Jossey – Bass.

Craig, Paul P. , 1991, *Public Law and Democracy in the United Kingdom and the United State of America*, Oxford, UK: Oxford University Press.

Davis, Kenneth, 1965, *Administrative Law: Cases Text Problems*, St. Paul, MN: West Publishing.

DeHaven – Smith, Lance, 1988, *Philosophical Critiques of Policy Analysis: Lindblom, Habermas, and the Great Society*, Gainesville, FL: University of Florida Press.

Denhardt, Janet V. , and Robert Denhardt, 2003, *The New Public Service: Serving, Not Steering*, Armonk, NY: M. E. Sharpe.

Denhardt, Kathryn, 1988, *The Ethics of Public Service: Resolving Moral Dilemmas in Public Organizations*, New York, NY: Greenwood Press.

Denhardt, Robert, 1984, *Theories of Public Organization*, Monterey, CA: Brooks/Cole.

Dewey, John, 1927, *Public and its Problems*, New York, NY: Henry Holt and Company.

Dicey, Albert, 1959, *Introduction to the Study of the Law of the Constitution* (10th edition), London: Macmillan.

Dimock, Marshall E. , 1980, *Law and Dynamic Administration*, Westport, CT: Praeger.

Downs, George W. , and Patrick D. Larkey, 1986, *The Search for Government Efficiency: From Hubris to Helplessness*, Philadelphia, PA: Temple University Press.

Durant, Robert, 2014, *Why Public Service Matters: Public Managers, Public Policy, and Democracy*, London: Palgrave MacMillan.

Dworkin, Ronald, 2000, *Sovereign Virtue: The Theory and Practice of*

Equality, Cambridge, MA: Harvard University Press.

Easton, David, 1953, *The Political System: An Inquiry into the State of Political Science*, New York, NY: Alfred A. Knopf.

Epp, Charles, Steven Maynard – Moody, and Donald Haider – Markel, 2014, *Pulled Over: How Police Stops Define Race and Citizenship*, Chicago, IL: University of Chicago Press.

Florida, Richard, 2017, *The New Urban Crisis: How Our Cities Are Increasing Inequality, Deepening Segregation, and Failing the Middle Class—and What We Can Do About It*, New York, NY: Basic Books.

Frankfurt, Harry, 2015, *On Inequality*, Princeton, NJ: Princeton University Press.

Frederickson, H. George, 1980, *New Public Administration*, Tuscaloosa, AL: University of Alabama Press.

Frederickson, H. George, 1997, *The Spirit of Public Administration*, San Francisco, CA: Jossey – Bass.

Frederickson, H. George, 2010, *Social Equity and Public administration: Origins, Developments, and Applications*, Armonk, NY: M. E. Sharpe.

Furner, Mary, 1975, *Advocacy and Objectivity: A Crisis in the Professionalization of American Social Science, 1865 – 1905*, Lexington, KY: University Press of Kentucky.

Gaus, John, 1947, *Reflections on Public Administration*, Tuscaloosa, AL: University of Alabama Press.

Ginzberg, Eli, and Robert Solow, 1974, *The Great Society: Lessons for the Future*, New York, NY: Basic Books.

Gladieux, Lawrence, and Thomas R. Wolainin, 1976, *Congress and the Colleges: The National Politics of Higher Education*, Lexington, MA: Lexington Books.

Glasser, Theodore L., and Charles T. Salmon, 1995, *Public Opinion and the Communication of Consent*, New York, NY: Guilford Press.

Golembiewski, Robert, 1977. *Public Administration as a Developing Discipline*, New York, NY: Marcel Dekker.

Gooden, Susan, 2014, *Race and Social Equity: A Nervous Area of Government*, Armonk, NY: M. E. Sharpe.

Gripsrud, Jostein, et al., 2010, *The Idea of the Public Sphere: A Reader*, Lexington, MA: Lexington Books.

Guy, Mary, Meredith Newman, and Sharon Mastracci, 2008, *Emotional Labor: Putting the Service in Public Service*, Armonk, NY: M. E. Sharpe.

Harlow, Carol, and Richard Rawlings, 1984, *Law and Administration*, London: Weidenfeld & Nicholson.

Harmon, Michael, 1995, *Responsibility as Paradox: A Critique of Rational Discourse on Government*, Thousand Oaks, CA: Sage Publications.

Henry, Nicholas, 1995, *Public Administration and the Public Affairs* (6th edition), Englewood Cliffs, NJ: Prentice Hall.

Herring, E. Pendleton, 1936, *Public Administration and the Public Interest*, New York, NY: McGraw – Hill.

Hoffman, Saul D., 2006, *By the Numbers: The Public Costs of Teen Childbearing*, National Campaign to Prevent Teen Pregnancy, October.

Hofstadter, Richard, 1968, *The Progressive Historians: Turner, Beard, and Parrington*, New York, NY: Alfred A. Knopf.

Hood, Christopher, and Michael Jackson, 1991, *Administrative Argument*, Aldershot, UK: Dartmouth.

Hummel, Ralph, 1994, *The Bureaucratic Experience: A Critique of Life in the Modern Organization* (4th edition), New York, NY:

St. Martin's Press.

Hummel, Ralph, 2014, *The Bureaucratic Experience: The Post – Modern Challenge* (5th edition), Armonk, NY: M. E. Sharpe.

Isaac, Jeffrey C. , 1998, *Democracy in dark times*, Ithaca, NY: Cornell University Press.

Kanter, Rosabeth, 1977, *Men and Women of the Corporation*, New York, NY: Basic Books.

Kapp, K. William, 1963, *The Social Costs of Business Enterprise*, Nottingham, UK: Spokesman Books.

Katznelson, Ira, 2006, *When Affirmative Action Was White: An Untold History of Radical Inequality in Twentieth – Century America*, New York, NY: W. W. Norton and Company.

Kettl, Donald, 2002, *The Transformation of Governance: Public Administration for Twenty – First Century America*, Baltimore/London: Johns Hopkins Press.

Kettl, Donald, 2016, *Escaping Jurassic Government: How to Recover America's Lost Commitment to Competence*, Washington DC: Brookings Institute Press.

Kettl, Donald, 2018, *Can Governments Earn Our Trust?* Malden, MA: Polity Press.

Kettl, Donald, and H. Brinton Milward, 1996, *The State of Public Management*, Baltimore, MD: John Hopkins University Press.

Kiffmeyer, Thomas, 2008, *Reformer to Radicals: The Appalachian Volunteers and the War on Poverty*, Lexington, KY: University Press of Kentucky.

Lee, Yong S. , and David Rosenbloom, 2005, *A Reasonable Public Servant: Constitutional Foundations of Administrative Conduct in the United States*, New York, NY: Routledge.

Levine, Charles H. , B. Guy Peters, and Frank J. Thompson, 1990,

Public Administration: *Challenges*, *Choices*, *Consequences*, Glenview, IL: Scott, Foresmanl Little, Brown Higher Education.

Levitan, Sar A., and Robert Taggart, 1976, *The Promise of Greatness. Cambridge*, Cambridge, MA: Harvard University Press.

Lewis, Oscar, 1959, *Five Families*: *Mexican Case Studies in the Culture of Poverty*, New York, NY: Basic Books.

Lewis, Oscar, 1961, *The Children of Sánchez*: *Autobiography of a Mexican Family*, New York, NY: Random House.

Lindert, Peter, 2004, *Growing Public*: *Social Spending and Economic Growth since the Eighteenth Century*, Cambridge: Cambridge University Press.

Link, Arthur S., 1971, *The Higher Realism of Woodrow Wilson and Other Essays*, Nashville, TN: Vanderbilt University Press.

Lippmann, Walter, 1922, *Public Opinion*, New York, NY: Harcourt, Brace and Company.

Lippmann, Walter, 1925, *The Phantom Public*, Piscataway, NJ: Transaction Publishers.

Lippmann, Walter, 1955, *The Public Philosophy*, Boston, MA: Little, Brown and Company.

Lipsky, Michael, 2010, *Street – level Bureaucracy*: *Dilemmas of the Individual in Public Service* (30th Anniversary Expanded Edition), New York, NY: Russell Sage Foundation.

Marini, Frank, 1971, *Toward A New Public Administration*: *The Minnowbrook Perspective*, Scranton, PA: Chandler Publishing Company.

Marx, Fritz, 1957, *The Administrative State*: *An Introduction to Bureaucracy*, Chicago, IL: University of Chicago Press.

Matusow, Allen J., 2009, *The Unraveling of America*: *A History of Liberalism in the 1960s*, Athens, GA: University of Georgia Press.

Maynard – Moody, Steven, and Michael Musheno, 2003, *Cops*,

Teachers, and Counselors: Stories from the Front line of Public Service, Ann Arbor, MI: University of Michigan Press.

Mettler, Suzanne, 2005, *Soldiers to Citizen: The G. I. Bill and the Making of the Greatest Generation*, New York, NY: Oxford University Press.

Michaels, Walter Benn, 2006, *The Trouble with Diversity: How We Learn to Love Identity and Ignore Inequality*, New York, NY: Henry Holt and Company.

Moore, Mark, 1995, *Creating Public Value: Strategic Management in Government*, Cambridge, MA: Harvard University Press.

Mosher, Frederick, 1968, *Democracy and the Public Service*, New York, NY: Oxford University Press.

National Commission on Technology, Automation and Economic Progress, 1966, *Technology and the American Economy* (Volume 1), Washington DC, February.

National Commission on the Causes and Prevention of Violence, 1969, *To Establish Justice, to Ensure Domestic Tranquility*, Washington DC, December 10.

Newbold, Stephanie, 2012, *All but Forgotten: Thomas Jefferson and the Development of Public Administration*, Albany, NY: State University of New York Press.

Norman, Richard, 1987, *Free and Equal: A Philosophical Examination of Political Values*, New York, NY: Oxford University Press.

O'Leary Rosemary, 2006, *The Ethics of Dissent: Managing Guerrilla Government*, Washington DC: CQ Press.

O'Leary, Rosemary, David M. Van Slyke, and Soonhee Kim, eds. , 2010, *The Future of Public Administration Around the World: The Minnowbrook Perspective*, Washington DC: Georgetown University Press.

Okun, Arthur, 1975, *Equality and Efficiency: The Big Tradeoff*,

Washington DC: Brookings Institution Press.

Osterman, Paul, 1999, *Securing Prosperity: The American Labor Market, How It Has Changed and What to Do about It*, Princeton, NJ: Princeton University Press.

Ostrom, Vincent, 1973, *The Intellectual Crisis in American Public Administration*, Tuscaloosa, AL: University of Alabama Press.

Ott, J. Steven, Albert C. Hyde, and Jay Shafritz, 1991, *Public Management: The Essential Reading*, Belmont, CA: Wadsworth Publishing.

Page, Benjamin, and Lawrence Jacobs, 2009, *Class War? What Americans Really Think about Economic Inequality*, Chicago, IL: University of Chicago Press.

Perper, Kate, Kristen Peterson, and Jennifer Manlove, 2010, *Diploma Attainment among Teen Mothers*, Washington DC, January.

Perry, Ronald W., Michael K. Lindell, and Kathleen J. Tierney, 2001, *Facing the Unexpected: Disaster Preparedness and Response in the United States*, Washington DC: Joseph Henry Press.

Pesch, Udo, 2006, *The Predicaments of Publicness: An Inquiry into the Conceptual Ambiguity of Public Administration*, Delft, Netherlands: Eburon Academic Publishers.

Pfiffner, James, 2008, *Power Play: The Bush Presidency and the Constitution*, Washington DC: Brookings Institution Press.

Pfiffner, John, 1935, *Public Administration*, New York, NY: The Ronald Press.

Pitkin, Hanna F., 1967, *The Concept of Representation*, Berkeley, CA: University of California Press.

Powell, John A., 2012, *Racing to Justice: Transforming Our Conceptions of Self and Other to Build an Inclusive Society*, Bloomington, IN: Indiana University Press.

Rae, Douglas, et al. , 1981, *Equalities*, Cambridge, MA: Harvard University Press.

Rawls, John, 1999, *A Theory of Justice* (revised edition/ Imprint: The Belknap Press), Cambridge, MA: Harvard University Press.

Redford, Emmette Shelburn, 1969, *Democracy in the Administrative State*, New York, NY: Oxford University Press.

Reese, Ellen, 2005, *Backlash against Welfare Mothers: Past and Present*, Berkeley, CA: University of California Press.

Reeves, Richard, 2017, *Dream Hoarders: How the American Upper Middle Class Is Leaving Everyone Else in the Dust, Why That Is a Problem, and What to Do About It*, Washington DC: Brookings Institution Press.

Rhodes, R. A. W. , 1997, *Understanding Governance: Policy Networks, Governance, Reflexivity, and Accountability*, Berkshire, UK: Open University Press.

Riccucci, Norma, 2005, *How Management Matters: Street – Level Bureaucrats and Welfare Reform*, Washington DC: Georgetown University Press.

Rohr, John, 1978, *Ethics for Bureaucrats: An Essay on Law and Values*, New York, NY: Marcel Dekker.

Rohr, John, 1986, *To Run a Constitution: The Legitimacy of the Administration State*, Lawrence, KA: University Press of Kansas.

Rosenbloom, David, 1977, *Federal Equal Employment Opportunity: Politics and Public Personnel Administration*, New York, NY: Praeger.

Rosenbloom, David, 2000, *Building A Legislative – Centered Public Administration: Congress and the Administrative State, 1946 – 1999*, Tuscaloosa, AL: University of Alabama Press.

Rosenbloom, David, 2014, *Federal Service and the Constitution: The*

Development of the Public Employment Relationship, Washington DC:
Georgetown University Press.

Rosenbloom, David, and O'Leary Rosemary, 1997, *Public Administra-
tion and Law* (2nd edition), New York, NY: Marcel Dekker.

Rothstein, Richard, 2017, *The Color of Law: A Forgotten History of
How Our Government Segregated America*, New York, NY: Liveright
Publishing Company.

Santayana, George, 1956, *Character and Opinion in the United States*,
Garden City, NY: Doubleday Anchor.

Scanlon, Thomas, 2018, *Why Does Inequality Matter?* New York,
NY: Oxford University Press.

Schattschneider, Elmer, 1942, *Party Government: American Govern-
ment in Action*, New York, NY: Holt, Rinehart, and Winston.

Schlesinger, Arthur, Jr., 1986, *The Cycles of American History*, Bos-
ton, MA: Houghton Mifflin.

Schwartz, Bernard, and Henry William Rawson Wade, 1972, *Legal
Control of Government: Administrative Law in Britain and the United
States*, Oxford, UK: Clarendon Press.

Sen, Amartya, 1992, *Inequality Reexamined*, Cambridge, MA: Har-
vard University Press.

Shafritz, Jay, and E. W. Russell, 2000, *Introducing Public Adminis-
tration* (2nd edition), Upper Saddle River, NJ: Pearson Prentice
Hall.

Shafritz, Jay, et al., 2001, *Personnel Management in Government:
Politics and Process* (5th edition), New York, NY: Marcel Dekker.

Shafritz, Jay, et al., 2016, *Introducing Public Administration* (9th e-
dition), New York, NY: Routledge.

Sheldon, Eleanor, and Wilbert Moore, 1968, *Indicators of Social
Change: Concepts and Measurements*, New York, NY: Russell Sage

Foundation.

Simon, Herbert, 1976, *Administrative Behavior: A Study of Decision – Making Processes in Administrative Organizations* (3rd edition), London, UK: The Free Press, Collier Macmillan Publishers.

Simon, Herbert, 1983, *Reason in Human Affairs*, Stanford, CA: Stanford University Press.

Simon, Herbert, 1991b, *Models of My Life*, Cambridge, MA: The MIT Press.

Simon, Herbert, 1997, *Administrative Behavior: A Study of Decision – Making Processes in Administrative Organizations* (4th edition), New York: The Free Press.

Simon, Herbert, Donald W. Smithburg, and Victor A. Thompson, 1962, *Public Administration*, New York, NY: Alfred A. Knopf.

Skowronek, Stephen, 1997, *The Politics Presidents Make: Leadership from John Adams to Bill Clinton* (revised edition), Cambridge, MA: Harvard University Press.

Stein, Herbert, 1984, *Presidential Economics: The Making of Economic Policy from Roosevelt to Reagan and Beyond*, New York, NY: Simon and Schuster.

Stillman Ⅱ, Richard, 1991, *Preface to Public Administration: A Search for Themes and Direction*, New York: St. Martin's Press.

Stivers Camilla, 2008b, *Governance in Dark Time: Practical Philosophy for Public Service*, Washington DC: Georgetown University Press.

Stoker, Gerry, B. Guy Peters, and Jon Pierre, 2015, *The Relevance of Political Science*, New York, NY: Palgrave Macmillan.

Temkin, Larry, 1993, *Inequality*, New York: Oxford University Press.

Terry, Larry, 2003, *Leadership of Public Bureaucracies: The Administrator as Conservator*, Armonk, NY: M. E. Sharpe.

The Nation Advisory Commission on Civil Disorders. 1968, *Report of the National Advisory Commission on Civil Disorders*, New York, NY: Bantam Books.

Thompson, Victor, 1975, *Without Sympathy or Enthusiasm: The problem of Administrative Compassion*, Tuscaloosa, AL: University of Alabama Press.

Tilly, Charles, 1998, *Durable Inequality*, Berkeley, Los Angeles and London: University of California Press.

U. S. Department of Health, Education, and Welfare, 1969, *Towards a Social Report*, Washington DC.

Wacquant, Loïc, 2009, *Punishing the Poor: The Neoliberal Government of Social Insecurity*, Durham, NC: Duke University Press.

Waldo, Dwight, 1948, *The Administrative State: A Study of the Political Theory of American Public Administration*, New York, NY: Ronald Press Company.

Waldo, Dwight, 1955, *The Study of Public Administration*, Garden City, NY: Doubleday.

Waldo, Dwight, 1956a, *Perspectives on Administration*, Tuscaloosa, AL: University of Alabama Press.

Waldo, Dwight, 1956b, *Political Science in the United State: A Trend Report*, Paris: UNESCO.

Waldo, Dwight, 1971b, *Public Administration in a Time of Turbulence*, Scranton, PA: Chandler Publishing Company.

Waldo, Dwight, 1981, *The Enterprise of Public Administration: A Summary View*, Novato, CA: Chandler & Sharp Publishers.

Waldo, Dwight, 1984, *The Administrative State: A Study of the Political Theory of American Public Administration* (2nd edition), New York, NY: Holmes & Meier Publishers.

Wamsley, Gary, et al. , 1990, *Refounding Public Administration*,

Newbury Park, CA: Sage Publications.

Wilson, Woodrow, 1956, *Congressional Government*, New York: Meridian Books.

Wolin, Sheldon S. , 2004, *Politics and Vision: Continuity and Innovation in Western Political Thought* (expanded edition), Princeton and Oxford: Princeton University Press.

Ziliak, Stephen, T. , and Deirdre N. McCloskey, 2008, *The Cult of Statistical Significance: How the Standard Error Costs Us Jobs, Justice, and Lives*, Ann Arbor, MI: The University of Michigan Press.

人名索引

A

Aaron，Henry 亨利·阿隆

Abel，I. W.　I. W. 埃布尔

Ackerman，Bruce 布鲁斯·阿克曼

Adams，Guy 盖伊·亚当斯

Adams，Samuel 塞缪尔·亚当斯

Ake，Christopher 克里斯托弗·阿克

Almond，Gabriel 加布里埃尔·阿尔蒙德

Anderson，Christopher 克里斯托弗·安德森

Appleby，Paul 保罗·阿普比

Arendt，Hannah 汉娜·阿伦特

Argyris，Chris 克里斯·阿吉里斯

Aristoteles 亚里士多德

Atkins，Danielle 丹尼尔·阿特金斯

B

Bailey，Mary 玛丽·贝利

Bailey，Stephen 斯蒂芬·贝利

Bakke，Eileen 艾琳·巴基

Balfour，Danny 丹尼·巴尔福

Banfield，Edward 爱德华·班菲尔德

Banovetz, James 詹姆斯·班诺维兹

Barnes, Mario 马里奥·巴尔内斯

Barry, Brain 布莱恩·巴利

Bartels, Larry 拉里·巴特尔斯

Barton, Paul 保罗·巴顿

Barton, Rayburn 雷伯恩·巴顿

Beard, Charles 查尔斯·比尔德

Becker, Carl 卡尔·贝克尔

Becker, Gary 加里·贝克尔

Beckhard, Richard 理查德·贝克哈特

Bell, Daniel 丹尼尔·贝尔

Bendix, Reinhard 赖因哈特·本迪克斯

Bennis, Warren 沃伦·本尼斯

Beremendi, Pablo 巴布罗·布莱梅迪

Berlin, Isaiah 以赛亚·柏林

Bevir, Mark 马克·贝维尔

Biller, Robert 罗伯特·比勒

Blum, Zahava 扎哈瓦·布鲁姆

Bonser, Charles 查尔斯·邦瑟

Bourdieu, Pierre 皮埃尔·布迪厄

Bovens, Mark 马克·博文斯

Bowen, Howard 霍华德·鲍文

Bowornwathana, Bidhya 比迪娅·博翁瓦塔纳

Box, Richard 理查德·博克斯

Bozeman, Barry 巴里·博兹曼

Breyer, Stephen 斯蒂芬·鲍伊德

Brill, Alida 阿里达·布瑞尔

Brinkley, Alan 艾伦·布林克莱

Brooke, Edward 爱德华·布鲁克

Brown，Brack 布拉克·布朗

Brown，Michael 迈克尔·布朗

Brownlow，Louis 路易斯·布朗洛

Bryer，Thomas 托马斯·拜耶尔

Buffett，Warren 沃伦·巴菲特

Burke，John 约翰·伯克

Bush，George Walker 乔治·沃克·布什

C
Cahill，Fred 弗里德·卡荷尔

Caiden，Gerald 杰拉尔德·凯登

Caldwell，Lynton 林顿·考德威尔

Calhoun，John Caldwell 约翰·卡德威尔·卡尔霍恩

Califano，Joseph，Jr. 小约瑟夫·卡利法诺

Callen，Jeffrey 杰弗里·卡伦

Campbell，Alan 艾伦·坎贝尔

Carnap，Paul 保罗·卡尔纳普

Carr，Cecil 塞西尔·卡尔

Carroll，James 詹姆斯·卡罗尔

Catron，Bayard 贝雅德·卡特伦

Chafe，William 威廉·蔡菲

Chandler，Ralph 拉尔夫·钱德勒

Chetty，Raj 拉吉·切迪

Chitwood，Stephen 斯蒂芬·奇特伍德

Cho，Yong－Hyo 赵元孝

Churchman，C. West　C. 韦斯特·丘奇曼

Cigler，Beverly 贝弗莉·齐格勒

Cleary，Robert 罗伯特·克利里

Cleveland，Frederick 弗雷德里克·克利夫兰

Clinton，William Jefferson 威廉·杰斐逊·克林顿

Cloward，Richard 理查德·克洛沃德

Cohen，David 戴维·科恩

Cohen，Wilbur 威尔伯·科恩

Coker，Francis 弗朗西斯·科克尔

Coleman，James 詹姆斯·科尔曼

Colvin，Roddrick 罗德里克·科尔文

Conner，Thaddieus 撒迪厄斯·康纳尔

Conner，John 约翰·康纳尔

Cooper，Phillip 菲利普·库珀

Cooper，Terry 特里·库珀

Crow，Michael 米歇尔·克劳

Cushman，Robert 罗伯特·库什曼

Cyert，Richard 理查德·西特尔

D

Dahl，Robert 罗伯特·达尔

Davis，Belinda 贝琳达·戴维斯

Davis，Kenneth 肯尼斯·戴维斯

DeHaven – Smith，Lance 兰斯·德哈文 – 斯密斯

Denhardt，Kathryn 卡瑟琳·登哈特

Denhardt，Robert 罗伯特·登哈特

Derrida，Jacques 雅克·德里达

Dewey，John 约翰·杜威

Dicey，Albert 艾伯特·迪斯

Dickson，John 约翰·迪克森

Dickstein，Morris 莫里斯·迪克斯坦

Dilulio，John，Jr. 小约翰·迪乌利奥

Dolan，Julie 朱莉·多兰

Douglass, Frederick 弗雷德里克·道格拉斯

Drewry, Gavin 加文·德鲁里

Driver, Cecil 塞西尔·德里弗

Drucker, Peter 彼得·德鲁克

Du Bois, W. E. B.　W. E. B. 杜·波依斯

Dubnick, Melvin 梅尔文·杜布尼克

Dunning, William 威廉·邓宁

Dunn, William 威廉·邓恩

Durant, Robert 罗伯特·杜兰特

Dworkin, Ronald 罗纳德·德沃金

E

Easton, David 戴维·伊斯顿

Edlund, Carol 卡罗尔·埃德兰德

Eisenhower, Dwight David 德怀特·戴维·艾森豪威尔

Eisenhower, Milton 米尔顿·艾森豪威尔

Epp, Charles 查尔斯·艾普

Evans, Karen 凯伦·埃文斯

F

Farmer, David 戴维·法默尔

Fayol, Henri 亨利·法约尔

Feigenbaum, Edward 爱德华·费根鲍姆

Feldman, Daniel 丹尼尔·费尔德曼

Fesler, James 詹姆斯·费斯勒

Finer, Herman 赫尔曼·芬纳

Flinders, Matthew 马修·弗林德斯

Florida, Richard 理查德·佛罗里达

Ford, Henry 亨利·福特

Foucault，Michel 米歇尔·福柯

Fox，Charles 查尔斯·福克斯

Fozouni，Bahman 巴曼·弗佐尼

Frank，Jerome 杰罗姆·弗兰克

Frankfurt，Harry 哈里·法兰克福

Frederickson，H. George　H·乔治·弗雷德里克森

Freund，Ernst 恩斯特·弗罗因德

Friedrich，Carl 卡尔·弗里德里希

Fry，Brian 布莱恩·弗里

Funk，Kendall 肯达尔·芬克

Furner，Mary 玛丽·弗娜

G

Gade，Daniel 丹尼尔·盖德

Galbraith，John 约翰·加尔布雷斯

Gardner，Neely 尼利·加德纳

Gardner，John 约翰·加德纳

Gates，Bill 比尔·盖茨

Gates，Bruce 布鲁斯·盖茨

Gaus，John 约翰·高斯

Gawthrop，Louis 路易斯·高斯罗普

Gellhorn，Walter 沃尔特·格尔霍恩

Getha－Taylor，Heather 希瑟·格萨－泰勒

Ginsberg，Ruth Bader 露丝·巴德尔·金斯伯格

Ginzberg，Eli 伊利·金斯伯格

Gitlin，Todd 托德·吉特林

Goerl，George 乔治·戈尔

Goldsmith，Mike 迈克·戈登斯密斯

Golembiewski，Robert 罗伯特·格伦别维斯基

Gooden，Susan 苏珊·古登

Goodnow，Frank 弗兰克·古德诺

Goodsell，Charles 查尔斯·葛德塞尔

Gordon，Scott 斯科特·戈登

Gore，Albert Arnold，Jr. 小阿尔·艾伯特·戈尔

Gorham，William 威廉·葛汉姆

Grant，Nancy 南希·格兰特

Grimmelikhuijsen，Stephan 斯蒂芬·格里米利克惠森

Gross，Bertram 波特拉姆·格罗斯

Gulick，Luther 卢瑟·古力克

Guy，Mary 玛丽·盖伊

H

Habermas，Jürgen 尤尔根·哈贝马斯

Hacker，Jacob 雅各布·哈克

Haider – Markel，Donald 唐纳德·海德尔 – 马克尔

Halliday，Simon 西蒙·哈利迪

Hamilton，Alexander 亚历山大·汉密尔顿

Harlow，Carol 卡罗尔·哈罗

Harmon，Michael 米歇尔·哈蒙

Harrington，Michael 迈克尔·哈林顿

Harris，Fred 弗雷德·哈里斯

Harris，Joseph 约瑟夫·哈里斯

Hart，Paul't 保罗·哈特

Hart，David 戴维·哈特

Havel，Václav 瓦茨拉夫·哈韦尔

Hawkins，Kaith 凯斯·霍金斯

Hayden，Tom 汤姆·海登

Heady，Ferrel 费里尔·黑迪

Heilbroner，Robert 罗伯特·海尔布伦纳

Heller，Walter 瓦尔特·赫勒

Henderson，Keith 基思·亨德森

Henry，Beverly 贝弗莉·亨利

Herring，E. Pendleton　E. 彭德尔顿·赫林

Hewart，Gordon 戈登·赫瓦特

Hirschman，Albert 阿尔伯特·赫希曼

Hobbes，Thomas 托马斯·霍布斯

Hofstadter，Richard 理查德·霍夫斯塔德

Holmes，Oliver 奥利弗·霍姆斯

Honey，John 约翰·霍尼

Hood，Christopher 克里斯特弗·胡德

Horowitz，Irving 艾尔文·霍洛维茨

Hoover，Herbert Clark 赫伯特·克拉克·胡佛

HOU，YiLin 侯一麟

Howe，Harold 哈罗德·豪

Howe，Irving 艾尔文·豪

Hummel，Ralph 拉尔夫·赫梅尔

Huntington，Samuel 塞缪尔·亨廷顿

I

Ingraham，Patricia 帕特希亚·英格拉姆

J

Jackson，Michael 迈克尔·杰克逊

Jacobs，Lawrence 劳伦斯·雅各布斯

Jaspers，Karl 卡尔·雅斯贝尔斯

Jaworski，Leon 利昂·贾瓦斯基

Jefferson，Thomas 托马斯·杰斐逊

Jencks, Christopher 克里斯托弗·詹克斯

Jenkins, Herbert 赫尔伯特·詹金斯

Jennings, William 威廉·詹宁斯

Johnson, Lyndon Baines 林登·贝恩斯·约翰逊

Jong S. Jun 全钟燮

Jung, Carl 卡尔·荣格

K

Kant, Immanuel 伊曼努尔·康德

Kanter, Rosabeth 罗莎贝斯·坎特

Kapp, Karl 卡尔·凯普

Katzenbach, Nicholas 尼古拉斯·卡岑巴赫

Katznelson, Ira 艾拉·卡兹尼尔森

Keiser, Lael 莱尔·凯瑟

Keister, Lisa 丽莎·凯瑟特

Kennedy, John Fitzgerald 约翰·菲茨杰尔德·肯尼迪

Kennedy, Robert 罗伯特·肯尼迪

Keppel, Francis 弗朗西斯·凯佩尔

Kerner, Otto, Jr. 小奥托·克纳

Kettl, Donald 唐纳德·凯特尔

King, Martin Luther, Jr. 小马丁·路德·金

Kingsley, J. Donald J. 唐纳德·金斯利

Kirkhart, Larry 拉里·科克哈特

Klein, Melanie 米兰尼·克莱因

Kronenberg, Philip 菲利浦·克罗伦伯格

L

Lacan, Jacques 雅克·拉康

Lambright, W. Henry   W. 亨利·拉姆布莱特

Lambright，Kristina 克里斯蒂娜·拉姆布莱特

Lampman，Robert 罗伯特·兰普曼

Lancaster，Lane 莱恩·兰卡斯特

Land，Edwin 埃德文·兰德

Landis，James 詹姆斯·兰代斯

LaPorte，Todd 托德·拉波特

Laski，Harold 哈罗德·拉斯基

Lasswell，Harold 哈罗德·拉斯韦尔

Lee，Eugene 尤金·李

LeGuin，Ursula 乌尔苏拉·勒吉恩

Lekachman，Robert 罗伯特·莱克曼

LeRoux，Kelly 凯莉·勒鲁克斯

Lewis，Gregory 格利高里·刘易斯

Lewis，Oscar 奥斯卡·刘易斯

Likert，Rensis 伦西斯·李克特

Lindblom，Charles 查尔斯·林德布罗姆

Lindert，Peter 彼得·林德尔特

Lindsay，John 约翰·林赛

Lippmann，Walter 沃尔特·李普曼

Lipsky，Michael 迈克尔·利普斯基

Locke，Hubert 哈伯特·洛克

Locke，John 约翰·洛克

Long，Norton 诺顿·朗

Lowery，Daniel 丹尼尔·洛厄里

Lowi，Theodore 西奥多·罗伊

Lucas，Robert，Jr. 小罗伯特·卢卡斯

Luke，Jeffrey 杰弗里·卢克

Lynn，Laurence，Jr. 小劳伦斯·林恩

Lyotard，Jean – Francois 让 – 弗朗索瓦·利奥塔

M

Machiavelli 马基雅维利

Mackenzie, W J M. W J M. 麦肯齐

Macmahon, Arthur 阿瑟·麦克马洪

Madison, James 詹姆斯·麦迪逊

Maitland, Frederic 弗雷德里克·麦特兰德

Mandala, Nelson Rolihlahla 纳尔逊·罗利赫拉赫拉·曼德拉

Marini, Frank 弗兰克·马里尼

Mansfield, Harvey 哈维·曼斯菲尔德

March, James 詹姆斯·马奇

Marx, Fritz 弗里兹·马克斯

Marx, Karl Heinrich 卡尔·马克思

Mastracci, Sharon 沙伦·马斯特拉奇

Mathews, Audrey 奥德丽·马修斯

Mathews, David 戴维·马修斯

May, Peter 彼得·梅

May, Samual 萨缪尔·梅

Mayer, Richard 理查德·迈耶尔

Maynard – Mood, Steven 斯蒂芬·梅纳德－穆德

Mayo, George 乔治·梅奥

McCarty, Nolan 诺兰·麦克卡蒂

McClosky, Herbert 赫尔伯特·麦克克劳斯基

McGregor, Eugene, Jr. 小尤金·麦格雷戈

McSwite, O. C. O. C. 麦克斯怀特

Meier, Kenneth 肯尼思·梅耶

Menendian, Stephen 斯蒂芬·蒙恩迪安

Merriam, Charles 查尔斯·梅里亚姆

Mettle, Suzanne 苏珊娜·梅特勒

Mettler，Luben 鲁宾·梅特勒

Mills，Wilbur 威尔伯·米尔斯

MoCullogh，William 威廉·麦克洛奇

Montaigne，Michel de 米歇尔·德·蒙田

Montesquieu 孟德斯鸠

Mooney，James 詹姆斯·穆尼

Moore，Wilbert 威尔伯特·莫尔

Moorhead，William 威廉·穆尔黑德

Mosher，Frederick 弗雷德里克·莫舍尔

Mosher，William 威廉·莫舍尔

Moynihan，Daniel 丹尼尔·莫伊尼汉

Mulligan，J. Kenneth　J. 肯尼斯·马里根

Musheno，Michael 迈克尔·穆什诺

Muste，A. J.　A. J. 马斯特

Myrdal，Gunnar 冈纳·米尔达尔

N

Nabatchi，Tina 蒂娜·纳巴塔奇

Nagel，Thomas 托马斯·内格尔

Newbold，Stephanie 斯蒂芬妮·纽伯尔德

Newland，Chester 切斯特·纽兰特

Newman，Meredith 梅瑞狄斯·纽曼

Nicholson – Crotty，Jill 吉尔·尼克尔森 – 克罗蒂

Nietzsche，Friedrich 弗里德里希·尼采

Nixon，Richard Milhous 理查德·米尔豪斯·尼克松

Nofziger，Lyn 林恩·诺夫茨格

Norman，Richard 理查德·诺曼

Norman – Major，Kristen 克里斯滕·诺曼 – 马霍尔

Northrop，Filmer 菲尔默·诺斯罗普

Nye，Joseph，Jr. 小约瑟夫·奈

O

O'Connor，Sandra Day 桑德拉·戴·奥康纳

O'Leary，Rosemary 露丝玛丽·奥利里

Obama，Barack Hussein 贝拉克·侯赛因·奥巴马

Ogburn，William 威廉·奥格本

Ohlin，Lloyd 洛伊德·奥林

Okun，Arthur 阿瑟·奥肯

Olshfski，Dorothy 多萝西·奥尔谢夫斯基

Olson，Mancur，Jr. 小曼库尔·奥尔森

Osborne，David 戴维·奥斯本

Osterman，Paul 保罗·奥斯特曼

Ostrom，Vincent 文森特·奥斯特罗姆

Ostrom，Elinor 埃莉诺·奥斯特罗姆

P

Page，Benjamin 本杰明·佩奇

Palmer，Parker 帕克·帕尔默

Parfit，Derek 德里克·帕菲特

Pauling，Linus 莱纳斯·鲍林

Pearlstein，Steven 斯蒂芬·皮尔斯坦

Peden，Katherine 凯瑟琳·佩登

Perry，James 詹姆斯·佩里

Pesch，Udo 乌多·佩施

Peterson，Esther 埃斯特·彼得森

Pfiffner，James 詹姆斯·菲夫纳

Pfiffner，John 约翰·菲夫纳

Phillips，Kevin 凯文·菲利普斯

Piel，Gerald 杰拉德·派尔

Plato 柏拉图

Port，Frederick 弗里德里克·波特

Porter，David 戴维·波特

Porter，Teddies 泰迪·波特

Prottas，Jeffrey 杰弗里·普罗塔斯

R

Raadschelders，Jos 乔斯·拉施尔德斯

Radin，Beryl 贝里尔·雷丁

Ramos，Alberto 阿尔贝托·拉莫斯

Rawlings，Richard 理查德·罗宁斯

Rawls，John 约翰·罗尔斯

Reagan，Ronald Wilson 罗纳德·威尔逊·里根

Reeves，Richard 理查德·里维斯

Regens，James 詹姆斯·雷根

Reining，Henry 亨利·雷宁

Reuther，Walter 沃尔特·卢瑟尔

Rhodes，R. A. W.　R. A. W. 罗兹

Riccucci，Norma 诺尔玛·里库奇

Rice，Mitchell 米切尔·莱斯

Riggs，Fred 弗里德·里格斯

Riper，Paul Van 保罗·范·里佩尔

Rivera，Mario 马里奥·里韦拉

Rivlin，Alice 爱丽丝·丽芙琳

Robson，William 威廉·罗伯森

Rocca，Guiseppe 阿罗斯·德拉罗卡

Rohr，John 约翰·罗尔

Roosevelt，Franklin Delano 富兰克林·德拉诺·罗斯福

Rosenbloom，David 戴维·罗森布洛姆

Rossi，Peter 彼得·罗斯

Rothstein，Richard 理查德·罗特斯泰因

Rousseau，Jean – Jacques 让 – 雅克·卢梭

Rush，Benjamin 本杰明·拉什

Russell，E. W.　E. W. 拉塞尔

Rustin，Bayard 贝雅德·拉斯廷

Rutgers，Mark 马克·鲁特格斯

Rutledge，Philip 菲利普·路特里奇

Rycroft，Robert 罗伯特·瑞克罗夫

S

Samuelson，Paul 保罗·萨缪尔森

Santayana，George 乔治·桑塔亚那

Savage，Peter 彼得·萨维奇

Savio，Mario 马里奥·萨维奥

Scanlon，Thomas 托马斯·斯坎伦

Schattschneider，Elmer 斯埃莫尔·特切奈德

Schein，Edgar 埃德加·施恩

Schick，Allen 艾伦·希克

Schlesinger，Arthur，Jr. 小亚瑟·施莱辛格

Schroeder，Larry 拉里·施罗德

Schwartz，Bernard 伯纳德·施瓦茨

Schweik，Charles 查尔斯·帅克

Schweitzer，Albert 艾伯特·施韦策

Seidman，Harold 哈罗德·塞德曼

Seligman，Ben 本·塞利格曼

Sen，Amartya 亚玛蒂亚·森

Sennett，Richard 理查德·塞内特

Shafritz, Jay 杰·沙夫里茨

Shangraw, R. F., Jr. 小 R. F. 桑格劳

Sharkansky, Ira 艾拉·沙堪斯基

Sheldon, Eleanor 艾莉诺·谢尔登

Sherwood, Frank 弗兰克·舍伍德

Shriver, Sargent 萨金特·施莱弗

Silberman, Charles 查尔斯·西尔伯曼

Simon, Herbert 赫尔伯特·西蒙

Smith, Adam 亚当·斯密

Sir. Aye, Alfred Jules 阿尔弗雷德·艾耶尔爵士

Sir Vickers, Geoffrey 杰弗里·维克斯爵士

Skinner, Quentin 昆廷·斯金纳

Skocpol, Theda 希达·斯考切波

Skowronek, Stephen 斯蒂芬·斯科罗内克

Smithburg, Donald 唐纳德·斯密斯伯格

Snyder, Richard 理查德·斯奈德

Solow, Robert 罗伯特·索洛

Spicer, Michael 迈克尔·斯帕索

Steigerwald, David 戴维·斯泰格沃德

Stein, Herbert 赫尔伯特·斯坦因

Stewart, Joseph 约瑟夫·斯图尔特

Stiglitz, Joseph 约瑟夫·斯蒂格利兹

Stillman Ⅱ, Richard 理查德·斯蒂尔曼

Stivers, Camilla 卡米拉·斯蒂福斯

Stoke, Harold 哈罗德·斯托克

Stoker, Gerry 格里·斯托克

Stone, Donald 唐纳德·斯通

Storing, Herbert 赫尔伯特·斯托林

Swan, Wallace 华莱士·斯旺

Svara，James 詹姆斯·萨瓦拉

T

Taft，William Howard 威廉·霍华德·塔夫脱

Tawney，R. H.　R. H. 托尼

Taylor，Frederick 弗雷德里克·泰勒

Taylor，Jami 杰米·泰勒

Temkin，Larry 拉里·特姆金

Terry，Larry 拉瑞·特里

Thayer，Frederick 弗雷德里克·泰尔

Theobald，Nick 尼克·西奥博尔德

Theobald，Robert 罗伯特·西奥博尔德

Thomas，Norman 诺曼·托马斯

Thomas，William，Jr. 小威廉·托马斯

Thompson，Victor 维克多·汤普森

Thornton，Charles 查尔斯·桑顿

Tilly，Charles 查尔斯·蒂利

Tobin，James 詹姆斯·托宾

Tolman，Newton 牛顿·托尔曼

Truman，David 戴维·杜鲁门

Truman，Harry S 哈里·S. 杜鲁门

Turner，Frederick 弗雷德里克·特纳

U

Urwick，Lyndall 林德尔·厄威克

V

Ventriss，Curti 柯蒂斯·文特里斯

Vickers，Margaret 玛格丽特·维克斯

Von Mises，Ludwig 路德维希·冯·米瑟斯

VrMeer，Richard 理查德·弗米尔

W

Waldo，Cornelius 科尼利厄斯列·沃尔多

Waldo，Dwight 德怀特·沃尔多

Waldo，Peter 彼得·沃尔多

Walker，Richard 理查德·沃克

Wallace，George，Jr. 小乔治·华莱士

Wallas，Graham 格拉汉姆·华莱士

Walshok，Marco 马尔科·沃尔肖克

Walzer，Michael 迈克尔·沃尔泽

Wamsley，Gary 加里·瓦姆斯利

Ward，James 詹姆斯·沃德

Warren，Kenneth 肯尼斯·沃伦

Washington，George 乔治·华盛顿

Watson，Thomas 托马斯·沃森

Weber，Marx 马克斯·韦伯

Webster，Daniel 丹尼尔·韦伯斯特

Wells，Henry 亨利·威尔斯

Wells，Ida 艾达·威尔斯

White，Jay 杰·怀特

White，Leonard 昂纳德·怀特

White，Orion，Jr. 小俄里翁·怀特

Wildavsky，Aaron 阿龙·瓦尔德沃斯基

Wilkins，Gadeand 加丹·威尔金斯

Wilkins，Roy 罗伊·威尔金斯

Wilkins，Vicky 维基·威尔金斯

Willoughby，William 威廉·威洛比

Wilson，William 威廉·威尔逊

Wilson，Woodrow 伍德罗·威尔逊

Wirtz，W. Willard　W. 维拉德·维尔茨

Wise，Charles 查尔斯·怀斯

Wise，Lois 洛伊丝·怀斯

Witt，Matthew 马修·威特

Wolf，James 詹姆斯·沃尔夫

Wooldridge，Blue 布卢·伍尔德里奇

Wright，Bradley 布雷德利·赖特

Wrightson，Margaret 玛格丽特·赖特森

Z

Zaller，John 约翰·佐莱尔

Zimmermann，Virgil 维吉尔·齐默尔曼

Zinke，Robert 罗伯特·曾克

Zimring，Bob 鲍勃·齐姆林

Zorn，C. Kurt C. 库尔科·佐恩

后 记

　　萨缪尔森曾警示我们，只有思想家才能明白历史记载中显而易见的简单寓意。事实真相就摆在那里，但这不是很多人喜闻乐见的简单故事。

　　教书、游历、阅读、思考和书写，是我多年来的生活状态。这种生活状态在教与学构成的开放区间进行，一端连着莘莘学子，另一端通向象牙塔。我总是怀着追求托卡塔和赋格的愿望，在教书之余进行游历、阅读、思考和书写。何曾想到书写《明诺布鲁克的回响》伴随我走过了1155天。

　　第一届明诺布鲁克会议揭橥于20世纪60年代末期美国公共行政学界的一场学术论坛，引发了美国公共行政学界对公共行政理论和实践的学术反思、学术定位和身份认同等一系列问题的高度重视，并逐渐演变为一种传统、一种观念、一种精神和一种挑战。它之所以在20世纪60年代开始出现，一个根本的原因在于20世纪上半叶美国职业社会成型后学术分工的深化和细化。在19世纪后期，美国开始迅速进入职业社会，专业知识是立身之本，可以换取社会地位和权力。政治科学系的教授们笃信民主制度，一方面，他们致力于培育良好的公民意识，训练青年人参与社会事务和从事政府服务的能力；另一方面，他们也讲授关于行政原则以及如何熟练管理政府机构的课程（Wolin，2004）。对19世纪下半叶到20世纪初美国社会科学的职业化景象，弗娜做了精彩描述。工业化提出了对职业化的强烈需求，整个社会对进步主义改革和科学家公认的客观性产生了强烈的愿望，因而塑造了社会科学外部压力和内部矛盾之间的紧张状况，遂使得社会科学走向了职业化。经济学越来越局限于市场关切，而进步主义开辟了通往权力的道路，并受到社会驱动和改革倡议的召唤。政治学包括社会学则围绕公共行政学这一新领域而职业化，他们希望在实现自己的抱负——在所接受的约束条件下如何扮演某种角色、如何拥有权利和责任、如何发挥社会功能，以期对复杂的经济和社会过程施加话语权和控制，切实履行他们自己所能提供的实质性帮助和各种服务（Furner，1975）。

这一代的学者包括伍德罗·威尔逊、查尔斯·比尔德、弗雷德里克·克利夫兰、恩斯特·弗罗因德、弗兰克·古德诺、威廉·莫舍尔、卢瑟·古力克、弗雷德里克·泰勒、路易斯·布朗洛、威廉·威洛比等。他们身体力行、知行合一，在学术界、工商界和政界来去自如，深度介入行政体制的设计，在联邦、州和地方政府将自己的设计付诸实践，许多人都是行政首脑的座上宾，或者成为行政首脑的左膀右臂，甚至成为美国总统。他们是美国行政国家的建构者、贡献者和实践者。正如沃尔多所指出的那样，直至第二次世界大战爆发，这种知行合一的双轨教学理念和实践模式在政治科学中几乎没有遭到过任何挑战。

可是，第二次世界大战期间及其后，因为实用主义、经验主义、实证主义以及第一代行为主义的兴起，主导了美国的社会科学特别是政治学，当政治家们发现，现实生活中的行政和政治一样是政治的时候，一方面，他们发现民主与专业知识之间的矛盾变得难以忍受；另一方面，公共行政学者日益感受到他们寄人篱下的处境以及吃力不讨好的冷遇，必须自立门户，弥合民主与专业知识之间的矛盾，致力于民主行政。当时，从事公共行政学术研究和教学的学者深刻地感受到，他们与上一辈学者的境遇不可同日而语。第一届明诺布鲁克会议是公共行政学自觉的学科意识的产物。在我看来，自 1948 年沃尔多的《行政国家》公开出版后，或者说他转到雪城大学马克斯维尔公民与公共事务学院任教后，举办明诺布鲁克会议是迟早的事情。20世纪60年代接二连三的一系列悲怆的事件、失望的预言、新颖的智识思潮终于在1968年催生了明诺布鲁克会议。

20世纪70年代，对于美国人来说是期望落空的十年。经济不断下滑、通货膨胀加剧、联邦赤字日益扩大，伴随着政府的规模和影响迅速扩大，对政府的不信任感更是迅速增加，美国人带着是否会陷入大衰退的担心和焦虑进入了20世纪80年代。密歇根大学开展的美国国家选举研究结果显示，从1964年到1968年，公众对政府的信任度跌了15个百分点，这些年正值约翰逊政府时期激烈的种族骚乱与越南战争；接着在尼克松总统任期的头两年信任度又跌了8个百分点；1972年到1974年，因"水门事件"和尼克松的赦免，信任度又下降了17个百分点。不信任程度在1964年之后的十年内几乎是原来的3倍。"几条公众情绪的小溪汇集成水浪翻腾的醒悟之河，政治家们现在就在这条大河里游泳。"（加里·奥伦，2015：85－120）恰如其分地描述了当时的社会。在里根的第一个任期，尽管公众对政府的信任度一度有所增加，但很快里根就被戏称为拉弗的假药推销员，里根经济学不过是花言巧语，毫无信念可言，其抨击官僚运动使自己陷入了根深蒂固的官僚主义窠臼（保罗·克雷·罗伯茨，2018：66；190）。纽兰特对里根政府的中期评估中指出，里根政府的治理哲学或者说里根议程是有限政府和自治，大规模放松管制和私有化进一步打开了新公共管理和新公共服务的大门。在纽兰特看来，这不仅涉及政治行政二分法，而且也涉及意识形态与政治之间更为广泛的问题。"如果说里根议程必须被定义为意识形态，那么它代表一次相当有争议的与自'新政'五十年来的社会和政治趋势的决裂，里根主义是对美国所有独特政治传统的革命性突破。"（Newland，1983）无论是决裂还是突破，美国公共行政的环境都已经发生了根本性变迁。政策偏好和政治犬儒主义之间存在扭曲的复杂关系，左翼犬儒主义者更喜欢社会变革的政策，而右翼犬儒主义者更喜欢社会控制的政策（Miller，1974）。

　　20世纪80年代美国公共行政的技术环境也发生了激进变革。70年代晚期和整个80年代，计算能力通过通信线路广泛分布在大量偏远地区，分散到各个经济领域。其特征是柔性制造系统以及传统产业改造和新兴产业的崛起、精益管理、基于信息通信技术的监管、消费社会以及独立的金融市场。由于计算机性能显著提高而价格大幅下降，工业、金融、政府、职业和教育机构对通信和信息处理的要求呈现爆发性增长。1980年一台小型计算机的价格不过100美元，而计算能力却超过了在20世纪60年代中期售价高达100万美元的大型计算机。如果按照这样的降价速度进行类比，那么一台凯迪拉克轿车的售价应该下降到几美元（马丁·费尔德斯坦，1980：780）。这在当时美国工商界看来，信息与我们要知情的事实之间的界限已经变得模糊，披着电子外衣的现代重商主义看似成功，却可能孕育新的风险，甚至可能带来经济灾难。鲁宾·梅特勒认为，"如果不区别经济代理人与政治当局的适当角色，就会出现使一切经济决策政治化的危险。一旦发生这种情况，就会从根本上损害企业制度提供就业和提高劳动生产率的能力。一旦经济市场被政策秩序取代，国家将成为无效个人责任的破产接收人"（马丁·费尔德斯坦，1980：715－716）。美国的工商界呼吁，自20世纪80年代以后的十年，美国的优先议程是：重建政府权威；最好将政府活动限制在适当的角色范围内或是政府能够有效履职的范围内；普遍恢复社会他律；在企业与政府之间建立更为有效且和谐的关系。

　　诚然，美国公共行政在信息技术革命的进程中并不是一个落伍者，而是一个积极的试水者，计算机技术应用和信息系统建设被看成增强行政权力的过程。始于20世纪中期以打击犯罪为目的的政府信息系统，不仅迅速扩展为互联互通的联邦、州和地方各级政府的司法信息系统，而且迅速扩展到跨福利、税收和失业等领域的全国性信息系统，这些系统全面覆盖了进行收入验证的个人、申请政府低息大学贷款的家庭以及子女、进驻退伍军人事务部医院的退伍老兵、申领职业病和特殊福利的退休工人，以及向住房贷款部门申请抵押贷款的家庭等，在联邦政府建立了前台与后台个人数据的比对匹配系统（Kraemer & King，1987）。在里根总统第二个任期，各种综合性的信息系统得到全面强化。这些信息系统尽管一度引发了关于计算机与宪法、信息系统与隐私以及政府监控等问题的激烈讨论，但是因为《阳光法案》（*The Freedom of Information Act*）和公共服务投递的改善，使这些问题并没有得到足够重视。抑或认为这些只不过是技术乌托邦，抑或认为未来的种种可能性还需要假以时日，有待观察。但是，第二届明诺布鲁克会议参会者好像完全浸没在当时美国宪法二百周年和行政国家一百周年纪念的浓厚氛围之中，格外关注美国的宪法遗产和公共行政体系、公共政策以及公共行政教育问题。好在 1988 年第二届明诺布鲁克会议后，《互联互通世界中的公共管理：明诺布鲁克传统的论文集》的出版在一定程度上总算弥补了对那个时代认知的缺憾。该论文集明确提出，互联互通的世界是第一届明诺布鲁克会议二十年后最为重要的特征事实。

进入 20 世纪 90 年代后，美国进入了长达 135 个月的新经济繁荣期，经济周期进入了"大缓和"，非加速通货膨胀失业率带来了一种前所未有的乐观主义学术氛围，与 20 世纪 70 年代和 80 年代的犬儒主义形成了鲜明的对比。即便是在跨入 21 世纪的时候，纳斯达克新经济泡沫一度破灭，但也很快就得到恢复。当时诺贝尔经济学奖获得者卢卡斯认为，对于所有实践目的而言，宏观经济学在其起源意义上防范"大萧条"的核心问题已经解决了，实际上数十年来已经得到了解决。来自稳健的财政政策的福利仍然是重要的收益，但这些收益都是来自为人们工作和储蓄提供更好的激励，而不是来自支出流更好的微调。过去五十年的以绩效为基准，更好的长期供给侧政策所带来的福利收益潜力，远远超过短期需求管理改善所带来的收益（Lucas，Jr.，2003）。

从公共行政的角度看，经济景气为政府再造提供了难得时机。克林顿政府以奥斯本的政府再造为蓝本，签署了《政府绩效和效果法》（*Government Performance and Results Act of 1993*）。1993 年 3 月克林顿正式创建国家绩效评价组（The National Performance Review），任命副总统小阿尔·艾伯特·戈尔为其牵头人。评价工作由从联邦、州和地方政府抽调的 250 名公务员、24 个研究小组承担，分别对联邦政府机构，对采购、预算和人事制度等进行了系统评估，举行了一系列高峰会议和培训，最终于 1993 年 9 月提交了长达 2000 余页的《从繁文缛节到结果：创建一个运作更好、成本更低的政府》（*From Red Tape to Results：Creating a Government That Works Better and Costs Less*，September 1993）总报告以及 38 份附件，提出了 384 项再造政府的建议和 1250 项具体行动，以期节省 1080 亿美元联邦预算，并减少虚设职位，改善政府运作。此后，克林顿签署了 16 项总统令，要求再造政府以 1994 年 12 月为界分两个阶段实施，包括裁减 25.2 万个公务员职位，将内部监管规章削减 50%，并要求各政府机构制定客户服务标准。第一阶段主要是跟踪和督察 1250 项具体行动的进展，并与联邦政府部门和州签署有关试点协定，成立政府再造实验室。第二阶段着力削减政府管制，并颁布政府的客户服务标准。到 1995 年，联邦政府削减了 1.6 万页的管制规定，214 个政府机构向社会公布了 3000 项服务标准，并承诺在随后六年内削减 35% 的联邦预算。在此期间，国家绩效评价组发布了一系列的报告，主要包括《创建一个运作更好、成本更低的政府：现状报告》（*Creating a Government That Works Better and Costs Less：Status Report*，September 1994）、《常识政府：运作更好，成本更低》（*Common Sense Government：Works Better and Costs Less*，September 1995）、《重塑的下一步：在一个预算平衡的世界中的治理》（*Reinvention's Next Steps：Governing in a Balanced Budget World*，March 1996）、《政府中最好保守的秘密》（*The Best Kept Secrets in Government*，September 1996）、《布莱尔大厦白皮书》（*The Blair House Papers*，January 1997）、《接入美国》（*Access America*，February 1997）。[①] 以政府再造为核心的这一系列举措，其实

---

① 这里所列举的相关文献可访问 https：//govinfo. library. unt. edu/npr/library/nprrpt/annrpt/。

质是将政府机构转变为基于绩效的组织，赋予它们更大的自主权，同时承担更大的责任；以客户为中心，显著改善政府服务，让每个公民都能感受到政府服务越来越好；增强以目标导向而不是程序导向的监管伙伴关系；创建基于绩效的政府资助伙伴关系；建立单一的社区联络点，强化一体化的问责制；以及改革联邦公务员制度；强化信息通信技术的运用，使得公共管理从传统的一刀切转向定制适配。

但是，公共行政学界对以新公共管理和新公共服务为圭臬的国家绩效评价和政府再造并不认同。国家绩效评价的这些做法延续了一种综合征，即在政府机构的工作资源受到侵蚀的同时，还期望政府机构做更多的工作。"少花钱、多办事"明显是一厢情愿的。在有关政府在现代社会中应扮演何种角色的问题尚未解决的情况下，就期望以更少的资源带来更高的生产力是一种错觉，这导致了整个社会的犬儒主义。政府再造是一个比渐进式的公共管理改革更加蛊惑人心的口号，摆脱监管、等级制和严苛的审计以至于将政府推到了宪法、公法和问责制之外，"这里，真正的问题就是政府行政作为的不协调，在一定程度上是所有公共管理的不协调，在华盛顿和其他权力中心占主导地位的政治势力范围内，充斥着肤浅的、夸夸其谈的话语和高赌注的、自私自利的斗争，对政府机构进行详细调整不仅非常重要，而且也非常稀松平常。公共管理改革的底层政治并不契合于总统与国会斗争的高层政治。但是，如果失去高层政治的驱动力，对政府机构的必要调整就会被拖延、淡化、忽视。然而，当它们暴露于动荡之中时，它们就会受到夸张和言过其实的预期的冲击"（Goodsell，1993）。"公共管理不是寻找最终答案的竞技场，它是一个稳定的制度世界，旨在允许不完美的人使用有缺陷的程序来处理无法解决的问题。"（Wilson，1994：61）詹姆斯·菲夫纳对克林顿两个任期苦心经营的国家绩效评价，既给予了嘲讽，也寄托了期望。克林顿内阁完全搞错了自己的角色，把自己当成了设计师，而不是园艺师。他们的公共管理改革"就如同在一个杂草丛生的花园中挥汗如雨地除草一样"。他希望"构想美好的重组收益留给了继任者，而不是改革的发起者"（Pfiffner，1997）。

小布什接任总统后，不但没有享受到克林顿任期所带来的政府重组收益，相反却先后收获了纳斯达克新经济泡沫破灭、"9·11"事件以及次贷危机、全球气候变化和2008年全球金融危机等一系列苦果。小布什任期不仅内政与外交失衡，而且在内政上陷入了顾此失彼的窘境。"9·11"事件极大地增强了小布什政府行使行政权力的余地，行政部门凌驾于国会、司法和公民意志之上。以国家安全为由，小布什签署了一系列的总统令，不仅挑战了宪法权力制衡，而且秘密窃听网络覆盖全球，破坏了宪政和法治原则（Pfiffner，2008）。到2008年国际金融危机爆发、蔓延和扩散之际，他也只能徒唤奈何地留下"为什么当舞曲响起来的时候，没有将酒杯拿开"的谶语。第三届明诺布鲁克会议是在这样的背景下举行的。会议以黑暗时刻来刻画这一时期的特征事实，定向于全球化时代的网络治理以及基于全球视角的走向开放的公共行政共同体。但是，面对不断蔓延的国际金融危机，第三届明诺布鲁克会议却集体失语了。

回顾这段历史，"明诺布鲁克人"矢志不渝地追求公共行政的切题性、回应性、公共性，以及基于民主行政、开放行政和法治行政的治理体系，这不能不说公共行政只有在特定的历史语境下才具有时代意义。现代公共行政学者必须带着炙热理性、悲悯情怀、鲜明个性、本色公民、执着改革、理想不灭、兼容并蓄的胸襟踏上追寻公共行政精神的道路。

但是，这条道路注定坎坷不平，布满荆棘。因为公共行政是一个时常被诟病为缺乏理论范式的学科，其研究对象也经常让研究者捉摸不透，甚至难以企及，或干脆被拒之于门外。尽管公共行政学者一直自谦为学生，将公共行政实践者称为专家，或将公共行政领域看成是一个职业性专业知识领域，然而，公共行政学者的研究选题和研究成果经常面对社会大众的白眼，被斥为公共部门的卫道士和辩护者，执着于将理论建构转化为实践的学者为近在咫尺的距离而穷尽毕生。理论与实践的距离，不是我们常说的"玻璃墙"，而是距若纸薄、柔如纱幔，看似近，实则遥不可及。然而，每个人都无法否认自己就生活在无处不在、须臾不可疏离的行政之网中。行政史与人类史一样古老，行政精神与朝霞春露一样年轻，公共服务就如同日出日落一样周而复始，行政文明是人类文明璀璨星河的重要组成部分。

我想要表达的是，我们应该对一切行政技巧、行政建构、行政思想及其贡献者抱着谦逊学习的态度，根据新的发展变化以及不同的治理环境来修正和创新我们的思考。尽管这有时行不通，有时也做不到，但是，掌握更多已知的经验教训和思潮，总不是坏事，因为知道得越多，理性沁入心魂就越深，选择的余地也就越大。

本书的写作过程离不开年届杖国致政之年父母的守候，谨以拙著献给我的父母。本书的最终定稿得益于宅家的这段日子。凝神收笔，抬首窗外，庚子年立春后的第二场雪洋洋洒洒，唯愿阳光万里，尽洗天河。

2020 年 2 月 14 日

北京